DGB-Bundesvorstand (Hrsg.)
111 Tipps für Arbeitslose
– Arbeitslosengeld I –

DGB-Bundesvorstand (Hrsg.)

111 Tipps für Arbeitslose
– Arbeitslosengeld I –

Mit einem Vorwort
von Annelie Buntenbach

Autoren:
Rolf Winkel
und
Hans Nakielski

13., aktualisierte Auflage 2011
Stand: Dezember 2010

BUND
VERLAG

Die Tipps dieses Ratgebers sind von den Autoren sorgfältig recherchiert und vom Verlag geprüft worden. Dennoch: Eine Haftung von Autoren, Herausgebern und Verlag für Personen-, Sach- oder Vermögensschäden ist ausgeschlossen.

Bibliografische Information der Deutschen Nationalbibliothek
Die Deutsche Nationalbibliothek verzeichnet diese Publikation in der Deutschen Nationalbibliografie; detaillierte bibliografische Daten sind im Internet über http://dnb.d-nb.de abrufbar.

13., aktualisierte Auflage 2011

Umschlag: Atelier Seidel, Teising
Foto: © Nikada / istockphoto
Satz: typeXpress, Sabine Brand, Köln
Druck und Bindung: Freiburger Graphische Betriebe, Freiburg
Printed in Germany 2011
ISBN 978-3-7663-6025-0

www.bund-verlag.de

Schnellübersicht

Vorwort ... 6
Anwendungshinweise ... 8
Wichtige Begriffe und Abkürzungen ... 10
Inhalt ... 11

Das ist neu ... 19

Kapitel A Kurzarbeit statt Entlassung ... 21

Kapitel B Vor der Arbeitslosigkeit ... 35

Kapitel C Tipps zur Suche und Vermittlung von Arbeit und zum Umgang mit der Arbeitsagentur ... 79

Kapitel D Wer hat Anspruch auf Arbeitslosengeld I – und wie lange? ... 119

Kapitel E Arbeitslosengeld I – Wie viel zahlt die Arbeitsagentur? ... 136

Kapitel F Nebeneinkommen – Wie viel kassiert die Arbeitsagentur? ... 163

Kapitel G Die freiwillige Arbeitslosenversicherung für Selbstständige, pflegende Angehörige und Beschäftigte außerhalb der EU ... 178

Kapitel H Hilfen der Arbeitsagenturen zur Existenzgründung ... 187

Kapitel I Renten-, Pflege- und Krankenversicherung für Arbeitslose ... 193

Kapitel J Tipps für arbeitslose Mütter und Väter ... 205

Kapitel K Tipps für ältere Arbeitslose ... 224

Kapitel L Tipps für andere Personengruppen ... 234

Kapitel M Wenn eine Sperrzeit droht ... 243

Kapitel N Arbeitslosengeld II, Wohngeld und andere Leistungen ... 252

Kapitel O Nach der Arbeitslosigkeit ... 261

Kapitel P Arbeitslos, doch nicht wehrlos – Wie Sie Ihre Rechte durchsetzen 264

Stichwortverzeichnis ... 273

Vorwort

Die Arbeitslosigkeit geht zurück. Dies ist eine erfreuliche Nachricht. Allerdings sieht die Wirklichkeit anders aus, als die Statistik uns glauben machen will. Wer über 58 Jahre ist, Grundsicherung bezieht und schon zwölf Monate arbeitslos ist, wird nicht mehr mitgezählt, ebenso Teilnehmer an Maßnahmen und in Ein-Euro Jobs. Insgesamt suchen über vier Millionen Menschen dringend Arbeit und sind weiterhin auf öffentliche Unterstützung angewiesen.

Andererseits gibt es in einigen Bereichen Fachkräftemangel. Wie passt das zusammen? Die Konsequenz muss sein, wir müssen mehr in Weiterbildung investieren. Hier sind auch die Agenturen gefragt, in den letzten Jahren wurden die Anstrengungen für Weiterbildung reduziert, dieser Trend muss sich ändern. Weiterbildung ist eine Investition in die Zukunft. Deswegen sollten Arbeitsuchende auch die Möglichkeiten der Weiterbildung mit der Agentur erörtern. Ein Hochtechnologiestandort kann nur überleben, wenn hohe berufliche Qualifikationen zu innovativen Produkten und rationeller Fertigung führen. Die Gewerkschaften sagen deswegen: Wir müssen besser, nicht billiger werden. Der Wettbewerb über möglichst niedrige Löhne ist ein Irrweg.

In den letzten Jahren konnten die Arbeitsagenturen ihre Dienstleistungen verbessern. Vor allem die Vermittlung von neu eintretenden Arbeitslosen geht schneller als noch vor einigen Jahren. Doch das ist nur ein Teil der Wirklichkeit. Gleichzeitig nimmt der Druck auf Arbeitslose enorm zu. Niedrige Löhne, Leiharbeit, Minijobs und unfreiwillige Teilzeitarbeit sind die andere Seite der Medaille. Die Agenturen sind gegenüber diesen Arbeitsverhältnissen zu unkritisch. Dabei gehört doch zu ihrem gesetzlichen Auftrag, unterwertiger Beschäftigung entgegenzuwirken und nicht diese zu begünstigen. Auch bei der Vermittlung muss der Qualität der Arbeitsplätze in Zukunft ein höherer Stellenwert beigemessen werden.

Ab Januar 2011 sind in der Arbeitslosenversicherung wichtige Änderungen in Kraft getreten. So wurden die Regelungen für die Freiwillige Weiterversicherung von Selbstständigen und Pflegenden und die Regelungen zum Transfer-Kurzarbeitergeld geändert, die erleichterten Bedingungen für Kurzarbeit wurden verlängert bis 2012.

Das Recht der Arbeitslosenversicherung bleibt kompliziert. Gerade in der Arbeitslosenversicherung gilt: Wer um seine Rechte weiß, hat Chancen, schneller zum Ziel zu kommen.

Nutzen Sie Ihre Rechte und machen Sie Ansprüche, die Ihnen zustehen, geltend. Machen Sie sich kundig und nutzen Sie die Beratungsangebote. Arbeitslose Gewerkschaftsmitglieder haben die Möglichkeit, sich auch bei Konflikten mit den Agenturen für Arbeit beraten zu lassen und die Rechtsschutzstellen des DGB in Anspruch zu nehmen. Hier werden sie kompetent bei Gerichtsprozessen vertreten. Die Rechtsstellen des DGB sind über die neueste Rechtsprechung und über die Veränderungen in den Agenturen sowie der Arbeitsmarktpolitik ständig informiert.

Annelie Buntenbach
Mitglied des Geschäftsführenden DGB Bundesvorstands

Anwendungshinweise

Gibt es für diejenigen Arbeitslosengeld I (ALG I), die zwei Jobs haben, und einen davon verlieren? Wann haben Arbeitnehmer, die überwiegend nur kurze Jobs finden, Anspruch auf ALG I? Können Arbeitslose durch einen simplen Steuerklassenwechsel mehr ALG I erhalten? Für wen gibt es das so genannte Transferkurzarbeitergeld? Haben Gekündigte einen Rechtsanspruch auf eine Abfindung? Kann man bei der Abfindungszahlung Steuern sparen? Wie lange wird ALG I gezahlt? Wer kann sich freiwillig arbeitslosenversichern? Wann können ältere Arbeitslose von der so genannten Entgeltsicherung profitieren?

Auf diese und viele andere Fragen geben die »111 Tipps für Arbeitslose« Antworten. Sie zeigen, wie Erwerbslose von den Ämtern die Leistungen erhalten, die ihnen zustehen, und wie sie verhindern, dass ihre Unterstützung gekürzt oder gar ganz gestrichen wird. Das Buch, das 1985 erstmals erschienen ist (damals waren es noch »88 Tipps«) und nun zum zwölften Mal aktualisiert und erweitert wurde, ist zu einer der wichtigsten praktischen Hilfen für Arbeitslose geworden. Die »111 Tipps« richten sich direkt an Betroffene. Sie gehen von den konkreten Problemen Erwerbsloser aus und zeigen Handlungsmöglichkeiten und Fallstricke.

Leider gibt es genügend Fallstricke, schon allein deshalb, weil das Arbeitsförderungsrecht jedes Jahr – und inzwischen in der Regel sogar mehrfach – geändert wird. Seit der 12. Auflage der »111 Tipps« gab es etliche Gesetzesänderungen, die vorerst letzte ist am 1. Januar 2011 in Kraft getreten. Über die wichtigsten Neuregelungen informiert die Übersicht auf den Seiten 19 und 20 dieses Buches.

Auch andere Gesetze – die direkt nichts mit der Arbeitslosenversicherung zu tun haben – wirken sich für Arbeitslose aus. Ein Beispiel hierfür ist die noch weitgehend unbeachtete Steuerklasse »IV Faktor«, die für Bezieher von Arbeitslosengeld I bares Geld wert sein kann (siehe Tipp 61). Über den neuen Faktor wirken sich nun erstmals auch steuerliche Freibeträge auf die Höhe des ALG I aus – allerdings nur bei Verheirateten (siehe Tipp 62).

Anfang 2005 gab es für mehr als zwei Millionen Arbeitslose dramatische Einschnitte. Damals wurde die Arbeitslosenhilfe abgeschafft, die inzwischen zur wichtigsten Leistung der Arbeitsagenturen geworden war. Statt dieser Hilfe gibt es seither für Erwerbslose, die keinen Anspruch auf die Versicherungsleistung Arbeitslosengeld I (mehr) haben, allenfalls noch Arbeitslosengeld II. Dieses wird übrigens auch als »aufstockendes ALG II« zusätzlich zu der Versicherungsleistung ALG I gewährt. Kapitel N bietet Kurzinformationen hierzu. Ausführlich informiert darüber der Ratgeber »111 Tipps zu Arbeitslosengeld II und Sozialgeld«, der ebenfalls vom DGB-Bundesvorstand herausgegeben wird (siehe Tipp 111). Dieser Ratgeber hilft denjenigen bei der

Orientierung, die keinen Anspruch auf Arbeitslosengeld I (mehr) haben und stattdessen die neue sozialhilfeähnliche Leistung beantragen müssen.

Die »111 Tipps für Arbeitslose« sind kein juristischer Leitfaden. Sie gehen vielmehr von konkreten Problemen der Arbeitslosen aus. Konkrete Fälle mit allgemeiner Bedeutung stehen im Vordergrund. Wird z. B. (in Tipp 93) beschrieben, wie die 41-jährige arbeitslose Sekretärin Almut Schröder durch ihren Wunsch nach Teilzeitarbeit 344 € aufs Spiel setzte, dann treffen die geschilderten Regelungen selbstverständlich nicht nur für sie zu. Sie gelten vielmehr für alle Arbeitslosen, die die gleichen Voraussetzungen erfüllen.

Wer etwas speziell zu »seinem« Problem sucht, sollte zunächst im Inhaltsverzeichnis nachsehen. Findet er eine nummerierte Überschrift, die seinen Fall betreffen könnte, so sollte er den Tipp mit der entsprechenden Nummer im Textteil nachlesen. Hier finden sich dann auch oft Verweise auf andere Tipps, die für den jeweiligen Fall noch wichtig sein könnten.

Eine gute Orientierungshilfe liefert das Stichwortverzeichnis am Ende des Buches. Zur ersten groben Orientierung kann die Schnellübersicht auf Seite 5 herangezogen werden. Von großem Nutzen können auch die in dieser Ausgabe nochmals erweiterten Checklisten (am Anfang der Kapitel) sein. Sie ermöglichen einen raschen Überblick, was Erwerbslose in ihrer jeweiligen Situation abklären müssen, um alle Dienste und Leistungen, die für sie in Frage kommen, in Anspruch nehmen zu können.

111 Tipps auf knapp 280 Seiten in einem Ratgeber sind nicht wenig. Dennoch können sie nicht auf alle Fragen und Problemstellungen eingehen, die Arbeitslose betreffen. Zusätzlich kann man in die in Tipp 111 aufgeführten Bücher, Broschüren und Fachzeitschriften schauen. Auch die Arbeitsagenturen und die Sozialämter oder andere Behörden, die Verbraucher- oder Schuldnerberatungsstellen oder die Arbeitslosen- und Sozialhilfeempfängerinitiativen können weiterhelfen. Arbeitslose Gewerkschaftsmitglieder sollten insbesondere Tipp 25 beachten.

Köln, im Dezember 2010

Rolf Winkel
Hans Nakielski

Wichtige Begriffe und Abkürzungen

ALG I: Arbeitslosengeld I – die zentrale Leistung der Arbeitslosenversicherung. Sie steht Erwerbslosen zu, die über einen längeren Zeitraum Beiträge an die Arbeitslosenversicherung eingezahlt haben. Für die meisten läuft das ALG I nach höchstens zwölf Monaten aus. Im Gesetz heißt die Leistung »Arbeitslosengeld«. Den Zusatz »I« haben wir hinzugefügt, um die Leistung vom neuen Arbeitslosengeld II abzusetzen.
ALG II: Arbeitslosengeld II – diese staatliche Fürsorgeleistung gibt es seit 2005. Sie wird für Erwerbsfähige unter 65 Jahren gezahlt, die als »bedürftig« gelten, also zu wenig Einkommen und Vermögen haben, um für sich selbst und ihre im Haushalt lebenden Familienangehörigen den gesetzlich notwendigen Mindestbedarf abzudecken. Die Leistung können Arbeitslose auch zusätzlich zum ALG I erhalten (siehe Tipp 105). Sie funktioniert ganz ähnlich wie die Sozialhilfe.
SGB II: Sozialgesetzbuch II – dies ist das gesetzliche Regelwerk für die »Grundsicherung für Arbeitsuchende«, in dem vor allem die Bestimmungen zum ALG II stehen.
SGB III: Sozialgesetzbuch III – in diesem Gesetzeswerk geht es um die »Arbeitsförderung«. Hier finden sich alle Bestimmungen zur Arbeitslosenversicherung – und damit auch zum ALG I.
SGB IV: Sozialgesetzbuch IV – darin finden sich »Gemeinsame Vorschriften für die Sozialversicherung«. Hier steht zum Beispiel, was unter »Arbeitsentgelt« bei Beschäftigten oder »Arbeitseinkommen« bei Selbstständigen verstanden wird, wann eine Beschäftigung als »geringfügig« gilt oder was unter einer »Bezugsgröße« verstanden wird (siehe Tipp 52).
SGB V: Sozialgesetzbuch V – Gesetzliche Krankenversicherung.
SGB VI: Sozialgesetzbuch VI – Gesetzliche Rentenversicherung.
SGB X: Sozialgesetzbuch X – dieses Buch regelt »Sozialverwaltungsverfahren und den Sozialdatenschutz«. Hier geht es also um alles, was mit Fristen und Terminen, Bevollmächtigten, Akteneinsicht, Formfehlern, Verwaltungskosten etc. zu tun hat.

Weitere Abkürzungen:

Abs.	Absatz
Az.	Aktenzeichen
BA	Bundesagentur (früher: Bundesanstalt) für Arbeit
BAföG	Bundesausbildungsförderungsgesetz
BFH	Bundesfinanzhof
BSG	Bundessozialgericht
DGB	Deutscher Gewerkschaftsbund
Nr.	Nummer
OLG	Oberlandesgericht
PSA	Personal-Service-Agentur

Inhalt

Vorwort 6
Anwendungshinweise 8
Wichtige Begriffe und Abkürzungen 10

Das ist neu 19

Kapitel A: Kurzarbeit statt Entlassung 21

Tipp 1 Entlassung – nein Danke: Wenn's im Betrieb kriselt, kommt zunächst oft Kurzarbeit in Frage 22
Tipp 2 Bei Kurzarbeit gibt es kaum Nachteile bei der Sozialversicherung 25
Tipp 3 Nebenjob und Kurzarbeit: Nebenjob, der vor der Kurzarbeit aufgenommen wird, mindert das Kurzarbeitergeld nicht 28
Tipp 4 Für erwerbslose Bauarbeiter im Winter: Das Saison-Kurzarbeitergeld 31
Tipp 5 Wenn Kündigungen bevorstehen: Transfer-Kurzarbeitergeld kann Bezug von Arbeitslosengeld I vermeiden oder hinauszögern 33

Kapitel B: Vor der Arbeitslosigkeit 35

Tipp 6 Wenn die Firma mit dem Lohn nicht rüberkommt: An Anspruch auf Insolvenzgeld denken! 37
Tipp 7 Insolvenzgeld sichert Lohn für drei Monate – Anspruch auf Arbeitslosengeld I wird dadurch nicht verkürzt 41
Tipp 8 Trotz Kündigungsschock: Nicht vorzeitig die Brocken schmeißen – sonst droht auch noch Sperre des Arbeitslosengeldes I 43
Tipp 9 Wer gegen seine Kündigung vorgehen will: Nur drei Wochen Zeit zur Klage vor Gericht 44
Tipp 10 Bei Kündigung: Manchmal kann durch eine Klage der Arbeitsplatz erhalten bleiben 46
Tipp 11 Bei Abfindung auf die Kündigungsfrist achten – Sonst muss man oft länger auf das ALG I warten 50

Tipp 12	Beim Poker um Abfindungen: Verhandlungen 20 Tage nach der Kündigung beenden	52
Tipp 13	Vorsicht bei Aufhebungsverträgen: Meist gehen dadurch Ansprüche auf ALG I verloren	54
Tipp 14	Wenn Sie selbst kündigen: Meist erfolgt dann eine Sperre Ihres ALG I – Wenn die Arbeit unzumutbar war, dürfen Sie aber nicht bestraft werden	55
Tipp 15	Kündigungsgrund Familienzusammenführung: Wer zum Ehepartner zieht, darf seinen Job ungestraft aufgeben – Härtere Regelungen für eheähnliche Partner	57
Tipp 16	Wenn wegen Betriebsänderungen Arbeitslosigkeit droht: Arbeitsagenturen fördern frühzeitige Profilings und andere Hilfen	59
Tipp 17	Nach der Kündigung: Anspruch auf angemessenen »Bewerbungsurlaub« – Zu Vorstellungsgesprächen und zur Arbeitsagentur während der Arbeitszeit	60
Tipp 18	Bei vorzeitiger Freistellung vom Job: Beschäftigungsverhältnis bleibt bestehen – Sozialversicherungsschutz ist gewährleistet	61
Tipp 19	Beim Arbeitszeugnis mitbestimmen – Lassen Sie Ihr Zeugnis von Experten gegenlesen	63
Tipp 20	Nach der Kündigung: Wer sich zu spät bei der Arbeitsagentur meldet, wird bestraft – Viele Agenturleistungen gibt es schon vor Beginn der Arbeitslosigkeit	64
Tipp 21	Schon vor der Arbeitslosigkeit: Antrag auf ALG I stellen	67
Tipp 22	Arbeitsbescheinigung des Arbeitgebers notwendig – Inhalte immer überprüfen	69
Tipp 23	Wer am Ende des Beschäftigungsverhälnisses krank ist: Krankengeld statt ALG I beantragen	71
Tipp 24	Wer länger auf sein Geld warten muss: Vorschusszahlung möglich	73
Tipp 25	Für Gewerkschaftsmitglieder: Was Ihre Gewerkschaft bei drohender Arbeitslosigkeit für Sie tun kann	75
Kapitel C:	**Tipps zur Suche und Vermittlung von Arbeit und zum Umgang mit der Arbeitsagentur**	79
Tipp 26	Schon vor dem ersten Besuch der Arbeitsagentur klären: Welche Unterstützung brauchen Sie bei der Arbeitsuche?	80
Tipp 27	Eigene Aktivitäten bei der Arbeitsuche sind ein »Muss« – Sonst gibt es unter Umständen kein Geld von der Agentur	83
Tipp 28	Wer zumutbare Arbeitsangebote ablehnt, wird bestraft	85
Tipp 29	Eingliederungsvereinbarung: Worauf dabei zu achten ist	90

Tipp 30 Was die Arbeitsagenturen sonst noch bieten: Lohnkostenzuschüsse, Vermittlungsgutscheine und ABM-Stellen ... 94

Tipp 31 Wenn die Arbeitsagentur ein Stellenangebot schickt: Welche Rechte Sie im Vorstellungsgespräch haben – »Arbeitsvereitelndes Verhalten« kann zu einer Sperrzeit führen 97

Tipp 32 Für die Arbeitsuche gibt es Zuschüsse aus dem neuen »Vermittlungstopf« 101

Tipp 33 Mobilitätshilfen gibt's bereits nach der Kündigung – Arbeitsagentur kann Umzug verlangen – zahlt dafür aber auch 102

Tipp 34 Weiterbildung kann von der Agentur finanziert werden – Schneller Antrag und gute Argumente notwendig 103

Tipp 35 Bildungsgutschein bewilligt – was nun? 107

Tipp 36 ALG I wird bei Weiterbildung weitergezahlt – Restanspruch bleibt nach Weiterbildung bestehen 109

Tipp 37 Wenn die Agentur vorlädt, sollten Sie unbedingt hingehen – Sonst kann die Unterstützung vorübergehend gestrichen werden ... 111

Tipp 38 Krankmeldung ist wichtig – Für Kranke gibt's weiter Unterstützung 113

Tipp 39 Auch Arbeitslose dürfen (angemeldet) Urlaub machen – Das »Okay« gibt es aber meist nur kurzfristig 115

Kapitel D: **Wer hat Anspruch auf Arbeitslosengeld I – und wie lange?** 119

Tipp 40 Arbeitslosengeld I: Übersicht über die Anspruchsvoraussetzungen 120

Tipp 41 Wichtigste Voraussetzung fürs ALG I: Beitragszahlungen zur Arbeitslosenversicherung 122

Tipp 42 Wer einen von zwei Teilzeitjobs verliert, hat Anspruch auf Teilarbeitslosengeld 125

Tipp 43 Bei überwiegend kurzen Beschäftigungsverhältnissen: ALG I kann es schon nach sechs Versicherungsmonaten geben 127

Tipp 44 Nach beruflicher Rehabilitation: Günstigere Sonderregeln für den Anspruch auf Arbeitslosengeld I 128

Tipp 45 Nach Ablauf einer Erwerbsminderungsrente auf Zeit: Häufig Anspruch auf ALG I 129

Tipp 46 Für unter 50-Jährige: ALG I gibt es höchstens ein Jahr lang 130

Tipp 47 Für 50-Jährige und Ältere: Bis zu 24 Monate Arbeitslosengeld I – Eventuell bis zum Geburtstag mit dem Antrag warten 132

Tipp 48 Für alle, die erneut arbeitslos werden: Nicht aufgebrauchte Ansprüche auf ALG I verfallen nach vier Jahren 133

Tipp 49 Für Mehrfach-Arbeitslose mit neuem Anspruch auf ALG I: Alter und neuer Anspruch können addiert werden 134

Kapitel E: Arbeitslosengeld I – Wie viel zahlt die Arbeitsagentur? 136

Tipp 50 Die Höhe des ALG I: Etwa 60 oder 67 Prozent vom früheren Verdienst – Pauschale Abzüge für Steuer und Sozialversicherung ... 137

Tipp 51 Wie das Bemessungsentgelt berechnet wird – Für das ALG I zählen 150 Tage mit Arbeitsentgelt 140

Tipp 52 Bei zu kurzen Beschäftigungszeiten: Arbeitslosengeld I wird fiktiv bemessen 142

Tipp 53 So können Sie Ihr Arbeitslosengeld I ermitteln 145

Tipp 54 Bei Nachzahlungen des früheren Arbeitgebers: Höhere Ansprüche von der Arbeitsagentur 146

Tipp 55 Wenn Sie in den letzten zwei Jahren schon einmal arbeitslos waren: Frühere Höhe des ALG I ist garantiert 147

Tipp 56 Wenn das Einkommen im Jahr vor dem Jobverlust niedrig war: Härtefallregelung sorgt für mehr ALG I 148

Tipp 57 Nach Teilzeitbeschäftigung: Auch dann gibt es häufig Vollzeit-ALG I 149

Tipp 58 Wichtig für Arbeitslose mit Kindern: Kinderzuschlag bei Leistungen der Arbeitsagentur 152

Tipp 59 Für Verheiratete, die schon im Vorjahr wissen, dass sie arbeitslos werden: Durch frühzeitigen Steuerklassenwechsel mehr Arbeitslosengeld I 154

Tipp 60 Achtung beim Steuerklassenwechsel im Jahr der Arbeitslosigkeit – Wechsel bringt oft weniger ALG I – Vorteile nur in Ausnahmefällen 155

Tipp 61 Für Verheiratete: Mit Steuerklasse »IV Faktor« wesentlich mehr Arbeitslosengeld I – Wechsel lohnt sich auch noch während der Arbeitslosigkeit 156

Tipp 62 Nur für Verheiratete: Durch den neuen Faktor IV bringen eingetragene Steuerfreibeträge erstmals mehr ALG I 160

Kapitel F: Nebeneinkommen – Wie viel kassiert die Arbeitsagentur? 163

Tipp 63 Arbeitslose dürfen Nebenbeschäftigung ausüben – Aber: Gesetzliche Regeln einhalten 164

Tipp 64 Arbeitsvermittlung hat Vorrang vor Nebentätigkeit 167

Tipp 65 Gestaltungsmöglichkeiten bei Nebenjobs nutzen 169

Tipp 66 Einkommen aus Nebenjob wird angerechnet – Wie viel die Agentur für Arbeit mitverdient 170

Tipp 67 Werbungskosten nur auf Antrag absetzbar – Bei Betriebskosten Schätzung möglich 173

Tipp 68 Vorteile bei fortgesetzten Nebenjobs – Nebenjobs aus der Vor-Arbeitslosenzeit sind anrechnungsfrei 176

Tipp 69 Insbesondere bei selbstständigen Jobs oft günstiger: Für kurze Zeit bei der Arbeitsagentur abmelden 176

Kapitel G: Die freiwillige Arbeitslosenversicherung für Selbstständige, pflegende Angehörige und Beschäftigte außerhalb der EU 178

Tipp 70 Freiwillige Arbeitslosenversicherung: Die Anspruchsvoraussetzungen für eine Mitgliedschaft 179

Tipp 71 Weiterversicherung bei Auslandsbeschäftigung: Für welche Länder die freiwillige Versicherung gilt – Migranten müssen auf ihre Aufenthaltserlaubnis achten 182

Tipp 72 Beiträge gestiegen – Leistungen noch immer recht hoch – Arbeitslosengeld I nach freiwilliger Versicherung wird meist fiktiv bemessen 183

Kapitel H: Hilfen der Arbeitsagenturen zur Existenzgründung 187

Tipp 73 Für arbeitslose Existenzgründer: Gründungszuschuss beantragen .. 187

Tipp 74 Nicht übereilt in die Selbstständigkeit starten – Erst testen – dann gründen! 191

Kapitel I: Renten-, Pflege- und Krankenversicherung für Arbeitslose 193

Tipp 75 Arbeitslosigkeit und Rente: Wer ALG I bekommt, erwirbt auch Rentenansprüche 193

Tipp 76 Wer bisher nicht rentenversicherungspflichtig war: Pflichtversicherung kann beantragt werden 194

Tipp 77 Auch wer keine Unterstützung bekommt: Arbeitslosmeldung kann Rentenansprüche bringen – Arbeitsuche muss nachgewiesen werden 195

Tipp 78 Riester-Zulagen gibt es auch für Arbeitslose – Karge Ansprüche nicht in den Wind schreiben 197

Tipp 79 An die Kranken- und Pflegeversicherung denken – Wer Geldleistungen der Ämter erhält, ist weiterhin versichert 198

Tipp 80 Wichtig für privat Versicherte: Wechsel in gesetzliche Krankenversicherung möglich – Agentur für Arbeit übernimmt aber auch Beiträge zur privaten Versicherung 203

Kapitel J: Tipps für arbeitslose Mütter und Väter 205

Tipp 81 Wenn Jugendliche arbeitslos oder ohne Ausbildungsplatz sind: Länger Kindergeld für Söhne und Töchter – Höheres Arbeitslosengeld I für die Eltern 205

Tipp 82 Auch wenn Ihre Kinder in Ankara oder Zagreb leben: Kindergeldanspruch bringt Ihnen erhöhtes ALG I 211

Tipp 83 Bei Arbeits- oder Bildungsangeboten für Eltern: Kinderbetreuung muss gesichert sein – Aber: Nur in Ausnahmefällen wird Verfügbarkeit überprüft 214

Tipp 84 Für schwangere Arbeitslose: Für Mutterschaftsgeld ist die Krankenkasse zuständig 216

Tipp 85 Wenn das ALG I vor der Mutterschutzfrist ausläuft: Zeitweise Abmeldung bei der Agentur kann Mutterschaftsgeld sichern 217

Tipp 86 Für Eltern von Kleinkindern: Elternzeit kann Anspruch auf ALG I bringen 219

Tipp 87 Durch Zwischenbeschäftigung in der Elternzeit: Anspruch auf Arbeitslosengeld I 220

Tipp 88 Wichtig für arbeitslose Eltern kleiner Kinder: Gleichzeitiger Bezug von Elterngeld und ALG I ist möglich – aber oft nicht ratsam 221

Kapitel K: Tipps für ältere Arbeitslose 224

Tipp 89 ALG I wird bis zum 65. Geburtstag gezahlt – Wer vorzeitig in Rente geht, steht sich meist schlechter 224

Tipp 90 Arbeitslosenrente gibt es meist nur mit hohen Abschlägen – Wann (erwerbslose) Ältere vorzeitig Rente erhalten können 226

Tipp 91 Erleichterte Bedingungen nur noch für »Altfälle« – Ältere Arbeitslose müssen dem Arbeitsmarkt meist voll zur Verfügung stehen – und haben die gleichen Rechte wie Jüngere 229

Tipp 92 Ab 50 gibt es mehr Rechte bei der Arbeitsförderung: Arbeitsagentur stockt bei Jobaufnahme niedrigen Lohn auf – Zuschüsse auch zur Rentenversicherung 231

Kapitel L: Tipps für andere Personengruppen 234

Tipp 93 Für Arbeitslose, die Vollzeitstellen hatten:
Wer künftig nur Teilzeitarbeit sucht, verschenkt ALG I 234

Tipp 94 Arbeitslos nach Wehr- oder Zivildienst:
Meist nur bescheidenes ALG I nach Dienstende 235

Tipp 95 Für erwerbslose Studierende:
Nur in Ausnahmefällen gibt es ALG I 235

Tipp 96 Bei dauerhaften gesundheitlichen Problemen:
Wenn die Krankenkasse nicht mehr zahlt,
springen die Arbeitsagenturen vorübergehend ein 238

Tipp 97 Bei Aufnahme einer Beschäftigung im anderen EU-Ausland:
An die soziale Absicherung bei Rückkehr denken –
Bis zu drei Monate gibt es ALG I auch in anderen EU-Staaten 240

Kapitel M: Wenn eine Sperrzeit droht 243

Tipp 98 Wer selbst kündigt, riskiert eine Sperrzeit –
Wann Arbeitslosengeld I gesperrt wird 243

Tipp 99 Strafkonto wie in Flensburg –
Bei 21 Sperrzeitwochen wird ALG I ganz gestrichen 245

Tipp 100 Auch Sperrzeiten »verjähren« – Zwölf Wochen nach
Arbeitsplatzverlust gibt es stets Arbeitslosengeld I 245

Tipp 101 Sperrzeiten bei Kündigungen sind häufig nicht gerechtfertigt –
Widerspruch und Klage lohnen sich dann oft 247

Tipp 102 In Härtefällen müssen Sperrzeiten verkürzt werden –
Aus zwölf können sechs Wochen Sperrzeit werden 249

Tipp 103 Bei längerer Sperrzeit und Bedürftigkeit:
Arbeitslosengeld II beantragen 250

Kapitel N: Arbeitslosengeld II, Wohngeld und andere Leistungen 252

Tipp 104 Krankenkasse, Wohngeld- und Finanzamt –
Wer arbeitslos wird, sollte nicht nur an die Arbeitsagentur denken 252

Tipp 105 Für Bezieher von Arbeitslosengeld I:
Manchmal gibt es zusätzlich noch Arbeitslosengeld II 255

Tipp 106 Wenn das Arbeitslosengeld I ausläuft: Was Sie noch rechtzeitig
vor einem Antrag auf ALG II regeln sollten...................... 258

Kapitel O: Nach der Arbeitslosigkeit ... 261

Tipp 107 Wenn Sie eine Stelle finden:
An die Abmeldung bei der Arbeitsagentur denken ... 261

Tipp 108 Wenn Ihr neuer Job Ihnen nicht passt:
Bleiben Sie weiterhin arbeitsuchend gemeldet ... 262

Tipp 109 Wenn Sie mit der neuen Stelle nicht zurechtkommen:
Kurzschlussreaktionen vermeiden ... 262

**Kapitel P: Arbeitslos, doch nicht wehrlos –
Wie Sie Ihre Rechte durchsetzen** ... 264

Tipp 110 Gegen Bescheide von den Ämtern:
Widerspruch und Klage lohnen sich ... 264

Tipp 111 Gemeinsam sind auch Arbeitslose stärker –
Wo Arbeitslose sich schlau machen können ... 267

Stichwortverzeichnis ... 273

Das ist neu

NEU

Seit der 12. Auflage der »111 Tipps für Arbeitslose«, die im Juni 2009 erschienen ist, gab es wiederum zahlreiche Änderungen des Arbeitsförderungsrechts, die eine Neuauflage dieses inzwischen in einer Gesamtauflage von mehr als einer Million Exemplaren erschienenen Ratgebers erforderlich machten.

Bei den Änderungen handelt es sich zum Teil um eine Verlängerung von Arbeitsförderungsinstrumenten und bestehenden Regeln. Dies betrifft insbesondere das Kurzarbeitergeld. Die Bundesagentur für Arbeit und das Bundesarbeitsministerium haben unter dem Motto »Einsatz für Arbeit« eine erfolgreiche Kampagne zur Nutzung des Instruments »Kurzarbeitergeld« geführt, durch die die Auswirkungen der Krise auf den deutschen Arbeitsmarkt erheblich gemildert wurden. Viele Regeln zur Kurzarbeit – etwa die vollständige bzw. teilweise Übernahme der Sozialversicherungsbeiträge für Kurzarbeiter durch die Arbeitsagentur – wurden bis Ende März 2012 verlängert. Bis dahin kann Kurzarbeit von den Betrieben auch unter erleichterten Bedingungen in Anspruch genommen werden. Andere »Sonderregeln« laufen dagegen stufenweise aus. Das folgende Kapitel A der »111 Tipps« gibt einen Überblick zum aktuellen Stand bei der Kurzarbeit.

Die zweite entscheidende Neuerung betrifft die freiwillige Arbeitslosenversicherung, die inzwischen »Pflichtversicherung auf Antrag« heißt. Diese wurde 2006 versuchsweise und bis Ende 2010 befristet für Selbstständige und Auslandsbeschäftigte eingeführt sowie – bereits damals auf Dauer – für pflegende Angehörige. Nun wurde die anfängliche Befristung aufgehoben. Zudem wurden zahlreiche Detailregelungen geändert. Insbesondere wurden die Beiträge für Selbstständige und Auslandsbeschäftigte drastisch angehoben. In Kapitel G der »111 Tipps« finden Sie einen Überblick über dieses Angebot der Arbeitslosenversicherung.

Neben diesen bedeutenden Rechtsänderungen gab es zahlreiche Modifikationen von Details des Arbeitsförderungsrechts bzw. »benachbarter« Rechtsgebiete, die vielfach in der Öffentlichkeit kaum wahrgenommen wurden. Ein Überblick:

Bei Eintritt der Arbeitslosigkeit

- Die Auszahlung einer Abfindung kann ins Folgejahr verschoben werden, um Steuern zu sparen, hat der Bundesfinanzhof entschieden (→ Tipp 12).
- Nach einer Entscheidung des Europäischen Gerichtshofs müssen bei der Berechnung der Kündigungsfrist nun auch Beschäftigungszeiten bis zum 25. Lebensjahr mitgerechnet werden (→ Tipp 11).
- Nach einer neuen Entscheidung des Bundesarbeitsgerichts gilt auch für Klagen, die sich »nur« gegen die Kündigungsfrist (und nicht gegen die Kündigung selbst) richten, eine Dreiwochenfrist (→ Tipp 9).
- Das auf dem (normalen) Konto eingegangene Arbeitslosengeld (ALG) I kann 14 Tage lang nicht gepfändet werden – und steht damit dem Empfänger zur freien

Verfügung. Andere Regeln gelten, wenn das Konto in ein Pfändungsschutzkonto umgewandelt wurde. Dann besteht für mindestens 985,15 € Pfändungsschutz. Der Schutz gilt jeweils für einen Monat (→ Tipp 24).

Regeln zum Umgang mit der Arbeitsagentur

- Bis Ende 2011 können Arbeitslose von den Arbeitsagenturen noch Vermittlungsgutscheine zur Inanspruchnahme der Dienste von privaten Job-Maklern erhalten (→ Tipp 30).
- Die Regelungen zur freien Förderung (§ 10 SGB III alter Fassung) wurden zum 1.1.2010 gestrichen. Eine freie Förderung von Bildungsmaßnahmen ist allerdings nach wie vor im Rahmen des Vermittlungsbudgets möglich (→ Tipp 32).
- Arbeitslose können mittlerweile per »Check-In« ihr Bewerberangebot von zu Hause aus ins Internet einstellen (→ Tipp 26).

Anspruch auf ALG I

- Arbeitnehmer, die überwiegend Jobs ausgeübt haben, die auf maximal sechs Wochen befristet waren, haben bereits nach sechs Versicherungsmonaten Anspruch auf ALG I (→ Tipp 43).
- Wer für die Angehörigenpflege eine Auszeit vom Job nimmt, kann – bei Verfügbarkeit – grundsätzlich ALG I erhalten (→ Tipp 41).
- Wer seine Auszeit für die Pflege über die maximal sechsmonatige Pflegezeit hinaus verlängert, kann sich auf eigenen Antrag freiwillig arbeitslosenversichern. Die Entscheidung hierfür muss innerhalb von drei Monaten (vorher: ein Monat) getroffen werden (→ Tipp 70).

Höhe des ALG I

- Für Arbeitslose, die aufgrund einer ausnahmsweise auf sechs Monate verkürzten Anwartschaft ALG I erhalten (→ Tipp 43), bestimmt ggf. das Entgelt von 90 Kalendertagen (statt 150 Tagen) die ALG-I-Höhe (→ Tipp 51).
- Durch Arbeitszeitverkürzungen aufgrund einer Vereinbarung zur Beschäftigungssicherung wird der Anspruch auf ALG I nicht gemindert. Diese Regelung wurde bis Ende März 2012 verlängert (→ Tipp 50).
- Ein Wechsel in die 2010 neu eingeführte Lohnsteuerklasse »IV Faktor« wird von den Arbeitsagenturen anerkannt. Dies gilt auch dann, wenn die Betroffenen kurz vor Eintritt der Arbeitslosigkeit oder in der Zeit, in der sie bereits ALG I beziehen, in Klasse »IV Faktor« wechseln (→ Tipp 61).
- Durch die Lohnsteuerklasse »IV Faktor« werden nun erstmals individuelle Steuerfreibeträge bei der Berechnung des ALG I berücksichtigt. Dies gilt allerdings – was möglicherweise verfassungswidrig ist – nur für verheiratete Arbeitslose (→ Tipp 62).

Sonderregelungen für ältere Arbeitslose

- Die Regelungen zur so genannten Entgeltsicherung, durch die Lohneinbußen von Arbeitnehmern ab 50 in ihrem neuen Job abgefedert werden sollen, wurden bis Ende 2011 verlängert (→ Tipp 92).
- Auch die Regelungen zum Eingliederungszuschuss für Ältere gelten nun für Beschäftigungsverhältnisse, die bis Ende 2011 begründet werden (→ Tipp 92).

Kapitel A
Kurzarbeit statt Entlassung

NEU!

- Ab dem 1. April 2012 gilt wieder als eine Voraussetzung für den Bezug von Kurzarbeitergeld (KuG): Mindestens ein Drittel der im Betrieb beschäftigten Arbeitnehmer müssen von einem Arbeitsausfall, durch den mehr als zehn Prozent des monatlichen Bruttoentgelts verloren gehen, betroffen sein (→ Tipp 1).
- Wenn der Anspruch auf konjunkturelles KuG im Krisenjahr 2009 entstanden ist, wird das KuG maximal 24 Monate lang gezahlt. Ist der Anspruch 2010 entstanden, beträgt die maximale Bezugsdauer 18 Monate. Ab Beginn der Kurzarbeit im Jahr 2011 gilt dann wieder die reguläre Bezugsdauer von sechs Monaten, falls der maximale KuG-Bezug nicht per Verordnung nach Redaktionsschluss auf zwölf Monate erhöht wird (→ Tipp 1).
- Die neue Steuerklasse »IV Faktor« kann Verheirateten ein höheres KuG bringen (→ Tipps 1 und 61/62)
- Bis zum 31. März 2012 erstatten die Arbeitsagenturen den Arbeitgebern in den ersten sechs Monaten der Kurzarbeit generell die Hälfte und ab dem 7. Monat der Kurzarbeit sogar die vollen Beiträge, die für das Kurzarbeitergeld abgeführt werden müssen. Danach entfällt dieser Zuschuss (→ Tipp 1).
- Noch bis Ende März 2012 wird auch die Weiterbildung während der Kurzarbeit besonders gefördert. Arbeitgeber, die ihre Kurzarbeiter in Weiterbildungskurse schicken, erhalten dann die vollen Sozialversicherungsbeiträge erstattet (→ Tipp 1).
- Noch bis Ende März 2012 kann Kurzarbeit auch uneingeschränkt für Leiharbeitnehmer beantragt werden (→ Tipp 1).
- Das Saison-KuG gibt es im Gerüstbaugewerbe bis 2011 schon ab Anfang November (statt ansonsten ab Anfang Dezember). Es kann daher in dieser Branche auch im Winter 2011/2012 noch fünf (statt sonst vier) Monate lang gezahlt werden (→ Tipp 4).
- Vor der Überführung von Beschäftigten in eine Transfergesellschaft und der Inanspruchnahme von Transfer-Kurzarbeitergeld müssen die Betriebsparteien (Arbeitgeber und Betriebsräte) jetzt stets den Rat der Arbeitsagenturen einholen, es besteht also eine neue Beratungspflicht (→ Tipp 5).
- Von Arbeitslosigkeit bedrohte Arbeitnehmer, die in eine Transfergesellschaft überwechseln wollen, müssen sich nun stets zuvor bei der Arbeitsagentur arbeitsuchend melden und in der Regel auch zuvor an einer Maßnahme zur Feststellung der Eingliederungsaussichten (Profiling) teilgenommen haben. In Ausnahmefällen kann das Profiling im ersten Monat nach dem Übergang in die Transfergesellschaft nachgeholt werden (→ Tipp 5).

1

Tipp 1

Entlassung – nein Danke:

Wenn's im Betrieb kriselt, kommt zunächst oft Kurzarbeit in Frage

Wenn im Betrieb die Arbeit ausgeht, müssen nicht gleich Entlassungen folgen. Zunächst sollte das Instrument der Kurzarbeit eingesetzt werden. Das bringt auch dem Arbeitgeber Vorteile. Denn wenn sich später wieder mehr Aufträge einstellen, muss die Firma nicht mühsam neues Personal beschaffen und einarbeiten.

Was ist Kurzarbeit?

Bei Kurzarbeit wird vereinbart, dass die Arbeitszeit reduziert und der Lohn entsprechend gesenkt wird. Dies kann für den ganzen Betrieb oder auch für einzelne Abteilungen erfolgen. Die Lohnsenkung wird durch das (konjunkturelle) Kurzarbeitergeld von der Arbeitsagentur abgefedert. Die Agentur kann Kurzarbeitergeld (KuG) zahlen, wenn durch den Arbeitsausfall mehr als zehn Prozent des monatlichen Bruttoentgelts verloren gehen (Mindestanforderung). Ab dem 1. April 2012 kommt nach dem derzeitigen Rechtsstand zu dieser Mindestanforderung – wie schon früher – noch eine weitere hinzu: Dann müssen auch mindestens ein Drittel der im Betrieb beschäftigten Arbeitnehmer (Auszubildende sind dabei nicht mitzuzählen) von dem mehr als zehnprozentigen Arbeitsausfall betroffen sein, damit KuG gezahlt werden kann.
Falls der Arbeitsausfall bei 100 Prozent liegt, spricht man übrigens von »Kurzarbeit Null«. Die Kurzarbeit ist grundsätzlich auf sechs Monate begrenzt. Sie kann aber durch eine Rechtsverordnung des Bundesarbeitsministeriums bei »außergewöhnlichen Verhältnissen« auf bis zu 24 Monate ausgedehnt werden. Das ist 2009 in der Wirtschafts- und Finanzkrise auch geschehen. Die Bezugszeit des KuG für Arbeitnehmer, deren Kurzarbeit im Jahr 2010 begann, beträgt maximal 18 Monate. Das regelt die Verordnung des Bundesarbeitsministeriums über die Bezugsfrist für das Kurzarbeitergeld vom 8. Dezember 2009, die das Ministerium auf Grundlage von § 182 SGB III erlassen hat. Voraussichtlich wird der KuG-Bezug ab 2011 per Verordnung auf maximal zwölf Monate festgelegt. Bei Redaktionsschluss stand dies aber noch nicht fest.

Kommt Kurzarbeit nur für größere Betriebe in Frage?

Nein. Sie gilt für Betriebe aller Größenordnungen – selbst für einen Kleinstbetrieb mit nur einem Beschäftigten. Voraussetzung ist nur, dass der Arbeitsausfall auf wirtschaftlichen Ursachen oder einem unabwendbaren Ereignis (wie einem Brand oder Hochwasser) beruht und voraussichtlich vorübergehend ist.
Tipp: Gerade in Kleinbetrieben, die in der Regel keinen Betriebsrat haben, wird oft nicht an Kurzarbeit gedacht. In Krisensituationen sieht der Arbeitgeber hier häufig nur die Möglichkeit der Entlassung. In diesem Fall sollten die Arbeitnehmer ihrem Chef vorschlagen, die Möglichkeit der Kurzarbeit zu prüfen. Mitarbeiter der Arbeitsagentur können dabei ins Unternehmen eingeladen werden, um zu erklären, wie die Kurzarbeit funktioniert.

Wer meldet Kurzarbeit an?

In der Regel der Arbeitgeber, in Ausnahmefällen aber auch der Betriebsrat. Der Betriebsrat, der ohnehin bei der Einführung von Kurzarbeit ein Mitbestimmungsrecht hat, kann Kurzarbeit beispielsweise als Alternative zu Entlassungen ins Spiel bringen. Beispiel: Ein Unternehmen will nach einem Auftragseinbruch ein Fünftel der Belegschaft entlassen. Der Betriebsrat will dagegen für die gesamte Belegschaft bei der Arbeitsagentur Kurzarbeit anmelden. Können sich Arbeitgeber und Betriebsrat in dieser Sache nicht einigen, kann der Betriebsrat die so genannte Einigungsstelle anrufen. Diese entscheidet dann verbindlich.

Wie hoch ist das Kurzarbeitergeld?

Das KuG ersetzt rund zwei Drittel des ausfallenden Verdienstes der betroffenen Arbeitnehmer; genau ersetzt es 60 bzw. 67 Prozent des entfallenen Nettolohns. Der höhere Satz gilt – wie beim Arbeitslosengeld I (siehe Tipps 50 und 58) – für Beschäftigte mit Kind. In der Regel fällt während der Kurzarbeit die Arbeit allerdings nicht – wie bei »Kurzarbeit Null« – vollständig weg. Im Schnitt werden die Arbeitszeit und der Bruttolohn um etwa ein Drittel gekürzt. In diesem Fall erhalten Arbeitnehmer zum einen den Zwei-Drittel-»Kurzlohn« für die Teilzeitbeschäftigung. Hinzu kommt dann noch das Kurzarbeitergeld der Arbeitsagentur und möglicherweise noch ein Aufstockungsbetrag des Arbeitgebers. Solche Aufstockungen zum KuG sind in etlichen Tarifverträgen und Betriebsvereinbarungen festgeschrieben.

Spielt auch die Steuerklasse eine Rolle?

Ja. Wie hoch das KuG genau ausfällt, hängt – wie beim Arbeitslosengeld I – auch von der Steuerklasse ab (siehe Tipps 59 bis 62). Für Verheiratete fällt das Kurzarbeitergeld deshalb höher aus, wenn sie in Steuerklasse III statt in Steuerklasse IV eingeordnet sind. Von Vorteil für verheiratete Kurzarbeiter ist oft auch die Steuerklasse »IV Faktor« (siehe Tipp 61). Normalerweise haben die Steuerklassen nur (relativ) geringe Auswirkungen. Denn wer aufgrund einer »schlechten« Steuerklasse zu viel Abgaben an den Staat zahlt, kann sich diese im Folgejahr durch die Einkommensteuererklärung zurückholen. Für Kurzarbeiter bleibt es aber beim einmal ausgezahlten Kurzarbeitergeld. Nachzahlungen wegen einer ungünstigen Steuerklasse gibt es nicht. Generell gelten bei der Berechnung des KuG die gleichen Regeln wie bei der Berechnung des Arbeitslosengeldes (siehe Tipp 50). Es gibt aber eine Ausnahme: Die »Regelungen über den Zeitpunkt der Zuordnung der Lohnsteuerklassen und den Steuerklassenwechsel« gelten für die Berechnung des Kurzarbeitergeldes nicht. Das bestimmt § 179 Abs. 1 SGB III. Entscheidend für das Kurzarbeitergeld ist die Lohnsteuerklasse, die der Arbeitgeber aufgrund der Eintragung auf der Lohnsteuerkarte für den maßgeblichen Anspruchszeitraum angibt. Das kann aber keinen verheirateten Arbeitnehmer daran hindern, noch rechtzeitig vor Beginn der Kurzarbeit die Steuerklasse zu wechseln und so eventuell mehr KuG zu erhalten. Ob das von Vorteil ist, kann am besten ein Steuerberater oder Lohnsteuerhilfeverein beurteilen.

An wen wird Kurzarbeitergeld ausgezahlt?

Das KuG beantragt der Arbeitgeber für die betroffenen Arbeitnehmer. Es wird von der Arbeitsagentur an die Firma überwiesen und von dort an die Kurzarbeiter ausgezahlt. Dabei können natürlich Fehler passieren. Deshalb tun Betroffene gut daran, selbst eine Kontrollrechnung zu machen. Dabei hilft ihnen ein Kurzarbeitergeld-Rechner. Im Internet findet man diesen u. a. bei: http://kugrechner.arbeitsagentur.de/index.php

Kann die Kurzarbeit auch zur Weiterbildung genutzt werden?

Ja. Weiterbildung während der Kurzarbeit ist äußerst sinnvoll und wird für Arbeitgeber bis Ende März 2012 besonders gefördert – und zwar durch die Übernahme von Sozialversicherungsbeiträgen durch die Arbeitsagenturen. Normalerweise muss der Arbeitgeber 80 Prozent der Sozialversicherungsbeiträge tragen, die auf den ausfallenden Lohn in der Kurzarbeit entfallen (zu den Sozialversicherungsbeiträgen der Arbeitnehmer siehe Tipp 2). Bis zum 31. März 2012 erstatten die Arbeitsagenturen den Arbeitgebern allerdings in den ersten sechs Monaten der Kurzarbeit generell die Hälfte und ab dem 7. Monat der Kurzarbeit sogar alle Beiträge zur Sozialversicherung, die für das Kurzarbeitergeld anfallen. Noch günstiger ist die Regelung bis Ende März 2012, wenn mindestens die Hälfte der ausfallenden Arbeitszeit zur Qualifizierung der kurzarbeitenden Arbeitnehmer genutzt wird. Arbeitgebern werden dann auf Antrag sofort die vollen Sozialversicherungsbeiträge erstattet.

DGB-Ratgeber zu Kurzarbeit und Weiterbildung

Mehr Informationen hierzu finden Sie im DGB-Ratgeber »Kurzarbeit und Weiterbildung – Tipps für die betriebliche Praxis«, der die gesetzlichen Änderungen zur Kurzarbeit und die Förderung von Weiterbildung nach dem 1.2.2009 erläutert (siehe Tipp 111).

Wie können Arbeitnehmer ansonsten die freie Zeit in der Kurzarbeit nutzen?

Wer kurzarbeitet, hat in der ausfallenden Arbeitszeit keinen Urlaub. Im Prinzip müssen Kurzarbeiter damit rechnen, dass sie von ihrem Chef z. B. am Donnerstagnachmittag für den folgenden Freitag zur Arbeit abberufen werden. Oftmals ist allerdings in Betriebsvereinbarungen zur Kurzarbeit geregelt, wie lange im Voraus der Arbeitgeber die Abberufung zur Arbeit ankündigen muss. Wenn klar ist, dass Kurzarbeiter etwa nur in jeder zweiten Kalenderwoche arbeiten, kann ohne Weiteres geregelt werden, dass Kurzarbeiter in der arbeitsfreien Woche frei über ihre Zeit verfügen können – etwa auch zu einem Besuch von Verwandten am Bodensee.

Gibt es Auflagen der Arbeitsagentur zur Verfügbarkeit?

Eine »Residenzpflicht« – also eine Pflicht zur Anwesenheit am Wohnort – haben Empfänger von Kurzarbeitergeld (anders als Bezieher von Arbeitslosengeld I) gegenüber der Arbeitsagentur nicht. Wo sich die Betroffenen während der Kurzarbeit aufhalten und was sie tun, interessiert die Bundesagentur für Arbeit nicht – »es sei denn, sie würden schwarz arbeiten oder eine Nebenbeschäftigung aufnehmen«, so Adriana Galunic von der Bundesagentur für Arbeit. Grundsätzlich gilt zwar: Kurzarbeiter müssen auch bereit sein, zumutbare Arbeitsangebote der Arbeitsagentur anzunehmen. Doch für die Agenturen hat die Vermittlung von Arbeitslosen Vorrang. Praktisch kommt es somit nur relativ selten vor, dass Kurzarbeitern Beschäftigungen außerhalb des Stammbetriebes angeboten werden.

Welche Pflichten haben Kurzarbeiter denn gegenüber der Arbeitsagentur?

Sie haben vor allem »Mitwirkungspflichten«. § 172 Abs. 3 Satz 1 des Dritten Sozialgesetzbuchs regelt: Arbeitnehmer sind vom Kurzarbeitergeldbezug ausgeschlossen, »wenn und solange sie bei einer Vermittlung nicht in der von der Agentur für Arbeit verlangten und gebotenen Weise mitwirken«. Praktisch bedeutet das: Falls die Betroffenen zu einem Beratungsgespräch bei der Bundesagentur für Arbeit (BA) eingeladen werden, müssen sie dort erscheinen und eine Arbeitsaufnahme dürfen sie nicht grundsätzlich ablehnen. Wenn sich ein KuG-Bezieher »beharrlich weigert«, in dieser Weise mitzuwirken, wird ihm für »die Dauer der Weigerung« das Kurzarbeitergeld gestrichen, heißt es in der Geschäftsanweisung (GA) der Bundesagentur für Arbeit zum Kurzarbeitergeld.

Kurzarbeit auch für Ausbildungsabsolventen und Leiharbeitnehmer

Arbeitslos nach Ausbildungsabschluss – so geht es gerade in der aktuellen Krise vielen Ausbildungsabsolventen. Um diesen Trend zu stoppen, hat der Gesetzgeber die Übernahme ausgelernter Arbeitskräfte durch den Ausbildungsbetrieb erleichtert. Wird im Betrieb, wo die Ausbildung gerade beendet wurde, oder in einem anderen Betrieb kurzgearbeitet, können die Betroffenen nämlich unmittelbar nach ihrem Ausbildungsende dort anfangen und sofort in Kurzarbeit gehen. Für die jungen Fachkräfte ist dies im Regelfall besser als nicht übernommen zu werden bzw. keine Stelle zu haben. »Im Ergebnis trifft dies auch auf Studienabgänger zu, so dass hier die gleichen Regelungen zur Anwendung kommen«, schreibt die BA in ihrer Geschäftsanweisung.
Außerdem kann die Kurzarbeit bis Ende März 2012 auch uneingeschränkt für Leiharbeitnehmer beantragt werden. Das regelt § 11 Abs. 4 Satz 3 des Arbeitnehmerüberlassungsgesetzes. Damit sollen Verleihunternehmen auch bei konjunkturellen Krisen die Möglichkeit erhalten, Leiharbeitnehmer im Arbeitsverhältnis zu halten.

! Tipp 2
Bei Kurzarbeit gibt es kaum Nachteile bei der Sozialversicherung

Kurzarbeiter müssen Einkommenseinbußen hinnehmen. Bei der sozialen Absicherung ändert sich allerdings relativ wenig.

2

Kranken- und Pflegeversicherung

Gesetzlich Versicherte: Der Versicherungsschutz besteht während der Kurzarbeit weiter. Dies gilt auch dann, wenn während der Kurzarbeitsmonate die Arbeit ganz ruht und gar kein Lohn fließt (»Kurzarbeit Null«) und die Betroffenen selbst keine Versicherungsbeiträge zahlen. Auch für Kinder und den Ehepartner, die gegebenenfalls über den Arbeitnehmer kostenfrei familienversichert sind, ändert sich nichts.
Privat Versicherte: Auch hier gibt es durch die Kurzarbeit keine Änderung, selbst wenn sich dadurch für PKV-Versicherte das Gehalt so verringert, dass sie sich eigentlich (wieder) gesetzlich versichern müssten. »Falls das Einkommen während der Kurzarbeit unter die Versicherungspflichtgrenze sinkt, spielt dies keine Rolle«, erklärt Thomas Methler von der Knappschaft. Dies wurde im Gemeinsamen Rundschreiben der Spitzenverbände der Gesetzlichen Krankenversicherung vom 8. März 2007 festgelegt. Danach ist für die Zeit der Unterbrechung einer Beschäftigung – und dazu zählt auch die Kurzarbeit – »ein (fiktives) regelmäßiges Arbeitsentgelt in der Höhe anzusetzen, in der es ohne die Unterbrechung erzielt worden wäre«.
Privat Versicherte haben dann aber auch keine Wahlfreiheit. »Die Kurzarbeit kann also auch niemand nutzen, um wieder zurück in die gesetzliche Krankenversicherung zu kommen«, so Methler. Sollten die betroffenen Kurzarbeiter allerdings schließlich ihren Job verlieren, werden sie als Bezieher von Arbeitslosengeld I wieder versicherungspflichtig.
Leistungen im Krankheitsfall: Wer während der Kurzarbeit krank wird, hat (nur) Anspruch auf eine sechswöchige Fortzahlung des Kurzlohns – und zusätzlich auf die Fortzahlung des Kurzarbeitergeldes. Anschließend wird Krankengeld von der Krankenkasse gezahlt. Dieses wird nach den gleichen Regeln berechnet, nach denen diese Leistung in der Zeit vor der Kurzarbeit berechnet worden wäre. Maßgebend ist das regelmäßige Arbeitsentgelt, das die Betroffenen »zuletzt vor Eintritt des Arbeitsausfalles« erzielt hatten. Demnach gibt es also für Kranke zumindest ein gleich hohes Krankengeld, egal ob sie vorher kurzgearbeitet haben oder nicht.

Arbeitslosenversicherung

Ansprüche: Während der Kurzarbeit wird kein Anspruch auf Arbeitslosengeld (ALG) I aufgebraucht. Im Gegenteil: Arbeitnehmer erwerben oft sogar erst durch die Kurzarbeit einen Anspruch auf die Versicherungsleistung. Denn Kurzarbeiter sind weiterhin arbeitslosenversichert, auch wenn sie dafür bei »Kurzarbeit Null« gar keine eigenen Beiträge zahlen. Besonders wichtig ist dies für Berufsanfänger.
Hierzu ein Beispiel: Ein Ingenieur ist nach seinem Studium erst neun Monate sozialversichert beschäftigt. Dann beginnt es im Job zu kriseln und Entlassungen stehen zur Diskussion. Würde der Ingenieur gekündigt, so könnte er kein ALG I beanspruchen. Denn dieses gibt es erst nach einer mindestens zwölfmonatigen sozialversicherungspflichtigen Beschäftigung innerhalb der letzten beiden Jahre (siehe Tipp 41). Der Ingenieur wäre damit allenfalls – bei finanzieller Bedürftigkeit – auf Hartz IV angewiesen.
Entscheidet sich der Betrieb aber zunächst gegen Entlassungen und für Kurzarbeit, so sieht die Sache anders aus: Schon nach drei Monaten Kurzarbeit erfüllt der Ingenieur die (zwölfmonatige) Anwartschaftszeit auf ALG I. Selbst wenn er danach entlassen wird, hat er immerhin Anspruch auf die Versicherungsleistung.

Höhe des ALG I: Falls nach der Kurzarbeit doch Entlassungen anstehen, so wirkt sich normalerweise die Kurzarbeit nicht auf die Höhe des später gezahlten Arbeitslosengeldes I aus. Denn das niedrigere Einkommen während der Kurzarbeit mindert das spätere ALG I nicht.
Anders ist dies aber, wenn Arbeitnehmer vor der Kurzarbeit häufig Überstunden geschoben haben. Normalerweise gilt nämlich: Bei der Berechnung des ALG I wird das volle beitragspflichtige Arbeitsentgelt berücksichtigt – egal ob dieses nur in der regulären Arbeitszeit oder auch durch Überstunden erzielt wurde (siehe Tipp 50). Anders wird die Zeit der Kurzarbeit bewertet. Für diese ist nach dem Gesetz das Arbeitsentgelt zugrunde zu legen, das der Betroffene »ohne den Arbeitsausfall und ohne Mehrarbeit erzielt hätte« (§ 131 Abs. 3 Nr. 1 SGB III).
Hierzu ein Beispiel: Im letzten halben Jahr vor der Kurzarbeit hat ein Arbeitnehmer im Schnitt 3300 € brutto verdient, 300 € davon waren Entgelt für Mehrarbeit. Dann macht er ein halbes Jahr Kurzarbeit und wird danach arbeitslos. Bei der Berechnung des ALG I werden für diese Zeit pro Monat (nur) 3000 € berücksichtigt. Das maßgebliche durchschnittliche Arbeitsentgelt lag damit in den letzten zwölf Monaten vor dem Bezug von ALG I (und auf diesen Zeitraum kommt es an) bei 3150 €. Entsprechend niedriger fällt deshalb dann auch das ALG I aus. Es beträgt – je nachdem, ob ein Kind zu versorgen ist oder nicht – 60 bzw. 67 Prozent vom maßgeblichen Entgelt.

2

Rentenversicherung

Anwartschaft: Auch durch Zeiten von Kurzarbeit werden – wie durch »normale« Beschäftigungszeiten – Rentenansprüche erworben.
Rentenhöhe: Wer kurzarbeitet, muss allerdings bei der Rente geringfügige Einbußen hinnehmen. Denn die Rentenversicherungsbeiträge werden auf Basis von 80 Prozent des geminderten Bruttoverdienstes gezahlt.
Dazu ein Beispiel eines Beschäftigten aus den alten Bundesländern. Er verdiente vor der Kurzarbeit als Vollzeitbeschäftigter monatlich 2667 € brutto – dies entsprach genau dem Durchschnittseinkommen aller Rentenversicherten im Jahr 2010 (Durchschnittsjahreseinkommen = 32 003 €). 19,9 Prozent von seinem Einkommen wurden als Beiträge an die Rentenversicherung abgeführt. Monatlich waren dies 530,73 €. Diesen Betrag hat er sich mit seinem Arbeitgeber geteilt.
Dann kam Kurzarbeit. Dabei verdiente er bei halbierter Arbeitszeit monatlich nur genau die Hälfte, also 1333,50 € brutto. Auf dieser Grundlage wurden jetzt seine Rentenversicherungsbeiträge für den Kurzlohn berechnet. Monatlich waren dies – beim Beitragssatz von 19,9 Prozent – 265,37 €, die er sich wiederum mit seinem Arbeitgeber teilte.
Zu den Beiträgen für den Kurzlohn kamen noch die Beiträge für das Kurzarbeitergeld hinzu. Sie berechneten sich so: Die Differenz zwischen dem vollen Gehalt und dem Kurzlohn betrug in diesem Fall 1333,50 €. 80 Prozent hiervon sind 1066,80 €. Auf dieser Grundlage berechnen sich die Rentenversicherungsbeiträge für das Kurzarbeitergeld. 19,9 Prozent von 1066,80 € sind 212,29 €. Diesen Betrag überwies der Arbeitgeber an die Rentenversicherung.
Für jeden Monat der Kurzarbeit flossen damit statt 530,73 € nur (265,37 plus 212,29 =) 477,66 € auf das Rentenkonto. Die Beiträge fielen damit hier um genau zehn Prozent niedriger aus. Normalerweise – also ohne Kurzarbeit – wäre für den Durchschnittsverdiener aufgrund seiner Rentenbeiträge für 2010 die später zu erwartende Mo-

natsrente um genau einen Entgeltpunkt gestiegen. Dieser ist derzeit – Anfang 2011 – 27,20 € wert. Wenn der Arbeitnehmer mit den hier angenommenen Werten das ganze Jahr 2010 kurzgearbeitet hätte, würde seine zu erwartende Monatsrente um ein Zehntel weniger erhöht. Statt um 27,20 € würde seine Rente also nur um 24,48 € steigen. Die Kurzarbeit hätte ihm dann also später eine Renteneinbuße in Höhe von 2,72 € pro Monat gebracht.

Nachteile beim Elterngeld

Werdende Eltern, die längere Zeit kurzarbeiten, haben später beim Elterngeld das Nachsehen. Für die Berechnung dieser Leistung zählt nämlich nur, was die Antragsteller in den zwölf Kalendermonaten vor der Geburt des Kindes (bzw. vor Beginn der Mutterschutzfrist) als Gehalt erzielt haben. Andere Einkünfte – wie beispielsweise Kurzarbeitergeld – bleiben dabei laut Auskunft des Bundesfamilienministeriums außen vor. Wer kurzarbeitet, dessen anzurechnendes Einkommen sinkt deshalb.

Hierzu ein Beispiel: Im maßgebenden 12-Monats-Zeitraum vor Beginn der Mutterschutzfrist hat eine Arbeitnehmerin sechs Monate lang 1500 € netto verdient, in den anderen sechs Monaten hat sie als Kurzlohn 500 € netto und dazu 670 € Kurzarbeitergeld erhalten. Bei der Berechnung des Verdienstes während der Kurzarbeit wird nur der gekürzte Lohn (hier: 500 €) berücksichtigt. Bei »Kurzarbeit Null« würde diese sogar mit dem Wert »0« in die Berechnung des Elterngelds eingehen.

Im Beispielfall kommt die Betroffene im 12-monatigen Bemessungszeitraum im Schnitt auf anrechenbare Einkünfte von nur 1000 € netto (statt auf 1500 € ohne Kurzarbeit). Ihr Elterngeld fällt deshalb später monatlich um gut 300 € niedriger aus.

Fazit: Wenn möglich sollten Beschäftigte, die Nachwuchs erwarten, von der Kurzarbeit ausgenommen werden.

!

Tipp 3

Nebenjob und Kurzarbeit:

Nebenjob, der vor der Kurzarbeit aufgenommen wird, mindert das Kurzarbeitergeld nicht

Bei Kurzarbeit müssen Beschäftigte eine Einkommensminderung hinnehmen. Sie können aber ihre Einkünfte durch einen Nebenjob erhöhen. Günstig ist es dabei, wenn man den Job bereits vor Beginn der Kurzarbeit antritt.

Ist ein Nebenjob während der Kurzarbeit überhaupt erlaubt?

Grundsätzlich ja. Er muss sich allerdings mit der (reduzierten) Arbeit im Stammbetrieb vereinbaren lassen. Die Arbeitsagenturen können Kurzarbeitern sogar (Neben-) Beschäftigungen anbieten und die Betroffenen sind zur Annahme dieser Jobs verpflichtet. Dies regelt § 172 des Dritten Sozialgesetzbuchs (SGB III). Danach müssen Kurzarbeiter sogar mit einer Sperrzeit rechnen, wenn sie während der Kurzarbeit eine von der Agentur angebotene zumutbare Beschäftigung ablehnen. Häufiger wird es allerdings passieren, dass Kurzarbeiter selbst einen Nebenjob finden. Dieser muss dann sofort angemeldet werden – und zwar beim Lohnbüro in der Stammfirma oder bei der Arbeitsagentur.

Was ist arbeitsrechtlich bei einem Nebenjob zu beachten?

Die Betroffenen müssen sich an die üblichen arbeitsrechtlichen Regeln für Nebenjobs halten. Das bedeutet vor allem: Ein Nebenjob bei der Konkurrenz muss für sie tabu sein und sie dürfen auch bei einer freiberuflichen Nebentätigkeit ihrem Stammarbeitgeber keine Konkurrenz machen.

3

Wie wirkt sich der Lohn aus dem Nebenjob auf das Kurzarbeitergeld aus?

Das hängt ganz davon ab, wann der Job aufgenommen wurde. Viel bringt er, wenn er rechtzeitig angetreten wurde.

Was bedeutet »rechtzeitig«?

Nach dem Gesetz kommt es darauf an, ob die Nebenbeschäftigung »während des Bezugs von Kurzarbeitergeld« aufgenommen wurde – oder schon vorher. Geregelt ist das in § 179 Abs. 3 SGB III.
Wurde die Nebenbeschäftigung bereits vorher angetreten, so darf sie auf das Kurzarbeitergeld nicht angerechnet werden. In Kommentaren zum SGB III wird sogar die Position vertreten, dass es reicht, wenn der Arbeitsvertrag für den Nebenjob – und noch nicht die eigentliche Nebentätigkeit – vor dem Beginn der Kurzarbeit abgeschlossen wurde. Dies wird etwa in dem von Klaus Niesel herausgegebenen Kommentar zum SGB III vertreten (3. Auflage, München 2005, § 179, Randziffer 25). Auf der sicheren Seite ist jedoch jeder, der vor der Kurzarbeit nicht nur einen Arbeitsvertrag über einen Nebenjob unterzeichnet, sondern bereits mit der Arbeit begonnen hat. Dies wird auf Anfrage auch von der Bundesagentur für Arbeit bestätigt, bei der zu erfahren ist, »dass es reicht, wenn der Nebenjob einen oder zwei Tage vor dem Bezug des Kurzarbeitergelds angetreten wurde«.

Was bedeutet das praktisch?

Kurzarbeit wird in der Regel nicht von heute auf morgen aufgenommen. Wer beispielsweise am 9. April erfährt, dass in seinem Betrieb ab Mai Kurzarbeit geplant ist, kann sich sofort auf die Suche z. B. nach einem Mini-Job machen. Wer noch vor Mai kurzfristig einen 400-Euro-Job beginnt, kann so einen erheblichen Teil des Einkommensausfalls kompensieren.

Was ist, wenn der Nebenjob erst während der Kurzarbeit angetreten wird?

Auch dann erhöht sich das verfügbare Einkommen der Betroffenen noch durch den Nebenjob. Es gelten jedoch relativ harte Anrechnungsregeln.
Auch dazu ein Beispiel: Ein Arbeitnehmer verdiente Anfang 2009 regulär 2600 € brutto. Mit Kind und Steuerklasse I kam er monatlich netto auf 1607,30 €. Dann wurde er auf »Kurzarbeit Null« gesetzt. Ohne Nebenjob hätte er monatlich 1077,89 € Kurz-

arbeitergeld erhalten. Doch er nahm einen Job auf, in dem er monatlich 800 € brutto verdiente. Die Nettoeinkünfte aus dem Nebenjob durfte er voll behalten – das waren 636 €. Die Leistung der Arbeitsagentur sank jedoch – und zwar nicht um diesen Betrag, sondern nur um das »fiktive« Kurzarbeitergeld, das bei einem Bruttoentgelt von 800 € gezahlt würde. Dies waren 423,44 €. Diese wurden von seinem regulären Kurzarbeitergeld (1077,89 €) abgezogen. Somit verblieben davon 654,45 €.
Zusammen mit den Einkünften aus dem Nebenjob hatte der Kurzarbeiter jetzt 1290,45 € zur Verfügung. Vor der Kurzarbeit waren es 1607,30 € netto. Unterm Strich kam er mit dem Nebenjob also auf 80,3 Prozent seiner Nettoeinkünfte aus der Zeit vor der Kurzarbeit.

Was ist, wenn jemand einen schon existierenden Nebenjob aufstockt?

Das kommt jetzt häufiger vor: Ein Arbeitnehmer hat vor der Kurzarbeit beispielsweise einen 400-Euro-Nebenjob ausgeübt. Während der Kurzarbeit jobbt er nun doppelt so lange und verdient monatlich 800 €. In diesem Fall gibt es bei der Einkommensanrechnung sozusagen ein »Mischverfahren«. Die vorher bereits nebenher verdienten 400 € bleiben anrechnungsfrei. Der Mehrbetrag wird – wie oben geschildert – auf das Kurzarbeitergeld angerechnet.

Bei Kurzarbeit Geld für den Fiskus zurücklegen
Progressionsvorbehalt führt zu höherem Steuersatz

Vom Kurzarbeitergeld (KuG) und vom ALG I werden zwar keine Steuern abgeführt, dennoch droht denjenigen, die diese Leistungen beziehen, im nächsten Jahr eine Steuernachzahlung. Die entscheidende Regelung steht in § 32 b des Einkommensteuergesetzes. Darüber prangt die Überschrift »Progressionsvorbehalt«. Dieser betrifft nicht nur das Kurzarbeitergeld, sondern auch eine ganze Reihe von Sozialleistungen – wie Arbeitslosengeld I, Krankengeld und das 2007 neu eingeführte Elterngeld. Auch Altersteilzeitler müssen aufpassen. Denn für den Aufstockungsbetrag des Arbeitgebers zu ihrem Teilzeitlohn gilt diese Regelung ebenfalls:
Die genannten Leistungen selbst sind zwar nicht steuerpflichtig. Wer in einem Kalenderjahr bei »Kurzarbeit Null« nur Kurzarbeitergeld bezieht, muss davon also keine Steuern abführen. Wer aber weitere Einnahmen hat, muss mit einer Steuernachzahlung rechnen. Denn nach dem Einkommensteuergesetz ist dann auf das steuerpflichtige Einkommen ein »besonderer Steuersatz anzuwenden«.
Ein Beispiel: Die Arbeitszeit eines kinderlosen Kurzarbeiters wurde für das komplette Krisenjahr 2009 auf die Hälfte reduziert. Entsprechend niedriger fielen seine Bruttobezüge aus. Er verdiente monatlich statt 2500 nur noch 1250 € brutto – auf das ganze Jahr gesehen also 15 000 €. Von diesen Bruttobezügen führte sein Arbeitgeber 2009 insgesamt (bei Steuerklasse I, ohne Kind) 648 € als Lohnsteuer an das Finanzamt ab. Das reicht allerdings nicht, da der Betroffene 2009 monatlich als Ersatz für den wegfallenden Nettolohn 378,34 € als Kurzarbeitergeld erhielt. Auf das Jahr gesehen waren dies 4540,08 €. Davon mussten zwar keine Steuern gezahlt werden. Der Progressionsvorbehalt beim Kurzarbeitergeld sorgte jedoch dafür, dass das zu versteuernde Einkommen mit einem höheren Prozentsatz besteuert wurde. Im Beispielsfall ergab sich dadurch für das Jahr 2009 eine zusätzliche Steuerschuld von insgesamt gut 650 €. Der Beispiel-Arbeitnehmer musste damit 2010 mehr als 600 € an Steuern nachzahlen.

Bei höherem Kurzarbeitergeld fallen natürlich auch weit höhere Nachzahlungsbeträge an. Besonders viel sollten verheiratete kurzarbeitende Beschäftigte mit einem gut verdienenden Ehepartner fürs Finanzamt zurücklegen.

Getrennte Veranlagung vorteilhaft?
Ehepaare können sich bei der Steuer frei zwischen einer getrennten oder gemeinsamen Steuerveranlagung entscheiden. Wählen die Partner die Variante »getrennt«, so werden beide steuerlich ähnlich wie Singles behandelt. Gerade wenn einer der Partner in einem Kalenderjahr nur Leistungen bezieht, die dem Progressionsvorbehalt unterliegen, kann sich dies lohnen. Denn das Kurzarbeiter- oder das Elterngeld (oder andere Leistungen) wirken sich dann nicht auf den Steuersatz des voll verdienenden Ehepartners aus. Ob die getrennte Veranlagung von Vorteil ist, sollte am besten ein Steuerberater oder – meist weit preiswerter – ein Lohnsteuerhilfeverein beurteilen.

Schummeln lohnt sich nicht
Die Höhe des im letzten Jahr bezogenen Mutterschafts-, Eltern-, Kranken- oder Arbeitslosengeldes I wird in der Anlage N zur Steuererklärung in Zeile 27 unter »andere Lohn- und Entgeltersatzleistungen« eingetragen. »Schummeln« lohnt sich dabei nicht. Denn die Finanzämter sind meist ohnehin informiert. Die Sozialleistungsträger müssen nämlich nach dem Gesetz jeweils bis zum 28. Februar eines Jahres den Finanzämtern per Datenfernübertragung die Höhe der gewährten Leistungen und den Leistungszeitraum mitteilen.
Etwas anders läuft die Sache beim Kurzarbeitergeld ab: Hier muss der Arbeitgeber nach § 41 des Einkommensteuergesetzes die dafür ausgezahlte Summe am Ende des Kalenderjahrs auf der Lohnsteuerkarte bzw. Lohnsteuerbescheinigung ausweisen.

!

Tipp 4

Für erwerbslose Bauarbeiter im Winter:

Das Saison-Kurzarbeitergeld

Wer auf dem Bau oder im Garten- und Landschaftsbau arbeitet und im Winter keine Arbeit hat, braucht sich nicht arbeitslos zu melden. Denn im April 2006 wurde das Saison-Kurzarbeitergeld eingeführt. Diese Leistung ersetzt den betroffenen Arbeitnehmern bei saisonbedingtem Arbeitsausfall in der Schlechtwetterzeit von Anfang Dezember (im Gerüstbaugewerbe übergangsweise bis 2011 schon von Anfang November) bis Ende März etwa zwei Drittel des ausfallenden Nettolohns – wobei das Arbeitsverhältnis bestehen bleibt. Die Voraussetzung: Der Arbeitsausfall muss »auf wirtschaftlichen oder witterungsbedingten Gründen oder einem unabwendbaren Ereignis« beruhen und »vorübergehend und nicht vermeidbar« sein. Als nicht vermeidbar gilt auch »ein Arbeitsausfall, der überwiegend branchenüblich, betriebsüblich oder saisonbedingt ist« (§ 175 Abs. 5 SGB III).
Das frühere besondere Arbeitslosengeld für Saisonarbeitskräfte und das Winterausfallgeld wurden abgeschafft.
Hier ein Überblick über die wichtigsten Regelungen des Saison-Kurzarbeitergeldes:

Leistungsbereich: Die Leistung steht bisher nur Arbeitnehmern zu, die in einem Betrieb des Baugewerbes arbeiten. Darunter versteht man nach dem neu gefassten

4

§ 175 Abs. 2 SGB III einen Betrieb, »der gewerblich überwiegend Bauleistungen auf dem Baumarkt erbringt. Bauleistungen sind alle Leistungen, die der Herstellung, Instandsetzung, Instandhaltung, Änderung oder Beseitigung von Bauwerken dienen.« Nach den aktuellen Baubetriebs- und Winterbeschäftigungs-Verordnungen gehören ausdrücklich auch die Betriebe des Gerüstbau- und Dachdeckerhandwerks sowie des Garten- und Landschaftsbaus zu den Unternehmen, in denen Arbeitnehmer das Saison-Kurzarbeitergeld bekommen können. Nicht dazu gehören jedoch – wie das Gesetz ausdrücklich festlegt – »Betriebe, die überwiegend Bauvorrichtungen, Baumaschinen, Baugeräte oder sonstige Baubetriebsmittel ohne Personal Betrieben des Baugewerbes gewerblich zur Verfügung stellen oder überwiegend Baustoffe oder Bauteile für den Markt herstellen, sowie Betriebe, die Betonentladegeräte gewerblich zur Verfügung stellen«.
Antragstellung: Den Antrag stellt im Regelfall der Arbeitgeber. Dabei muss dieser – soweit es einen Betriebsrat gibt – eine Stellungnahme der betrieblichen Interessenvertretung beifügen. In Ausnahmefällen kann auch der Betriebsrat den Antrag auf (Saison-)Kurzarbeitergeld stellen. Das bestimmt § 323 Abs. 2 SGB III. Der Antrag muss bei Arbeitsausfall nicht unbedingt sofort eingereicht werden. Eine Antragstellung ist nach § 325 SGB III auch noch innerhalb »einer Ausschlussfrist von drei Kalendermonaten« rückwirkend möglich.
Zahlungsdauer: Die Leistung kann jährlich maximal vier (im Gerüstbauerhandwerk bis März 2012: fünf) Monate lang gewährt werden.
Leistungshöhe: Die Arbeitsagentur ersetzt kinderlosen Arbeitnehmern 60 Prozent des ausfallenden Nettolohns. Arbeitnehmern mit Kindern steht ein höherer Leistungssatz zu: 67 Prozent (siehe Tipp 1). Es gelten hier die gleichen Regeln wie beim »normalen« konjunkturellen Kurzarbeitergeld.
Anrechnung auf ALG I: Der Anspruch auf das ALG I wird durch den Bezug von Saison-Kurzarbeitergeld nicht angetastet. Wenn ein Arbeitnehmer unmittelbar nach dem Bezug von Saison-Kurzarbeitergeld arbeitslos wird, drohen diesem auch bei der Höhe der Arbeitslosenunterstützung keine Nachteile. Die Zeit des Kurzarbeitergeldbezugs wird nämlich bei der Bemessung des ALG I nicht berücksichtigt.
Anrechnung von Nebeneinkommen: Generell gilt: Was Bezieher von Kurzarbeitergeld während des Leistungsbezugs hinzuverdienen, wird voll auf die Leistung angerechnet. Das Saison-Kurzarbeitergeld wird dann also entsprechend gekürzt. Einkünfte aus einem Nebenjob, der schon in der Zeit vor dem Bezug von Saisonkurzarbeitergeld bestand, werden nicht angerechnet (siehe Tipp 2).
Sozialversicherung und Steuer: Hier gelten die gleichen Regeln wie beim normalen konjunkturellen Kurzarbeitergeld (siehe Tipps 2 und 3).

Alternativen zum Saisonkurzarbeitergeld: Zuschuss- und Mehraufwands-Wintergeld

Soweit Arbeitnehmer ihre auf Arbeitszeitkonten angesparte Arbeitszeit in den beschäftigungslosen Wintermonaten »aufbrauchen« und deshalb kein Saison-Kurzarbeitergeld in Anspruch nehmen, erhalten sie nach § 175 a SGB III ein Zuschuss-Wintergeld von bis zu 2,50 € (im Gerüstbauerhandwerk: 1,03 €) pro ausgefallener Arbeitsstunde. Dieser Zuschuss ist sozialversicherungs- und steuerfrei – unterliegt aber dem steuerlichen Progressionsvorbehalt (siehe Tipp 3). Dadurch soll ein Anreiz geschaffen werden, um Arbeitszeitkonten zur Flexibilisierung der Arbeitszeit zu nutzen. Die Finanzierung dieses Zuschusses erfolgt durch eine Umlage in Be-

trieben des Baugewerbes. Die Industriegewerkschaft Bauen-Agrar-Umwelt hat entsprechende Regelungen mit den Arbeitgebern des Bauhauptgewerbes vereinbart.
Die Ausgleichskasse des Baugewerbes fördert auch die Weiterarbeit im Winter mit bis zu einem Euro pro Arbeitsstunde. Dieses Mehraufwands-Wintergeld wird in der Zeit vom 15. Dezember bis zum letzten Kalendertag im Februar für jede geleistete berücksichtigungsfähige Arbeitsstunde an Arbeitnehmer gezahlt, »die auf einem witterungsabhängigen Arbeitsplatz beschäftigt sind. Berücksichtigungsfähig sind im Dezember bis zu 90, im Januar und Februar jeweils bis zu 180 Arbeitsstunden« (§ 175 a Abs. 3 SGB III).

Tipp 5

Wenn Kündigungen bevorstehen:

Transfer-Kurzarbeitergeld kann Bezug von Arbeitslosengeld I vermeiden oder hinauszögern

Wenn alle Bemühungen um den Erhalt von Arbeitsplätzen ausgereizt sind und betriebsbedingte Kündigungen bevorstehen, bleibt oft nur noch ein Mittel, um Arbeitslosigkeit (vorerst) zu vermeiden und den Übergang in eine neue Beschäftigung zu beschleunigen: Betriebsräte und Unternehmensleitung vereinbaren in Sozialplanverhandlungen den Übergang (Transfer) von Beschäftigten in eine »betriebsorganisatorisch eigenständige Einheit« – eine so genannte Transfergesellschaft.
Sie fungiert als vorübergehender Ersatz-Arbeitgeber. Ihre Aufgabe: Sie soll durch »geeignete Maßnahmen« – wie etwa Coachings, Bewerbungstrainings, Arbeitsmarktseminare, Jobbörsen, berufliche Qualifizierungen (auch bei anderen Arbeitgebern) – dafür sorgen, dass sich die Eingliederungsaussichten der Betroffenen auf dem Arbeitsmarkt verbessern. Arbeitnehmer in solchen rechtlich selbstständigen Transfergesellschaften erhalten von der Arbeitsagentur für maximal zwölf Monate das so genannte Transferkurzarbeitergeld (nach § 216 b SGB III). Es ist genauso hoch und wird genauso berechnet wie das »normale« konjunkturelle Kurzarbeitergeld (siehe Tipps 1–3). Allerdings beziehen die Teilnehmer in den Transfergesellschaften neben dem KuG keinen Kurzlohn. Sie arbeiten ja in diesen Gesellschaften auch nicht – es handelt sich um »Kurzarbeit Null«. Ihr Kurzarbeitergeld wird jedoch in vielen Fällen vom früheren Arbeitgeber aufgestockt – in der Regel auf 80 bis 85 Prozent ihres früheren Lohns. Ob es eine Aufstockung gibt und wie hoch diese ausfällt, wird im (Transfer-)Sozialplan vereinbart.
Bevor sich Betriebsrat und Arbeitgeber aber im Sozialplan für eine Transfergesellschaft und die Inanspruchnahme von Transfer-Kurzarbeitergeld entscheiden, müssen sie jetzt zwingend den Rat bei der Arbeitsagentur einholen. Das bestimmt eine seit Anfang 2011 geltende Neuregelung in § 216 b Abs. 1 Nr. 4 SGB III. Eine weitere wichtige Voraussetzung für die Übernahme in eine Transfergesellschaft ist, dass der (Ex-)Arbeitgeber mindestens 50 Prozent der eigentlichen Maßnahmekosten trägt. Bei Transferkurzarbeit in einer Transfergesellschaft ist allein der Betrieb Auftraggeber für die Personaldienstleistungen, die von der Transfergesellschaft erbracht werden. Die Arbeitsagentur finanziert lediglich das Transfer-KuG. Außerdem kann sie (bis 2013) ggf. noch für Qualifizierungen Mittel des Europäischen Sozialfonds zur Verfügung stellen. Qualifizierungen

sollten in Transfergesellschaften im Vordergrund stehen. So können Ungelernte einen beruflichen Abschluss erlangen und vielfach können so qualifikationsgerechte Beschäftigungen gefunden werden.

Noch vor der Überleitung in eine Transfergesellschaft – und somit vor dem Bezug von Transfer-KuG – müssen sich die betroffenen Arbeitnehmer persönlich bei der Arbeitsagentur arbeitsuchend melden. Das bestimmt eine weitere Neuregelung in § 216 b Abs. 4 SGB III. Außerdem müssen sie möglichst bis dahin an einer »arbeitsmarktlich zweckmäßigen Maßnahme zur Feststellung der Eingliederungsaussichten« teilgenommen haben. Konnten diese Profilingmaßnahmen (siehe dazu auch Tipp 16) in Ausnahmefällen nicht rechtzeitig durchgeführt werden, so muss dies innerhalb eines Monats nach der Überleitung in die Transfergesellschaft nachgeholt werden.

Kein Transfer-KuG gibt es, wenn Arbeitnehmer nur vorübergehend in einer formal selbstständigen Gesellschaft zusammengefasst werden, um anschließend an einen anderen Arbeitsplatz in dem gleichen oder einem anderen Betrieb des ursprünglichen Unternehmens/Konzerns zu wechseln. Von dem Bezug von Transfer-KuG ausgeschlossen sind auch alle Arbeitnehmer, die nicht arbeitslosenversichert sind. Außerdem werden auch diejenigen vorübergehend vom Bezug ausgeschlossen, die gegen Mitwirkungspflichten gegenüber der Arbeitsagentur verstoßen (siehe Tipp 1).

Für die betroffenen Arbeitnehmer liegen die wichtigsten Vorteile einer Transfergesellschaft und des Bezuges von Transfer-KuG darin, dass so

- Arbeitslosigkeit (vorerst noch) vermieden wird,
- Bewerbungen noch aus einem bestehenden Beschäftigungsverhältnis erfolgen,
- professionelle Hilfe beim beruflichen Neuanfang erfolgt,
- zunächst noch kein zeitlich begrenztes Arbeitslosengeld I aufgebraucht wird.

Sollte während des maximal 12-monatigen Bezuges von Transfer-KuG keine Vermittlung in eine neue Arbeitsstelle erfolgt sein, so werden die Betroffenen arbeitslos – und haben dann noch Anspruch auf die volle Dauer des ihnen zustehenden ALG I.

Übrigens: Die Entscheidung für den Übergang in eine Transfergesellschaft muss nicht mit der Entscheidung gegen eine Abfindung verbunden sein. Arbeitnehmer können also im Rahmen von Sozialplanregelungen sowohl Abfindungen zugesprochen bekommen also auch in Transfergesellschaften überwechseln. Ob Transfergesellschaften wirklich eine drohende Arbeitslosigkeit vermeiden können, hängt neben den wirtschaftlichen Rahmenbedingungen entscheidend von ihrer Qualität ab. Billig-Anbieter mit schlechter Betreuung oder geringen Qualifizierungsbudgets bringen nicht viel. Es kommt daher auf Qualitätsstandards an, wie sie beispielsweise die IG Metall Küste entwickelt hat (siehe Heft 9/2010 der Sozialen Sicherheit in Tipp 111).

Die IG Metall Küste hat in Folge der Werftenkrise reichhaltige Kenntnisse bei der Umsetzung von Transfermaßnahmen gesammelt. So ging etwa 2009 die Schichau Seebeck Shipyard in Bremerhaven in Insolvenz. 277 Beschäftigte kamen in eine Transfergesellschaft. Mit ihrer Hilfe konnten sich zwei Drittel von ihnen trotz des Krisenjahres innerhalb von nur fünf Monaten eine neue berufliche Perspektive erschließen.

Ein anderes Beispiel: Im August 2009 sind 2292 Mitarbeiter(innen) der ehemaligen WADAN-YARDS-Werften in Wismar und Rostock-Warnemünde in zwei Transfergesellschaften gewechselt. Diese beendeten ihre Tätigkeiten nach einem Jahr. Rund die Hälfte hatte bis dahin ein neues sozialversicherungspflichtiges Beschäftigungsverhältnis. Die andere Hälfte musste in die Arbeitslosigkeit entlassen werden.

Kapitel B
Vor der Arbeitslosigkeit

NEU!

- Die Auszahlung einer Abfindung kann ins Folgejahr verschoben werden, um Steuern zu sparen, hat der Bundesfinanzhof entschieden (→ Tipp 12).
- Nach einer Entscheidung des Europäischen Gerichtshofs müssen bei der Berechnung der Kündigungsfrist nun auch Beschäftigungszeiten bis zum 25. Lebensjahr mitgerechnet werden (→ Tipp 11)
- Nach einer neuen Entscheidung des Bundesarbeitsgerichts gilt auch für Klagen, die sich »nur« gegen die Kündigungsfrist (und nicht gegen die Kündigung selbst) richten, eine Dreiwochenfrist (→ Tipp 9).
- Das auf dem (normalen) Konto eingegangene ALG I kann 14 Tage lang nicht gepfändet werden – und steht damit dem Empfänger zur freien Verfügung. Andere Regeln gelten, wenn das Konto in ein Pfändungsschutzkonto umgewandelt wurde. Dann besteht für mindestens 985,15 € Pfändungsschutz. Der Schutz gilt jeweils für einen Monat (→ Tipp 24).

Checkliste: Darauf sollten Sie achten, wenn Arbeitslosigkeit droht

... im Betrieb:

- Wenn die Lohnzahlung ausbleibt: An die soziale Absicherung im Pleitefall denken!
(→ Tipp 6)
- Zugeständnisse beim Lohn bringen später niedrigeres Arbeitslosengeld I – im Einzelfall kann man über Arbeitszeitverkürzung verhandeln.
(→ Tipp 6)
- Durch Kurzarbeit kann Ihr Arbeitsplatz unter Umständen erhalten bleiben.
(→ Tipp 1)
- Nach Erhalt der Kündigung bleiben Ihnen nur drei Wochen für die Kündigungsschutzklage.
(→ Tipp 9)
- Provozieren Sie keine vorzeitige fristlose Entlassung – sonst riskieren Sie eine Sperrzeit!
(→ Tipp 8)
- Vor allem bei Abfindungen: Die Kündigungsfrist muss eingehalten werden.
(→ Tipp 11)
- Schließen Sie keinen Aufhebungsvertrag ab!
(→ Tipp 13)
- Auf Abfindungen besteht kein Rechtsanspruch – bei Verhandlungen die Frist für eine Kündigungsschutzklage beachten!
(→ Tipp 12)
- Nehmen Sie Ihren Resturlaub in Anspruch – Abgeltung schadet bei der Arbeitsagentur.
(→ Tipp 10)

- Verhandeln Sie mit Ihrem (Noch-)Arbeitgeber über eine Freistellung!
  (→ Tipp 18)
- Bei Freistellung: Arbeitgeber sollte einseitig freistellen – keine Freistellungsvereinbarung unterzeichnen!
- Für die Arbeitsuche müssen Sie (in Maßen) freigestellt werden.
  (→ Tipp 17)
- Verlangen Sie rechtzeitig ein qualifiziertes Arbeitszeugnis!
  (→ Tipp 19)
- Lassen Sie sich frühzeitig die Arbeitsbescheinigung vom Arbeitgeber ausstellen und kontrollieren Sie diese!
  (→ Tipp 22)
- Die Herausgabe der Arbeitspapiere können Sie quittieren – Aber: Vorsicht bei Ausgleichsquittungen!
  (→ Tipp 9)
- Wenn Sie Ihren Arbeitsplatz aufgeben möchten, um mit Ihrem (Ehe-)Partner zusammenzuziehen: Beginnen Sie vor der Kündigung mit der Arbeitsuche!
  (→ Tipp 15)
- Ihr Arbeitgeber kann für Sie bei der Arbeitsagentur eine »Transferberatung« beantragen, damit Sie leichter einen neuen Job finden.
  (→ Tipp 16)

... bei der Arbeitsagentur, anderen Ämtern und der Gewerkschaft:

- Melden Sie sich sofort nach der Kündigung arbeitsuchend – sonst wird Ihr Arbeitslosengeld I später für eine Woche gesperrt.
  (→ Tipp 20)
- Klären Sie schnell ab, welche Dienstleistungen Sie von der Arbeitsagentur erwarten (Weiterbildungsförderung, Bewerbungstraining, Mobilitätshilfen...).
  (→ Tipp 26)
- Nutzen Sie die Dienstleistungen der Arbeitsagentur schon vor Beginn der »offiziellen« Arbeitslosigkeit
  (→ Tipp 20)
- Neben dem Arbeitslosengeld I haben Sie häufig Anspruch auf andere Sozialleistungen
  (→ Tipp 104)
- Gewerkschaftlicher Rechtsschutz ist bei Arbeitslosigkeit wichtiger denn je – niedrigere Gewerkschaftsbeiträge für Arbeitslose.
  (→ Tipp 25)
- Bei Krankheit am Entlassungstag: Krankengeld beantragen!
  (→ Tipp 23)
- Wenn die Arbeitsagentur verspätet zahlt: Abschlagszahlung beim Arbeitslosengeld I möglich.
  (→ Tipp 24)

!

Tipp 6

Wenn die Firma mit dem Lohn nicht rüberkommt:

An Anspruch auf Insolvenzgeld denken!

Knapp 22 000 Insolvenzen von Unternehmen wurden allein in den ersten acht Monaten des Jahres 2010 registriert. Wenn Arbeitnehmer nicht aufpassen, werden sie durch eine Pleite des Arbeitgebers gleich doppelt geschädigt: Sie verlieren nicht nur ihren Arbeitsplatz, sondern auch noch ausstehenden Lohn.

Sind Zahlungsrückstände des Arbeitgebers Vorboten einer Pleite?

Nicht immer, aber häufig. Arbeitnehmer fahren in jedem Fall besser, wenn sie – sicherheitshalber – zunächst einmal vom schlimmsten Fall ausgehen: der drohenden Insolvenz. Auch in diesem Fall sollte der Lohn für die geleistete Arbeit möglichst noch hereinkommen. Dabei kann vor allem die Arbeitsagentur helfen, die – falls das Insolvenzverfahren läuft oder mangels Masse nicht eröffnet wird – für ausstehende Löhne und Gehälter aus der Vor-Pleite-Zeit einsteht. Mit dem Insolvenzgeld, das eigentlich genauer »Vor-Insolvenz-Geld« heißen müsste – springen die Ämter für Ansprüche aus den drei Monaten vor der Insolvenz ein. Keinesfalls zahlen sie aber für Arbeitsentgelt nach Eröffnung des Insolvenzverfahrens. Durch das Insolvenzgeld ist in der Regel das volle Arbeitsentgelt der Betroffenen gesichert. Einzelheiten hierzu finden Sie im folgenden Tipp 7.

Gibt es Insolvenzgeld auch für Arbeitnehmer, die vor der Pleite den Betrieb schon verlassen haben?

Ja. Auch Arbeitnehmer, die ihren Lohn noch nicht bekommen haben und zum Zeitpunkt des Insolvenzantrags nicht mehr zum Pleiteunternehmen gehören, können Ansprüche erheben. Bei ihnen tritt die Arbeitsagentur für Lohnansprüche aus den letzten drei Monaten vor der Beendigung ihres Arbeitsverhältnisses ein. Ein Beispiel: Ein Unternehmen geht im Dezember Pleite, der Arbeitnehmer kündigt im September, weil die Firma ihm schon seit Juni keinen Lohn mehr gezahlt hat. Nach der Insolvenz tritt die Agentur auf Antrag für die ausstehenden Gehälter von Juni bis August ein. Falls aber auch im Mai kein Lohn überwiesen wurde, wird dieser nicht nachgezahlt.

Was ist zu beachten, wenn der Arbeitgeber in den Monaten vor der Insolvenz Teile des rückständigen Arbeitsentgelts zahlt?

Das passiert häufig. Ein Beispiel: Ein Arbeitgeber zahlt im Februar kein Gehalt, im März wird Gehalt überwiesen, im April und Mai nicht. Am 1. Juni meldet die Firma Insolvenz an. Der Insolvenzgeldzeitraum umfasst in diesem Fall die Zeit vom 1. März bis zum 31. Mai. Ausstehender Lohn aus diesem Zeitraum wird durch das Insolvenzgeld ersetzt. Der Februar liegt außerhalb dieses Zeitraums. Hätte die Firma durchgängig für die Zeit vom Februar bis Ende Mai keinen Lohn überwiesen, so wäre der Februar-Lohn verloren. Die Firma hat jedoch innerhalb des Insolvenzgeldzeitraums für einen Monat Lohn überwiesen (für März). Für solche Fälle regeln die Durchführungshinweise der Bundesagentur für Arbeit, dass Zahlungen des Arbeitgebers in der Dreimonatsfrist vor der Insolvenz »vorrangig« auf Ansprüche des Arbeitnehmers anzurechnen sind, die »vor dem Insolvenzgeldzeitraum liegen«. Im Beispielsfall würde das bedeuten: Die März-Zahlung des Arbeitgebers wird zunächst auf die Lohnansprüche des Arbeitnehmers vom Februar angerechnet. Damit hat der Betroffene im kompletten Insolvenzgeldzeitraum keinen anrechenbaren Lohn erhalten. Der ausgefallene Lohn für diesen Zeitraum wird damit durch das Insolvenzgeld vollständig ausgeglichen (zu den Einschränkungen siehe Tipp 7). Dies gilt selbst dann, wenn auf dem Überweisungsbeleg »Gehalt März« steht und auf der zugehörigen Lohnabrechnung das März-Gehalt ausgewiesen wird. Die Bundesagentur für Arbeit folgt hier einem BSG-Urteil vom 25.6.2002 (Az.: B 11 AL 90/01 R) zum damaligen Konkursausfallgeld. Das BSG wiederum hatte sich der Rechtsprechung des Europäischen Gerichtshofs angeschlossen (Urteil vom 14.7.1998, Az.: C-125/97).

Welche Fristen gelten beim Insolvenzgeld?

Geht die Firma Pleite, so muss das Insolvenzgeld (als Ersatz für ausstehendes Arbeitsentgelt) zügig beantragt werden – und zwar innerhalb von zwei Monaten nach Eröffnung des Insolvenzverfahrens. Häufig verpassen Arbeitnehmer, die schon vor der Pleite gekündigt haben, diese Frist – weil sie gar nichts von der Insolvenz erfahren haben. Dann sollten sie ausführlich begründen, wieso sie ohne eigenes Verschulden verspätet Insolvenzgeld beantragen.

Sollten Arbeitnehmer auf Lohn verzichten, um ihre Arbeitsplätze zu sichern?

Möglichst nicht. Dadurch verlieren sie nicht nur Lohn. Der Schuss geht in der Regel nach hinten los, wenn sie später doch den Arbeitsplatz verlieren. Denn durch die Lohnsenkung fällt dann später auch das Arbeitslosengeld I meist niedriger aus. Beschäftigte, die sich dennoch für einen Lohnverzicht entscheiden, sollten in jedem Fall auch auf einer Verkürzung ihrer Arbeitszeit bestehen – und zwar um mehr als 20 Prozent.

Lohnverzicht allenfalls bei drastischer Arbeitszeitverkürzung

In den meisten Fällen sichert auch ein Lohnverzicht die Arbeitsplätze nicht auf Dauer. Zudem bringt er Arbeitnehmern später Nachteile beim Arbeitslosengeld I – wenn der Arbeitsplatz doch verloren gehen sollte. Denn normalerweise richtet sich die Höhe des Geldes von der Arbeitsagentur nach dem Einkommen des letzten Versicherungspflichtjahres (siehe Tipp 51).

Das gilt jedoch nicht, wenn Arbeitnehmer zuletzt mit deutlich verkürzter Arbeitszeit tätig waren. In diesem Fall gilt eine Art »Bestandsschutz«. Das Arbeitslosengeld I wird dann nach dem höheren Gehalt berechnet, das vorher bezogen wurde. Von dieser Regelung nach § 130 Abs. 2 Nr. 4 SGB III können allerdings nur diejenigen profitieren, die ihre Arbeitszeit um mehr als 20 Prozent – mindestens aber um fünf Stunden wöchentlich – verkürzt haben und innerhalb der letzten 3 ½ Jahre mindestens sechs zusammenhängende Monate mit längerer Wochenarbeitszeit beschäftigt waren (siehe Tipp 57). Wenn jemand laut Arbeitsvertrag regulär 40 Stunden in der Woche arbeitet, reicht also eine Arbeitszeitverkürzung auf 32 Stunden nicht aus – denn das wären nur genau 20 Prozent weniger. Eine auf 31,9

Stunden verkürzte Arbeitszeit führt dagegen später beim Arbeitslosengeld I zum gesetzlichen Bestandsschutz (soweit die sonstigen Voraussetzungen erfüllt sind, siehe Tipp 57). Für die Berechnung der Leistung zählt dann später das Gehalt aus der 40-Stunden-Woche. Die Vereinbarung über die verkürzte Arbeitszeit sollte mit dem Arbeitgeber immer schriftlich getroffen werden.
Die skizzierte günstigere Berechnung des Arbeitslosengeldes I gilt, wenn Arbeitnehmer innerhalb der ersten 19 Monate nach der Arbeitszeitverkürzung ihren Job verlieren sollten. Danach würde das Arbeitslosengeld I nicht mehr auf Grundlage des früheren Vollzeit-Gehalts, sondern »fiktiv« bemessen. Entscheidend für die Höhe wäre dann die berufliche Qualifikation. Wie die fiktive Berechnung genau funktioniert, können Sie in Tipp 52 nachlesen.

Welche Auswirkungen hat ein zeitweiser Lohnverzicht für das Insolvenzgeld?

In der Regel wird auch das Insolvenzgeld niedriger ausfallen. Nach einer Entscheidung des Bundessozialgerichts vom 4. März 2009 kann diese missliche Folge des Lohnverzichts allerdings vermieden werden (Az.: B 11 AL 8/08). Im Streitfall hatte ein ehemaliger Arbeitnehmer eines Pleite gegangenen Küchenmöbelherstellers prozessiert und ein höheres Insolvenzgeld verlangt. 2002 hatten die rund 450 Mitarbeiter im Rahmen eines von der IG Metall abgeschlossenen Restrukturierungstarifvertrags auf Teile des Lohns, tarifliche Lohnerhöhungen, Urlaubs- und Weihnachtsgeld verzichtet. Sollte die Sanierung scheitern, sah der Vertrag vor, dass der Verzichts-Tarif unmittelbar gekündigt werden konnte und rückwirkend wieder die vollen Lohnansprüche geltend gemacht werden konnten. Als das Unternehmen ein Jahr später Insolvenz anmeldete, kündigte die IG Metall den Vertrag umgehend auf. Nach der Insolvenz beantragten die meisten Arbeitnehmer Insolvenzgeld – als Ersatz für den nicht gezahlten Lohn in den letzten drei Monaten vor der Pleite. Die Arbeitsagentur ersetzte ihnen per Insolvenzgeld jedoch nur die abgespeckten Sanierungslöhne. Zu Unrecht, wie das BSG nun – anders als die Vorinstanzen – befand.
Der Restrukturierungstarifvertrag sei im September 2003 »mit der Wirkung der Neuentstehung und unmittelbaren Fälligkeit aller verzichteten Lohnbestandteile gekündigt worden«. Daher konnten die Arbeitnehmer in den Monaten vor der Insolvenz einen höheren Lohn und mithin für den Lohnausfall auch ein höheres Insolvenzgeld beanspruchen. Allerdings gilt weiterhin – wie in allen anderen Fällen, in denen ein Arbeitnehmer Insolvenzgeld erhält –, dass diese Leistung nur das Entgelt ersetzt, das im Insolvenzgeldzeitraum (also in den letzten drei Monaten vor der Pleite) erarbeitet wurde. Nachzahlungen für die Zeit davor werden von der Arbeitsagentur nicht ersetzt – auch wenn die Arbeitnehmer noch entsprechende Ansprüche gegen den insolventen Arbeitgeber haben.

Aus dem Restrukturierungs-Tarifvertrag

Folgende Tarifvertragsformulierung befand das BSG als korrekt und sprach folglich dem betroffenen Arbeitnehmer ein höheres Insolvenzgeld zu: »Werden die vom Unternehmen vorgesehenen Modernisierungs- und Restrukturierungsmaßnahmen nicht oder nur unzureichend durchgeführt oder verweigern Kreditinstitute zugesagte Kredite oder kündigen sie bestehende oder droht eine Insolvenz, hat die IG Metall das Recht, diese Vereinbarung zu kündigen. Damit entstehen die ursprünglichen Ansprüche neu und werden unmittelbar fällig.«

6

Gibt es andere Möglichkeiten, einer Firma entgegenzukommen, die in echten Zahlungsschwierigkeiten steckt?

Zunächst sollte klar sein, woher die Zahlungsschwierigkeiten des Arbeitgebers kommen. Sind Arbeitnehmer davon überzeugt, dass es sich um einen zeitlich befristeten Zahlungsengpass handelt, kommt eventuell eine »zeitlich begrenzte Stundungsabrede« in Frage, wie der Berliner Rechtsanwalt Martin Hensche erläutert. »Der Vorteil für den Arbeitgeber besteht darin, dass er Zeit gewinnt und einen vielleicht schon anstehenden Gang zum Insolvenzgericht vermeiden kann.« Wichtig für den Arbeitnehmer: Seine Ansprüche bleiben dann in voller Höhe weiter bestehen. Damit – für den Fall der Pleite – keine Nachteile beim Arbeitslosengeld I entstehen, muss allerdings klar vereinbart werden, dass mit dem Ausscheiden aus dem Arbeitsverhältnis der gesamte gestundete Betrag fällig wird. Denn das SGB III regelt für den Fall, dass der Arbeitgeber dann doch nicht zahlen kann: »Arbeitsentgelte, auf die der Arbeitslose beim Ausscheiden aus dem Beschäftigungsverhältnis Anspruch hatte, gelten als erzielt, wenn sie zugeflossen oder nur wegen Zahlungsunfähigkeit des Arbeitgebers nicht zugeflossen sind.« (§ 131 Abs. 1 Satz 2)

Wie viel Zeit kann man dem Arbeitgeber zur Not lassen, um das ausstehende Gehalt zu überweisen?

Allenfalls zwei Monate. Schließlich muss man die Dreimonatsregel beim Insolvenzgeld beachten. Bei mehr als drei Monaten Zahlungsrückstand droht der Totalverlust älterer Ansprüche.

Wie kann man Druck auf einen säumigen Arbeitgeber ausüben?

Arbeitnehmer können rückständiges Gehalt beim Arbeitsgericht einklagen. Bei »erheblichen« Lohnrückständen haben Arbeitnehmer zudem ein »Zurückbehaltungsrecht«. Das heißt: Sie können die Arbeit einstellen, haben jedoch weiterhin – auch ohne Gegenleistung – Anspruch auf Arbeitsentgelt. Was als »erheblicher« Rückstand angesehen wird, schwankt von Arbeitsgericht zu Arbeitsgericht. Ein zweimonatiger Lohnrückstand wird von den Gerichten durchweg als erheblich angesehen. Wichtig: Wer das Zurückbehaltungsrecht wahrnimmt, muss vorab deutlich machen, warum er die Arbeit verweigert, nämlich – so das Bundesarbeitsgericht (BAG) in einem Urteil vom 25.10.1984 (Az.: 2 AZR 417/83) – »zur Sicherung eines bestimmten Individualanspruchs« (also der Lohnforderung). Das sollte – um den Eindruck eines Streiks zu vermeiden – nicht kollektiv geschehen. Vielmehr sollte jeder einzelne Arbeitnehmer in einem individuellen Schreiben seine persönlichen Ansprüche geltend machen.

Dürfen Arbeitnehmer fristlos kündigen, wenn der Lohn ausbleibt?

Ja – allerdings nur bei größeren Lohnrückständen (bei zwei ausstehenden Gehältern in jedem Fall). Bei einer fristlosen Kündigung gibt es dann auch keine Sperrzeit beim ALG I, weil der Arbeitnehmer einen wichtigen Grund hatte, um zu kündigen. Man muss allerdings gar nicht ausdrücklich kündigen, um ALG I zu erhalten. Wenn man das Zurückbehaltungsrecht wahrnimmt und der Arbeitgeber dennoch kein Gehalt zahlt, besteht nämlich Anspruch auf die Versicherungsleistung der Arbeitsagentur.

In diesem Fall besteht zwar das Arbeitsverhältnis möglicherweise noch weiter, die Betroffenen sind jedoch »beschäftigungslos« im Sinne von § 119 des Dritten Sozialgesetzbuchs (SGB III). Und das ist die grundsätzliche Voraussetzung für den Anspruch auf Arbeitslosengeld I. Ein Beschäftigungsverhältnis ist nämlich – so die Durchführungshinweise der Bundesagentur für Arbeit (BA) zu § 119 – »durch die Verfügungsbefugnis des Arbeitgebers und die Dienstbereitschaft des Arbeitnehmers« gekennzeichnet. Beides ist nicht mehr gegeben, wenn ein Arbeitnehmer sein Zurückbehaltungsrecht wahrnimmt. Die Betroffenen sollten sich daher umgehend arbeitslos melden und Arbeitslosengeld I beantragen. Darauf weist das von den Arbeitsagenturen herausgegebene Merkblatt »Insolvenzgeld für Arbeitnehmer« ausdrücklich hin. Der Arbeitsagentur sollte man dabei belegen, dass der Arbeitgeber nicht zahlt und man – vergeblich – versucht hat, seine Lohnansprüche durchzusetzen. Häufig dauert es in solchen Fällen lange, bis das Arbeitslosengeld I bewilligt wird – etwa weil der Arbeitgeber gar nicht aufzutreiben ist oder keine Arbeitsbescheinigung ausfüllt. Wichtig: Die (Beitrags-)Einzugsstelle der Krankenkasse kann in solchen Notfällen sozialversicherte Beschäftigungszeiten bescheinigen. Solange die Arbeitsagentur noch nicht zahlt, kann man sich in Notfällen vom Amt, das vor Ort für das Arbeitslosengeld II zuständig ist (siehe Tipps 105 und 106), durch ein Darlehen unterstützen lassen.

7

Ausschlussfristen beachten

Wenn Arbeitgeber Lohn, Gehalt oder auch Spesen nicht rechtzeitig überweisen, müssen Arbeitnehmer auch auf die so genannten Ausschlussfristen (auch Verfallsklauseln oder -fristen genannt) achten. Diese sind einzelvertraglich oder per Tarifvertrag geregelt. Zum Teil müssen danach Ansprüche an den Arbeitgeber innerhalb von zwei oder drei Monaten geltend gemacht werden – sonst verfallen sie. »Ausschlussfristen sind vor allem für den Arbeitnehmer brandgefährlich. Sie führen in der Praxis oft allein deshalb, weil der Arbeitnehmer sie nicht kennt, zu einem endgültigen Wegfall von Zahlungsansprüchen«, so der Berliner Anwalt Martin Hensche. Wer einen säumigen Arbeitgeber hat, sollte sich daher in jedem Fall nach den für ihn geltenden Fristen erkundigen.
Übrigens: Das Bundesarbeitsgericht hat entschieden, dass eine Ausschlussfrist von nur zwei Monaten in Arbeitsverträgen, die vom Arbeitgeber im Sinne Allgemeiner Geschäftsbedingungen verwandt werden, unzulässig und unwirksam ist (5 AZR 52/05).

! Tipp 7
Insolvenzgeld sichert Lohn für drei Monate

Anspruch auf Arbeitslosengeld I wird dadurch nicht verkürzt

Wenn Arbeitnehmer nach Eröffnung des Insolvenzverfahrens weiterarbeiten, ist ihr Arbeitsentgelt meist gesichert, weil die aktuellen Beschäftigtenansprüche dann vorrangig »bedient« werden müssen. Anders sieht es mit Ansprüchen aus der Vor-Pleite-Zeit aus. Denn in der Insolvenzordnung haben – anders als bei der früheren Konkursordnung – die »alten« (Gehalts-)Forderungen von Arbeitnehmern gegenüber anderen Forderungen an das Pleite-Unternehmen keinen Vorrang.

Deshalb springt für die letzten drei Monate vor Eröffnung des Insolvenzverfahrens die Arbeitsagentur mit dem Insolvenzgeld ein. Dieses heißt nicht nur anders als das Arbeitslosengeld I, es handelt sich auch um eine andere – und bessere – Leistung. Denn das Insolvenzgeld ersetzt das Nettogehalt in voller Höhe und nicht nur – wie das Arbeitslosengeld I – in Höhe von 60 oder 67 Prozent (siehe Tipp 50). Die Arbeitsagenturen zahlen genauso viel, wie dem Arbeitnehmer netto an Einkommen zustand. Lediglich für Bezieher höherer Gehälter gibt es eine Ausnahme: Seit 2004 wird das Insolvenzgeld höchstens auf Grundlage der Beitragsbemessungsgrenze bei der Arbeitslosenversicherung berechnet. Diese liegt 2011 bei 5500 € monatlich (West) bzw. 4800 € (Ost).

7

Zum berücksichtigungsfähigen Arbeitsentgelt, das für das Insolvenzgeld zählt, gehören neben dem laufenden Arbeitsentgelt:

- Überstundenvergütungen,
- Urlaubsentgelt einschließlich zusätzliches Urlaubsgeld,
- Auslagenersatz, z. B. für Reisekosten oder Spesen,
- Beitragszuschüsse des Arbeitgebers zu einer freiwilligen oder privaten Kranken- und Pflegeversicherung,
- Provisionen,
- Arbeitszeitguthaben.

Jahressondervergütungen wie Weihnachtsgeld, 13. oder weiteres Monatsgehalt und zusätzliches Urlaubsgeld werden berücksichtigt, wenn sie ganz oder teilweise für die Zeit der Insolvenzgeldzahlung beansprucht werden konnten. Sie zählen allerdings in der Regel nur anteilmäßig mit maximal drei Zwölfteln der Gesamtleistung.

Auch vorgestreckte Autoreparaturkosten können durch Insolvenzgeld gesichert sein

Nicht wenige Arbeitnehmer fahren – auch privat – einen Firmenwagen. In bestimmten Fällen sind dann auch Reparaturkosten, die die Betroffenen für den Arbeitgeber vorgestreckt haben, durch das Insolvenzgeld gedeckt, entschied das Bundessozialgericht am 8.9.2010. Dies gilt dann, wenn die Betroffenen den Firmenwagen nicht nur zum privaten Gebrauch, sondern auch für den Einsatz in ihrem Betrieb benötigt haben. Da in einem solchen Fall die Ausgaben eng mit den Verpflichtungen aus dem Arbeitsverhältnis zusammenhängen, werden sie bei der Berechnung des Insolvenzgeldes berücksichtigt (Az.: B 11 AL 34/09 R).

Verschiebung der Weihnachtsgeldzahlung bringt nicht mehr Insolvenzgeld

Durch das Insolvenzgeld wird ausgefallener Nettolohn in den letzten drei Monaten vor einer Pleite ersetzt. Deshalb liegt in Betrieben mit Zahlungsschwierigkeiten vielleicht der Gedanke nahe, Sonderzahlungen, die ein zahlungsschwacher Betrieb nicht leisten kann (beispielsweise Weihnachtsgeld), in die letzten Monate vor der (drohenden) Insolvenz zu verlegen und so das mögliche Insolvenzgeld zu erhöhen. Dieser Trick funktioniert aber nicht, wie – in Einklang mit der Rechtsprechung des BSG – das LSG Bayern am 26. 11. 2008 feststellte. Das Gericht folgte damit der Linie, die das BSG u. a. in einem Urteil vom 23. 3. 2006 (Az.: B 11a AL 65/ 05 R) gezeichnet hatte. Danach kommt es darauf an, »wann das Arbeitsentgelt erarbeitet worden ist.« Ausschlaggebend sei damit der arbeitsrechtliche Entstehungsgrund und die Zweckbestimmung der Leistung. In der Regel entsteht der Anspruch auf das 13. Monatsgehalt an einem konkreten Stichtag, der meist durch einen Tarifvertrag bestimmt ist. Dieser fällt regelmäßig auf das Jahresende, da Unternehmen mit solchen Prämien bezwecken, ihre Arbeitnehmer solange wie möglich an sich zu binden. Liegt dieser Tag im Dreimonatszeitraum des Insolvenzgeldes, so ist die jeweilige Zulage mit einzubeziehen – ansonsten nicht (Az.: L 8 AL 260/06; rechtskräftig).

Das Insolvenzgeld wird zwar von den Arbeitsagenturen ausgezahlt, es handelt sich jedoch um keine Leistung der Arbeitslosenversicherung. Die Insolvenzleistung wird vielmehr durch die Insolvenzausfallgeldversicherung abgedeckt, die von den Arbeitgebern per Umlage finanziert wird. Eingetrieben wird diese Umlage von den Berufsgenossenschaften.

Das Insolvenzgeld kann nicht zusätzlich zum Arbeitslosengeld I bezogen werden. Es wird jedoch zeitlich nicht auf den Anspruch auf Arbeitslosengeld I angerechnet. Nach dem Auslaufen des Insolvenzgeldes haben die Betroffenen also – falls sie dann arbeitslos sind – Anspruch auf die volle Dauer des Arbeitslosengeldes I.
Die Zeit des Insolvenzgeldbezugs ist übrigens versicherungspflichtig. Sie zählt also mit, wenn geprüft wird, ob ein Anspruch auf Arbeitslosengeld I besteht (siehe Tipps 40 und 41).

Weitere Infos:

Das Merkblatt Nr. 10 »Insolvenzgeld für Arbeitnehmer« ist bei allen Arbeitsagenturen kostenlos erhältlich. Per Internet kann man es herunterladen unter www.arbeitsagentur.de. Hier klickt man erst auf »Veröffentlichungen«, dann gibt man in die Suchmaske »Insolvenzgeld« ein. Auf diesem Suchweg findet man auch das amtliche Antragsformular für das Insolvenzgeld, die Bescheinigung des Arbeitgebers und Hinweise zum Ausfüllen.

!

Tipp 8

Trotz Kündigungsschock:

Nicht vorzeitig die Brocken schmeißen – sonst droht auch noch Sperre des Arbeitslosengeldes I

Wut, Ärger und Enttäuschung – das sind häufige Reaktionen bei einer Entlassung. Wir raten Ihnen: Lassen Sie Ihre Wut – auch wenn sie noch so berechtigt ist – möglichst nicht an Ihrem Arbeitgeber und Ihren Vorgesetzten aus! Bemühen Sie sich, den Rest des Arbeitsverhältnisses möglichst gut über die Runden zu bringen. Ganz wichtig ist dabei: Provozieren Sie in keinem Fall durch Ihr Verhalten eine vorzeitige Entlassung und verlassen Sie nicht im Streit auch noch vorzeitig Ihren Arbeitsplatz. Denn sonst droht Ihnen zu allem Übel auch noch eine Sperrzeit (siehe Tipps 98 bis 103) beim Arbeitslosengeld (ALG) I.
Wer aus »betriebsbedingten« Gründen entlassen wird, den trifft normalerweise keine Schuld an seiner Arbeitslosigkeit. Das Gleiche gilt, wenn jemand einen befristeten

9

Arbeitsvertrag hat und durch das Ablaufen dieses Arbeitsvertrages erwerbslos wird. Dennoch gibt es auch in solchen Fällen häufig eine Sperrzeit. Dies gilt beispielsweise dann, wenn ein Gekündigter im Streit mit seinem Arbeitgeber vorzeitig – also noch vor Ablauf der Kündigungsfrist oder vor dem Ende des befristeten Arbeitsverhältnisses – die Arbeitsstelle verlässt (»die Brocken schmeißt«). In solchen Fällen gehen die Arbeitsagenturen davon aus, dass zwar nicht die Arbeitslosigkeit selbst, wohl aber ihr vorzeitiger Eintritt selbstverschuldet ist, und sperren das ALG I für einige Zeit. Die dann verhängte Sperrzeit beträgt dann allerdings häufig nur drei Wochen. Eine solche verkürzte Sperrzeit tritt ein, wenn die Betroffenen bei Einhaltung der Kündigungsfrist (oder bei Ablaufen des befristeten Arbeitsvertrages) nur sechs Wochen später – oder sogar noch eher – ohnehin arbeitslos geworden wären. Die verkürzten Sperrzeiten sind in § 144 Abs. 3 SGB III geregelt.
Die Drei-Wochen-Sperrzeit tritt übrigens sogar dann ein, wenn die Arbeitslosigkeit durch das Verhalten der Gekündigten lediglich um ein oder zwei Tage vorgezogen wurde. Ein entsprechender Fall wurde am 14.9.2010 vor dem Bundessozialgericht verhandelt. Hier ging es um einen älteren Arbeitnehmer, der per Eigenkündigung seine ohnehin einen Tag später eintretende Arbeitslosigkeit geringfügig vorverlegt hatte, um so vor Inkrafttreten einer Gesetzesänderung (zum 1. Februar 2006) arbeitslos zu werden. Hierdurch sicherte er sich den Anspruch auf die am 30. Januar 2006 für ihn noch geltende längere Dauer des Anspruchs auf ALG I. Der 7. Senat des BSG war der Auffassung, der Kläger habe sich für seine Kündigung nicht auf einen wichtigen Grund berufen können. Zwar müssten bei der Prüfung, ob ein Arbeitnehmer sich für die Lösung seines Beschäftigungsverhältnisses auf einen wichtigen Grund stützen könne, auch die Rechtsfolgen – wie etwa die maximale Dauer eines Anspruchs auf ALG – berücksichtigt werden. Doch trage die Verkürzung der Sperrzeit auf drei Wochen in Fällen eines unabhängig von der Eigenkündigung ohnehin endenden Arbeitsverhältnisses den Interessen des Klägers angemessen Rechnung (Az.: B 7 AL 33/09 R).

! Tipp 9

Wer gegen seine Kündigung vorgehen will:

Nur drei Wochen Zeit zur Klage vor Gericht

»Gekündigt!« – kaum jemand steckt das leicht weg. Dennoch sollte man gerade dann einen »kühlen Kopf« bewahren. Denn nach der Kündigung ist einiges zu regeln – und zwar schnell. Die Fristen zur Gegenwehr laufen nämlich rasch ab.
Bei Kündigungen ist seit Mai 2000 immer die Schriftform vorgeschrieben. Mündliche Kündigungen sind unwirksam. Geht ein Kündigungsschreiben bei Ihnen ein, vereinbaren Sie am besten sofort einen Beratungstermin mit Ihrem Betriebs- bzw. Personalrat oder mit einem für den Rechtsschutz zuständigen Sekretär Ihrer Gewerkschaft. Lassen Sie sich in jedem Fall von Fachleuten beraten, ob und was Sie gegen die Kündigung unternehmen können.
Wichtig: Ohne die Anhörung des Betriebsrats ist die Kündigung dort, wo es diese betriebliche Interessenvertretung gibt, unwirksam. Wurde der Betriebsrat umgangen, sollte man sofort eine Kündigungsschutzklage einreichen.

Auf Dreiwochenfrist achten

Eine Kündigungsschutzklage kann in der Regel nur innerhalb von drei Wochen nach Erhalt der Kündigung eingereicht werden. Diese Frist wird nicht durch ein Protestschreiben an den Arbeitgeber, sondern nur durch die rechtzeitige Einreichung der Klage beim Arbeitsgericht gewahrt. Wird die Frist versäumt, ist nichts mehr zu machen. Daraus folgt: Gekündigte Arbeitnehmer sollten ohne Zeitverzug handeln und sich umgehend (bei ihrer Gewerkschaft) beraten lassen.

9

Achtung bei der Kündigungsfrist

Wer gekündigt wurde, sollte in jedem Fall sofort prüfen, ob die für ihn geltende Kündigungsfrist (siehe auch Tipp 11) eingehalten wurde. Auch eine längere Kündigungsfrist kann nur innerhalb der Dreiwochenfrist eingeklagt werden, die für eine Kündigungsschutzklage gilt. Dies entschied der Fünfte Senat des Bundesarbeitsgerichts am 1. September 2010 (Az.: 5 AZR 700/09). Andere Senate des BAG sahen dies in früheren Entscheidungen allerdings anders, etwa der Zweite Senat in einem Urteil vom 6.7.2006 (Az.: 2 AZR 215/05).

Ohne Klage kaum Chancen auf Abfindung

Laut Gesetz zielen Kündigungsschutzklagen zunächst einmal auf den Erhalt des Arbeitsplatzes. Im Einzelfall können Beschäftigte auch durchaus per Klage ihren Job erhalten. Wie das funktionieren kann, steht in Tipp 10. Weit häufiger enden die Klagen allerdings mit der Zahlung einer Abfindung. Wie das funktioniert und worauf dabei zu achten ist, steht in den Tipps 11 und 12. Eine Klage setzt allerdings voraus, dass das Kündigungsschutzgesetz Anwendung findet. Das gilt nur dann, wenn ein Arbeitsverhältnis mindestens sechs Monate bestanden hat. Ob es einen Betriebsrat gibt oder nicht, spielt keine Rolle. Auch für Betriebe ohne Interessenvertretung gilt das Kündigungsschutzgesetz. Für Kleinbetriebe gilt das Gesetz allerdings nicht.

Kündigungsschutz – für wen?

Das Kündigungsschutzgesetz gilt seit dem 1. Januar 2004 für Betriebe mit mehr als zehn (bis Ende 2003: fünf) vollzeitbeschäftigten Arbeitnehmern. Teilzeitbeschäftigte werden nur teilweise mitgezählt. Wer nur bis zu 20 Stunden wöchentlich arbeitet, wird mit dem Wert 0,5 berücksichtigt, wer bis zu 30 Stunden tätig ist, mit dem Wert 0,75. Auszubildende zählen nicht mit, der Chef ebenfalls nicht und auch seine ohne »normalen« Arbeitsvertrag mitarbeitende Ehefrau wird bei der Zählung nicht als Arbeitnehmerin erfasst.

Für Arbeitnehmer, deren Arbeitsvertrag bereits Ende 2003 bestand, gelten weiterhin die alten Regeln. Für sie gilt das Kündigungsschutzgesetz also weiterhin, wenn der Betrieb mehr als fünf Beschäftigte hat. Im gleichen Betrieb kann es deshalb zwei Klassen von Beschäftigten geben: Altgediente Beschäftigte, für die das Kündigungsschutzgesetz gilt, und neu Eingestellte, die nicht unter dem Schutz des Gesetzes stehen. Gerade Beschäftigte in Kleinbetrieben sollten rechtzeitig eine Liste mit den anderen Mitarbeitern anfertigen, die den Beginn der Beschäftigung und die Stundenzahl enthält sowie die Funktion der Betroffenen. Anhand dieser Liste kann später – im Falle einer Entlassung – geprüft werden, ob für die Betroffenen Kündigungsschutz besteht.

Vorsicht bei einer »Ausgleichsquittung«

Firmen müssen bei Beendigung des Arbeitsverhältnisses die Arbeitspapiere herausgeben (siehe auch Tipp 22). Dazu gehören – zumindest noch im Jahr 2011 – die Lohnsteuerkarte, eine Arbeitsbescheinigung für die Arbeitsagentur, der Sozialversicherungsausweis und die Bescheinigung über den in Anspruch genommenen Urlaub. Den Erhalt dieser Papiere kann man ohne Bedenken quittieren.
Manche Firmen verlangen allerdings im Gegenzug die Unterschrift unter eine so genannte Ausgleichsquittung (»Hier quittieren Sie mir das mal eben«). Achtung: Solche Quittungen enthalten manchmal die Erklärung, dass damit alle Ansprüche aus dem Arbeitsverhältnis erledigt sind. Gekündigten, denen nach der Unterschrift unter ein solches Schriftstück auffällt, dass ihnen beispielsweise noch eine Abgeltung für nicht genommenen Urlaub zusteht, haben dann meist das Nachsehen.

Mit der Kündigung sofort zur Arbeitsagentur

Seit Juli 2003 müssen sich Arbeitnehmer sofort nach der Kündigung – also noch bevor sie arbeitslos sind – bei der Arbeitsagentur melden. Andernfalls drohen ihnen Leistungskürzungen (mehr dazu in Tipp 20).

Kündigung – bei diesen Fragen beraten die Gewerkschaften ihre Mitglieder:

- **Kündigungsschutzklage:** Habe ich Chancen, wenn ich vor dem Arbeitsgericht gegen meine Kündigung klage (siehe Tipp 9)?
- **Zeugnis-Check:** Ist das Zeugnis, das mir meine Firma ausstellt, in Ordnung (siehe Tipp 19)?
- **Aufhebungsvertrag:** Schadet mir ein solcher Vertrag bei der Arbeitsagentur (siehe Tipp 13)?
- **Abfindung:** Kann ich diese erhalten? In welcher Höhe? Wie verhandle ich am besten (siehe Tipp 12)?
- **Freistellung:** Wann und wie lange muss mich meine Firma nach der Kündigung für Vorstellungsgespräche und Termine bei der Arbeitsagentur freistellen (siehe Tipp 17)?
- **Lohnansprüche:** Kann ich rückwirkend noch nicht gezahlte Lohnbestandteile einfordern?

!

Tipp 10

Bei Kündigung:

Manchmal kann durch eine Klage der Arbeitsplatz erhalten bleiben

»Abfindung, nein danke!« Das dürften zunehmend mehr und gerade ältere Gekündigte denken, die mit einer Entlassungsentschädigung den Rechtsstreit um ihren Arbeitsplatz beenden könnten. Denn die Aussicht auf einen neuen Arbeitsplatz ist besonders für Arbeitnehmer jenseits der 50 häufig nicht gut, eine Abfindung ist oft schnell verbraucht und der Weg in eine vorzeitige Rente wird immer mehr verbaut. Da verzichten viele lieber auf eine Abfindung – und kämpfen mit allen rechtlichen Mitteln um den Erhalt ihres Arbeitsplatzes.

Was kann ein Gekündigter tun, der seinen Arbeitsplatz retten möchte?

Er muss eine Kündigungsschutzklage beim Arbeitsgericht einreichen – und zwar spätestens drei Wochen nach Zugang der Kündigung. Die Klage muss innerhalb der Dreiwochenfrist beim Arbeitsgericht eingehen (siehe Tipp 9), ein Schreiben an den Arbeitgeber oder an den Betriebsrat zählt nicht.

Muss bei der Klage deutlich gemacht werden, dass man keine Abfindung akzeptiert?

Nein. Der Erhalt des Arbeitsplatzes ist das eigentliche Ziel des Kündigungsschutzprozesses. Nach dem Kündigungsschutzgesetz kann man nur mit dieser Zielsetzung gegen die Entlassung klagen – und zwar erhebt man Klage auf die Feststellung, »dass das Arbeitsverhältnis durch die Kündigung nicht aufgelöst ist«. So heißt es in § 4 des Gesetzes. Das ist in der Praxis etwas in Vergessenheit geraten, weil viele Kündigungsschutzklagen de facto mit der Zahlung einer Abfindung enden.

Warum kommt es denn so häufig zur Zahlung einer Abfindung?

Viele, die am Kündigungsschutzprozess beteiligt sind, haben ein Interesse an einer einvernehmlichen (Abfindungs-)Regelung: Das Arbeitsgericht muss dann kein Urteil sprechen. Anwälte verdienen wesentlich mehr, wenn sich der Arbeitgeber und der Gekündigte auf eine Abfindung einigen. Die Arbeitgeber sind die Gekündigten so endgültig los. Und oft kassieren auch die Entlassenen lieber eine (höhere) Abfindung als wieder in den Betrieb zurück zu müssen – insbesondere dann, wenn das Verhältnis zum Chef und zu Vorgesetzten zerrüttet ist. Eine Entlassungsentschädigung anzunehmen, lohnt sich meist auch für diejenigen, die bereits einen neuen Job fest in Aussicht haben.

Wer sollte skeptisch gegenüber Abfindungsangeboten sein?

Insbesondere Arbeitnehmer, die schlechte Arbeitsmarktchancen haben, sollten sich auch von fünfstelligen Abfindungsangeboten nicht blenden lassen. Das Geld ist schneller zerronnen als viele denken, zumal selbst diejenigen, die 58 oder älter sind, allenfalls zwei Jahre Anspruch auf ALG I haben (siehe Tipp 47). Und das niedrige ALG II gibt es nur bei Bedürftigkeit, also wenn man kein »unangemessenes« Einkommen oder Vermögen (siehe Tipps 105 und 106) oder keinen (Ehe-)Partner hat, der einen unterstützen kann.

Wann haben denn Arbeitnehmer Chancen, per Klage ihren Arbeitsplatz zu erhalten?

Immer dann, wenn Arbeitgeber bei Kündigungen Fehler machen. »Und das kommt häufig vor«, weiß Michael Felser, Spezialist für Arbeitsrecht aus Brühl bei Köln. Oft werde beispielsweise der Betriebsrat – soweit es diesen in der Firma gibt – bei Entlassungen vom Arbeitgeber übergangen oder falsch informiert. Das ist aber nach dem

Betriebsverfassungsgesetz unzulässig. Wer gegen die Kündigung klagt und belegen kann, dass der in der Firma existierende Betriebsrat nicht oder nicht richtig informiert wurde, wird die Klage immer gewinnen. Gute Chancen haben Gekündigte bei einer Klage auch dann, wenn bei betriebsbedingten Entlassungen die so genannte Sozialauswahl nicht eingehalten wurde. In diesem Fall mischt sich das Arbeitsgericht zwar in der Regel nicht in den Arbeitsplatzabbau selbst ein. Überprüft wird aber, ob die Entlassung »die Richtigen« getroffen hat. Wie leistungsfähig die Betroffenen sind oder wie häufig sie gefehlt haben, darf bei der Auswahl der Gekündigten im Prinzip keine Rolle spielen.

10

Welche Kriterien gelten denn bei der Sozialauswahl?

Entscheidend ist die soziale Stärke der Betroffenen, die oft nach einem Punktsystem festgelegt wird. Dabei zählen die vier Kriterien »Dauer der Betriebszugehörigkeit«, »Lebensalter«, »Unterhaltspflichten des Arbeitnehmers« und »Schwerbehinderung«. Die sozial Schwächsten und diejenigen, die am meisten auf den Arbeitsplatz angewiesen sind, dürfen erst zuletzt entlassen werden. So genießen etwa Ältere und Behinderte mehr Schutz als Jüngere und Nicht-Behinderte. Diese Sozialkriterien passen allerdings vielen Betrieben nicht – oft wird deshalb dagegen verstoßen. Wer feststellt, dass Jüngere und Junggesellen sowie Arbeitnehmer, die der Firma erst relativ kurze Zeit angehören, von einer Entlassung verschont geblieben sind, hat vor Gericht immer gute Karten, wenn er sich gegen die Kündigung wehrt. Oft werden bei der Sozialauswahl aber auch handwerkliche Fehler gemacht, wie Anwalt Felser weiß: »Die Personalunterlagen, die der Auswahl zugrunde liegen, sind beispielsweise oft unvollständig.« So wissen die Personalchefs häufig nicht, wer Unterhalt zahlen muss. Denn vielfach kennen die Arbeitgeber nur die wenigen Sozialdaten auf der Lohnsteuerkarte. Oft stehen aber Kinder – etwa die aus erster Ehe – gar nicht auf der Steuerkarte.

Bleibt ein Gekündigter, der klagt, bis zur Gerichtsentscheidung im Betrieb?

Nein, normalerweise nicht. Das Arbeitsrecht ist für Gekündigte weit ungünstiger als beispielsweise das Mietrecht für Mieter. Wenn Mieter gegen eine Kündigung klagen, können sie zunächst in ihrer Wohnung bleiben – sie dürfen nicht auf die Straße gesetzt werden. Anders ist das bei Arbeitnehmern. Diese verlieren den Arbeitsplatz, sobald ihre Kündigungsfrist abläuft. Das Arbeitsgericht stellt aber oft erst viele Monate später – vielleicht sogar erst nach einem Jahr – fest: Die Kündigung erfolgte zu Unrecht. Eine Rückkehr auf den alten Arbeitsplatz kommt dann nur schwer in Frage, schon allein, weil sich im Betrieb Vieles verändert hat. Zudem waren die Entlassenen in der Zwischenzeit vom betrieblichen Alltag und wichtigen Informationen abgeschnitten. So erfahren sie unter Umständen gar nichts von zwischenzeitlichen Neueinstellungen.

Gibt es eine Chance, im Betrieb zu bleiben?

Ja. Das funktioniert aber nur, wenn es im Betrieb einen Betriebsrat gibt und dieser der Kündigung »ordnungsgemäß« widerspricht. In diesem Moment greift nämlich nach § 102 des Betriebsverfassungsgesetzes der »betriebsverfassungsrechtliche Weiterbeschäftigungsanspruch«. Konkret bedeutet das: Der Arbeitgeber muss den Arbeitnehmer, wenn dieser es verlangt, bis zum rechtskräftigen Abschluss des Rechtsstreits weiterbeschäftigen – und zwar bei »unveränderten Arbeitsbedingungen«, wie das Gesetz ausdrücklich vorschreibt. Der Arbeitnehmer ist in diesem Fall dem Mieter gleichgestellt, der ja nach der Kündigung auch in seiner Wohnung bleiben darf – jedenfalls bis der Prozess entschieden ist. Auch wenn die Kündigung offensichtlich unwirksam ist, kann der Arbeitnehmer unter bestimmten Umständen per einstweiliger Verfügung beantragen, dass er weiterbeschäftigt wird.

Wann ist ein Widerspruch eines Betriebsrats ordnungsgemäß?

Das Betriebsverfassungsgesetz sieht fünf anerkannte Widerspruchsgründe vor. So kann der Betriebsrat beispielsweise widersprechen, wenn die Weiterbeschäftigung des Arbeitnehmers nach einer zumutbaren Fortbildungsmaßnahme möglich ist. »Es reicht allerdings nicht, das Gesetz zu zitieren, der Betriebsrat muss in jedem Fall konkret auf den Einzelfall bezogen argumentieren«, erläutert Anwalt Felser. Beispiel: In der Werkstatt eines größeren Unternehmens wird ein Schweißer gesucht, dort könnte aber auch der entlassene Herr B. arbeiten, der bereit ist, einen Schweißerschein zu machen. Oder: Bei der Sozialauswahl hat Frau A. 48 Punkte, Herr M. dagegen nur 34 Punkte. Beide sind nach Ansicht des Betriebsrats vergleichbar. Der Betriebsrat widerspricht daher der Entlassung von Frau A.

Was müssen Gekündigte beachten, denen es »nur« um eine Abfindung geht?

Gekündigte, die über die Zahlung einer Abfindung verhandeln, sollten keinesfalls die Dreiwochenfrist für eine Kündigungsschutzklage vergessen. Wenn also auch nach 20 Tagen noch keine Einigung über eine Abfindung erzielt wurde, so sollten sie die Klage einreichen – andernfalls gilt die Kündigung als wirksam. Folge: Sie haben dann kaum noch Chancen, eine Abfindung zu erstreiten (siehe Tipp 12).

Weitere Infos:

Mehr Informationen zum Kündigungsschutz im Internet unter www.kuendigung.de und im Bund-Verlag-Buch von Lore Seidel und Michael Felser: Kündigung – was tun? Der Ratgeber zu Kündigung, Aufhebungsvertrag und Abfindung (4. Auflage in Vorbereitung, ISBN 978-3-7663-3921-8).

Resturlaub vor Ablauf der Beschäftigung nehmen
Bei ausbezahlten Urlaubstagen gibt's zunächst keine Unterstützung

Oft haben Arbeitnehmer vor Ablauf ihrer Beschäftigung noch einige Tage oder sogar Wochen Resturlaub gut. Wie sollen sie damit umgehen? Das Bundesurlaubsgesetz bestimmt: Urlaub ist für die Erholung da. Er muss, wie die Juristen sagen, grundsätzlich »in natura«, also in freien Tagen genommen – und soll nicht finanziell abgegolten werden. Ausnahmsweise darf der Arbeitgeber zu Urlaubswünschen von Beschäftigten »Nein« sagen, wenn wichtige betriebliche Gründe dem Urlaub entgegenstehen. So kann etwa einer Verkäuferin der Urlaub während des Schlussverkaufs oder in der Weihnachtszeit verweigert werden. In solchen Fällen – und auch wenn Arbeitnehmer vor dem Ende der Beschäftigung gar keinen

Urlaub mehr nehmen können, etwa weil sie krank sind – dürfen und müssen Urlaubsansprüche in Geld umgewandelt werden.
Umgekehrt kann der Arbeitgeber aber auch vom Arbeitnehmer verlangen, dass dieser seinen Resturlaub noch vor Ablauf des Arbeitsverhältnisses antritt. Fordert der Arbeitgeber allerdings nicht ausdrücklich dazu auf, die noch verbliebenen freien Tage zu beanspruchen, müssen Arbeitnehmer nicht von sich aus einen Urlaubsantrag stellen. Stattdessen können sie darauf setzen, dass zum Beschäftigungsende eine Auszahlung ihrer Restansprüche erfolgt.

Auszahlung schadet bei Arbeitslosigkeit
Wer jedoch noch keine neue Stelle hat und arbeitslos wird, schadet sich mit einer Auszahlung verbliebener Urlaubstage. Das Geld für den nicht genommenen Urlaub kassiert dann nämlich zum großen Teil die Arbeitsagentur. Denn das ALG I ruht so lange, wie den Betroffenen – rechtlich gesehen – noch Urlaub zustünde.
Statt sich den Urlaub auszahlen zu lassen, fährt man manchmal besser, wenn man eine Verlängerung des Beschäftigungsverhältnisses um die restlichen Urlaubstage vereinbart. Dann zählen die Urlaubstage als ganz normale beitragspflichtige Beschäftigungstage und verhelfen damit zu Ansprüchen gegenüber der Arbeitsagentur.
Unter Umständen kann man sich so sogar überhaupt erst einen Anspruch auf ALG I sichern oder diese Leistung länger beziehen (siehe Tipps 41, 46 und 47).

Bei kurzer Beschäftigungsdauer: Unbezahlter Urlaub kann Unterstützung sichern
Fehlen Ihnen voraussichtlich noch einige Wochen, um die vom Gesetz geforderten zwölf Monate versicherungspflichtiger Beschäftigung zusammenzubekommen? Dann kann Ihnen vielleicht ein kurzer unbezahlter Urlaub helfen, den Sie mit Ihrem Arbeitgeber vereinbaren. Denn »Zeiten eines Beschäftigungsverhältnisses, für die kein Arbeitsentgelt gezahlt wird«, werden mit berücksichtigt, wenn es um den Anspruch auf ALG I geht. Dies gilt allerdings nur für kurze Zeiten, »nicht länger als einen Monat«. Dies bestimmt § 7 Abs. 3 SGB IV. Wichtig ist allerdings: Der unbezahlte Urlaub darf nicht einfach an das bezahlte Beschäftigungsverhältnis angehängt werden. Nach dem Urlaub muss es mindestens eine kurze Zeit der »normalen« entlohnten Beschäftigung gegeben haben, befand das BSG am 15. 12. 1999 (Az.: B 11 AL 51/99 R).

! Tipp 11
Bei Abfindung auf die Kündigungsfrist achten

Sonst muss man oft länger auf das ALG I warten

Abfindungen oder Entlassungsentschädigungen werden in vielen Firmen am Ende eines Beschäftigungsverhältnisses gezahlt. Gut zu wissen: Für Ihren Anspruch auf ALG I spielt die Abfindung meist keine Rolle, sie wird nicht angerechnet. Trotz einer Abfindungszahlung bekommen Sie meist ab dem ersten Tag Ihrer Arbeitslosigkeit ALG I. Voraussetzung ist dabei allerdings die Einhaltung der Kündigungsfrist.
Ein Beispiel: Ein Arbeitnehmer ist seit elf Jahren bei seiner Firma tätig. Für ihn gilt – soweit im Tarifvertrag nichts anderes festgelegt ist – eine viermonatige Kündigungsfrist zum Monatsende (siehe Tabelle S. 52). Wenn ihm also Ende August die Kündigung zugestellt wird, so kann die fristgemäße Entlassung frühestens zum Jahresende

erfolgen. Falls diese Kündigungsfrist eingehalten wird, spielt eine Abfindung, die die Firma zum Ende des Arbeitsverhältnisses zahlt, für die Arbeitsagentur keine Rolle. Halten sich die Beteiligten dagegen nicht an diese Kündigungsfrist, gibt es zunächst einmal kein ALG I – sofern gleichzeitig eine Abfindung ausgezahlt wird. Die Arbeitsagentur geht dann nämlich davon aus, dass sich der Arbeitnehmer die Kündigungsfrist durch Zahlung der Abfindung hat abkaufen lassen. Die Folge: Sie zahlt erst später ALG I, vielfach erst ab dem Zeitpunkt, an dem nach einer fristgemäßen Kündigung durch den Arbeitgeber das Arbeitsverhältnis ausgelaufen wäre.
Zurück zum Beispiel: Würde der Arbeitgeber Ende August bereits zum 31. Oktober kündigen und gleichzeitig eine Abfindung zahlen, dann gäbe es von der Arbeitsagentur unter Umständen erst ab Anfang Januar des folgenden Jahres ALG I. Denn »regulär« hätte der Arbeitgeber ja erst zu Silvester kündigen können.
Fazit: Wenn Sie von Ihrem Arbeitgeber »abgefunden« werden, sollten Sie immer auf die Einhaltung der für Sie geltenden Kündigungsfrist drängen. Dies ist selbst dann wichtig, wenn Sie Ihren Arbeitsplatz aus wichtigem Grund (etwa wegen gesundheitlicher Probleme) gegen Zahlung einer Abfindung oder Entschädigung aufgeben. Wenn Sie nicht auf die Einhaltung der Kündigungsfrist achten, riskieren Sie, dass Ihr Anspruch auf ALG I zunächst einmal längere Zeit »ruht« – wie es in der Gesetzessprache heißt.

EuGH kippt Diskriminierung jüngerer Arbeitnehmer

Bei der Kündigungsfrist eines Arbeitnehmers wurden bislang Beschäftigungszeiten vor Vollendung des 25. Lebensjahres nicht mitgezählt. Wer beispielsweise mit 15 in einen Betrieb eintrat, bei dem wurden die ersten zehn Beschäftigungsjahre bei der Berechnung der Kündigungsfristen nicht berücksichtigt. Trotz seiner langen Beschäftigungszeit kann er also innerhalb einer kurzen Frist wie sie sonst nur für diejenigen gilt, die nur wenige Jahre beschäftigt waren, gekündigt werden. Dies verstößt gegen Europäisches Recht, urteilte der Europäische Gerichtshof (EuGH). Die Kündigungsfristen sind in § 622 des Bürgerlichen Gesetzbuchs geregelt. Die europäischen Richter beanstandeten den Schlusssatz von Absatz 2: »Bei der Berechnung der Beschäftigungsdauer werden Zeiten, die vor der Vollendung des 25. Lebensjahrs des Arbeitnehmers liegen, nicht berücksichtigt.« Für den EuGH war klar, dass diese Kündigungsregelung eine Ungleichbehandlung enthält, die auf dem Kriterium des Alters beruht – und damit gegen Europäisches Recht, konkret gegen die Richtlinie 2000/78, verstößt. Es handele sich dabei um eine unzulässige Diskriminierung wegen des Alters, so der EuGH (Az.: C-555/07). Deutsche Arbeitsgerichte müssen nun bei Klagen die Regelung von § 622 Abs. 2 Satz 2 BGB unangewendet lassen – solange das Gesetz noch nicht geändert ist.

12

Welche Kündigungsfristen müssen Arbeitgeber einhalten?*

Dauer der Betriebszugehörigkeit	Kündigungsfrist*
unter 6 Monate (Probezeit)	2 Wochen
unter 2 Jahre	4 Wochen
unter 5 Jahre	1 Monat
unter 8 Jahre	2 Monate
unter 10 Jahre	3 Monate
unter 12 Jahre	4 Monate
unter 15 Jahre	5 Monate
unter 20 Jahre	6 Monate
über 20 Jahre	7 Monate

Andere tarifvertragliche Regelungen sind möglich.

* Ab einer Betriebsangehörigkeit von zwei Jahren jeweils zum Ende eines Kalendermonats, bei unter zwei Jahren wird die Frist ab dem 15. oder ab Monatsende gerechnet. In der Probezeit kann jederzeit mit einer Frist von zwei Wochen gekündigt werden.

!

Tipp 12

Beim Poker um Abfindungen:

Verhandlungen 20 Tage nach der Kündigung beenden

Wenn strittig ist, ob oder in welcher Höhe der Arbeitgeber eine Abfindung zahlt, um die wirtschaftlichen Folgen einer Kündigung zu lindern, haben bereits gekündigte Arbeitnehmer nur für kurze Zeit eine gute Verhandlungsposition: So lange nämlich, wie sie vor Gericht noch gegen die Kündigung prozessieren können. Beim Verhandeln sollten sie daher keinesfalls die Dreiwochenfrist für eine Kündigungsschutzklage (siehe Tipp 9) vergessen!
Wer beim Ende einer Beschäftigung eine Entschädigung für seine Entlassung bekommen möchte, sollte sich nach Erhalt der Kündigung umgehend von seinem Betriebsrat oder von seiner Gewerkschaft beraten lassen. Grundsätzlich gilt: Die Zahlung einer Abfindung ist keine automatische Belohnung für langjährige Dienste. Sie soll vielmehr als gewisser Ausgleich für die (finanziellen) Nachteile dienen, die mit dem Verlust des Arbeitsplatzes verbunden sind. Gezahlt (und vor Gericht erstritten) werden Abfindungen insbesondere bei Kündigungen, die nach dem Kündigungsschutzgesetz als »sozial ungerechtfertigt« gelten.
Tipp: Natürlich können Sie sich mit Ihrem Betrieb auch ohne Kündigungsschutzklage über die Zahlung einer Abfindung einigen. Doch für eine solche gütliche Einigung sollten Sie sich nach Erhalt der Kündigung höchstens 20 Tage Zeit lassen. Ist diese Frist verstrichen, sollten Sie umgehend beim Arbeitsgericht eine Kündigungsschutzklage einreichen. Denn eine solche Klage können Sie nur innerhalb der ersten 21 Tage nach Erhalt des Kündigungsschreibens einlegen (siehe Tipp 9). Danach gilt die Kün-

digung in aller Regel als wirksam. Und das bedeutet: Dann haben Sie bei Verhandlungen über eine Abfindung – ohne das Druckmittel einer möglichen Klage – nur noch ausgesprochen schlechte Karten.
Ist dagegen das Kündigungsschutzverfahren eröffnet, können sich Betrieb und gekündigter Arbeitnehmer jederzeit auf die Zahlung einer Abfindung einigen. Als Faustregel kann gelten: Pro Beschäftigungsjahr wird ein halbes Bruttomonatsgehalt vereinbart. Hat der Arbeitnehmer im anstehenden Kündigungsschutzprozess gute Karten, kann er auch mehr bekommen, andernfalls eher weniger.

Auch nach neuem Recht kein Abfindungsanspruch

Seit dem 1. Januar 2004 gibt es im Kündigungsschutzgesetz neue Regelungen zu Entschädigungen bei Entlassungen. Für die Betroffenen hat sich dadurch in aller Regel wenig geändert: Wer eine Abfindung erhalten möchte, muss nach wie vor zumeist klagen. Der Arbeitgeber kann nun zwar nach § 1 a Kündigungsschutzgesetz Gekündigten ein halbes Monatsgehalt pro Beschäftigungsjahr als Abfindung anbieten. Dieses Angebot einer Entschädigung für den verlorenen Arbeitsplatz ist – wie bisher in der Praxis auch – völlig freiwillig. Firmen können nach wie vor geringere oder höhere Abfindungen anbieten. Sie können aber auch ganz darauf verzichten – ohne dass dies irgendwelche rechtlichen Folgen hat.
Verzichtet der Arbeitgeber auf das Angebot einer Abfindung, so können Gekündigte wie bisher innerhalb von drei Wochen nach Erhalt ihrer Kündigung eine Kündigungsschutzklage einreichen – und so unter Umständen den Erhalt ihrer Stelle (siehe Tipp 10) oder eine Abfindung erstreiten. Macht der Arbeitgeber jedoch das im Gesetz angelegte Abfindungsangebot, so muss der Gekündigte dazu keineswegs »ja« sagen. Der Arbeitnehmer kann dann noch immer frei entscheiden, ob er die Entlassungsentschädigung annimmt oder gegen die Kündigung klagt. Wer auf das Angebot der Firma eingehen will, muss nur – wie es im Gesetz heißt – die dreiwöchige Klagefrist »verstreichen« lassen. Sind die drei Wochen um, so muss die angebotene Entlassungsentschädigung gezahlt werden. Dazu ist der Arbeitgeber nun gesetzlich verpflichtet. Der Gekündigte kann die angebotene Abfindung aber auch ablehnen und – wiederum innerhalb von drei Wochen nach Erhalt der Kündigung – eine Kündigungsschutzklage erheben.
Das kann sich lohnen. Denn häufig gewähren die Gerichte weit mehr als das im Gesetz vorgesehene halbe Monatsgehalt pro Beschäftigungsjahr. Dies kann allerdings nur im Einzelfall – und zusammen mit dem gewerkschaftlichen Rechtsschutz – abgeschätzt werden. Gerade in den neuen Bundesländern zeigen sich Arbeitsrichter häufig weit knickriger: Hier gibt es als Abfindung oft nur ein viertel Monatsgehalt pro Beschäftigungsjahr.

Sperrzeitgefahr bei Verzicht auf Kündigungsschutzklage

Bei Zahlung einer Abfindung und gleichzeitigem Verzicht auf eine Kündigungsschutzklage taucht bei der Agentur für Arbeit manchmal der Verdacht auf: Der Gekündigte war an der Auflösung des Arbeitsverhältnisses beteiligt. Mögliche Folge: Die Agentur ermittelt, ob eine Sperrzeit wegen selbst verschuldetem Arbeitsplatzverlust ausgesprochen werden muss. Eine Sperrzeit setzt allerdings »aktives Verhalten des Versicherten« voraus. So urteilte das Bundessozialgericht (Az.: B 11 AL 89/01 R). Die bloße Hinnahme einer Kündigung darf danach nicht zu einer Sperre der Versicherungsleistung führen. Dies gilt – wie das oberste Sozialgericht in seinem Urteil vom 25. April 2002 ausführte – auch dann, wenn die Kündigung erkennbar unwirksam ist.

Bundesfinanzhof zur Abfindung:
Auszahlung kann ins Folgejahr verschoben werden – und Steuern sparen

13

Der Bundesfinanzhof (BFH) hat am 11. November 2009 ein Urteil gefällt, das für Arbeitnehmer, die eine Abfindung erhalten, unter Umständen etliche 1000 € wert sein kann. Die Entscheidung fiel noch zum alten Abfindungsrecht, wonach bestimmte Teile der Abfindung steuerfrei waren. Das ist zwar seit 2006 nicht mehr der Fall. Die Grundsätze des Urteils sind jedoch auch auf die heutige Situation übertragbar.
Es ging um eine Frau, die im Herbst 2000 entlassen wurde. Ihr stand laut Sozialplan eine Abfindung von (umgerechnet) 38 350 € zu. Davon wurden 2000 aber nur 12 270 € gezahlt. So viel war damals steuerfrei. Der Rest floss erst 2001. Dieser Restbetrag sollte dann – so die Steuerzahlerin – auch erst 2001 versteuert werden. Das Finanzamt wollte aber schon 2000 den kompletten Abfindungsbetrag mit Steuern belegen.
Der BFH gab der Steuerzahlerin Recht. Sie habe ein Recht auf eine »steuerwirksame Gestaltung des Zuflusses einer Abfindung«. Die Besteuerung hänge davon ab, wann das Geld zugeflossen sei. Da die Gekündigte Teile ihrer Abfindung erst 2001 erhalten habe, müsse sie diese Teile auch erst 2001 versteuern.
Dass sie die volle Abfindung früher hätte bekommen können und dies sogar im Sozialplan vorgesehen war, spiele keine Rolle. Einzelvertraglich könne eine steuerlich günstigere Auszahlungsweise gewählt werden. Dies sei kein Rechtsmissbrauch (Az.: IX R 1/09).
Vorteile bringt eine Verschiebung der Abfindungszahlung auf das Folgejahr für diejenigen, die dann entweder deutlich weniger verdienen, bereits Altersrente beziehen oder arbeitslos sind. Fließt die Abfindung aber (erst) während des Bezugs von Hartz IV zu, so entfällt meist der weitere Anspruch auf ALG II. Denn dann gilt hier die Abfindung als anrechenbares Einkommen. Dies entschied das Bundessozialgericht am 3. März 2009 (Az.: B4 AS 47/08 R). Wer bald nach einer Kündigung auf Hartz IV angewiesen sein könnte, sollte also die volle Auszahlung der Abfindung nicht lange hinauszögern.

!

Tipp 13

Vorsicht bei Aufhebungsverträgen:

Meist gehen dadurch Ansprüche auf ALG I verloren

Wenn Sie Ihr Arbeitsverhältnis einvernehmlich (ob mit oder ohne Kündigung und Zahlung einer Abfindung) per Aufhebungsvertrag beenden, sollten Sie sich vor einer Unterschrift in jedem Fall Bedenkzeit erbitten und sich dringend rechtlich beraten lassen. Denn durch Ihre Unterschrift verzichten Sie meist auf Ihre Rechte nach dem Kündigungsschutzgesetz. Und zum anderen müssen Sie damit rechnen, dass bei anschließender Arbeitslosigkeit die Arbeitsagentur gegen Sie eine Sperrzeit verhängt.
Wer freiwillig seinen Arbeitsplatz aufgibt, muss mit einer zwölfwöchigen Sperrzeit rechnen (siehe Tipps 14 und 98). Dies gilt auch dann, wenn Arbeitnehmer und Arbeit-

geber einen Vertrag über eine einvernehmliche Aufhebung des Arbeitsverhältnisses geschlossen haben (Aufhebungsvertrag). Von einem Einverständnis des Arbeitnehmers gehen die Arbeitsagenturen immer dann aus, wenn dieser eine offenkundig rechtswidrige Kündigung hingenommen und gleichzeitig eine Abfindung erhalten hat. In diesem Fall nehmen die Arbeitsagenturen an, dass sich der Betroffene den Verzicht auf seine arbeitsvertraglichen Rechte hat abkaufen lassen. Um zu ermitteln, welche Verabredungen es zwischen dem Arbeitslosen und seinem früheren Arbeitgeber gegeben hat, hat die Bundesagentur für Arbeit einen mehrseitigen Fragebogen entwickelt. Die Arbeitsagenturen wollen darin unter anderem wissen, ob die Betroffenen gegenüber dem Arbeitgeber erklärt haben, dass sie

- »mit der Kündigung einverstanden« sind,
- »auf eine Kündigungsschutzklage verzichten«.

Werden die entsprechenden Fragen bejaht, unterstellen die Arbeitsagenturen, dass die Erwerbslosen ihre Arbeitslosigkeit grob fahrlässig mitverursacht haben. Die Folge: eine Sperrzeit von zwölf Wochen. Ausnahmen gibt es nur dann, wenn es für die Hinnahme der Entlassung einen wichtigen Grund gab.

Zusatzklausel im Vertrag kann Sperrzeit vermeiden

Wenn in den Aufhebungsvertrag die Erklärung aufgenommen wird, dass die Aufhebung des Arbeitsvertrags zur Vermeidung einer ansonsten sicheren arbeitgeberseitigen betriebsbedingten Kündigung vereinbart wurde, lässt sich möglicherweise eine Sperrzeit vermeiden. Sofern eine Kündigung erfolgt ist und die (Abfindungs-)Regelungen für den Ausstieg in einem Aufhebungsvertrag vereinbart wurden, sollten in dem Vertrag auf jeden Fall der Kündigungsgrund und der Kündigungszeitpunkt aufgeführt sein. Etwa so: »Das Arbeitsverhältnis endet aufgrund fristgerechter, ordentlicher Kündigung aus betriebsbedingten Gründen mit Schreiben des Arbeitgebers vom 27. 12. 2010 zum 30. 6. 2011.«

! Tipp 14

Wenn Sie selbst kündigen:

Meist erfolgt dann eine Sperre Ihres ALG I

Wenn die Arbeit unzumutbar war, dürfen Sie aber nicht bestraft werden

Ihre Arbeit ist für Sie unerträglich geworden? Sie überlegen, ob Sie Ihren Arbeitsplatz aufgeben? Kalkulieren Sie bei diesen Überlegungen die Gefahr einer Sperrzeit mit ein. In diesem Tipp geht es darum, wie Sie eine Sperrzeit möglicherweise vermeiden, wenn Sie eine Arbeitsstelle kündigen, die für Sie zu einer echten Zumutung geworden ist.

»Das Arbeitsklima war einfach nicht mehr zu ertragen. Ich konnte es nicht mehr aushalten: Mein Abteilungsleiter hat mich ständig schikaniert, zum Schluss habe ich Magenkrämpfe gekriegt, wenn ich zur Arbeit fuhr. Wenn ich ›Guten Morgen‹ sagte, hat er einfach durch mich hindurchgeschaut, vor Kollegen hat er mich schlecht gemacht und bei allem, was ich machte, hatte er etwas zu meckern.« Die Diplom-Chemikerin Wiebke Rewein will ihren Arbeitsvertrag kündigen. Deshalb rechnet sie nicht nur damit, eine Weile arbeitslos zu sein, sondern befürchtet auch, eine Sperrzeit zu erhalten. Wer seinen Arbeitsplatz selbst aufgibt, riskiert eine zwölfwöchige Sperrzeit. Dies gilt allerdings nur dann, wenn kein »wichtiger Grund« für die Kündigung vorliegt. Als wichtige Gründe gelten z. B.:

14

- ein Wohnortwechsel wegen Heirat oder Wiederherstellung der eheähnlichen Lebensgemeinschaft (siehe Tipp 15),
- erhebliche Rückstände der Lohnzahlungen des Arbeitgebers (siehe Tipps 6 und 7),
- unzumutbare Arbeitsbedingungen (Verstöße gegen Tarifverträge, Betriebsvereinbarungen oder Gesetze sowie gesundheitsgefährdende Arbeitsbedingungen),
- eine »sittenwidrige« Entlohnung der Beschäftigung (hiervon kann nach den Durchführungsanweisungen der BA ausgegangen werden, wenn die Entlohnung »mindestens 30 Prozent unter dem maßgeblichen Tariflohn oder der ortsüblichen Bezahlung liegt«),
- konkret feststellbarer psychischer Druck, Mobbing oder sexuelle Belästigung am Arbeitsplatz.

Wiebke Rewein hat deshalb gegenüber der Arbeitsagentur gar keine so schlechten Karten. Denn ein Abteilungsleiter, der seine Untergebenen ständig schikaniert, ist nicht ohne Weiteres zumutbar. Dabei reicht es allerdings nicht, wenn die Betroffenen ganz allgemein von »persönlichen Unverträglichkeiten« oder einem »schlechten Betriebsklima« reden. Wiebke Rewein hat beispielsweise die Schikanen ihres Abteilungsleiters konkret aufgelistet, teilweise sogar mit Datum und mit der Angabe, wer ihre Aussagen bezeugen kann. All dies sollte Frau Rewein auch der Arbeitsagentur schriftlich mitteilen. Dazu erhält sie von der Arbeitsagentur ein Formblatt, in dem sie nach den Gründen für ihre Kündigung gefragt wird. Sie sollte sich allerdings nicht mit den wenigen Zeilen begnügen, die ihr auf diesem Formular zur Verfügung stehen. Vielmehr sollte sie ein eigenes Zusatzblatt beifügen, in dem sie ihre »Leidensgeschichte« detailliert darstellt.

Bei diesem Vorgehen hat die Chemikerin gute Chancen, ohne eine Sperrzeit davonzukommen. Nach den aktuell geltenden Durchführungsanweisungen der Bundesagentur für Arbeit wird ein wichtiger Grund für die Aufgabe eines Arbeitsverhältnisses akzeptiert, »wenn erheblicher psychischer Druck oder Mobbing am Arbeitsplatz ausgeübt wurde oder sexuelle Belästigung vorlag«. Für Wiebke Rewein spricht auch, dass sie nachweisen kann, dass sie sich vor ihrer Kündigung zunächst um eine Umsetzung in eine andere Abteilung bemüht hat. Sie hat hierüber mit der Personalabteilung und dem Betriebsrat gesprochen und sie hat genau festgehalten, wann sie mit wem geredet hat. Weiterhin kann sie der Arbeitsagentur ein Attest ihres Hausarztes vorlegen. Dieser bescheinigte ihr, dass ihre Gesundheit durch weitere Konflikte am Arbeitsplatz gefährdet ist.

Schmerzensgeldanspruch bei Mobbing

Interessant ist in diesem Zusammenhang auch ein Urteil des Bundesarbeitsgerichts vom 25. Oktober 2007. Danach kann ein Arbeitnehmer, der durch Mobbing eine psychische Erkrankung erleidet, gegen seinen Arbeitgeber Anspruch auf Schmerzensgeld haben (Az.: 8 AZR 593/06).

Wer seinen Arbeitsplatz aufgeben will: Vorher mit der Arbeitsagentur reden

Wenn Ihr Arbeitsplatz für Sie zum Davonlaufen ist, sollten Sie keinesfalls aus Angst vor einer Sperrzeit um jeden Preis an Ihrer Stelle festhalten. Wichtig ist nur: Werden Sie schon vor Ihrer Kündigung aktiv, um möglichst zu vermeiden, dass Sie arbeitslos werden. Beginnen Sie rechtzeitig mit der Suche eines neuen Jobs. Dokumentieren Sie Ihre Bemühungen, damit Sie der Arbeitsagentur – für den Fall, dass Sie doch arbeitslos werden – Ihre Suchaktivitäten nachweisen können. Melden Sie sich bei der Arbeitsagentur arbeitsuchend.
Dies können Sie übrigens jederzeit tun – auch unabhängig von einer drohenden Arbeitslosigkeit. Die Dienste der Arbeitsvermittlung können nämlich nicht nur Arbeitslose, sondern genauso auch Beschäftigte nutzen. Schildern Sie dem für Sie zuständigen Arbeitsvermittler genau, was Sie an Ihrem derzeitigen Arbeitsplatz stört (Schikanen, Mobbing u. Ä.) und teilen Sie ihm Ihre Kündigungsabsicht mit. Besprechen Sie mit ihm auch, welche Arten von Arbeiten für Sie in Frage kommen. Möglicherweise kann die Arbeitsagentur Ihnen schon bald einen neuen Job vermitteln. Wenn dies nicht klappt, wird die Agentur Ihre intensiven Bemühungen um einen neuen Arbeitsplatz (mit)berücksichtigen, wenn es zu entscheiden gilt, ob Sie Ihre Arbeitslosigkeit grob fahrlässig selbst herbeigeführt haben oder nicht.

!

Tipp 15

Kündigungsgrund Familienzusammenführung:

Wer zum Ehepartner zieht, darf seinen Job ungestraft aufgeben

Härtere Regelungen für eheähnliche Partner

Immer wieder geben Arbeitnehmer ihren Job auf, um mit ihrem (Ehe-)Partner an einem neuen Wohnort zusammenzuziehen. Unverheirateten droht dann oft eine Sperrzeit beim ALG I, wenn sie dadurch arbeitslos werden. Falls allerdings minderjährige Kinder von der neuen Lebensgemeinschaft profitieren, kann die Sperrzeit nach dem Umzug entfallen, befand das Bundessozialgericht in einem wichtigen Urteil vom 17. Oktober 2007 (Az.: B 11a/7a AL 52/06 R).
Generell gilt: Wer seinen Arbeitsplatz ohne wichtigen Grund aufgibt, erhält von der Arbeitsagentur nicht sofort ALG I, sondern wird zunächst mit einer Sperrzeit von bis zu zwölf Wochen belegt (siehe Tipp 98). Bei der Frage, ob das ALG I nach einer umzugsbedingten Kündigung zeitweise gesperrt wird, gelten für Partner mit und ohne Trauschein unterschiedliche Regelungen:

Fall 1: Ehepaare und eingetragene Lebenspartnerschaften

Bei Ehepaaren und eingetragenen schwulen bzw. lesbischen Lebenspartnerschaften gilt nicht nur die Wiederherstellung bzw. Aufrechterhaltung sondern bereits die erstmalige Begründung der ehelichen Gemeinschaft (oder »partnerschaftlichen Gemeinschaft«) generell als wichtiger Grund für die Aufgabe des Arbeitsplatzes. Das bedeutet: Es droht keine Sperrzeit.

Fall 2: Eheähnliche Partnerschaften

Unverheiratete Paare – egal ob eheähnlich oder »partnerschaftsähnlich« – können nur dann einen wichtigen Grund für die umzugsbedingte Arbeitsaufgabe eines Partners ins Feld führen, wenn das Paar bereits vor dem neuerlichen Umzug zusammenlebte. Sofern die Lebensgemeinschaft noch nicht bestand, sondern erst durch den Zusammenzug hergestellt wird, gibt es für eine umzugsbegründete Kündigung keinen wichtigen Grund. Es setzt dann also eine Sperrzeit ein. Dies hat das Bundessozialgericht (BSG) in seiner Entscheidung vom 17. Oktober 2007 nochmals bestätigt.

Neu am Urteil ist aber, dass die obersten Sozialrichter jetzt auch die Situation von Kindern einbeziehen, die vom Zusammenzug nicht-verheirateter Partner betroffen sind. Dabei muss es sich – so das Gericht – nicht unbedingt um gemeinsame Kinder handeln. In dem zu entscheidenden Fall ging es um eine Verkäuferin, die mit ihrer 14-jährigen Tochter zu ihrem Verlobten gezogen war und deshalb ihren Arbeitsplatz aufgegeben hatte. Das BSG befand nun, dass »die erstmalige Herstellung einer ernsthaften und auf Dauer angelegten Erziehungsgemeinschaft, das heißt der Zuzug der Klägerin mit dem minderjährigen Kind zum nichtehelichen Partner«, ein wichtiger Grund für eine Kündigung sei, »wenn Gründe des Kindeswohls dies erfordern«. Dies sei dann der Fall, »wenn durch den Zuzug eine Verbesserung der Unterbringung, Verpflegung oder Betreuung des Kindes gewährleistet ist«. Bei der Prüfung des Sachverhalts sollen die Arbeitsagenturen»großzügig verfahren«, heißt es in den Durchführungshinweisen der Bundesagentur für Arbeit.

Tipp: Trotz der von der BA empfohlenen Großzügigkeit sollten Sie in jedem Fall prüfen, ob Sie ihren »alten« Job nicht von der neuen Wohnung aus pendelnd erreichen können.

Wer beispielsweise seinen Kölner Arbeitsplatz aufgibt, um zu seinem Partner nach Düsseldorf zu ziehen, kann nicht damit rechnen, dass ihm ein wichtiger Grund für die Kündigung zugestanden wird. Zumutbar ist das Pendeln im so genannten »Tagespendelbereich«. Dazu gehören alle Orte, die mit einer täglichen zweieinhalbstündigen Fahrzeit (Hin- und Rückfahrt) erreichbar sind. Dies gilt für verheiratete wie unverheiratete Paare gleichermaßen.

Auf frühzeitige Meldung achten

Auch wenn Sie Ihren Arbeitsplatz selbst aufgeben, müssen Sie an die Pflicht zur frühzeitigen Meldung bei der Arbeitsagentur denken. Wenn Sie den Job umzugsbedingt aufgeben möchten, müssen Sie sich im Regelfall drei Monate vor dem Eintritt der Arbeitslosigkeit an ihrem künftigen Wohnort arbeitsuchend melden – sonst droht Ihnen eine einwöchige Sperrzeit. Mehr Informationen hierzu finden Sie in Tipp 20.

Kriterien für eine eheähnliche Partnerschaft

Wer die Aufgabe des Arbeitsplatzes damit begründet, (wieder) mit dem Partner zusammmenziehen zu wollen, muss damit rechnen, dass die Arbeitsagentur prüft, ob von einer eheähnlichen Gemeinschaft ausgegangen werden kann. Indizien hierfür sind »eine dauerhafte Haushalts- und Wirtschaftsgemeinschaft seit mindestens einem Jahr, die gemeinsame Betreuung und Versorgung von Kindern im Haushalt sowie die wechselseitige Befugnis, über das gemeinsame tägliche Wirtschaften hinaus über Einkommens- und Vermögensgegenstände des Partners zu verfügen.« Näheres dazu steht im Ratgeber »111 Tipps zu ALG II und Sozialgeld«, der ebenfalls im Bund-Verlag erschienen ist (siehe Tipp 111).

!

Tipp 16

Wenn wegen Betriebsänderungen Arbeitslosigkeit droht:

Arbeitsagenturen fördern frühzeitige Profilings und andere Hilfen

Droht durch anstehende Betriebsänderungen (z. B. Stilllegungen von Betriebsteilen, Zusammenlegungen oder Umstrukturierungen) Arbeitslosigkeit, dann sollen möglichst frühzeitig geeignete Maßnahmen ergriffen werden, damit die betroffenen Arbeitnehmer neue berufliche Perspektiven bekommen. Am besten ist dann natürlich der Wechsel von »Job-to-Job«. Dafür wurden 2004 die so genannten Transfermaßnahmen nach § 216 a des Dritten Sozialgesetzbuchs (SGB III) eingeführt.

Noch während ihrer (auslaufenden) Beschäftigung beim Noch-Arbeitgeber können die betroffenen Arbeitnehmer bzw. Auszubildenden danach z. B.

- unterstützende Maßnahmen zur Feststellung ihrer Leistungsfähigkeit und des Qualifikationsbedarfs (Profilings),
- Hilfen bei Bewerbung und Stellensuche (durch entsprechende Seminare),
- Outplacement- oder Existenzgründungsberatungen,
- Kurzqualifizierungen,
- Praktika oder
- Auszubildende eine Fortsetzung ihrer Berufsausbildung

erhalten.

Die Voraussetzung dafür ist aber, dass die jeweiligen Maßnahmen nicht vom Arbeitgeber selbst, sondern von einem »Dritten« (Maßnahmeträger) durchgeführt werden. Allerdings: Der Noch-Arbeitgeber, der von Arbeitslosigkeit bedrohte Arbeitnehmer beim Weg in ihre berufliche Zukunft unterstützen will, muss dafür mindestens die Hälfte der aufzuwendenden Maßnahmekosten selbst aufbringen.

Wenn sich Arbeitgeber so beteiligen, besteht ein Rechtsanspruch auf Zuschüsse der Arbeitsagentur. Diese beteiligt sich dann zu 50 Prozent an den Kosten, soweit diese »erforderlich und angemessenen« sind (so eine Neuregelung ab 2011). Höchstens zahlt die Arbeitsagentur jedoch 2500 € für jeden teilnehmenden Arbeitnehmer.

Die Transfermaßnahmen sollten im Sozialplan oder einer ähnlichen Vereinbarung (Interessenausgleich) verankert werden. Die Transferförderung ist aber nicht unbedingt an einen Sozialplan gebunden – und einen Betriebsrat muss es auch nicht geben, um von der Förderung der Arbeitsagenturen profitieren zu können. Auch für Kleinstbetriebe kommt die Förderung in Frage. Neu ist allerdings seit 2011: Vor der Inanspruchnahme von Transfermaßnahmen müssen sich die Betriebsparteien – also Arbeitgeber und (wo es ihn gibt) Betriebsrat – zwingend zunächst von der Arbeitsagentur beraten lassen (neue Beratungspflicht).

Keine Transferleistungen gibt es, wenn bei bestimmten Arbeitnehmern eine Förderung nicht notwendig ist oder sie lediglich auf eine Anschlussbeschäftigung im gleichen oder anderen Betrieb des gleichen Unternehmens / Konzerns vorbereitet werden sollen.

Für die Bearbeitung der Anträge sind meist die für die Gewährung des Kurzarbeitergelds zuständigen Stellen der Arbeitsagenturen zuständig. Den Förderungsantrag nach § 216 a SGB III muss der bisherige Arbeitgeber stellen.

Früher gab es eine Transfer- und Outplacement-Beratung meist nur für die »besseren Jobs«. Durch die Transfermaßnahmen soll sie auch bei »normalen Jobs« üblich werden. Da sich der Noch-Arbeitgeber an den Kosten beteiligt, fällt in solchen Fällen eine eventuell gezahlte Entlassungsentschädigung möglicherweise geringfügig niedriger aus.

Weitere Infos:

Im »Merkblatt 8 c« der Bundesagentur für Arbeit erfahren Sie mehr über »Transferleistungen«.

! Tipp 17

Nach der Kündigung:

Anspruch auf angemessenen »Bewerbungsurlaub«

Zu Vorstellungsgesprächen und zur Arbeitsagentur während der Arbeitszeit

»Nach der Kündigung eines dauernden Dienstverhältnisses hat der Dienstberechtigte dem Verpflichteten auf Verlangen angemessene Zeit zum Aufsuchen eines anderen Dienstverhältnisses zu gewähren.« Das bestimmt § 629 des Bürgerlichen Gesetzbuchs (BGB). Was das praktisch bedeutet, erklärt Michael Felser, Anwalt für Arbeitsrecht aus dem rheinischen Brühl: »Zunächst einmal braucht niemand seinen Resturlaub zu opfern, wenn er nach der Kündigung einen neuen Job sucht. Denn er muss von seinem Arbeitgeber – wenn er es verlangt – für die Arbeitsuche freigestellt werden.«

Der Anspruch auf Freistellung gilt für Gekündigte genauso wie für diejenigen, die ihren Arbeitsplatz selbst aufgegeben haben, sowie – nach Meinung der meisten Juristen – auch für Arbeitnehmer, die auf längere Zeit befristet beschäftigt waren. Egal wie das Arbeitsverhältnis endete: Immer haben die Betroffenen Anspruch darauf, in ihrer Arbeitszeit einen neuen Job zu suchen (oder auch die Arbeitsagentur zu besuchen). Allerdings darf dafür nur »angemessene Zeit« verwendet werden. Was das genau bedeutet, hängt vom Einzelfall ab. Wenn Arbeitnehmer sich an ihrem Wohnort bewerben, können sie für einige Stunden von der Arbeit freigestellt werden. Für

Vorstellungsgespräche in weiter entfernten Orten können sie auch einen vollen Freistellungstag beanspruchen – und das nicht nur einmal, sondern bei mehreren Bewerbungen auch mehrfach.
Eine feste zeitliche Obergrenze für den »Bewerbungsurlaub« gibt es nicht generell (wohl aber in einigen Tarifverträgen). Der Umfang der Freistellung kann im Einzelfall ausgehandelt werden. Gegebenenfalls kann man auch vor dem Arbeitsgericht darüber streiten, was »angemessen« ist.
Wichtig ist weiterhin: Arbeitnehmer, deren Arbeitsverhältnis endet, haben nicht nur Anspruch auf Freistellung, sondern auch auf Fortzahlung des Arbeitsentgelts während des angemessenen »Bewerbungsurlaubs«. Dies ist in § 616 BGB geregelt, der sich mit der »Vergütungspflicht trotz vorübergehender Dienstentfernung« beschäftigt. Achtung: Es gibt einige wenige Tarifverträge, die keine Entgeltfortzahlung während der Freistellung zur Arbeitsuche vorsehen. Hier sind dann die jeweiligen tariflichen Bestimmungen maßgebend.

Paketlösung: Resturlaub + Bewerbungsurlaub = Freistellung

Und noch ein Tipp: Vielleicht können Sie in Verhandlungen mit Ihrem Arbeitgeber auch ein »Gesamtpaket« schnüren: Z. B. wenn Sie noch Resturlaub (siehe Tipp 10) und zugleich Anspruch auf »Bewerbungsurlaub« haben. Beides zusammen kann vielleicht eine komplette Freistellung für die verbleibenden Wochen oder Monate des Noch-Arbeitsverhältnisses ergeben. Die Freistellung nach der Kündigung kommt unter Umständen auch Ihrem Arbeitgeber ganz gelegen (dieser kann Sie allerdings nicht dazu zwingen). Denn nach der Entlassung haben Chefs und Vorgesetzte vielfach die Befürchtung, dass die Gekündigten nicht mehr die rechte Lust am Job haben und betriebliche Abläufe stören könnten. Diese Sorgen ist Ihr Arbeitgeber los, wenn er Sie vorzeitig von der Arbeit freistellt.

! Tipp 18

Bei vorzeitiger Freistellung vom Job:

Beschäftigungsverhältnis bleibt bestehen – Sozialversicherungsschutz ist gewährleistet

Nach der Kündigung können Sie ganz oder teilweise von der Arbeit freigestellt werden – bei Fortzahlung Ihrer Bezüge. Dann sind Sie zwar offiziell noch Beschäftigter »Ihres« Betriebes und bekommen auch weiterhin Gehalt, brauchen aber nicht mehr zum Dienst zur erscheinen. Eine solche Regelung wird meist in Aufhebungs- oder Abwicklungsverträgen vereinbart. Bei Arbeitnehmern, die höheren und höchsten Positionen angehören, ist die Freistellung inzwischen eine gängige Praxis. Warum sollte sie nicht auch bei »normalen Jobs« üblich werden?

18

Strittiger Punkt: Besteht noch ein Beschäftigungsverhältnis?

Eine gesetzliche Regelung zur Freistellung gibt es nicht, es handelt sich vielmehr um eine freie Übereinkunft zwischen Betrieb und dem (Noch-)Beschäftigten. Strittig war allerdings bis vor kurzem, ob mit der (unwiderruflichen) Freistellung auch das Beschäftigungsverhältnis beendet ist. Diese Position vertraten die Sozialversicherungen. Deren Spitzenverbände hatten sich Anfang Juli 2005 darauf verständigt, dass in solchen Fällen der Versicherungsschutz entfallen kann. Dies gilt dann, so heißt es im Besprechungsergebnis der Spitzenorganisationen, »wenn im gegenseitigen Einvernehmen unwiderruflich auf die vertraglich geschuldete Arbeitsleistung verzichtet wird«. Dann ende die Sozialversicherungspflicht mit dem letzten Tag, an dem tatsächlich gearbeitet wird. Die Konsequenz für die Betroffenen wäre dann u. a., dass sie sich für viel Geld selbst freiwillig kranken- und pflegeversichern müssten. Zudem würde die Freistellungszeit dann auch nicht mehr für Anwartschaften in der Renten- und Arbeitslosenversicherung zählen.

BSG-Urteil

Die Position der Sozialversicherungen aus dem Jahr 2005 ist nach einem Urteil des Bundessozialgerichts (BSG) vom 24. September 2008 nicht mehr haltbar. Das BSG befand: »Ein beitragspflichtiges Beschäftigungsverhältnis besteht auch dann, wenn Arbeitnehmer und Arbeitgeber durch einen schriftlichen Vertrag den Zeitpunkt der Beendigung des Arbeitsverhältnisses vereinbaren, die arbeitsvertraglich bestimmte Vergütung gezahlt wird, obwohl der Arbeitnehmer unwiderruflich keine Arbeitsleistung mehr erbringen muss« (Az.: B 12 KR 22/07 R).

Dabei ging es um einen Arbeitnehmer, der mit seinem Arbeitgeber (einer Krankenkasse) im September 2004 vereinbart hatte, dass er ab sofort unter Anrechnung von Urlaubsansprüchen unwiderruflich von der Verpflichtung zur Arbeitsleistung bis zur Beendigung des Arbeitsverhältnisses Ende Juni 2005 freigestellt werde sollte. Die ihm zustehende Vergütung wurde dabei fortgezahlt.

Die Krankenkasse vertrat die Position, dass wegen der unwiderruflichen Freistellung ab Abschluss des Vergleiches kein Beschäftigungsverhältnis und damit auch keine Versicherungspflicht mehr bestanden habe. Dem folgte das BSG nicht. Es stellte fest, dass eine versicherungspflichtige Beschäftigung »nicht zwingend eine tatsächliche Arbeitsleistung« voraussetzt. Es nahm eine die Sozialversicherungspflicht begründende Beschäftigung auch dann an, »wenn bei einer einseitigen Freistellung von der Pflicht zur Erbringung abhängiger Arbeit eine anschließende Fortsetzung der Beziehungen im Blick auf eine bereits konkretisierte Beendigung des Arbeitsverhältnisses nicht mehr beabsichtigt« war. Anzumerken ist noch: Die Spitzenverbände der Sozialversicherung folgen inzwischen dem BSG-Urteil.

Am selben Tag hat das BSG (Az.: B 12 KR 27/07 R) auch für einen Altersteilzeitvertrag, nach dem keine Arbeitsleistungen mehr zu erbringen waren, die Pflichtversicherung und damit die Beitragspflicht festgestellt. Für die »passive Phase« (den arbeitsfreien Teil) einer Blockaltersteilzeit ist es nach § 7 Abs. 1 a SGB IV ausreichend, wenn die Freistellung auf Grund einer schriftlichen Vereinbarung erfolgt und die Höhe des für die Zeit der Freistellung und des für die vorausgegangenen zwölf Kalendermonate monatlich fälligen Arbeitsentgelts nicht unangemessen voneinander abweichen. Außerdem muss das Arbeitsentgelt 400 € übersteigen.

Tipp 19 Beim Arbeitszeugnis mitbestimmen

Lassen Sie Ihr Zeugnis von Experten gegenlesen

Wenn Sie demnächst Ihren Arbeitsplatz verlieren, sollten Sie sich in jedem Fall um ein gutes Arbeitszeugnis bemühen – auch dann, wenn Sie bereits einen neuen Job haben oder zunächst an einer Weiterbildungsmaßnahme teilnehmen möchten. Wichtig ist: Ein qualifiziertes Zeugnis – das heißt ein Zeugnis mit genauer Tätigkeitsbeschreibung, Leistungs- und Führungsbewertung – muss Ihnen Ihr Arbeitgeber nur auf Anforderung erteilen. Worauf beim Zeugnis besonders zu achten ist, erfahren Sie in diesem Tipp.

»Herr Müller hat sich immer um die gute Bedienung unserer Kunden bemüht.« Das klingt doch gut, oder? Falsch: »Er hat sich bemüht«, bedeutet in der Zeugnissprache nichts anderes als »er hat es nicht geschafft«. Es gibt immer noch eine Reihe von feststehenden Regeln zur Interpretation von Arbeitszeugnissen, obwohl man in etlichen Unternehmen bzw. in deren Personalabteilungen solche Geheimcodes für veraltet hält. Dazu gehört auch eine verschlüsselte Notengebung. Beispiel: Der Formulierung »hat die an ihn gerichteten Anforderungen erfüllt« entspricht allenfalls der Schulnote »4«. Zu einer »1« wird diese Redewendung erst durch den Zusatz »stets zu unserer vollsten Zufriedenheit«.

Kundige Leser von Arbeitszeugnissen achten vor allem auch auf das, was nicht im Zeugnis steht. Für Kundenbetreuer ist beispielsweise der Kontakt zu Kunden entscheidend. Steht hierzu nichts im Zeugnis, so wird man davon ausgehen, dass der Betroffene mit Kunden nicht allzu gut umgehen konnte (selbst wenn die Firma, die das Zeugnis ausstellt, das gar nicht beabsichtigte).

Wenn Sie nicht zu den wenigen Experten im »Zeugnis-Chinesisch« gehören, sollten Sie das vom Betrieb ausgestellte Papier immer von jemandem gegenlesen lassen, der sich damit auskennt. Gewerkschaftsmitglieder sollten sich in jedem Fall bei Ihrer Gewerkschaft beraten lassen (siehe Tipp 25).

Bei Problemen nicht gleich zum Anwalt

Was tun, wenn das Zeugnis – auch nach der Experten-Prüfung – schlecht ausfällt? Tipp: Zunächst einfach höflich im Betrieb um eine Nachbesserung bitten. Gerade kleinere Betriebe kennen sich in der Zeugnissprache oft genauso wenig aus wie die meisten Arbeiter und Angestellten. Unterstellen Sie deshalb Ihrem Chef oder der Personalabteilung nicht von vornherein böse Absicht (selbst dann nicht, wenn Sie eigentlich davon ausgehen!). Das macht es der Gegenseite nur unnötig schwer, Ihnen entgegenzukommen. Beginnen Sie keinen Streit ums Zeugnis, sondern legen Sie freundlich eine alternative Formulierung vor. Meist wird man auf Ihre Bitte eingehen.

Bestimmen Sie über das Zeugnis mit

Sie surfen perfekt im Internet? Sie haben in der Urlaubszeit des Lagerleiters die Lagerbestände verwaltet und können mit Lagersoftware umgehen? Und die Übersicht behalten Sie sogar im größten Arbeitsstress? Dann sollte das in Ihrer Beurteilung stehen. Denn hiermit sammeln Sie bei der Bewerbung für einen neuen Job Pluspunkte. Wichtig ist dabei: Denken Sie strategisch! Das heißt: Betont werden sollten in Ihrem Zeugnis besonders solche Arbeitsinhalte und Fähigkeiten, die Ihnen im Hinblick auf Ihre berufliche Zukunft wichtig sind – die anderen können weggelassen oder nur kurz erwähnt werden.

Oft wird Ihr (Noch-)Arbeitgeber überhaupt nichts dagegen haben, wenn Sie eigene Formulierungsvorschläge für das Zeugnis machen. Sie können auch – am besten allerdings nach Vorankündigung – einen kompletten eigenen Zeugnisentwurf vorlegen (wichtig aber: vorher von Fachleuten überprüfen lassen!). Sie haben zwar keinen Rechtsanspruch darauf, dass man Ihre Texte übernimmt. Allerdings: Wenn Sie nicht gerade im größten Krach aus Ihrer Firma ausscheiden, wird man Ihnen häufig entgegenkommen. Meist hat nämlich niemand Interesse daran, Ihrer beruflichen Laufbahn Steine in den Weg zu legen. Und: Ein Entgegenkommen beim Zeugnis kostet die Firma nichts …

Wenn Ihre Versuche scheitern, auf gütlichem Wege eine Änderung des Arbeitszeugnisses zu erreichen, können Sie noch immer versuchen, eine Berichtigung oder Ergänzung des Zeugnisses vor dem Arbeitsgericht zu erreichen. Jahr für Jahr werden erstaunlich viele Klagen auf »Zeugniserteilung oder -berichtigung« eingereicht. 2006 wurde über gut 30 000 solcher Klagen entschieden. Fast bei jeder 16. Klage, die von den Arbeitsgerichten erledigt wurde, ging es damit um das Arbeitszeugnis.

Weitere Infos:

Eine Übersicht über die Zeugnissprache finden Sie unter anderem in dem Ratgeber von Heinz-Günther Dachrodt/Volker Engelbert: Zeugnisse lesen und verstehen (Bund-Verlag, Frankfurt/M., 7. Auflage 2003, 126 Seiten, 9,90 €, ISBN 978-3-7663-3507-4).

Tipp 20

Nach der Kündigung:

Wer sich zu spät bei der Arbeitsagentur meldet, wird bestraft

Viele Agenturleistungen gibt es schon vor Beginn der Arbeitslosigkeit

Je früher Sie sich bei drohender Arbeitslosigkeit auf die Suche nach einer neuen Beschäftigung machen, desto größer sind Ihre Chancen, Arbeitslosigkeit zu vermeiden und direkt von Job zu Job zu wechseln (siehe auch Tipp 16). Eine frühzeitige Meldung kann daher Vorteile bringen – für Sie und auch für die Arbeitsverwaltung, die dadurch Geld sparen kann. Schon immer war eine frühzeitige Meldung bei der Arbeitsagentur möglich, seit dem 1. Juli 2003 ist sie jedoch nach dem Gesetz Pflicht, ansonsten droht den Betroffenen eine einwöchige Sperre des ALG I.

Spätestens drei Monate vor dem Ende eines Arbeitsverhältnisses müssen Sie jetzt persönlich (und nicht per Brief, Fax oder E-Mail und auch nicht durch einen Vertreter) bei

der Arbeitsagentur vorsprechen und sich arbeitsuchend melden. Ob das Arbeitsverhältnis befristet oder unbefristet ist, spielt dabei keine Rolle. Bei Arbeitsverhältnissen mit kürzerer Kündigungsfrist gilt: Spätestens drei Tage nach Erhalt der Kündigung muss die Meldung bei der Arbeitsagentur erfolgen. Juristische Auseinandersetzungen gab es immer mal wieder über die Frage, wie denn die 3-Tages-Frist zu berechnen ist. Die Bundesagentur für Arbeit führt hierzu in ihrem »Leitfaden zur frühzeitigen Arbeitsuchendmeldung« aus: »Die 3-Tages-Frist beginnt am Tag nach der Kenntnis der Beendigung des Beendigungszeitpunktes. Tage mit fehlender Dienstbereitschaft der Agentur sowie Tage, an denen der Arbeitnehmer aus objektiven Gründen (z. B. Krankheit, Auslandsaufenthalt, fehlende Freistellung durch den Arbeitgeber) an der Meldung gehindert war, werden nicht in die Frist hineingerecht.«
Das bedeutet beispielsweise: Wer im Laufe des Freitags arbeitslos wird, muss sich im Regelfall spätestens am kommenden Mittwoch arbeitsuchend melden.

Sperrzeit droht

Wer sich »verspätet« bei der Arbeitsagentur meldet, wird seit dem 1. Juli 2003 bestraft. Das Strafmaß hat sich allerdings zum 1. Januar 2006 geändert. Nun tritt bei verspäteter Meldung stets eine einwöchige Sperrzeit ein. Das bedeutet: In der ersten Woche der Arbeitslosigkeit erhalten Sie kein Arbeitslosengeld. Zugleich wird die Dauer Ihres Anspruchs auf ALG I um eine Woche gekürzt.

Unverzügliche Meldepflicht gilt nicht nach Ausbildungsende

Wer sich in einer betrieblichen Berufsausbildung befindet, ist – nach dem Gesetz – nicht verpflichtet, sich vor Ausbildungsende frühzeitig bei der Arbeitsagentur zu melden. Dennoch kann diese Meldung für alle Azubis, die von ihrem Lehrbetrieb nicht übernommen werden, sinnvoll sein.

Telefonische Meldung möglich

Seit dem 1. Mai 2007 ist diese Meldung auch telefonisch möglich. Das regelt § 38 Abs. 1 SGB III. Eine Meldung per Brief oder E-Mail ist nach wie vor ausgeschlossen, ein Anruf beim Amt soll aber nun – vorerst – genügen. Zur Bedingung wird in diesem Fall aber gemacht, dass die Meldung später persönlich beim Amt nachgeholt wird.
Tipp: Die Möglichkeit der telefonischen Meldung sollten Betroffene nur nutzen, wenn es nicht anders geht – und am besten unter Zeugen. Dabei sollten Datum und Uhrzeit des Anrufs und der Name des Gesprächspartners notiert werden. Im Zweifelsfall müssen Gekündigte nämlich belegen, dass sie wirklich angerufen haben.

Die Arbeitsagentur fordern

Da Sie sogar verpflichtet sind, sich frühzeitig bei der Agentur zu melden, können Sie nun erst recht qualifizierte Dienstleistungen der Agentur erwarten – und zwar schon dann, wenn Sie zwar noch im Job sind, das Ende des Beschäftigungsverhältnisses aber absehbar ist. Wichtig zu wissen: Fast alle Leistungen der aktiven Arbeitsmarktpolitik und Arbeitsvermittlung gibt es nicht nur für Arbeitslose, sondern auch für

Arbeitnehmer, denen Arbeitslosigkeit droht. Und das bieten die Agenturen bereits vor der »offiziellen Arbeitslosigkeit«:

- **Förderung von beruflicher Weiterbildung:** Wer die Kündigung erhält, sollte möglichst schnell checken, ob seine derzeitige berufliche Qualifikation ausreicht, um einen neuen Job zu finden. Reicht diese nicht aus, sollte man sich frühzeitig um eine von der Arbeitsagentur finanzierte berufliche Weiterbildung kümmern (siehe Tipps 34 und 35).
- **Bewerbungstraining:** »Hauptsache Arbeit, egal was«, ist eine Standardantwort vieler Arbeitsloser auf die Frage nach ihren eigenen Fähigkeiten und Wünschen. Wer sich so »verkauft«, ist für Arbeitgeber meist wenig interessant und für die Arbeitsagentur nur schwer zu vermitteln. Schwierigkeiten, das eigene Profil zu formulieren, sollte man dem Vermittler deutlich machen. Hilfestellungen erhält man manchmal in einem von der Arbeitsagentur finanzierten Bewerbungstraining (oder auch in manchen Orten in einem Bewerbungszentrum).
- **Mobilitätszuschüsse:** Solche Zuschüsse können die Agenturen gewähren, wenn die Aufnahme eines eigentlich passenden Jobs – etwa wegen der damit verbundenen Umzugs- oder Fahrtkosten – zu teuer ist. Die Agenturen bezuschussen beispielsweise notwendige Umzugskosten (siehe Tipps 32 und 33).

»Bewerbungsurlaub« nutzen

Gekündigte und Arbeitnehmer, deren befristeter Arbeitsvertrag ausläuft, haben gegenüber ihrem Arbeitgeber (in Maßen) Anspruch auf eine bezahlte Freistellung zur Arbeitsuche. In der Regel brauchen Sie also Ihren noch bestehenden Resturlaub nicht für die Jobsuche zu »opfern«. Mehr Informationen hierzu finden Sie in Tipp 17.

Meldepflicht gilt auch in der »Aktionszeit«

Arbeitslose haben nicht nur die Pflicht, sich bis zu drei Monate vor dem »offiziellen« Beginn der Arbeitslosigkeit bei der Arbeitsagentur zu melden. Ab diesem Zeitpunkt sind sie auch verpflichtet, sich auf Aufforderung der Arbeitsagentur bei dieser zu melden und sich auf angebotene Stellen zu bewerben. Wer sich – ohne wichtigen Grund – nicht an diese Vorgaben hält, dem droht eine Sperrzeit. Immerhin gilt die Verpflichtung zur Bewerbung nur für Arbeitsangebote, »deren Beschäftigungsbeginn nach Eintritt der Arbeitslosigkeit liegt«, heißt es in den Durchführungsanweisungen der Bundesagentur für Arbeit zu § 144 SGB III. Vielfach werden Arbeitnehmer allerdings, wenn sie in den Monaten vor Beginn der Arbeitslosigkeit eine Meldung bei der Agentur verpassen, einen wichtigen Grund hierfür geltend machen können. Ein solcher liegt nach den Durchführungshinweisen der Agenturen vor, wenn »der Arbeitnehmer die Meldeaufforderung wegen auswärtigen Aufenthalts verspätetet zur Kenntnis genommen hat oder der Meldetermin in seine Arbeitzeit fällt und der Arbeitgeber den Arbeitnehmer nicht freigestellt hat«.

!

Tipp 21

Schon vor der Arbeitslosigkeit:

Antrag auf ALG I stellen

21

Peter Wingert ist darauf vorbereitet: Als er am 31. Juli den Brief seiner Firma im Briefkasten findet, weiß er Bescheid. Es ist die Kündigung. Fristgemäß zum Quartalsende am 30. September wird der kaufmännische Angestellte nach siebenjähriger Beschäftigung bei seiner Firma aufhören müssen – wegen mangelnder Aufträge. Schon am nächsten Tag, am 1. August, meldet er sich bei der Arbeitsagentur »arbeitsuchend«. Hoffnung auf eine frühzeitige Arbeitsvermittlung hat er zwar nicht, so vermeidet er aber die seit Juli 2003 geltende, neu eingeführte »Verspätungsstrafe« für Arbeitnehmer, die sich nicht kurz nach erhaltener Kündigung bei der Agentur für Arbeit melden (siehe Tipp 20).
Peter Wingert meldet sich bei der Arbeitsagentur nicht nur als arbeitsuchend, sondern auch als – ab dem 1. Oktober – arbeitslos. Das ist mittlerweile auch im Voraus drei Monate vor dem Eintritt der Arbeitslosigkeit möglich. Die Arbeitslosmeldung gilt dabei gleichzeitig als Antrag auf ALG I. Wingert erhält bei der Arbeitslosmeldung einen Antrag auf diese Leistung, auf dem der 1. Oktober als erster Tag seiner Arbeitslosigkeit eingetragen ist. Am ersten Tag der Arbeitslosigkeit – also am 1. Oktober – muss Wingert deshalb nicht noch einmal extra bei der Arbeitsagentur vorsprechen – es sei denn, er hätte eine Meldeaufforderung für diesen Termin erhalten. Er sollte jedoch möglichst schnell den ausgefüllten Antrag auf ALG I zusammen mit der Arbeitsbescheinigung des Arbeitgebers (siehe Tipp 22) abgeben. Falls er diese bereits vor Beschäftigungsende erhält, kann er die kompletten Antragsunterlagen natürlich auch schon früher abgeben. So wird das Verfahren beschleunigt.

Krankheit vor der Arbeitslosigkeit der Arbeitsagentur melden

Wer zu Beginn der Arbeitslosigkeit krank ist, kann kein ALG I beziehen. Dies gilt natürlich auch dann, wenn der Betroffene diese Leistung schon vorab beantragt hat. Wer am ersten Tag seiner Arbeitslosigkeit krank ist, hat statt des Anspruchs auf Geld von der Arbeitsagentur ein Anrecht auf Krankengeld von seiner Krankenkasse. Dieses fällt höher aus als das Geld von der Arbeitsagentur (siehe Tipp 38). Wichtig ist aber: Die Krankmeldung sollte man in einem solchen Fall umgehend bei der Arbeitsagentur abgeben oder ihr per Einschreiben zusenden. Das ALG I müssen Erwerbslose immer persönlich beantragen. Es reicht nicht aus, der Arbeitsagentur einen Brief zu schreiben, eine Mail zu schicken oder einen Bekannten vorbeizuschicken.

21

Diese Unterlagen sollten Sie mitbringen, wenn Sie ALG I beantragen

- **Lohnsteuerkarte**
  Diese müssen Sie bei der Agentur für Arbeit vorzeigen.
- **Personalausweis**
  Ersatzweise können Sie einen Reisepass mit einer aktuellen Meldebestätigung vorlegen.
- **Anmeldebogen der Arbeitsagentur**
  Unterschätzen Sie dieses unscheinbare Formular nicht! Denn hierbei geht es nicht nur um Ihre Anmeldung bei der Agentur. Ihre Angaben im Bogen sind vielmehr Grundlage für die Vermittlungstätigkeit des Amtes. Wenn Sie von Ihrem Vermittler bei der Arbeitsuche optimal unterstützt werden möchten, müssen Sie diesen Bogen sorgfältig ausfüllen. Am besten besorgen Sie sich vorab ein Exemplar und füllen den Anmeldebogen zu Hause in Ruhe aus.
- **Arbeitsbescheinigungen der Arbeitgeber**
  Die Formulare erhalten Sie in der Arbeitsagentur oder Sie können sie sich im Internet unter www.arbeitsagentur.de herunterladen. Wenn Sie die ausgefüllten Bescheinigungen mitbringen, können Sie Ihren Antrag auf ALG I unter Umständen bereits am Tag der Arbeitslosmeldung abgeben. Bis Ende 2011 müssen in jedem Fall »papierne« Arbeitsbescheinigungen abgegeben werden.
- **Alte Bewilligungs- bzw. Aufhebungsbescheide der Agentur für Arbeit**
  Wenn Sie früher bereits einmal ALG I bezogen haben, sollten Sie einen Nachweis über den früheren Leistungsbezug mitbringen.

Im Einzelfall müssen Sie bei der Abgabe des Antrags auf ALG I noch weitere Unterlagen beibringen. Diese sind dann in Ihrem Antragsformular angekreuzt.

Wann sich eine Verschiebung des Antrags lohnt

Manchmal kann es sich für Sie lohnen, mit der Beantragung des ALG I noch zu warten. Dies kann vor allem in den folgenden zwei Fällen Vorteile bringen:

- **Wenn Sie in der nächsten Zeit Ihren 50., 55. oder 58. Geburtstag feiern**
  Wenn Sie sich später arbeitslos melden und insbesondere erst dann Ihren Antrag auf ALG I stellen, wenn Sie bereits 50, 55 oder 58 Jahre alt sind, können Sie diese Leistung unter Umständen länger beziehen (Näheres siehe Tipp 47). Falls Sie vor dem Geburtstag bereits ALG I beantragt haben, können Sie bis zur Entscheidung der Arbeitsagentur über Ihren Leistungsanspruch bestimmen, dass der Anspruch »zu einem späteren Zeitpunkt entstehen soll« (etwa: erst an Ihrem Geburtstag). Dies bestimmt § 118 Abs. 2 des Dritten Sozialgesetzbuchs.

- **Wenn Sie am Ende des Beschäftigungsverhältnisses krank sind**
  In diesem Fall ist es keineswegs ratsam, die Krankheit zu verschweigen und ALG I zu beantragen. Denn Sie stehen als Kranker dem Arbeitsmarkt nicht zur Verfügung und haben dann Anspruch auf Krankengeld von Ihrer Krankenkasse – und das fällt in der Regel höher aus als Ihr ALG I. Näheres siehe Tipp 23.

Tipp 22
Arbeitsbescheinigung des Arbeitgebers notwendig

Inhalte immer überprüfen

Um ALG I zu erhalten, müssen Sie Ihre versicherungspflichtigen Beschäftigungszeiten in den letzten Jahren nachweisen. Hierzu benötigen Sie Arbeitsbescheinigungen Ihrer früheren Arbeitgeber. Ab 2014 wird die papierne Arbeitsbescheinigung möglicherweise durch den Elektronischen Entgeltnachweis (kurz: ELENA) ersetzt. Einzelheiten hierzu werden Sie in der nächsten Auflage der »111 Tipps für Arbeitslose« finden.

In den Bescheinigungen müssen die Firmen genaue Angaben zur Dauer Ihrer Beschäftigung und zur Höhe Ihres Verdienstes machen. Diese Angaben sind für die Berechnung Ihres ALG I ausschlaggebend. Wichtig sind auch die angegebenen Kündigungsgründe. Denn wenn Ihr Ex-Arbeitgeber Sie für die ausgesprochene Kündigung verantwortlich macht, dann müssen Sie damit rechnen, dass Ihr ALG I für einige Zeit »gesperrt« wird (siehe Tipps 98, 101 und 102).

Wer mit den Angaben des Arbeitgebers nicht einverstanden ist, sollte umgehend auf eine Änderung der Arbeitsbescheinigung dringen. Ein Rechtsanspruch hierauf besteht aber nicht. Allerdings kann man – wenn es zu einem Verfahren beim Arbeitsgericht kommt – im Rahmen eines arbeitsgerichtlichen Vergleichs auch eine Änderung der Arbeitsbescheinigung erreichen.

Schickt der Arbeitgeber die Arbeitsbescheinigung unmittelbar an die Arbeitsagentur – was ab 2014 mit ELENA wohl regelmäßig der Fall sein wird –, so haben Sie nach § 25 SGB I einen Rechtsanspruch darauf, in ihrer (digitalen) Arbeitslosenakte bei der Arbeitsagentur Einsicht in die Arbeitsbescheinigung zu nehmen. Das SGB I regelt hierzu, dass die Behörde »den Beteiligten Einsicht in die das Verfahren betreffenden Akten zu gestatten (hat), soweit deren Kenntnis zur Geltendmachung oder Verteidigung ihrer rechtlichen Interessen erforderlich ist«.

Wichtig ist in jedem Fall: Wer mit der »Version« des Arbeitgebers über das Zustandekommen der Kündigung nicht einverstanden ist, sollte seine Sicht in einem gesonderten Schreiben an die Arbeitsagentur darstellen und sich diese Darstellung – wenn möglich – vom Betriebs- oder Personalrat bestätigen lassen. Dieses Vorgehen lohnt sich übrigens selbst dann, wenn im Grundsatz klar ist, dass der Gekündigte seine Entlassung zumindest mitverschuldet hat. Denn wer für sein Verhalten, das zur Kündigung führte, wichtige Entschuldigungsgründe vorbringen kann, erreicht häufig wenigstens eine Halbierung der Sperrzeit, in der kein Geld von der Arbeitsagentur gezahlt wird, von zwölf auf sechs Wochen. Ein Beispiel: Wer vor der Kündigung zwar – zugegebenermaßen – oft zu spät zur Arbeit kam, allerdings nur, weil er sein Kind wegen der Erkrankung seiner Ehefrau in den Kindergarten bringen musste, den trifft unter Umständen nur eine »verminderte Schuld« für sein Zuspätkommen. Deshalb könnte seine Sperrzeit halbiert werden (siehe Tipp 102).

Verzögert oder verweigert ein Arbeitgeber das Ausfüllen der notwendigen Arbeitsbescheinigung, dann muss sich gegebenenfalls die Arbeitsagentur um die fehlende Unterlage kümmern – zur Not durch die Androhung eines Ordnungsgeldes oder einer Klage. Den Arbeitslosen jedenfalls darf aus den Nachlässigkeiten ihrer ehemaligen Chefs kein Nachteil entstehen.

22

Hat ein Arbeitgeber seinem früheren Mitarbeiter auf der Arbeitsbescheinigung einen zu hohen Lohn oder ein zu hohes Gehalt bescheinigt und hat der Betroffene deshalb zu viel ALG I erhalten, so ist dies das Verschulden des Arbeitgebers. Der Arbeitgeber muss dann gegebenenfalls der Arbeitsagentur das zu viel gezahlte ALG I erstatten. Dem Arbeitslosen dagegen darf in diesem Fall die bereits gezahlte Arbeitslosenunterstützung nicht nachträglich gekürzt werden. So urteilte das Bundessozialgericht (Az.: 7 RAr 77/84).
Wer in den letzten Beschäftigungsmonaten weniger erhalten hat als ihm zustand (z. B. weil er fälschlicherweise in eine zu niedrige Tarifgruppe eingestuft war), und von seinem Arbeitgeber eine Nachzahlung bekommt, die er nach Tarifvertrag beanspruchen kann, sollte aufpassen: In diesen Fällen muss das ALG I nämlich meist nachträglich höher bemessen werden. Den Betroffenen steht dann ein entsprechend höheres ALG I zu. Dies hat ebenfalls das Bundessozialgericht entschieden (Az.: 7 RAr 44/ 94). Weitere Informationen dazu in Tipp 54.

Worauf Sie bei der Arbeitsbescheinigung besonders achten sollten

Sie sollten sich die Arbeitsbescheinigung vom Arbeitgeber so frühzeitig wie möglich ausstellen lassen, möglichst so lange Sie noch im Betrieb tätig sind. Dann können Sie auf kurzem Wege Unstimmigkeiten abklären. Die Formulare können Sie sich von der Arbeitsagentur zusenden lassen oder – wenn Sie einen Internet-Anschluss haben – unter www.arbeitsagentur.de herunterladen. Achten Sie in jedem Fall darauf, dass Ihr Arbeitgeber bzw. das Personalbüro Ihnen die Bescheinigung persönlich übergibt und sie nicht etwa direkt der Arbeitsagentur zusendet.
Nur so können Sie kontrollieren, ob die Angaben des Arbeitgebers insbesondere zu den Kündigungsgründen und den Beschäftigungszeiten aus Ihrer Sicht korrekt sind. Die Antworten Ihres Arbeitgebers auf die Fragen in der Arbeitsbescheinigung sind für Sie besonders in folgenden Fällen wichtig:

- **Wenn sich Ihr Einkommen oder Ihre Arbeitszeit in der letzten Zeit stark verändert hat**
  Unter Umständen haben Sie dann Anspruch auf ein höheres ALG I. Wichtig ist vor allem Frage 6 der Arbeitsbescheinigung zu zusätzlichen »Angaben zum oben bescheinigten Arbeitsentgelt«. Weiteres können Sie in den Tipps 56 und 57 nachlesen.
- **Wenn Sie eine Abfindung erhalten**
  Unter Umständen müssen Sie wegen der Anrechnung der Abfindung eine Zeit lang ohne ALG I auskommen. Wichtig ist vor allem Frage 7 der Arbeitsbescheinigung zu »Leistungen in Zusammenhang mit der Beendigung des Arbeits-/Beschäftigungsverhältnisses«. Näheres können Sie in Tipp 11 nachlesen.
- **Wenn Ihr Resturlaub mit Geld abgegolten wird**
  Dann erhalten Sie unter Umständen erst später ALG I. Wichtig ist hier Frage 7.3 der Arbeitsbescheinigung. Näheres können Sie in Tipp 10 nachlesen.
- **Wenn der Arbeitgeber Ihnen die Schuld an Ihrer Entlassung zuweist**
  Dann droht Ihnen möglicherweise eine Sperrzeit. Wichtig ist hier vor allem Frage 3 der Arbeitsbescheinigung, wo es um »Angaben zur Beendigung des Beschäftigungs-/Arbeitsverhältnisses« geht. Weiteres können Sie in Tipps 14, 98 und 101 nachlesen.

Noch ein Letztes: Manchmal kommt es auch vor, dass ein (früherer) Arbeitgeber, von dem Sie eine Arbeitsbescheinigung benötigen, gar nicht mehr existiert – etwa weil die Firma inzwischen Insolvenz beantragt hat. In solchen Fällen können Sie sich an die (Beitrags-)Einzugsstelle Ihrer Krankenkasse wenden. Ihre frühere Firma hat an diese Stelle die Beiträge an die Sozialversicherung überwiesen. Die Einzugsstelle kann Ihnen in Notfällen sozialversicherte Beschäftigungszeiten für die Agentur für Arbeit bescheinigen.

! **Tipp 23**

Wer am Ende des Beschäftigungsverhältnisses krank ist:

Krankengeld statt ALG I beantragen

Kurz vor Beginn der Arbeitslosigkeit ist es im Krankheitsfall besonders wichtig, sich arbeitsunfähig schreiben zu lassen. Ein Beispiel: Peter Hebel hatte gleich doppeltes Pech. Am 1. Dezember hatte der Transportarbeiter nicht nur seine Arbeitsstelle verloren, kurz vorher hatte er sich auch noch eine Sehnenscheidenentzündung am linken Arm zugezogen. Er musste sich daraufhin während seiner letzten Beschäftigungstage krank melden. Finanziell wirkte sich die Krankheit von Peter Hebel allerdings positiv aus. Denn der Transportarbeiter bekam bis zu seinem Entlassungstag zunächst die Krankenlohnfortzahlung vom Arbeitgeber. Auch nach seiner Entlassung bezog er – bis der Arm geheilt war – weiter Krankengeld von der Krankenversicherung. Dieses Krankengeld war im Übrigen deutlich höher als die Leistung, die ihm die Arbeitsagentur unter Umständen gezahlt hätte. Hinzu kommt: Anspruch auf ALG I hätte er als Kranker ohnehin nicht gehabt.

Spätestens am vorletzten Beschäftigungstag zum Arzt

Wer schon krank ist, wenn das Beschäftigungsverhältnis endet, sollte spätestens am vorletzten Beschäftigungstag zum Arzt gehen und sich eine Arbeitsunfähigkeitsbescheinigung ausstellen lassen. Dann erhält der Betroffene für die letzten Beschäftigungstage (ggf. nur für einen einzigen Tag) Entgeltfortzahlung vom Arbeitgeber und hat anschließend Anspruch auf Krankengeld (das bei der Krankenkasse beantragt werden muss). Für ein und dieselbe Krankheit zahlt die gesetzliche Krankenkasse längstens 78 Wochen lang Krankengeld. Wichtig ist auch: Während der Zeit der Krankengeldzahlung im unmittelbaren Anschluss an das Beschäftigungsverhältnis werden – wie bei einer versicherungspflichtigen Tätigkeit – Beiträge an die Arbeitslosenversicherung abgeführt. Damit kann man dann später eine längere Beitragszeit gegenüber der Arbeitsagentur vorweisen und so unter Umständen länger ALG I (siehe Tipps 46 und 47) bekommen.
Ebenso wichtig: Durch den Bezug von Krankengeld wird der Anspruch auf die Bezugsdauer des ALG I nicht eingeschränkt. Wem also zwölf Monate lang ALG I zusteht, der erhält diese Leistung auch nach seiner Krankheit noch für die volle Zeit – sofern er noch während seines vorhergehenden Beschäftigungsverhältnisses krank wird.

Übrigens: Anders verhält es sich, wenn jemand erst am letzten Beschäftigungstag arbeitsunfähig wird und die AU erst an diesem Tag festgestellt wird. Denn § 46 SGB V bestimmt, dass der Anspruch auf Krankengeld von dem Tag an besteht, »der auf den Tag der ärztlichen Feststellung der Arbeitsunfähigkeit folgt«.
Der Krankengeldbezug würde damit erst nach Ende des Beschäftigungsverhältnisses beginnen. In diesem Fall würde nur ein Anspruch auf den »nachwirkenden« Versicherungsschutz nach § 19 Abs. 2 SGB V (siehe Kasten auf Seite 159, Tipp 79) für einen Monat bestehen. Auch das Krankengeld, auf das auch dann Anspruch bestünde, würde bereits nach einem Monat auslaufen.
23 Lediglich bei einer Krankenhausbehandlung oder Behandlung in einer Vorsorge- oder Rehabilitationseinrichtung besteht der Krankengeldanspruch vom Beginn der Behandlung an (und nicht erst ab dem Folgetag).

Rechtzeitig bei der Krankenkasse melden!

Bei einer Erkrankung kurz vor dem Ende eines Arbeitsverhältnisses sollten Sie umgehend bei Ihrer Krankenkasse vorsprechen. Nehmen Sie am besten das Kündigungsschreiben Ihres Arbeitgebers mit. Die Krankenkasse händigt Ihnen dann eine Verdienstbescheinigung für Ihren (früheren) Arbeitgeber und einen Antrag auf Krankengeld aus. Krankengeld erhalten Sie in der Regel nahtlos bereits ab dem ersten Tag nach dem Ende des Beschäftigungsverhältnisses. Übrigens: Wenn Sie bettlägerig sind, können Sie die Meldung bei Ihrer Krankenkasse auch telefonisch oder schriftlich erledigen.

Krankheit vor der Arbeitslosigkeit der Arbeitsagentur melden

Peter Hebel hatte sich – wie der Gesetzgeber es seit Mitte 2003 verlangt – schon direkt nach Erhalt der Kündigung arbeitslos gemeldet und gleichzeitig ALG I beantragt. Da er nun zu Beginn der Arbeitslosigkeit krank wurde, galt er in dieser Zeit gar nicht als arbeitslos und konnte kein ALG I in Anspruch nehmen. Dieses teilte er der Arbeitsagentur mit und erfuhr gleichzeitig, dass er sich nach dem Ende der Krankheitszeit wieder umgehend bei der Arbeitsagentur melden sollte.

Wer nach der Arbeitslosmeldung krank wird, bekommt niedrigeres Krankengeld

Viel schlechter wäre die Situation von Peter Hebel gewesen, wenn er erst in der Zeit seiner registrierten Arbeitslosigkeit erkrankt wäre. Dann hätte ihm nämlich lediglich das Kranken-Arbeitslosengeld (siehe Tipp 38) zugestanden. Diese Leistung ist allerdings wesentlich niedriger als das Krankengeld, das während und unmittelbar nach der Beschäftigungszeit gezahlt wird. Und: Mit jedem Krankheitstag mit Kranken-Arbeitslosengeld wird in den ersten sechs Krankheitswochen die Dauer des Anspruchs auf ALG I verbraucht. Wer also einen Monat krank ist, der erhält dann nur noch elf Monate lang ALG I, falls er auf diese Leistung ursprünglich insgesamt zwölf Monate Anspruch hatte.

!

Tipp 24

Wer länger auf sein Geld warten muss:

Vorschusszahlung möglich

Es kann manchmal wochenlang dauern, bis die Arbeitsagenturen die Anträge auf ALG I bearbeitet haben. In dieser Wartezeit stehen Erwerbslose ohne Geld da. Wenn jedoch sicher ist, dass sie Arbeitslosenunterstützung erhalten werden, haben die Betroffenen – nach § 42 Abs. 1 SGB I – einen Anspruch auf Vorschusszahlungen. Das gilt auch dann, wenn die genaue Höhe des ALG I oder die Dauer der Zahlung noch nicht feststeht, etwa weil noch Unterlagen fehlen.
Auch wenn sich mehrere Leistungsträger – z. B. die Arbeitslosen-, Renten- oder Krankenversicherung – darum streiten, wer zahlen muss, haben die Betroffenen ein Recht auf vorläufige Leistungen. Dann muss nach § 43 SGB I die Stelle vorläufig zahlen, die als erste angegangen worden ist. Wer finanziell in einer besonderen Notlage steckt, sollte hierauf rechtzeitig – am besten schon bei der Abgabe der Antragsunterlagen – hinweisen und eine Vorschusszahlung beantragen.

24

Wer kein Konto hat, wird meist doppelt zur Kasse gebeten

Wenn Sie ein Girokonto haben, wird Ihnen das ALG I kostenlos überwiesen. Andernfalls werden Ihnen Gebühren in Rechnung gestellt.
Die Arbeitsagentur überweist das Geld auf das vom Erwerbslosen angegebene Konto – dabei muss es sich nicht in jedem Fall um das eigene Konto handeln. Wer kein Konto hat, bekommt von der Agentur per Post eine »Zahlungsanweisung zur Verrechnung« (so etwas Ähnliches wie ein Verrechnungsscheck) zugeschickt, die nur am Postschalter (nicht bei Banken) gegen Bargeld eingetauscht werden kann. Dieser Zahlungsweg ist allerdings teuer: Denn sowohl die Arbeitsagentur als auch die Post kassieren hierfür Gebühren. Die Bundesagentur verzichtet nur dann auf die Erhebung von Gebühren (von pauschal 2,10 €), wenn einem Erwerbslosen die Einrichtung eines Kontos ohne eigenes Verschulden nicht möglich ist – Postgebühren fallen aber auch in diesem Fall noch an. Bei einer Zahlungsanweisung in Höhe von 500 bis 1000 € kassiert die Post beispielsweise sechs Euro.

Abschlagszahlungen sollen Härten vermeiden

Seit 1998 zahlen die Arbeitsagenturen ihre Leistungen »regelmäßig monatlich nachträglich« aus. Dies ist in § 337 Abs. 2 SGB III geregelt. Vorher wurde noch in 14-tägigem Turnus überwiesen. Wer durch diese langen Abstände und Wartezeiten zwischen den Zahlungen in Schwierigkeiten kommt, kann »zur Vermeidung unbilliger Härten« angemessene Abschlagszahlungen erhalten (§ 337 Abs. 4 SGB III).

In Notfällen gibt es einen Vorschuss

Vorschüsse werden in Notfällen zwar nicht bar, aber als »Zahlungsanweisungen zur Verrechnung« ausgestellt. Die Zahlungsstellen der Arbeitsagenturen haben allerdings nicht an jedem Werktag auf. Erkundigen Sie sich deshalb vorher nach den Öffnungszeiten. Zur Arbeitsagentur sollten Sie in jedem Fall Ihren Personalausweis und Ihre Besucherkarte mitbringen sowie – zum Beleg, dass Sie ein »Härtefall« sind – möglicherweise Kontoauszüge oder Mahnungen. In den meisten Arbeitsagenturen kommt man Erwerbslosen, die wegen Vorschüssen nachfragen, entgegen. Es sei denn – so formulierte es ein Angestellter der Arbeitsagentur – »man tischt uns zum fünften Mal die Geschichte mit der gestorbenen Oma auf, deren Beerdigung man organisieren muss«.

ALG I kann 14 Tage lang nicht gepfändet werden

Wenn Sie noch kein eigenes Konto haben, sollten Sie nun möglichst eines eröffnen. Reden Sie mit einer Bank Ihrer Wahl! Banken – vor allem auch Sparkassen – sind meist bereit, selbst für Kunden, die nicht als solvent gelten oder sogar hoch verschuldet sind, Konten zu eröffnen. In der Regel handelt es sich dabei um so genannte Guthabenkonten an, die nicht überzogen werden können. Fragen Sie vor einer Kontoeröffnung aber auch nach den Kontoführungsgebühren.
Wenn Sie mit dem Versuch, ein Konto zu eröffnen, scheitern sollten, können Sie der Arbeitsagentur immerhin belegen, dass es für Sie unmöglich ist, ein Konto zu eröffnen – dann verzichtet die Arbeitsagentur wenigstens auf die Erhebung von Gebühren.
Wichtig ist noch: Verschuldete Erwerbslose brauchen keine Angst zu haben, dass ihr ALG I sofort nach der Überweisung auf ihr Konto gepfändet wird. Die Leistung kann nach der Überweisung für die Dauer von 14 Kalendertagen weder gepfändet noch mit Schulden verrechnet werden, die Sie möglicherweise bei dem kontoführenden Kreditinstitut haben. Bis Mitte 2010 galt der Schutz nur für sieben Kalendertage. Während dieser Frist können Sie über das eingegangene Geld der Agentur für Arbeit frei verfügen.

Seit Mitte 2010 »P-Konto«

Andere, und zwar günstigere Regeln gelten, wenn Sie ein so genanntes P-Konto eröffnet haben. Auf einem solchen Konto erhält der Inhaber des Kontos automatisch einen Pfändungsschutz über ein Guthaben von (mindestens) 985,15 €. Dieser Betrag bleibt in jedem Fall pfändungsfrei. Der Wert gilt für eine Einzelperson; bei Unterhaltspflicht für weitere Personen ist er entsprechend höher. Ein Betrag in dieser Höhe darf nicht an Gläubiger »ausgekehrt« werden, sondern steht dem Kontoinhaber zur freien Verfügung. Die Bank darf lediglich Kontoführungsgebühren hiervon einbehalten. Der Schutz gilt jeweils für einen Monat. Jeder Bankkunde darf nur ein einziges P-Konto besitzen. P-Konten sind Einzel- und nicht Gemeinschaftskonten. Wer bislang etwa zusammen mit seinem Ehepartner ein gemeinsames Konto hatte, muss sich also künftig gegebenenfalls zwei P-Konten zulegen, für beide gilt dann jeweils ein Pfändungsschutz für 985,15 €.
Der pfändungsfreie Betrag kann erhöht werden, indem man Unterhaltsverpflichtungen nachweist – etwa für seine Kinder oder den Ehepartner. Das muss man bescheinigen lassen. Das Gesetz bestimmt, dass die Banken nur Bescheinigungen bestimmter Stellen, etwa des Arbeitgebers, der Familienkassen, von Sozialleistungsträgern oder Schuldnerberatungsstellen akzeptieren dürfen. Über die Freibeträge der Pfändungstabelle hinaus sind einmalige Sozialleistungen (z. B. Zuschüsse des Hartz-IV-Trägers zu einer Klassenfahrt eines Kindes oder zur Wohnungserstausstattung) und Kindergeld pfändungsfrei – soweit die Gelder auf das P-Konto fließen.

Rechtsanspruch auf Umwandlung des Kontos

Wer bei einer Bank bereits ein Girokonto besitzt, hat einen Rechtsanspruch darauf, dass dieses in ein P-Konto umgewandelt wird. Neukunden muss die Bank demgegenüber kein P-Konto einräumen. Das bedeutet: Für die bis zu 500 000 Menschen, die in Deutschland ohne Konto sind, besteht weiterhin kein Rechtsanspruch auf ein Girokonto.

! Tipp 25

Für Gewerkschaftsmitglieder:

Was Ihre Gewerkschaft bei drohender Arbeitslosigkeit für Sie tun kann

Selten zahlt sich die Gewerkschaftsmitgliedschaft so aus wie nach einer Kündigung. Bei allen Rechtsstreitigkeiten mit Ihrem (Noch-)Arbeitgeber kann Sie Ihre Gewerkschaft beraten und gegebenenfalls auch gerichtlich vertreten oder für eine anwaltliche Vertretung vor Gericht sorgen. Das Gleiche gilt, wenn es Probleme mit der Arbeitsagentur gibt (siehe auch Tipp 9). Die Gewerkschaft hilft zum Beispiel bei Problemen mit Arbeitszeugnissen.
»Zeugnis-Check – das ist für uns ein selbstverständlicher und viel genutzter Service für unsere Mitglieder«, erklärt Antje Edel, Rechtsschutzsekretärin bei der IG Metall Bremen. »Am besten faxt man uns vorher das Arbeitszeugnis zu, meist können wir dann schon mit einer kurzen schriftlichen Stellungnahme helfen.« Natürlich kann man auch eine ausführlichere Beratung haben und gegebenenfalls auch eigene Formulierungsvorschläge für das Zeugnis mit den Rechtsschutzsekretären durchsprechen. Wichtig ist dabei allerdings: »Vorher sollte man unbedingt anrufen und einen Termin abmachen. Sonst muss man warten oder man trifft auch gar keinen an.«

Mitgliedschaft auch während der Arbeitslosigkeit fortführen

Wer Mitglied einer der acht Einzelgewerkschaften des Deutschen Gewerkschaftsbundes (DGB) ist, kann selbstverständlich auch als Arbeitslose(r) in der Organisation bleiben. Arbeitslose Gewerkschaftsmitglieder haben die gleichen Rechte wie ihre noch beschäftigten Kollegen. So erhalten sie – nach der Bewilligung eines entsprechenden Antrags – bei satzungsgemäßer Beitragszahlung kostenlosen (Sozial-)Rechtsschutz, beispielsweise wenn es Schwierigkeiten mit der Arbeitslosenunterstützung gibt. Voraussetzung dafür ist allerdings immer, dass vor Beginn des Rechtsstreits eine gewisse Zeit (meist drei Monate lang) Gewerkschaftsbeiträge entrichtet wurden. Vom ersten Tag der Mitgliedschaft an besteht allerdings der Anspruch, sich von seiner Gewerkschaft oder der Rechtsschutzstelle des örtlichen DGB unentgeltlich beraten zu lassen. Mehrere Gewerkschaften eröffnen inzwischen auch Arbeitslosen, die bisher noch nicht Mitglied einer Gewerkschaft waren, die Möglichkeit zum Beitritt. Diese Beitrittsmöglichkeiten sind nach den Satzungen der Einzelgewerkschaften unterschiedlich geregelt. In einigen Gewerkschaften können bisher noch nicht organisierte Arbeitslose Vollmitglieder werden, in anderen besteht für sie lediglich die Möglichkeit einer so genannten Mitgliedsanwartschaft. Immer wird aber vorausgesetzt, dass die Erwerbslosen einen Arbeitsplatz im beruflichen Organisationsbereich der Gewerkschaft suchen, in die sie eintreten wollen – und gegebenenfalls eine entsprechende Ausbildung dafür vorweisen können.

25

Ermäßigte Beiträge für Arbeitslose

Die Gewerkschaften verlangen natürlich von ihren Mitgliedern, dass sie pünktlich ihre Beiträge entrichten. Für Beschäftigte liegt der Beitrag in der Regel bei einem Prozent vom monatlichen Bruttolohn oder -gehalt. Arbeitslose brauchen jedoch in allen DGB-Gewerkschaften nur einen erheblich niedrigeren Beitrag zu zahlen. In Einzelfällen besteht auch die Möglichkeit, dass die Beitragszahlung beim Bezug von ALG II oder Sozialhilfe ruht.

Wenn die Entlassung feststeht, sollte sich das betroffene Gewerkschaftsmitglied sofort an seine zuständige Geschäftsstelle wenden und dort sicherstellen, dass nur der ermäßigte Beitragssatz für Arbeitslose abgebucht wird. Vergessen Sie auch nicht, Ihrer Gewerkschaft später mitzuteilen, dass Sie wieder im Job sind. Wichtig ist weiter: Wer arbeitslos wird, sollte dafür sorgen, dass die Mitgliederzeitung, sonstige gewerkschaftliche Informationen und die Einladungen zu gewerkschaftlichen Veranstaltungen stets an seine Privatadresse gelangen – und nicht mehr an den Betrieb. Und: Auch Arbeitslose sollten an den gewerkschaftlichen Versammlungen teilnehmen und innerhalb der Gewerkschaft für ihre Rechte eintreten. In mehreren Städten und Kreisen sind arbeitslose Kolleginnen und Kollegen in gewerkschaftliche Funktionen gewählt worden. Und in einigen Gewerkschaften gibt es auch eigene satzungsmäßig verankerte Vertretungsstrukturen (Personengruppen, Ausschüsse) für Erwerbslose, damit diese innerhalb der Gewerkschaft angemessen vertreten sind.

Schauen Sie sich auch die Serviceangebote Ihrer Gewerkschaft genau an. Diese sind oft insbesondere für Erwerbslose interessant und helfen, Geld zu sparen. So bieten manche Gewerkschaften billigere Einkaufsmöglichkeiten an, andere haben Sonderkonditionen für Beratungen durch die örtlichen Verbraucherberatungsstellen ausgehandelt. Erkundigen Sie sich bei Ihrer Gewerkschaft!

Ansprechpartner/innen für Arbeitslose im DGB

DGB-Bundesvorstand
Johannes Jakob
Deutscher Gewerkschaftsbund
Henriette-Hertz-Platz 2, 10178 Berlin
Tel. (0 30) 2 40 60-3 99
Johannes.Jakob@dgb.de
Postanschrift: Postfach 11 03 72
10833 Berlin

DGB-Bezirke

DGB-Bezirk Baden-Württemberg
Dr. Verena Di Pasquale
Willi-Bleicher-Straße 20, 70174 Stuttgart
Tel. (07 11) 20 28-3 06, Fax -2 50
Verena.DiPasquale@dgb.de

DGB-Bezirk Bayern
Robert Günthner
Schwanthaler Straße 64, 80336 München
Tel. (0 89) 5 17 00-2 02, Fax -2 22
Robert.Guenthner@dgb.de

DGB-Bezirk Berlin-Brandenburg
Petra Meyer
Keithstraße 1/3, 10787 Berlin
Tel. (0 30) 2 12 40-1 32, Fax -1 02
Petra.Meyer@dgb.de

DGB-Bezirk Hessen-Thüringen
Brigitte Baki
Wilhelm-Leuschner-Straße 69–77
60329 Frankfurt/M.
Tel. (0 69) 27 30 05-32, Fax -45
Brigitte.Baki@dgb.de

DGB-Bezirk Nord
Helmut Uder
Besenbinderhof 60, 20097 Hamburg
Tel. (0 40) 28 58-2 17, Fax -2 29
Helmut.Uder@dgb.de

DGB-Bezirk Niedersachsen-Bremen
Lars Niggemeyer
Otto-Brenner-Straße 7, 30159 Hannover
Tel. (05 11) 1 26 01-38
Lars.Niggemeyer@dgb.de

DGB-Bezirk Sachsen-Anhalt
Udo Gebhardt
Otto-von-Guericke-Straße 6
39014 Magdeburg
Tel. (03 91) 6 25 03-24, Fax -27
Udo.Gebhardt@dgb.de

DGB-Bezirk Nordrhein-Westfalen
Carmen Tietjen
Friedrich-Ebert-Straße 34–38
40210 Düsseldorf
Tel. (02 11) 36 83-1 21, Fax -1 59
Carmen.Tietjen@dgb.de

DGB-Bezirk West (Rheinland-Pfalz)
DGB Region Koblenz
Gabriele Weber
Moselring 5–7 a, 56068 Koblenz
Tel. (02 61) 3 03 06-0, Fax -20
Gabriele.Weber@dgb.de

DGB Bezirk West (Saarland)
Bettina Altesleben
Fritz-Dobisch-Straße 5
66111 Saarbrücken
Tel. (06 81) 4 00 01-18, Fax: -20
Bettina.Altesleben@dgb.de

DGB-Bezirk Sachsen
Werner Schuh
Schützenplatz 14, 01067 Dresden
Tel. (03 51) 86 33-1 10, Fax -1 58
Werner.Schuh@dgb.de

25

Ansprechpartner/innen für Arbeitslose bei den DGB Mitgliedsgewerkschaften

IG Bauen-Agrar-Umwelt
Dieter Lasar
Olof-Palme-Straße 19
60439 Frankfurt / M.
Tel. (0 69) 9 57 37-3 15, Fax -6 19
Dieter.Lasar@igbau.de

IG Bergbau, Chemie, Energie
Klaus Brauer
Abt. Arbeitsmarktpolitik
Königsworther Platz 6, 30167 Hannover
Tel. (05 11) 76 31-2 79, Fax -7 69
abt.arbeitsmarktpolitik@igbce.de

Gewerkschaft TRANSNET
Hanka Heise
Chausseestraße 84, 10115 Berlin
Tel. (0 30) 42 43 90-92 , Fax 42 43 95
Hanka.Heise@transnet.org

Gewerkschaft Erziehung und Wissenschaft
Dr. Stephanie Odenwald
Reifenberger Straße 21
60489 Frankfurt / M.
Tel. (0 69) 7 89 73-3 04, Fax -1 03
Stephanie.Odenwald@gew.de

ver.di
Bernhard Jirku
Paula-Thiede-Ufer 10, 10179 Berlin
Tel. (0 30) 69 56-14 13, Fax -32 11
erwerbslose@verdi.de

Industriegewerkschaft Metall
Thomas Krischer
Wilhelm-Leuschner-Straße 79
60329 Frankfurt / M.
Tel. (0 69) 66 93-25 79, Fax -20 53
Thomas.Krischer@igmetall.de

Gewerkschaft Nahrung-Genuss-Gaststätten
Ernst-Oliver Schulte
Haubachstraße 76, 22765 Hamburg
Tel. (0 40) 3 80 13-1 16, Fax -1 70
Ernst-Oliver.Schulte@ngg.net

Gewerkschaft der Polizei
Alberdina Körner
Stromstraße 4, 10555 Berlin
Tel. (0 30) 39 99 21-1 20, Fax -2 11
Alberdina.Koerner@gdp-online.de

Kapitel C
Tipps zur Suche und Vermittlung von Arbeit und zum Umgang mit der Arbeitsagentur

NEU!

- Die Regelung zu den Vermittlungsgutscheinen ist bis Ende 2011 verlängert worden (→ Tipp 30).
- Die Regelungen zur freien Förderung (§ 10 SGB III alte Fassung) wurden zum 1. 1. 2010 gestrichen. Eine freie Förderung von Bildungsmaßnahmen ist allerdings nach wie vor im Rahmen des Vermittlungsbudgets möglich (→ Tipp 32).
- Arbeitslose können mittlerweile per »Check-In« ihr Bewerberangebot von zu Hause aus ins Internet einstellen (→ Tipp 26).

Checkliste: Darauf sollten Sie bei der Arbeitsuche und -vermittlung achten

- Dienstleistungen einfordern: Die Agentur für Arbeit muss Sie bei der Arbeitsuche unterstützen. Klären Sie möglichst schon vor Ihrem ersten Besuch bei der Arbeitsagentur ab, welche Hilfen Sie benötigen!
  (→ Tipp 26)
- Arbeitsuche: Eigene Suchaktivitäten sind verpflichtend – führen Sie hierüber möglichst Buch!
  (→ Tipp 27)
- Sie sollten auf verbindliche Zusagen der Agentur achten, wenn Ihr Vermittler mit Ihnen eine Eingliederungsvereinbarung schließen möchte.
  (→ Tipp 29)
- Sie müssen jedes Arbeits-/Eingliederungsangebot der Arbeitsagentur annehmen, das als zumutbar gilt.
  (→ Tipp 28)
- Wer 50 Jahre oder älter ist, hat besondere Rechte bei der Arbeitsförderung.
  (→ Tipp 92)
- In manchen Fällen kommen für Sie die Vermittlung in eine Arbeitsbeschaffungsmaßnahme oder Lohnkostenzuschüsse in Frage.
  (→ Tipp 30)
- Wenn die Agentur für Arbeit Ihnen ein »offizielles« Vermittlungsangebot macht, müssen Sie mit der Firma Kontakt aufnehmen und sich gegebenenfalls dort vorstellen.
  (→ Tipps 28 und 31)
- Wenn Sie zu einem Vorstellungsgespräch anreisen müssen, sollten Sie vorher die Übernahme der Reisekosten bei der Agentur beantragen!
  (→ Tipps 32 und 33)
- Bei auswärtiger Arbeitsaufnahme kann die Arbeitsagentur Sie finanziell unterstützen (bei Umzug, Pendeln oder doppeltem Wohnsitz).
  (→ Tipps 32 und 33)

- Wenn Sie eine Arbeit aufnehmen, die schlechter bezahlt ist als Ihre letzte Tätigkeit, ist bei erneutem Jobverlust zwei Jahre lang die Höhe Ihres derzeitigen ALG I garantiert.
(→ Tipp 55)
- Angemeldete Nebenjobs sind für Arbeitslose erlaubt.
(→ Tipp 63)
- Auch ein Minijob kann ein Sprungbrett in eine neue feste Beschäftigung sein.
(→ Tipp 63)
- Die Arbeitsagentur kann Sie bei einer Existenzgründung unterstützen, wenn so vermieden wird, dass Sie arbeitslos bleiben (oder werden).
(→ Tipps 73 und 74)
- Wer ALG I bezieht und zwei Monate ohne Arbeit ist, kann auf Kosten der Arbeitsagentur einen privaten Arbeitsvermittler einschalten.
(→ Tipp 30)
- Termine, zu denen Sie von der Arbeitsagentur eingeladen werden, sind verpflichtend.
(→ Tipp 37)
- Einladungen zu Terminvorsprachen gibt es oft unmittelbar nach Ihrem Urlaub oder nach »Brückentagen«.
(→ Tipp 37)
- Auf drei Wochen Urlaub haben Sie als Arbeitsloser Anspruch – allerdings nur dann, wenn keine konkreten Vermittlungsmöglichkeiten absehbar sind.
(→ Tipp 39)
- Auch als Arbeitsloser sollten Sie sich arbeitsunfähig melden, wenn sie krank sind!
(→ Tipp 38)

26

! Tipp 26

Schon vor dem ersten Besuch der Arbeitsagentur klären:

Welche Unterstützung brauchen Sie bei der Arbeitsuche?

Die Arbeitsagenturen bieten nach wie vor eine Reihe von sinnvollen Dienstleistungen an, die Ihnen beim (Wieder-)Einstieg in einen Job helfen können. Das reicht vom Bewerbungstraining bis hin zur Hilfe beim Selbstständigmachen. Diese Hilfen werden Ihnen von den Dienststellen allerdings nicht gerade aufgedrängt. Tipp: Deshalb ist es für Erwerbslose wichtiger denn je, sich schon vor dem ersten Besuch bei der Arbeitsagentur zu überlegen, welche Hilfestellungen Sie von dieser benötigen und erwarten. Einige Beispiele:

Fall 1: Sie haben die Arbeitsuche allein im Griff

Möglicherweise haben Sie die Arbeitsuche ganz gut im Griff und brauchen hierbei gar keine Hilfestellung der Arbeitsagentur. Vielleicht haben Sie sogar bereits zwei oder drei Stellen in Aussicht und rechnen fest damit, dass Sie bei einer von diesen den Zuschlag erhalten. Dann sollten Sie genau dies bei Ihrem ersten Gespräch in der Arbeitsagentur dem Arbeitsvermittler bzw. der -vermittlerin mitteilen.

Sie werden dann wohl schnell Einigkeit erzielen, dass für Sie keine besonderen Vermittlungsbemühungen der Arbeitsagentur notwendig sind. Aber auch in diesem Fall sollten Sie sich genau über die Angebote der Agentur für Arbeit informieren, denn andere Agenturleistungen könnten für Sie durchaus interessant sein. Ein Beispiel: Eine der beiden Stellen, die Sie in Aussicht haben, liegt in einer anderen Stadt. Für einen Umzug reichen Ihre Ersparnisse aber nicht aus. In diesem Fall kommen für Sie Umzugshilfen der Arbeitsagentur in Frage. Dringen Sie darauf, dass in einer so genannten Eingliederungsvereinbarung, die Sie mit der Agentur abschließen (siehe Tipp 29), aufgenommen wird, dass Ihnen bei einem notwendigen Umzug in eine andere Stadt eine solche Umzugshilfe gewährt wird (siehe Tipps 32 und 33).

Check-In von zu Hause aus

Um Ihnen Stellenangebote machen zu können, braucht die Arbeitsagentur Ihr »Bewerberangebot«, also Informationen, etwa über Ihren Lebenslauf und Ihre beruflichen Erfahrungen.
Das Ganze funktionierte bislang in der Regel auf Papier, indem Bewerber Formulare ausfüllten. Doch über das neue Angebot »Check-in« können Sie Ihr Bewerberprofil auch von zu Hause von Ihrem PC aus selbst verwalten und direkt in Kontakt mit Arbeitgebern treten. Dafür müssen Sie das Service-Center der für Sie zuständigen Agentur oder den Empfang besuchen und sich dort arbeitsuchend melden. Daraufhin können Sie für den Online-Zugang registriert werden und erhalten eine Benutzerkennung.
Zu Hause können Sie nun Ihre Daten eingeben. Ihr Bewerberangebot können Sie dann in der Online-Jobbörse der Arbeitsagentur vollständig anzeigen lassen – das bedeutet: mit Name und Adresse. Arbeitgeber, die eine Stelle anzubieten haben, können dann unmittelbar mit Ihnen Kontakt aufnehmen. Dabei können Sie auch die Funktion »CALL-ME« anklicken. Damit erklären Sie, dass Sie Anrufe durch interessierte Arbeitgeber wünschen.
Genauso können Sie sich aber auch dafür entscheiden, Ihre Daten anonym zu veröffentlichen. Dann funktioniert die Kontaktaufnahme zwischen Arbeitgebern und Ihnen über die Vermittlung der Arbeitsagentur.
Leistungsrechtliche Vor- oder Nachteile bringt die Nutzung von Check-in nicht mit sich. Insbesondere können Sie Stellenangebote, die Ihnen Arbeitgeber direkt machen, folgenlos jederzeit ablehnen. Sanktionen seitens der Arbeitsagentur drohen Ihnen hierbei nicht. Eine Sperrzeit kann allenfalls dann eintreten, wenn die Agentur Ihnen »ganz offiziell« ein Stellenangebot schickt, das mit einer Rechtsfolgenbelehrung versehen ist, also mit einer Belehrung darüber, was Ihnen droht, wenn Sie sich auf die Ihnen angebotene Stelle nicht bewerben.
Eine Broschüre über Check-In finden Sie, indem Sie in einer Internet-Suchmaschine die Stichwörter »Check-In«, »Arbeitsagentur« und »Broschüre« eingeben.

Fall 2: Sie brauchen Hilfe bei Ihrer »Vermarktung«

Sind Sie in der Lage, Betriebe auszuwählen, die für Sie in Frage kommen, Vorstellungsgespräche zu führen und eine vorzeigbare Bewerbungsmappe zu erstellen? Wenn es bereits längere Zeit her ist, seit Sie sich das letzte Mal beworben haben, werden Sie diese Fragen kaum bejahen können. Wer beispielsweise in seinem letzten Betrieb 15 Jahre oder länger tätig war, wird meist gar nicht wissen, wie man heute Bewerbungen verfasst und welche Erwartungen Arbeitgeber an die Form von Bewerbungen richten. Wenn es Ihnen so geht, brauchen Sie vielleicht ein Bewerbungstraining. Entsprechende Bewerbungshilfen der Arbeitsagentur sollten auch in eine mögliche Eingliederungsvereinbarung (siehe Tipp 29) aufgenommen werden.

Fall 3: Sie sehen kaum Chancen, ohne größere Hilfen eine neue Stelle zu finden

26

Vielleicht sind Sie gesundheitlich gehandicapt, Sie sind nicht mehr der Jüngste oder Ihre Qualifikation ist in Ihrer Region wenig gefragt? Wenn dies zutrifft, sollten Sie sich um eine intensive Zusammenarbeit mit Ihrem Arbeitsvermittler bemühen. Sprechen Sie Ihre Befürchtungen und Erwartungen schon im ersten Gespräch offen an. Tipp: Bemühen Sie sich nicht, Ihre Situation zu beschönigen. Machen Sie Ihrem Vermittler sofort deutlich, dass Sie sich von ihm besondere Vermittlungsbemühungen erhoffen. Vereinbaren Sie mit dem Vermittler, welche Hilfestellungen für Sie in Frage kommen. In Ihrem Fall sind beispielsweise Lohnkostenzuschüsse für einen Arbeitgeber oder auch eine Arbeitsbeschaffungsmaßnahme denkbar (siehe Tipp 30). Wichtig für Sie ist: Schon zu Beginn Ihrer Arbeitslosigkeit kommt für Sie eine entsprechende Maßnahme in Frage. Tipp: Dringen Sie darauf, dass sich die Arbeitsagentur in einer Eingliederungsvereinbarung verpflichtet, Ihnen solche Leistungen zu gewähren (siehe Tipp 29).

Internet-Hilfen der Arbeitsagenturen

Wenn Sie eine Aus- oder Weiterbildung benötigen oder sich über neue mögliche berufliche Perspektiven informieren möchten, helfen Ihnen unter Umständen auch die Internetseiten der Arbeitsagenturen weiter. Unter www.arbeitsagentur.de finden Sie »BERUFENET«, eine Datenbank mit Ausbildungs- und Tätigkeitsbeschreibungen zu über 3000 aktuellen Berufen. Daneben informiert »KURSNET« über berufliche Bildungsangebote (siehe Tipps 34 und 35). Über das Internet haben Sie natürlich auch die Möglichkeit, Ihr eigenes Bewerberprofil zu erstellen und zu pflegen und sich über die Job-Börse der Arbeitsagenturen online zu bewerben (siehe Seite 81). Übrigens: Wer keinen eigenen Internetanschluss hat, kann in den Internet-Centern der Arbeitsagenturen an modernen Informationsarbeitsplätzen nach passenden Stellen online suchen oder sich selbst bewerben.

Fall 4: Mit Ihrer aktuellen beruflichen Qualifikation haben Sie kaum Chancen

Dann brauchen Sie mit einer gewissen Wahrscheinlichkeit eine berufliche Weiterbildung (siehe Tipps 34 und 35). Sie müssen keinesfalls mit einer ganz konkreten Idee für eine bestimmte, von der Arbeitsagentur geförderte Maßnahme in das Gespräch mit dem Vermittler gehen. Allerdings schadet dies auch nichts. Falls Sie noch keine konkreten Vorstellungen haben, kann in einer Eingliederungsvereinbarung zunächst der Besuch einer Maßnahme zur Eignungsfeststellung festgeschrieben werden, gegebenenfalls auch eine Maßnahme zur Berufsorientierung (bei der Sie einen Überblick über verschiedene Weiterbildungen erhalten, die für Sie in Frage kommen). Wenn Sie eine klare Vorstellung über Ihre Ziele haben, sollte unmittelbar ein Termin mit dem Vermittler vereinbart werden.

Fall 5: Sie sind sich sehr unsicher, welche Richtung Sie einschlagen sollen

Dann sollten Sie beim Vermittlungsgespräch keinesfalls so tun, als ob Sie »alles im Griff« hätten. Denn so verbauen Sie sich unter Umständen gerade die Möglichkeit, Hilfe bei der Klärung Ihrer Situation zu erhalten. Besser ist es, wenn Sie Ihre Unsicherheit, Ihre Fragen und Ihre Probleme offen auf den Tisch legen. Möglicherweise schlägt Ihnen dann der Vermittler zunächst einmal eine Maßnahme zur Klärung Ihrer beruflichen und persönlichen Situation vor.

Sie können mit Begleitung zur Arbeitsagentur gehen

Zu den Beratungsgesprächen bei der Arbeitsagentur können Sie auch einen Begleiter mitbringen. Arbeitsmigranten, die nicht besonders gut Deutsch sprechen, sollten sich möglichst von jemandem, der die deutsche Sprache beherrscht, zur Agentur begleiten lassen. Jugendliche können Väter oder Mütter mitnehmen. Erwerbslose können sich aber auch beispielsweise von Beratern von Arbeitsloseninitiativen oder einfach von einem Freund, Bekannten oder Ehepartner unterstützen lassen. Diese Möglichkeit ist im Gesetz sogar ausdrücklich vorgesehen.

!

Tipp 27
Eigene Aktivitäten bei der Arbeitsuche sind ein »Muss«

Sonst gibt es unter Umständen kein Geld von der Agentur

»Es reicht nicht aus, dass Sie bereit sind, Arbeitsstellen anzunehmen, die wir Ihnen anbieten. Sie müssen auch in jedem Fall selbst aktiv eine Arbeit suchen. Sonst gibt es kein Arbeitslosengeld.« So erklärte es der Arbeitsvermittler dem Kölner Arbeitslosen Hans Peters. Diese Regelung ist übrigens nicht mehr ganz neu. Sie gilt schon seit 1998. Seitdem hat nur noch derjenige Anspruch auf ALG I, der »sich bemüht, seine Beschäftigungslosigkeit zu beenden (Eigenbemühungen)«. Dies bestimmt § 119 Abs. 1 SGB III.

Wer ALG I beantragt, findet im Antragsformular der Arbeitsagentur die Frage 2 a, die fast wörtlich den Gesetzestext wiederholt: »Ich bin bereit, alle Möglichkeiten zu nutzen, um meine Beschäftigungslosigkeit zu beenden«, heißt es dort. Wer diese Frage verneint, hat von vornherein keinen Unterstützungsanspruch. Hans Peters hat bei dieser Frage sein Kreuzchen im »Ja«-Kästchen gemacht. Damit hat der Kölner Arbeitslose zunächst seine Bereitschaft zur Eigeninitiative glaubhaft bekundet. Nachweisen müsste er seine Arbeitsuche erst dann, wenn es konkrete Anhaltspunkte gibt, die Zweifel an seinem aktiven Bemühen aufkommen lassen.

27

Arbeitsagentur muss zunächst die gelbe Karte zeigen

Solche Zweifel können in folgenden Fällen aufkommen: Sie haben auf »Einladungen« der Arbeitsagentur nicht reagiert (so genannte »Meldeversäumnisse«, siehe Tipp 37). Oder: Sie haben Ihre letzte Arbeitsstelle aus Gründen aufgegeben, die Ihre »Arbeitsbereitschaft« fraglich erscheinen lassen. Beispiele: Sie haben gekündigt, um eine selbstständige Tätigkeit aufzunehmen oder um eine Weiterbildung zu beginnen. In solchen Fällen kann die Arbeitsagentur Sie förmlich dazu auffordern, die aktive Arbeitsuche zu belegen. Aus dem schriftlichen Bescheid der Arbeitsagentur muss dann hervorgehen,

- bis wann Eigenbemühungen nachgewiesen werden müssen,
- welche Arten von Aktivitäten die Agentur in Zukunft erwartet.

Sie müssen also – rechtlich gesehen – nicht unbedingt belegen, wie und wie häufig Sie vor der förmlichen Aufforderung der Arbeitsagentur Arbeit gesucht haben. Und: In dem Bescheid muss erläutert werden, welche Folgen es hat, wenn Sie Ihre Bemühungen nicht nachweisen (der Unterstützungsanspruch entfällt dann möglicherweise oder eine Sperrzeit tritt ein).

Listen zum Beleg der Arbeitsuche

Viele Arbeitsvermittler geben Arbeitslosen Formblätter, in denen diese eintragen können (oder sollen), wann sie sich in welcher Form bei welchen Unternehmen um Arbeit bemüht haben. Zugleich erhalten die Betroffenen mehr oder minder eindeutige Vorgaben, wie häufig sie sich bewerben sollen. Etwa: »Drei Bewerbungen innerhalb von 14 Tagen« oder »fünf Bewerbungen im Monat«. Solche Mengenvorgaben machen häufig wenig Sinn. Experten sind sich darüber einig, dass es nicht darauf ankommt, wie oft man sich bewirbt. Entscheidend ist nicht die Menge, sondern die Qualität der Bewerbungen. Erfolg versprechend ist die gezielte und qualifizierte Bewerbung. Darüber hinaus hängt es natürlich vom Einzelfall ab, wie viele Bewerbungen sinnvoll sind. »Art und zeitlicher Umfang der Eigenbemühungen sind im Einzelfall, insbesondere unter Berücksichtigung des Persönlichkeitsbildes, der persönlichen Leistungsfähigkeit, der Dauer der Arbeitslosigkeit und der realen Eingliederungschancen auf dem Arbeitsmarkt festzulegen«, heißt es denn auch in den Durchführungsanweisungen der Bundesagentur für Arbeit.
Arbeitslose sind (ohne formelle Aufforderung) zunächst nicht verpflichtet, die Formblätter der Arbeitsagentur auszufüllen. Allerdings: Wer sich die Eintragungen spart und beim nächsten Besuch bei der Arbeitsagentur keine Liste über seine Eigenbemühungen präsentieren kann, wird dann möglicherweise schriftlich und unter Benennung der Rechtsfolgen zum Nachweis seiner Aktivitäten bei der Arbeitsuche aufgefordert. Und dann müssen die Aktivitäten nachgewiesen werden.

Mit der formellen Aufforderung zum Nachweis der aktiven Arbeitsuche stellt die Arbeitsagentur die Ampel sozusagen auf »gelb«. Von nun an bleibt Ihnen nichts anderes übrig, als Belege für Ihre Eigenaktivitäten zu sammeln und sich zu notieren, was Sie unternehmen, um Arbeit zu finden. Sonst droht Ihnen die Streichung des ALG I oder eine Sperrzeit (siehe unten). Die Bundesagentur für Arbeit (BA) listet in ihren Durchführungsanweisungen zu § 119 SGB III auf, wie die zu »erwartenden Eigenbemühungen« aussehen können:

- Nutzung der Job-Börse der Arbeitsagenturen im Internet (unter www.arbeitsagentur.de),
- Auswertung von Stellenanzeigen in Zeitungen, Fachzeitschriften und anderen Medien (z. B. Regionalsendern und Internet),
- gezielte Initiativbewerbungen und -vorsprachen bei Arbeitgebern,
- Arbeitsplatzsuche per Anzeige in Zeitungen und Fachzeitschriften,
- Besuch von Arbeitsmarktbörsen u. Ä.,
- Kontaktaufnahme zu privaten Vermittlern.

Eigenbemühungen im Sinne des Gesetzes sind auch – so heißt es in den BA-Anweisungen weiter – »Eintragungen in so genannte Absolventenhandbücher, die Auswertung ›Schwarzer Bretter‹ an Werkstoren und bei Bildungseinrichtungen sowie von Aushängen (z. B. in Supermärkten)«.

Wichtig ist dabei: Wer die erforderlichen Mittel für die Beschäftigungssuche nicht aufbringen kann, hat unter Umständen Anspruch auf die Übernahme von Bewerbungs- und Reisekosten durch die Arbeitsagentur (siehe Tipps 32 und 33).

Seit 2005: Sperrzeit bei unzureichenden Eigenbemühungen

Seit Anfang 2005 gilt: Wer trotz formeller Aufforderung der Arbeitsagentur nicht in ausreichendem Maße Eigenbemühungen bei der Arbeitsuche nachweist, kann mit einer zweiwöchigen Sperrzeit belegt werden (siehe Tipp 98). Grundsätzlich kann den Betroffenen das ALG I bei fehlenden Eigenbemühungen aber auch gänzlich gestrichen werden. Dies gilt beispielsweise dann, wenn ein Arbeitsloser grundsätzlich erklärt, dass er sich lediglich auf Arbeitsangebote der Arbeitsagentur hin bewirbt – und keine eigenen Aktivitäten unternehmen möchte.

! Tipp 28
Wer zumutbare Arbeitsangebote ablehnt, wird bestraft

»Drei Stellen darf man doch ablehnen, oder?« Dieser Irrglaube hält sich bei etlichen Arbeitslosen. Tatsache ist jedoch: Sie müssen jede zumutbare Stelle annehmen, die die Arbeitsagentur Ihnen anbietet – fraglich ist nur: Welche Stellen sind zumutbar?
»Es gibt doch genug arbeitslose Maurer, warum wollen die denn ausgerechnet mir diese Stelle vermitteln?« Der 47-jährige Stefan Bruns kann es nicht fassen: 16 Jahre lang hatte er auf dem Bau als Polier gearbeitet – bis er wegen »Arbeitsmangel« entlassen wurde. Seit sieben Monaten ist er nun arbeitslos. Jetzt hat ihm die Arbeitsagentur zum ersten Mal eine Stelle angeboten – nicht als Polier, sondern als Maurer. »Meine Qualifikation geht dann flöten. Wenn ich die Stelle annehme, komme ich niemals mehr als Polier unter. Und das soll ich mir gefallen lassen?« Er muss. Arbeitslose müssen jede zumutbare Arbeit annehmen, die ihnen die Arbeitsagentur anbietet. Schon wer zum ersten Mal ohne wichtigen Grund eine Stelle ablehnt, wird mit einer

dreiwöchigen Sperrzeit belegt (siehe Tipp 98). Bei wiederholten Abmahnungen droht sogar die Streichung des ALG I (siehe Tipp 99).

Kein Berufs- und Qualifikationsschutz für Erwerbslose

28

Erwerbslose müssen nach § 121 SGB III grundsätzlich auch Jobs annehmen, die unterhalb ihrer beruflichen Qualifikation sind. Auf einen Berufsschutz können sie sich nicht berufen. Das bedeutet: Stefan Bruns muss sich, obwohl er Polier ist, eine Vermittlung als Maurer gefallen lassen – und das bereits ab dem ersten Tag seiner Arbeitslosigkeit.

Akzeptieren Sie eine Herabstufung nicht ohne weiteres

Wenn Ihnen die Arbeitsagentur eine geringer qualifizierte und niedriger bezahlte Stelle vorschlägt, brauchen Sie diese berufliche Herabstufung nicht ohne weiteres hinzunehmen. Fragen Sie ruhig Ihren Arbeitsvermittler nach den Gründen für das unterwertige Angebot. Wichtig ist: Überschütten Sie ihn nicht sofort mit Vorwürfen. Kalkulieren Sie die Möglichkeit ein, dass es sich einfach um einen Irrtum handelt. Wenn dem nicht so ist und der Vermittler auf seinem Vorschlag besteht, können Sie ihn ruhig darauf hinweisen, dass es genügend Arbeitslose gibt, deren Qualifikation den Anforderungen der angebotenen Stelle genau entspricht. Fragen Sie nach, warum er ausgerechnet Ihnen diese Arbeitsstelle anbietet.

Wenn Ihre Argumente nichts fruchten und umgekehrt der Vermittler auch Sie nicht davon überzeugen kann, dass das Stellenangebot für Sie interessant ist, sollten Sie in jedem Fall vorsichtig sein. Eine Ablehnung der angebotenen Stelle ist riskant. Dann droht Ihnen eine mehrwöchige Sperrzeit. Wenn Sie dieses Risiko nicht eingehen wollen, können Sie bei Ihrem Vorstellungsgespräch den Arbeitgeber fragen, ob es bei der angebotenen Stelle für Sie baldige Aufstiegsperspektiven gibt. Weisen Sie ihn darauf hin, dass Sie nach wie vor prinzipiell an einer qualifizierteren Beschäftigung interessiert sind.

Der Polier Stefan Bruns kann den Bauunternehmer im Vorstellungsgespräch beispielsweise fragen, ob er nicht auch einen Polier-Job zu vergeben hat. Er kann darauf hinweisen, dass er den Maurer-Job zwar annimmt, jedoch weiterhin eigentlich eine Stelle als Polier sucht. Wenn der Unternehmer dann von sich aus auf eine Einstellung verzichtet, darf Stefan Bruns von der Arbeitsagentur nicht noch zusätzlich bestraft werden. Denn jeder Arbeiter und Angestellte hat das Recht, sich um den Schutz seiner Qualifikation zu bemühen. Deshalb darf in diesem Fall keine Sperrfrist verhängt werden.

Drastische Einkommenssenkungen möglich

Das Gesetz regelt auch genau, welche Einkommenseinbußen die Arbeitsagenturen den Betroffenen abverlangen können. Schon in den ersten drei Monaten der Arbeitslosigkeit ist die Vermittlung in eine – gemessen am früheren Job – 20 Prozent niedriger dotierte Stelle möglich. Vom vierten bis zum sechsten Monat der Arbeitslosigkeit muss sogar eine 30 Prozent schlechter bezahlte Stelle angenommen werden. Vergleichsmaßstab ist dabei immer das volle Einkommen vor der Arbeitslosigkeit. Als Orientierungsmaßstab kann man dabei das »Leistungsentgelt« nehmen, das der Bemessung des ALG I zugrunde liegt. Dieses entspricht in etwa dem Nettolohn vor der Arbeitslosigkeit, dabei werden auch ein 13. Monatsgehalt und andere Einmal-

zahlungen berücksichtigt. Das Leistungsentgelt ist dem Bewilligungsbescheid der Arbeitsagentur zu entnehmen.
Dazu ein Beispiel: Wurde das ALG I aufgrund eines Leistungsentgelts (das entspricht etwa dem vorherigen Nettoeinkommen) von 1500 € (monatlich) berechnet, gilt nach vier Monaten Arbeitslosigkeit die Vermittlung in einen Job als zumutbar, der netto nur mit 1050 € im Monat dotiert ist (1500 € minus 30 Prozent = 1050 €).
Ab dem 7. Monat der Arbeitslosigkeit ist eine Beschäftigung nur dann nicht zumutbar, wenn das zu erzielende Arbeitseinkommen nach Abzug der notwendigen Aufwendungen (Werbungskosten) niedriger ist als das ALG I der Betroffenen.

Sittenwidrige Löhne sind nicht zumutbar

Selbst Löhne unterhalb der tariflichen oder ortsüblichen Standards gelten als zumutbar. Allerdings: »Sittenwidrig« darf die Entlohnung nicht sein. § 36 Abs. 1 des Dritten Sozialgesetzbuchs bestimmt nämlich: »Die Agentur für Arbeit darf nicht vermitteln, wenn ein Ausbildungs- oder Arbeitsverhältnis gegen die guten Sitten verstößt.« Wann ein Arbeitsvertrag sittenwidrig ist, ist bisher nicht eindeutig definiert. In einzelnen Gerichtsentscheidungen wurden Löhne, die um 29 bis 33 Prozent unter dem Tariflohn bzw. dem ortsüblichen Lohn lagen, noch als angemessen akzeptiert. Der 1. Strafsenat des BGH hat in einem Urteil vom 22.4.1997 ein »auffälliges Missverhältnis« zwischen Arbeitsverhältnis und Lohn festgestellt, wenn der angebotene Lohn um ca. 33 Prozent unter dem Tariflohn liegt (Az.: 1 StR 701/96). Dieser Linie ist das Bundesarbeitsgericht in seinem Lohndumping-Urteil vom 22. April 2009 gefolgt. Das Gericht sah ein auffälliges Missverhältnis zwischen Leistung und Gegenleistung, wenn die Arbeitsvergütung nicht einmal zwei Drittel eines in der betreffenden Branche und Wirtschaftsregion üblicherweise gezahlten Tariflohns erreicht (Az.: 5 AZR 436/08).
Dem folgt im Übrigen auch – was die Weisungslage betrifft – die Bundesagentur für Arbeit, die in den Durchführungsanweisungen zu § 121 SGB III erfreulich klar feststellt: »Namentlich unzumutbar sind auch sittenwidrige Beschäftigungen; dies gilt auch für sittenwidrige Entlohnung. Ein Arbeitsentgelt, das um 30 Prozent und mehr unter dem tariflichen oder ortsüblichen Arbeitsentgelt liegt, ist sittenwidrig.«
Wichtig weiterhin: In einigen Bereichen gibt es allgemein verbindliche Tarifverträge, die nicht unterschritten werden dürfen. Dies gilt zum Beispiel in der Zeitarbeit, im Bau- und Reinigungsgewerbe. In diesen Branchen gelten die Tarifverträge für alle Beschäftigten, also auch für die vormaligen Empfänger von ALG I. Dies gilt selbstverständlich auch für die gesetzlichen Mindestlohnbestimmungen aufgrund § 1 Abs. 3 a des Arbeitnehmer-Entsendegesetzes.
Tipp: Wenn die Arbeitsagentur einen Job anbietet, dessen Lohn nur in etwa dem derzeit gezahlten ALG I entspricht, sollten sich Betroffene bei Ihrer Gewerkschaft bzw. bei einer Arbeitsloseninitiative beraten lassen, ob es sich bei dem Arbeitsangebot um Lohnwucher handelt.

Umzug für Alleinstehende zumutbar

»Ich ziehe keinesfalls für einen neuen Job um.« Das sollten insbesondere alleinstehende Arbeitslose bei der Arbeitsagentur nicht erklären. Denn sonst gelten sie unter Umständen als »nicht verfügbar«. Das ALG I kann dann gestrichen werden. Der Grund: Seit 2003 gilt ein Umzug für Arbeitslose grundsätzlich als zumutbar. Es gibt allerdings

28

Ausnahmen: Wer beispielsweise familiäre Bindungen hat oder sich um pflegebedürftige Eltern kümmern muss, kann nach wie vor »Nein« zum Ortswechsel sagen. Auch wenn eine Vermittlung im so genannten Tagespendelbereich aussichtsreich ist, kann man in den ersten drei Monaten der Arbeitslosigkeit einen Umzug ausschließen.
Zumutbar ist für Arbeitslose nach wie vor auch das Pendeln. Wer einen Vollzeitjob sucht, muss eine tägliche Hin- und Rückfahrtzeit von maximal 150 Minuten (hin und zurück mit öffentlichen Verkehrsmitteln) in Kauf nehmen. Auch eine getrennte Haushaltsführung wird für ehemalige Arbeitslose als »vorübergehend« (bis zu sechs Monate lang) zumutbar angesehen. Bei einer angebotenen täglichen Beschäftigung von sechs und weniger Stunden muss ein Arbeitsloser sich zwei Stunden Wegzeiten zumuten lassen. Die genannten Zeiten gelten im »Normalfall«. Wer besondere Umstände geltend machen kann (Kinderbetreuung, Pflege oder eigene gesundheitliche Probleme), dem können derart lange An- und Abfahrzeiten allerdings nicht abverlangt werden. Wenn andererseits in einer Region unter vergleichbaren Arbeitnehmern längere Pendelzeiten üblich sind, gelten auch diese als Maßstab. Besondere Umstände im Einzelfall werden also – so oder so – berücksichtigt.
Hinnehmen müssen Arbeitslose weiterhin auch die Vermittlung in eine befristete Arbeitsstelle, wobei weder im Gesetz noch in den Durchführungsanweisungen der Agenturen eine Mindestdauer für ein befristetes Arbeitsverhältnis genannt wird. Wird durch die Aufnahme einer zeitlich begrenzten Beschäftigung die Aufnahme einer Dauerbeschäftigung verhindert, dürfen Erwerbslose allerdings nicht in einen befristeten Job vermittelt werden. In diesem Fall muss allerdings bekannt sein, wann die unbefristete Beschäftigung beginnt.

Auch Leiharbeit darf nicht generell abgelehnt werden

Die Bundesagentur für Arbeit (BA) hat um die Jahrtausendwende eine folgenschwere Kehrtwende vollzogen. Galt die Vermittlung in Leiharbeit früher noch weitgehend als verpönt, so gilt Leiharbeit nun als in der Regel zumutbar. Der Kurswechsel der BA bei der Bewertung der Leiharbeit hat die Situation der Arbeitsuchenden wohl mehr verändert als die meisten Gesetzesänderungen der letzten Jahre. Denn die Löhne und Arbeitsbedingungen sind bei vielen Verleihunternehmen nach wie vor schlecht.
Dennoch sollten Arbeitslose in eigenem Interesse die Vermittlung in Leiharbeit nicht kategorisch ablehnen. Wer beispielsweise erklärt: »Für mich kommt Leiharbeit grundsätzlich nicht in Frage« oder: »Eine solche Stelle würde ich niemals annehmen«, schränkt sein »Bewerberangebot« unzulässig ein – so sieht es jedenfalls das Gesetz. Die Arbeitsagentur könnte dann sogar die »Verfügbarkeit für den Arbeitsmarkt« in Frage stellen. Das heißt: Der Leiharbeits-Verweigerer gefährdet seinen Anspruch auf Geld von der Arbeitsagentur. Im Prinzip wird Leiharbeit nämlich – nach der herrschenden juristischen Meinung – als zumutbar angesehen.
Wenn Sie von der Arbeitsagentur ein »offizielles« Arbeitsangebot bei einem Verleiher, versehen mit einer »Rechtsfolgenbelehrung«, erhalten (das heißt: mit einer Erklärung, was Ihnen droht, wenn Sie sich bei der entsprechenden Firma nicht vorstellen), sollten Sie die angebotene Stelle deshalb keinesfalls unbesehen ablehnen – sonst droht Ihnen eine Sperrzeit. Man braucht eine solche Stelle aber auch nicht unbesehen zu akzeptieren, sondern sollte prüfen, ob das konkrete Arbeitsangebot im Einzelfall persönlich zumutbar ist. Dabei gelten die gleichen – bereits weiter oben genannten – Regeln wie für alle anderen »normalen« Jobs.

Achtung Betriebs- und Personalräte:
Berufliche Herabstufungen bei Stellenbewerbern vermeiden

Wenn in Betrieben Neueinstellungen anstehen, sollten Betriebsräte darauf achten, dass Bewerber, die von der Arbeitsagentur geschickt werden, nicht für Jobs unter ihrer Qualifikationsstufe eingestellt werden. Heute gibt es nahezu für jede Qualifikationsstufe geeignete Bewerber. Warum sollen da ausgerechnet arbeitslose Poliere als Maurer eingestellt werden? Bei ihrem Veto gegen eine solche Einstellung (nach § 99 Betriebsverfassungsgesetz) können Betriebsräte durchaus plausible Gründe anführen: Besser qualifizierte Arbeiter und Angestellte sind an Arbeitsplätzen, die nur eine geringere Qualifikation voraussetzen, in der Regel unterfordert und unzufrieden. Sie werden sich deshalb wahrscheinlich möglichst schnell eine andere Arbeit suchen. Eine hohe Fluktuationsquote bringt jedoch für die Beschäftigten und den Betrieb Nachteile mit sich. Andererseits besteht für Betriebsräte natürlich auch kein Grund, Bewerber abzulehnen, die – auch wenn die ausgeschriebene Tätigkeit ihrer Qualifikation nicht entspricht – an einer Arbeitsaufnahme interessiert sind. In diesem Fall sollten die Interessenvertreter jedoch sicherstellen, dass die Betroffenen leistungsgerecht eingruppiert werden.

Check: Ist der Verleiher seriös oder unseriös?

Weil gerade in der Leiharbeit oft sehr niedrige Löhne gezahlt werden, können Sie mit Verweis auf die Zumutbarkeitsregeln die Vermittlung in einen konkreten Job bei einem Verleihunternehmen unter Umständen ablehnen. Tipp: Bestehen Sie darauf, dass der Verleiher Ihnen die Lohnhöhe schriftlich bestätigt. Wenn Sie die Leiharbeit ablehnen und die Arbeitsagentur über eine Sperrzeit entscheidet, wird sie auch mit dem Verleiher Kontakt aufnehmen. Für diesen Fall ist es hilfreich, wenn Sie schriftliche Unterlagen über den Ihnen angebotenen Job haben.
Bei der Beurteilung der Seriösität des Verleihers hilft Ihnen folgende Checkliste:

Seriös oder unseriös?
Wenn Sie die folgenden Fragen mit Ja beantworten können, ist die Wahrscheinlichkeit groß, dass der Verleiher seriös ist.

- Ist die Firma Mitglied des BZA (Bundesverband Zeitarbeit) oder des iGZ (Interessenverband Deutsche Zeitarbeitsunternehmen)?
- Entspricht Ihre Eingruppierung in die Entgeltgruppe Ihrer tatsächlichen Tätigkeit?
- Sind die Erstattung von Fahrtkosten und sonstigen Spesen verbindlich im Arbeitsvertrag geregelt?
- Wird persönliche Schutzausrüstung/Arbeitskleidung kostenfrei zur Verfügung gestellt?
- Werden die Mitarbeiter/innen umfassend über Gesundheits- und Unfallgefahren am Arbeitsplatz unterrichtet?
- Zahlt die Verleihfirma Leistungen, die über die tariflichen Mindeststandards hinausgehen?
- Läuft der Arbeitsvertrag länger als der nächste Arbeitseinsatz?
- Wird Lohn bei Krankheit und vorübergehender Nichtbeschäftigung gezahlt?

Auch die Arbeitsagenturen müssen Verantwortung übernehmen. Mit unseriösen Verleihern sollten die Agenturen nicht zusammenarbeiten. Deshalb: Erscheint Ihnen ein Verleiher unseriös, sollten Sie das unbedingt an Ihren Arbeitsvermittler weitergeben!
Diese und viele weitere Tipps finden Sie im DGB-Ratgeber »Leiharbeit – Tipps und Hilfen für Beschäftigte«. Bestellinfos gibt es hinter Tipp 111.

!

Tipp 29
Eingliederungsvereinbarung: Worauf dabei zu achten ist

29

Anfang 2002 wurden durch das »Job-Aqtiv-Gesetz« die so genannten Eingliederungsvereinbarungen verbindlich gemacht. Sie sollen spätestens zu Beginn der Arbeitslosigkeit zwischen Arbeitsvermittlern und Arbeitslosen abgeschlossen werden. Auf dem Papier – und an vielen Orten auch in der Praxis – sieht das Beratungs- und Vermittlungskonzept der Bundesagentur für Arbeit folgendermaßen aus: Das erste Beratungsgespräch bei der Arbeitsagentur soll eine besondere Bedeutung haben. Es soll dementsprechend auch länger dauern (rund eine halbe Stunde) und mit einer verbindlichen Vereinbarung enden. Zunächst sollten in dem Gespräch die individuellen Chancen der Arbeitsuchenden eingeschätzt werden, einen neuen Job zu finden. In dem Formblatt, das dem Vermittler hierzu vorliegt, sind folgende Unterpunkte vorgesehen:

- Qualifikation (Ausbildung, fachliche Kenntnisse, Art und Dauer bisheriger Berufserfahrung, Deutsch-Sprachkenntnisse),
- regionale und überregionale Mobilität, berufliche Flexibilität (Berufswunsch, Arbeitszeit, Arbeitsbedingungen, Lohn- und Gehaltsvorstellungen),
- weitere Kriterien (z. B. Alter, gesundheitliches Leistungsvermögen),
- Motivation und Verhalten (Bewerbungsverhalten, Eigenbemühungen, Weiterbildungsbereitschaft, Auftreten, Erscheinungsbild).

Die Chanceneinschätzung – neudeutsch auch »Profiling« genannt – endet mit einer Prognose der jeweiligen beruflichen Eingliederungsmöglichkeiten. Auf dem Erfassungsbogen des Arbeitsvermittlers sind dabei die Ankreuzvorgaben

- (1) »uneingeschränkt vermittelbar (Marktkunde)«,
- (2) »Vermittlung mit geringfügigen Hilfen realisierbar«
- (3) »Vermittlung erst nach umfassender Qualifizierung realisierbar (Beratungskunden aktivieren und fördern)«
- (4) »Vermittlung zunächst nur auf dem 2. Arbeitsmarkt« sowie
- (5) »kommt kurzfristig weder für 1. noch 2. Arbeitsmarkt noch Integrationsmaßnahmen in Betracht (Betreuungskunde)«

vorgesehen.

Je nachdem wie die Prognose ausfällt, ergibt sich eine unterschiedliche Eingliederungsstrategie. Die so genannten »Marktkunden« (Gruppe 1) können sich nach Ansicht der Arbeitsagenturen grundsätzlich selbst vermitteln. Dabei können sie Internetangebote der Bundesagentur für Arbeit (BA) selbstständig nutzen. Bei den »Betreuungskunden« wäre dagegen in aller Regel – so die Theorie – ein Einsatz arbeitsmarktpolitischer Mittel (Weiterbildung, Trainingsmaßnahmen o. Ä.) herausgeschmissenes Geld, weil sich der Mitteleinsatz aus wirtschaftlichen Erwägungen nicht lohnt. Die Unterstützung der Arbeitsagenturen wird daher auf die Gruppen 2 bis 4 konzentriert.

Was ist eine Eingliederungsvereinbarung?

Die für Sie persönlich passende Eingliederungsstrategie soll in der schriftlichen Eingliederungsvereinbarung festgeschrieben werden. Dabei geht es um eine verbindliche Vereinbarung darüber, wie die Arbeitsagentur Sie bei der Arbeitsuche unterstützt und welche Bemühungen Sie selbst unternehmen, um einen Arbeitsplatz zu bekommen. Unter »Aktivitäten der Agentur für Arbeit« könnte dort beispielsweise festgehalten werden: »Wir ermöglichen Ihnen an einem Bewerbungstraining teilzunehmen«. Unter »Vereinbarte Aktivitäten des Kunden bis zum nächsten Termin« könnte dort formuliert werden: »Ich erstelle innerhalb des nächsten Monats mit Unterstützung von der Arbeitsagentur eine aussagekräftige Bewerbungsmappe und entwickle eine Bewerbungsstrategie.«

Welche Vorteile kann Ihnen die Eingliederungsvereinbarung bringen?

Die Vereinbarung kann für Sie als Arbeitnehmer manchmal Vorteile bringen. Hierdurch können nämlich Vermittlungsdienstleistungen der Arbeitsagentur schneller zum Thema werden – und zwar möglichst schon bei Ihrer Meldung als Arbeitsuchender etliche Wochen oder sogar einige Monate vor Beginn der Arbeitslosigkeit (siehe Tipp 20). Denn grundsätzlich gilt: Je länger Sie ohne Job sind, desto schwerer wird es für Sie, eine angemessene Stelle zu finden. Sinnvoll ist es deshalb beispielsweise, wenn die Weichen für eine berufliche Neuorientierung – etwa durch eine von der Arbeitsagentur finanzierte berufliche Weiterbildung – schnell gestellt werden und nicht erst nach längerer Arbeitslosigkeit. Sind Sie gerade arbeitslos geworden, sollten Sie sich deshalb möglichst gut auf das erste Gespräch bei der Arbeitsagentur vorbereiten und für sich klären, welche Hilfestellungen Sie von der Agentur erwarten. Mehr hierzu finden Sie in Tipp 26.

Privatisierung der Arbeitsvermittlung schreitet voran

In vielen Fällen haben die Agenturen für Arbeit das Profiling und/oder den Abschluss der Eingliederungsvereinbarung bereits privaten Firmen, so genannten »Dritten«, übertragen, meist Bildungsträgern oder Personalberatern. Auch für Beratung, Betreuung und Vermittlung haben die meisten Agenturen private Dritte zusätzlich eingeschaltet.

Sie haben als Arbeitsloser einerseits – nach sechsmonatiger Arbeitslosigkeit – einen Rechtsanspruch auf Beauftragung eines solchen Dritten mit verstärkter vermittlerischer Unterstützung. Geregelt ist dies nun in § 46 Abs. 3 SGB III: Dort heißt es: »Arbeitslose können von der Agentur für Arbeit die Zuweisung in eine Maßnahme zur Aktivierung und beruflichen Eingliederung verlangen, wenn sie sechs Monate nach Eintritt ihrer Arbeitslosigkeit noch arbeitslos sind.« Gleichzeitig dürfen Sie der Zuweisung zu einer von einem Dritten durchgeführten Maßnahme nur mit wichtigem Grund widersprechen.

Regeln zur Beauftragung Dritter finden sich in § 97 des Zehnten Sozialgesetzbuchs. Danach muss »der Dritte die Gewähr für eine sachgerechte, die Rechte und Interessen des Betroffenen wahrende Erfüllung der Aufgaben« bieten. Wer einem Dritten zugewiesen ist, sollte wissen, dass dieser von der zuständigen Arbeitsagentur Honorar für seine Beratungs-, Betreuungs- oder Vermittlungstätigkeit erhält sowie eine Erfolgsprämie bei erfolgter Vermittlung. Wer feststellt, dass der beauftragte Träger keine nennenswerten Aktivitäten ergreift, sollte seinem Vermittler in jedem Fall eine Rückmeldung geben.

Wichtig ist weiter: Für Dritte gilt – genau wie für die Agenturen selbst – der Sozialdatenschutz. § 86 SGB III regelt, dass die Arbeitsagenturen für den Fall, dass sie »hinreichende Anhaltspunkte für Verstöße gegen datenschutzrechtliche Vorschriften« feststellen, die zuständige Kontrollbehörde für den Datenschutz hiervon unterrichten sollen.

Was tun, wenn Sie mit den Vorschlägen Ihres Vermittlers nicht einverstanden sind?

Manchmal gehen die Meinungen zwischen Vermittlern und Arbeitslosen auseinander. Ein Beispiel: Ihr Arbeitsvermittler ist der Ansicht, dass Sie mit Ihrer Qualifikation auf dem örtlichen Arbeitsmarkt kaum vermittelbar sind und eine berufliche Weiterbildung benötigen. Er schlägt Ihnen deshalb vor, zunächst an einer »Eignungsfeststellung« teilzunehmen, bei der Ihre Fähigkeiten, Neigungen und Interessen »gecheckt« werden sollen. Später, so schlägt er weiter vor, soll über die Weiterbildung entschieden werden. Sie dagegen glauben, Firmen zu kennen, bei denen Sie sehr wohl »unterkommen« können – und an einer Weiterbildung haben Sie kein Interesse.
Mögliche Lösung: Sie können beide Strategien verfolgen: An einer Eignungsfeststellung teilnehmen und zugleich versuchen, mit Ihrer derzeitigen Qualifikation (und ohne eine Weiterbildung) bei Firmen unterzukommen. Vielleicht schlagen Sie dem Vermittler vor, dies für einen bestimmen Zeitraum (beispielsweise sechs Wochen) zu probieren. Vielleicht stellt sich dann heraus, dass Ihre Chancen, ohne eine Verbesserung Ihrer Qualifikation eine neue Arbeit zu finden, schlechter sind als gedacht. Dann liegt es in Ihrem eigenen Interesse, möglichst schnell eine Entscheidung für eine berufliche Weiterbildung zu treffen.
Können Sie sich allerdings mit Ihrem Vermittler nicht auf eine gemeinsame Bewerbungsstrategie einigen, haben Sie ein Recht darauf, dass der Vorgesetzte des Vermittlers eingeschaltet wird. Dieser führt dann die Verhandlung über die Eingliederungsvereinbarung mit Ihnen weiter.

Müssen Sie selbst über Verleihfirmen Arbeit suchen?

»Ich bewerbe mich bei Zeitarbeitsfirmen« – dies ist eine der standardmäßigen Textvorgaben der Arbeitsagenturen für die Eingliederungsvereinbarung. Daher wird das Thema »Leiharbeit« – oder wie die Branche sich selbst nennt: »Zeitarbeit« – in manchen Beratungsgesprächen zwischen Arbeitsvermittler und Arbeitslosen ins Zentrum gerückt. Was tun, wenn der Vermittler Ihnen vorschlägt, sich zu verpflichten, über Verleihunternehmen eine neue Arbeitsstelle zu suchen?
Grundsätzlich können Sie sich selbst aussuchen, welche Schwerpunkte Sie bei Ihrer persönlichen Arbeitsuche setzen. Sie brauchen von sich aus also nicht gezielt auf Leiharbeitsunternehmen zuzugehen. Aber: Ausdrücklich ausschließen sollten Sie eine Arbeitsaufnahme in einem solchen Unternehmen in Ihrem Gespräch mit dem Arbeitsvermittler nicht. Nach § 119 SGB III sind Sie nämlich verpflichtet, alle (zumutbaren) Möglichkeiten zu nutzen, um Beschäftigungslosigkeit zu beenden. Und zu diesen zumutbaren Möglichkeiten gehört auch – so die herrschende juristische Meinung – die Leiharbeit. Das bedeutet für Sie: Wenn der Vermittler Ihnen vorschlägt, sich in der Eingliederungsvereinbarung ausdrücklich auf die Arbeitsuche über Verleihunternehmen festzulegen, sollten Sie möglichst nicht erklären: »Ein solcher Job kommt für mich niemals in Frage!« Besser ist beispielsweise folgende Argumentation: »Meine Chancen sind so gut, dass ich nicht auf Leiharbeit angewiesen bin.«

Oder: »Ich habe nichts dagegen, über einen befristeten Aushilfsjob wieder ins Arbeitsleben einzusteigen. Aber solche Jobs suche ich mir selber, indem ich bei Firmen gezielt nachfrage.« Oder: »Ich würde lieber einen Job über die Job-Vermittlung der Arbeitsagentur suchen als über ein Verleihunternehmen.«

Wird das ALG I gestrichen, wenn keine Eingliederungsvereinbarung zustande kommt?

Nein. »Wird der Abschluss einer Eingliederungsvereinbarung durch den Beschäftigungslosen verweigert, ist hieraus nicht zu schließen, dass Eigenbemühungen im erforderlichen Unfang generell verweigert werden«, erklärt die Bundesagentur für Arbeit in ihren Durchführungsanweisungen zu § 119 SGB III. Kommt keine Vereinbarung zustande, so gelten die »Normal-Regeln« der Arbeitsvermittlung. Das bedeutet:

- Sie sind persönlich zur aktiven Arbeitsuche verpflichtet und müssen – sobald Sie dazu aufgefordert werden – auch konkrete Belege hierfür vorlegen (siehe Tipp 27).
- Sie müssen zumutbare Arbeiten annehmen und an Kursen teilnehmen, die die Agentur Ihnen anbietet (siehe Tipp 28).

Allerdings: Sie müssen dann damit rechnen, dass Ihr Arbeitsvermittler Ihre persönlichen Aktivitäten bei der Arbeitsuche genauer in Augenschein nimmt. Möglicherweise kommen ihm eher als sonst Zweifel an Ihren Bemühungen. Das bedeutet: Es kann Ihnen schon passieren, dass Sie Ihre aktive Arbeitsuche detailliert nachweisen müssen. Übrigens: Wenn Sie der Ansicht sind, dass Ihr Vermittler Sie schlecht behandelt, können Sie grundsätzlich auch um einen Wechsel des Vermittlers bitten. Auch hier gilt: Bevor Sie selbst aktiv werden, sollten Sie sich bei einer Arbeitsloseninitiative oder in einem Arbeitslosenzentrum beraten lassen.

Was passiert, wenn Sie die Eingliederungsvereinbarung nicht einhalten?

Wenn eine formelle Eingliederungsvereinbarung zustande kommt, hat diese zwar eine gewisse Verbindlichkeit, aber bei Nichteinhaltung droht Ihnen unmittelbar keine Strafe. Ein Beispiel: In der Eingliederungsvereinbarung ist festgelegt, dass Sie sich bei einem bestimmten Weiterbildungsträger zu einem Bewerbungstraining einschreiben und an dem Training teilnehmen. Halten Sie sich nicht an diese Vorgabe, wird der Vermittler Sie eingehend nach den Gründen fragen. Eine Sperrzeit (siehe Tipp 98) kann es jedoch in diesem Fall nicht geben.
Mit einer Sperrung des ALG I müssen Sie allerdings rechnen, wenn Sie auf konkrete Vorschläge und Angebote der Arbeitsagentur nicht reagieren oder diese ablehnen. Beispiel: Der Vermittler schickt Ihnen eine förmliche Einladung zu einem Bewerbungstraining, die eine Belehrung über die Rechtsfolgen enthält. Dann sind Sie grundsätzlich verpflichtet, an dem Training teilzunehmen. Andernfalls droht Ihnen eine Sperrzeit.

Vermittlungssperre für Arbeitslose ohne Leistungsbezug

Wer arbeitslos ist und keine Leistung von der Arbeitsagentur erhält, kann seit Anfang 2009 mit einer sperrzeitähnlichen Sanktion belegt werden: Die Betroffenen können für die Dauer von zwölf Wochen von der Arbeitsvermittlung ausgeschlossen werden, wenn sie ihren Pflichten nicht nachkommen, die gesetzlich oder in der Eingliederungsvereinbarung festgelegt sind. Das bedeutet, dass sie ggf. Nachweise für ihre Arbeitsuche vorlegen und an Trainingsmaßnahmen teilnehmen müssen. Kommen sie diesen Verpflichtungen nicht nach, so kann die neu eingeführte »Vermittlungssperre« nach § 38 Abs. 3 SGB III verhängt werden. Diese Sperre hat vor allem zur Folge, dass diese Zeit nicht mehr als Anrechnungszeittatbestand an die Rentenversicherung gemeldet wird. Mit einer erneuten Arbeitslosmeldung nach Ablauf der Vermittlungssperre ist die Anerkennung von Anrechnungszeiten wegen Arbeitslosigkeit erneut möglich, sofern die Betroffenen sich auch während der Vermittlungssperre fortlaufend und ernsthaft um Arbeit bemüht haben. Tipp: Auch Arbeitslose, die kein Geld von der Arbeitsagentur erhalten, sollten die mit ihrem Arbeitsvermittler getroffenen Absprachen beachten!

Tipp 30

Was die Arbeitsagenturen sonst noch bieten:

Lohnkostenzuschüsse, Vermittlungsgutscheine und ABM-Stellen

Gerade Arbeitslose mit schlechten Eingliederungschancen sind häufig auf Lohnkostenzuschüsse oder eine Arbeitsbeschaffungsmaßnahme angewiesen. Im Einzelfall kann für Arbeitslose auch die Einschaltung eines privaten Arbeitsvermittlers Vorteile bringen. Hierfür gibt es seit dem Frühjahr 2002 so genannte Vermittlungsgutscheine.

Lohnkostenzuschüsse

Für manche Arbeitgeber sind so genannte Eingliederungszuschüsse ein Einstellungsargument. Die Arbeitsagenturen übernehmen dabei – bei ganz normalen Jobs – für eine bestimmte Zeit einen Teil der Lohnkosten. Solche Zuschüsse werden gezahlt, wenn Arbeitslose – etwa nach einer längeren Beschäftigungspause wegen Kindererziehung – einer Einarbeitung bedürfen oder wenn Arbeitnehmer wegen einer Behinderung oder nach längerer Arbeitslosigkeit als schwer vermittelbar gelten oder bereits über 50 Jahre alt sind. Diese Zuschüsse müssen die Arbeitgeber beantragen – und zwar vor Abschluss des Arbeitsvertrags. Dennoch ist es auch für Arbeitslose wichtig zu wissen, ob solche Zuschüsse in ihrem Fall gezahlt werden können. Denn dies kann ein wichtiges Argument bei der Arbeitsuche und Einstellung sein. Schwerbehinderte Menschen, ältere Arbeitnehmer und Berufsrückkehrerinnen sollten darauf drängen, dass die Verpflichtung der Arbeitsagentur zur Zahlung eines Eingliederungszuschusses bereits in die Eingliederungsvereinbarung (siehe Tipp 29) aufgenommen wird. Im Oktober 2010 wurden 119 600 Arbeitnehmer mit Vermittlungshemmnissen durch Eingliederungszuschüsse gefördert.

Arbeitsbeschaffungsmaßnahmen (ABM)

Arbeitsbeschaffungsmaßnahmen gibt es mittlerweile für Bezieher von ALG I nur noch wenige. Im Oktober 2010 befanden sich nur 2200 Arbeitslose in einer ABM – und im Oktober hatten bundesweit nur ganze 200 Bezieher der Versicherungsleistung eine ABM angetreten. Die Chancen, eine solche Förderung zu erhalten, sind also alles andere als rosig.

Das Konzept von ABM sieht folgendermaßen aus: Solche Maßnahmen kommen durch einen Vertrag zwischen der Arbeitsagentur und einem Arbeitgeber zustande. Das »Tauschgeschäft« sieht dabei so aus: Der Arbeitgeber verpflichtet sich, für eine befristete Zeit für eine Tätigkeit, die meist im öffentlichen Interesse ist, einen Arbeitslosen einzustellen. Als Gegenleistung erstattet die Arbeitsagentur dem Arbeitgeber einen Teil des (meist recht niedrigen) Arbeitsentgelts. Die Arbeitsagentur darf dann dem Arbeitgeber für die Tätigkeit einen Arbeitslosen »zuweisen«.

In der Praxis vereinbaren Arbeitgeber und Arbeitsagentur häufig einvernehmlich, durch welchen Arbeitslosen die Stelle besetzt wird. Seit Anfang 2002 können Arbeitslose bereits ab dem ersten Tag ihrer Arbeitslosigkeit in eine ABM vermittelt werden. Dies gilt allerdings nur dann, wenn ohne eine solche Maßnahme eine Beschäftigungsaufnahme nicht zu erwarten ist. Aber auch in diesem Fall besteht kein Rechtsanspruch auf eine Vermittlung in eine ABM. Wer allerdings bereits in einer ABM beschäftigt war, muss seit Anfang 2003 in der Regel drei Jahre warten, bevor sie oder er erneut in eine ABM zugewiesen werden kann. Geregelt ist dies in § 267 a SGB III. Ausnahmen gelten für Arbeitslose ab 55 Jahren. Durch diese Regelungen sollen so genannte »ABM-Karrieren« verhindert werden. Auch aus diesem Grund sind neu angefangene Maßnahmen grundsätzlich »versicherungsfrei«. Ein Anspruch auf ALG I kann somit durch die ABM-Beschäftigung nicht mehr erworben werden.

Wer glaubt, dass er auf eine ABM angewiesen ist, sollte bei der Agentur für Arbeit frühzeitig aktiv werden (möglichst bereits im ersten Gespräch mit dem Arbeitsvermittler). Wer sich für Arbeitsbeschaffungsmaßnahmen interessiert, sollte allerdings wissen: Hierbei handelt es sich um Arbeitsverhältnisse zweiter Klasse. Die Arbeit ist befristet und oft schlechter entlohnt als vergleichbare Tätigkeiten, wobei z. T. auch Tarifverträge ausgehöhlt werden. Andererseits können solche Stellen möglicherweise als Sprungbrett dienen, um längerfristig wieder eine »normale« Arbeit zu finden.

Wichtig ist auch: Wer nach der ABM wieder arbeitslos wird, muss beim ALG I – soweit er noch einen Restanspruch hat – in der Regel keine »Abwärts-Rutsche« befürchten. Die Leistung wird dann nämlich nach dem Entgelt bemessen, das vor der Maßnahme der Berechnung der Leistung zugrunde lag.

Gegen Minilöhne bei ABM wehren

Seit Anfang 2004 erstattet die Agentur für Arbeit ABM-Trägern nicht mehr einen festen Anteil des an die ABM-Beschäftigten gezahlten Lohns. Sie gewährt vielmehr Pauschalzuschüsse, die nach Qualifikationsstufen gestaffelt sind (von 900 € bei ungelernten bis 1300 € bei Tätigkeiten mit Hoch- oder Fachhochschulabschluss). Teilweise reichen Träger diesen Zuschuss einfach als Bruttoarbeitsentgelt an die Arbeitnehmer weiter. Dies ist nach Ansicht des DGB vielfach unzulässig. Betroffene sollten sich in solchen Fällen zur Beratung an ihre Gewerkschaft wenden.

30

Private Arbeitsvermittlung

Nicht nur die Arbeitsagenturen vermitteln in Arbeit, sondern auch private Job-Makler. Seit Ende März 2002 können Arbeitsuchende sogar auf Kosten der Arbeitsagenturen private Arbeitsvermittler einschalten. Sie bekommen dafür dann von der Arbeitsagentur einen so genannten Vermittlungsgutschein, mit dem Sie sich an einen Vermittler Ihrer Wahl wenden können.

Große Erfolge können die »Privaten« dabei auch nicht vorweisen. Zwischen April 2002 und Dezember 2008 wurden nur 346 000 – im Jahresschnitt also weniger als 50 000 – Vermittlungsgutscheine bei Beschäftigungsaufnahme eingelöst. Nur in diesen Fällen wurden also tatsächlich Arbeitslose von privaten Vermittlern in Jobs gebracht. Das Institut für Arbeitsmarkt- und Berufsforschung der BA ermittelte, dass nur sieben bis neun Prozent der von den Arbeitsagenturen ausgegebenen Gutscheine eingelöst wurden.

Den Vermittlungsgutschein (VGS) nach § 421 g SGB III kann beanspruchen, wer Anspruch auf ALG I hat und nach mindestens sechswöchiger Arbeitslosigkeit noch nicht vermittelt ist. Diese Wartezeit muss innerhalb der letzten drei Monate vor dem Tag der Beantragung des VGS erfüllt sein.

Den VGS stellt die Arbeitsagentur aus. Sie verpflichtet sich damit, einem privaten Arbeitsvermittler eine Art Erfolgsprämie beim Zustandekommen eines sozialversicherungspflichtigen Beschäftigungsverhältnisses zu zahlen. 1000 € zahlt die Arbeitsagentur bei einer sechswöchigen Dauer des Arbeitsverhältnisses und weitere 1000 € nach einer sechsmonatigen Dauer. Bei Langzeitarbeitslosen und behinderten Menschen kann die »zweite Rate« auf 1500 € (und der mögliche Gesamtbetrag damit auf 2500 €) erhöht werden. Keine Prämie gibt es, wenn der neue Arbeitsvertrag mit einer Firma zustande kommt, bei der der Erwerbslose innerhalb der letzten vier Jahre vor seiner Arbeitslosmeldung drei Monate oder länger beschäftigt war. Den VGS können Sie in einem unbürokratischen Verfahren beantragen – und zwar wie die BA erklärt »formlos per Telefon, Brief, Fax oder E-Mail unter Angabe Ihrer Kundennummer«.

Wenn man die Dienste eines privaten Job-Maklers in Anspruch nimmt, können sich dadurch die Chancen, einen neuen Job zu finden, im Einzelfall erhöhen. Niemand verbaut sich durch die Einschaltung eines privaten Vermittlers andere Suchmöglichkeiten. Man kann gleichzeitig auch neben den Diensten der Agentur für Arbeit – wenn man will – die Dienste beliebig vieler privater Job-Makler in Anspruch nehmen. § 297 SGB III regelt sogar ausdrücklich: Vereinbarungen, durch die ein Arbeitsuchender ausschließlich auf die Nutzung der Dienste eines einzigen privaten Vermittlers festgelegt wird, sind unwirksam.

Achtung: Der VGS ist in aller Regel nur für drei Monate gültig. Vermittelt Sie ein privater Arbeitsvermittler nach Ablauf dieser Frist in einen neuen Job, ohne dass Sie einen neuen VGS beantragt haben, so müssen Sie die Vermittlungsprämie aus der eigenen Tasche zahlen.

Regelung gilt nur befristet

Die Vermittlungsgutscheinregelung, die zunächst bis Ende Dezember 2004, dann bis Ende 2006 befristet war, gilt nach § 421 g des Dritten Sozialgesetzbuchs jetzt bis zum 31. Dezember 2011.

!

Tipp 31

Wenn die Arbeitsagentur ein Stellenangebot schickt:

Welche Rechte Sie im Vorstellungsgespräch haben

»Arbeitsvereitelndes Verhalten« kann zu einer Sperrzeit führen

31

Wer von der Arbeitsagentur ein Stellenangebot bekommt, muss sich in der Regel bei dem betreffenden Arbeitgeber bewerben. Vielfach wird zunächst die Einsendung von Bewerbungsunterlagen verlangt. Manchmal kann man auch sofort ein Vorstellungsgespräch vereinbaren. Seit Anfang 2002 ist im Arbeitsförderungsrecht ausdrücklich festgeschrieben: Arbeitslose werden mit einer Sperrzeit belegt, wenn sie durch ihr Verhalten vor oder im Vorstellungsgespräch die Arbeitsaufnahme verhindern. Eine Sperre des ALG I soll – so heißt es in § 144 SGB III – auch erhalten, wer »die Anbahnung eines … Beschäftigungsverhältnisses … durch sein Verhalten verhindert«.
Wie verhält man sich am besten, wenn die Post einen Vermittlungsvorschlag bringt? »Sehr geehrte(r) …, ich freue mich, Ihnen folgende Arbeitsstelle vorschlagen zu können:« So beginnen die Standardschreiben, mit denen die Arbeitsagenturen Erwerbslosen Arbeitsangebote machen. Ein solches Schreiben müssen Sie in jedem Fall ernst nehmen.

Vor dem Vorstellungsgespräch

Die Arbeitsagenturen verfügen meist nur über wenige offene Stellen. Sie können deshalb nur einigen wenigen ausgewählten Arbeitslosen einen Vermittlungsvorschlag machen. Wenn der Briefträger Ihnen ein Stellenangebot der Agentur bringt, sind Sie häufig bereits in einer engeren Vorauswahl und haben recht gute Chancen, einen Job zu bekommen.
Auch wenn Ihnen das Jobangebot sofort zusagt, lohnt es sich, vor der Bewerbung bzw. vor dem Vorstellungsgespräch mit dem Vermittler Kontakt aufzunehmen. Vielleicht hat er ergänzende Hintergrundinformationen über die ausgeschriebene Stelle. Möglicherweise kann er Ihnen noch einen wichtigen Tipp für das Vorstellungsgespräch geben. Fragen Sie ihn!
Weitere Informationen über die Firma, zu der Sie eingeladen sind, können Sie unter Umständen aus dem Internet erhalten. Der Vermittler sollte in der Regel wissen, ob die Firma im Internet vertreten ist. Ansonsten reicht es vielfach, in einer Suchmaschine (z. B. www.google.de) den Namen der Firma und den Firmensitz einzugeben, um die Internetadresse der Firma zu erfahren. Unter Umständen können Sie auch über Ihre Gewerkschaft Kontakt zu Kollegen bekommen, die in dieser Firma beschäftigt sind (oder es früher waren).
Wenn Sie unsicher sind, wie Sie sich im Gespräch mit dem Arbeitgeber »präsentieren« sollen, können Sie unter Umständen in einem Bewerbungstraining weitere Hilfestellung erhalten (bis hin zu Test-Vorstellungsgesprächen). Wenn übrigens im Zusammenhang mit dem Vorstellungsgespräch Reisekosten anfallen, sollten Sie die Firma fragen, ob Ihnen die Kosten ersetzt werden. Sofern sie nichts zahlt, können Sie bei der Arbeitsagentur die Übernahme der Reisekosten beantragen – und zwar unbedingt vor Ihrer Reise (siehe Tipps 32 und 33).

Wenn Sie finden, dass die angebotene Stelle für Sie nicht passt, sollten Sie in jedem Fall ein offenes Gespräch mit ihrem Vermittler suchen – und zwar, bevor Sie Kontakt mit dem Arbeitgeber aufnehmen. Schildern Sie dem Vermittler genau, was Ihnen an der angebotenen Stelle nicht zusagt und besprechen Sie mit ihm, wie Sie sich verhalten sollen. Machen Sie mit ihm – wenn nötig – umgehend einen Gesprächstermin aus, um mit ihm ausführlich Ihre Vermittlungswünsche zu besprechen. Möglicherweise nimmt er dann das Stellenangebot zurück. Bleibt der Vermittler bei seinem Vorschlag, sollten Sie sich in jedem Fall auf die angebotene Stelle bewerben, andernfalls droht Ihnen nämlich eine mindestens dreiwöchige Sperre des Geldes aus Nürnberg (siehe Tipps 28 und 98).

Die Arbeitsangebote der Agentur sind oft nicht auf ihre »Zumutbarkeit« überprüft

Eigentlich könnte man von der Arbeitsagentur erwarten, dass Arbeitsangebote, die auf amtlichen Briefbögen (und mit einer Sperrzeitdrohung für den Fall, dass sie nicht akzeptiert werden) verschickt werden, zumindest auf die wichtigsten »Knackpunkte« überprüft sind. Vor allem: Bietet die Firma, die eine offene Stelle besetzen möchte, einen angemessenen Lohn an? Oder handelt es sich – was gerade bei Leiharbeit manchmal der Fall ist – um Mini-Löhne am Rande des Wuchers? Und: Ist die Arbeit gemessen an dem, was ein Arbeitsuchender vorher verdient hat, überhaupt zumutbar?
Leider verzichten die Arbeitsagenturen immer häufiger auf solche Überprüfungen. Mehr noch: Häufig haben die Agenturen überhaupt keine Informationen darüber, welche Arbeitsentgelte die Firmen anbieten. Denn viele Firmen – gerade Verleiher – schweigen sich darüber aus. Ungeprüfte Arbeitsangebote der Arbeitsagenturen erkennt man meist daran, dass die Vermittlungsformulare der Agenturen keine Angaben zum angebotenen Arbeitsentgelt und zum Einsatzort enthalten. In diesen Fällen sollte man zwar – trotz der fehlenden Informationen – zum Vorstellungsgespräch gehen, aber besonders genau darauf achten, ob die angebotenen Konditionen zumutbar sind (siehe Tipp 28). Ist dies nicht der Fall, braucht man die Stelle nicht anzutreten, man sollte dann aber umgehend den Arbeitsvermittler informieren.

Im Vorstellungsgespräch

Die große Gefahr ist, dass sich die Kollegen gar nicht mehr trauen, in Vorstellungsgesprächen offen aufzutreten, dass sie ängstlich reagieren«, meint Johannes Jakob von der Abteilung Arbeitsmarktpolitik beim DGB-Bundesvorstand. Er betont: »Natürlich habe ich als Bewerber das Recht, mich nach den Verhältnissen im Betrieb zu erkundigen, sonst weiß ich ja gar nicht, ob ich den Anforderungen des Arbeitsplatzes gerecht werde.« Ganz ähnlich argumentiert auch Werner Marquis, Sprecher der Regionaldirektion NRW der BA: »Der Bewerber tritt im Wettbewerb mit zahlreichen Konkurrenten auf. Er ist kein Bittsteller, sondern Verhandlungspartner – das gilt grundsätzlich für alle Vorstellungsgespräche, unabhängig davon, ob der Bewerber den Vorschlag von der Arbeitsagentur hat oder aufgrund einer Zeitungsannonce kommt. Als Verhandlungspartner habe ich etwas anzubieten und kann auch Fragen zu meinem künftigen Arbeitsplatz stellen. Entscheidend ist, dass man den Arbeitgeber überzeugt, dass man gerade diese Arbeit in diesem Betrieb will. Dazu muss man sich gut auf den Betrieb, seine Produkte und die Anforderungen vorbereiten.«

Eine gewisse Offenheit ist im Vorstellungsgespräch grundsätzlich angebracht. Dies gilt auch, wenn Sie Zweifel haben, ob die Stelle, die die Arbeitsagentur Ihnen vorschlägt, zu Ihnen passt. Bemühen Sie sich dann, Ihre Skepsis im Gespräch offen und höflich zum Thema zu machen. Zum Beispiel beim Thema:

Anreiseweg: Sie sind von der Arbeitsagentur als Verkäuferin in einen Supermarkt am entgegengesetzten Ende der Stadt vermittelt worden. Sie wissen aber, dass der gleiche Supermarkt auch Filialen in Ihrer Nähe hat. Sie können dann im Vorstellungsgespräch ohne weiteres nachfragen, ob derzeit oder demnächst in der in Ihrer Nähe gelegenen Filiale eine Stelle frei wird. Sie können sich auch erkundigen, ob es möglich ist, von Filiale zu Filiale zu wechseln. Betonen Sie ruhig, dass Sie zwar an der Stelle interessiert sind, dass sie aber auf Dauer lieber in einer günstiger gelegenen Filiale arbeiten würden.

31

Qualifikation: Die Arbeitsagentur vermittelt Sie z. B. nicht als Polier, sondern als Maurer. Betonen Sie dann, dass Sie eigentlich Polier sind – und zwar ein besonders qualifizierter. Sie möchten daher gern in einer angemessenen Position arbeiten – zumindest auf Dauer. Als Maurer möchten Sie dagegen nur vorübergehend tätig sein, obwohl Sie auch diesen Beruf beherrschen. Fragen Sie nach, ob das Unternehmen nicht eine Stelle als Polier zu vergeben hat oder ob für Sie ein baldiger Aufstieg möglich ist.

Befristeter Arbeitsvertrag: Die Arbeitsagentur vermittelt Sie in eine befristete Stelle. Fragen Sie nach den Gründen der Befristung. Erklären Sie, dass Sie auch im Interesse Ihrer Familie an einem stabilen Arbeitsverhältnis interessiert sind und sich eine dauerhafte Beschäftigung in der Firma wünschen. Falls die Stelle nicht in eine unbefristete umgewandelt werden kann, können Sie nach den Chancen fragen, anschließend einen festen Arbeitsvertrag zu erhalten. Eine andere Möglichkeit: Schlagen Sie vor, dass die Entscheidung über die Befristung des Arbeitsvertrags bis ans Ende der Probezeit aufgeschoben wird.

Übrigens: Im Vorstellungsgespräch dürfen Sie natürlich nicht nur Fragen stellen, sondern – genau wie Interessenten, die sich ohne Einschaltung der Arbeitsagentur bewerben – auch Antworten verweigern. Werner Marquis von der Regionaldirektion NRW erklärt hierzu: »Natürlich kann ich unzulässige Fragen ablehnen, z.B. nach meinem Gesundheitszustand, wenn das für die Arbeitsstelle nicht von Bedeutung ist, oder nach meiner Familienplanung, nach einer Religions- oder Parteizugehörigkeit. Ich kann auch auf familiäre Bindungen hinweisen, aber dann bitte positiv, indem ich initiativ darauf hinweise, dass die Versorgung während der Arbeitszeit sichergestellt ist.« Wenn man über bestimmte Hindernisse offen redet, würden sich vielfach auch Lösungen finden, an die die Stellenbewerber gar nicht gedacht haben. Marquis nennt dazu folgendes Beispiel: Falls Bewerber, die keinen eigenen PKW haben, die angebotene Arbeitsstelle schlecht erreichen können, lässt sich vielleicht eine Fahrgemeinschaft mit anderen bilden. Der Vertreter der Arbeitsagentur warnte aber: »Wenn Einwände im Vorstellungsgespräch allerdings in den Geruch einer Arbeitsvereitelung gehen, dann müssen wir als Arbeitsagentur mit den gesetzlich vorgegebenen Sanktionsmöglichkeiten reagieren, denn wir fragen bei den Arbeitgebern die Ergebnisse des Vorstellungsgespräches ab.«

Bewerbung darf ehrlich sein

Der Arbeitslose könne sich auf eine wahrheitsgemäße Darstellung seiner bisherigen Berufstätigkeit beschränken, heißt es in einem Urteil des Bundessozialgerichts vom 9. Dezember 2003 (Az.: B 7 AL 106/02 R). Ein Bewerber sei – so das Gericht – nicht verpflichtet, mit dem Herausstellen positiver Gesichtspunkte für sich zu werben.

31

Nach dem Vorstellungsgespräch

Von »arbeitsvereitelndem Verhalten« kann die Arbeitsagentur nur auf einem Wege erfahren: durch die Stellungnahme des Arbeitgebers, bei dem das Vorstellungsgespräch stattfand. Fraglich ist allerdings, ob diese Stellungnahme dadurch nicht ein übermäßiges Gewicht bekommt. Manche Arbeitgeber könnten schon die Frage nach der Existenz eines Betriebsrats, nach der Üblichkeit von Überstunden sowie nach Aufstiegsmöglichkeiten als Provokation empfinden und der Arbeitsagentur eine entsprechende Rückmeldung geben. Wenn die Gefahr besteht, dass die Arbeitsagentur »arbeitsvereitelndes Verhalten« vermuten könnte, stehen Arbeitslose am besten da, wenn sie direkt nach dem Vorstellungsgespräch Notizen zu ihren eigenen Fragen und zum Gesprächsverlauf anfertigen. Sinnvoll ist es in jedem Fall, dem Arbeitsvermittler direkt eine Rückmeldung zum Vorstellungsgespräch zu geben. Falls die Arbeitsagentur aufgrund der Angaben der einstellenden Firma tatsächlich eine Sperrzeit verhängt, haben Arbeitslose, die sich mit Widerspruch und Klage gegen die Strafe der Agentur wehren, wohl im Zweifelsfall recht gute Karten. Denn die Sozialgerichte gehen im Grundsatz nicht davon aus, dass Berichte von Arbeitgebern über Vorstellungsgespräche glaubwürdiger sind als die von Arbeitslosen. In jedem Fall kann man sich dabei Rückendeckung bei der Gewerkschaft und ihren Rechtsschutzfachleuten sowie bei Arbeitsloseninitiativen holen.

Vermittlerwechsel möglich

Wenn Ihnen das Vertrauen zu Ihrem Vermittler oder Ihrer Vermittlerin bei der Arbeitsagentur fehlt, sollten Sie um einen Wechsel bitten. Arbeitsvermittlung ist Vertrauenssache. Firmen und Arbeitsuchende müssen darauf vertrauen können, dass die Agenturen für Arbeit Angebot und Nachfrage auf dem Arbeitsmarkt so gut und so individuell wie möglich zusammenbringen. Leider passiert es aber noch immer, dass Vermittler durch unpassende Stellenangebote versuchen, die »Arbeitsbereitschaft« und »Verfügbarkeit« der Betroffenen zu testen. »Dafür sind uns Arbeitsstellen zu schade und die Kontakte zu den Firmen zu wertvoll«, ist dazu bei der Nürnberger Bundesagentur für Arbeit zu erfahren. »Wenn wir Zweifel an der Arbeitsbereitschaft haben, können wir dies auch anders prüfen.« Wenn Sie zu Ihrem Vermittler kein Vertrauensverhältnis aufbauen können oder sich schikaniert fühlen, können Sie darum bitten, von einem anderen Mitarbeiter betreut zu werden. Falls Sie Ihren (bisherigen) Vermittler nicht direkt darauf ansprechen möchten, müssen Sie sich an dessen Teamleiter wenden.

Tipp 32
Für die Arbeitsuche gibt es Zuschüsse aus dem neuen »Vermittlungstopf«

32

Wer einen guten Job sucht, muss sich heute häufig bundesweit auf die Arbeitsuche machen. Wenn man weit vom eigenen Wohnort entfernt zu Vorstellungsgesprächen eingeladen wird, geht das jedoch ins Geld. Wer kommt für die Reise- und Übernachtungskosten auf?

Für die Anreise zu Vorstellungsgesprächen (und falls notwendig auch die Übernachtung) muss nach § 670 Bürgerliches Gesetzbuch (BGB) der einladende Arbeitgeber bezahlen – eigentlich. Doch die Firmen können die Übernahme ausdrücklich ausschließen – und dies geschieht häufig genug. Denn die Unternehmen wissen: Auch die Arbeitsagentur kann die Kosten tragen.

Arbeitsuchende, die zu einem Vorstellungsgespräch fahren, sollten deshalb vor Fahrtbeginn die Kostenübernahme durch die Arbeitsagentur beantragen. Die Arbeitsbehörde kommt – falls notwendig – nicht nur für Fahrt-, sondern (falls diese unvermeidlich sind) auch für Übernachtungskosten auf.

Der Haken an der Sache: Bei der Bewerbungs- und Reisekostenübernahme handelt es sich um »Kann-Leistungen«. Ist die Kasse der Arbeitsagentur leer, werden solche Anträge abgelehnt.

Kann-Leistungen auch für (Hoch-)Schulabsolventen

Alle genannten Leistungen übernehmen die Agenturen, ebenso wie andere Mobilitätshilfen, auch für Erwerbslose, die – wie die meisten erwerbslosen (Hoch-)Schulabsolventen – kein ALG I erhalten.

Anträge müssen stets vor dem Vorstellungsgespräch gestellt werden. Später muss allerdings belegt werden, dass die einladende Firma die Reise- und Übernachtungskosten nicht trägt.

Vermittlungsbudget

Neu seit Anfang 2009 ist allerdings: Etliche konkrete Regelungen zu den so genannten Bewerbungs- und Mobilitätshilfen wurden im Arbeitslosenrecht gestrichen – und durch das »Vermittlungsbudget« (geregelt in § 45 SGB III) ersetzt. Über dieses können die örtlichen Arbeitsagenturen und ihre Vermittler nun freier als früher verfügen. Jetzt sind z.B. auch Ausgaben fürs persönliche Outfit drin – etwa für einen Friseurbesuch oder für eine angemessene Kleidung, wenn ansonsten etwa eine Bewerbung für einen bestimmten Job chancenlos wäre. Allerdings prüfen viele Agenturen nun wieder die Bedürftigkeit (im Amtsjargon: »Eigenleistungsfähigkeit«). Die örtlichen Arbeitsagenturen haben jedenfalls viel Spielraum, um die nun bewusst unkonkreten Vorgaben des Gesetzgebers auszufüllen.

Manche Arbeitsagenturen orientieren sich bei den Bewerbungs- und Mobilitätshilfen jedoch an den früheren gesetzlichen Regeln. Bewerbungskosten wurden früher bis 260 € pro Jahr und 5 € pauschal pro nachgewiesener Bewerbung erstattet. Wer eine Stelle gefunden hat, aber in eine andere Stadt umziehen muss, kann eine Trennungs-

kostenbeihilfe (bis zu 260 € pro Monat nach altem Recht) bei doppelter Haushaltsführung oder auch eine Umzugskostenbeihilfe beantragen. Hier wird von den Agenturen der früher geltende Höchstbetrag von 4500 € allerdings nicht mehr genannt. Im Grundsatz können allerdings nach wie vor die früher geltenden Beträge gezahlt werden – gegebenenfalls kann die Förderung noch höher sein.
Tipp: Es handelt sich hier aber generell um »Kann-Leistungen«. Häufig gilt dabei der Grundsatz: Wer zuerst kommt, mahlt zuerst …

Weitere Infos:

Mehr Informationen bietet die Broschüre »Vermittlungsdienste und Leistungen« (Merkblatt 3) der Bundesagentur für Arbeit. Sie finden Sie auch im Internet, wenn Sie in einer Suchmaschine den Titel der Broschüre eingeben. Auch die aktuelle Ausgabe der Arbeitsagentur-Broschüre »was? wie viel? wer? – Finanzielle Hilfen auf einen Blick« liefert Informationen zu Vermittlungsleistungen. Auch diese findet man im Internet per Suchmaschine, indem man den Broschürentitel eingibt.

! Tipp 33
Mobilitätshilfen gibt's bereits nach der Kündigung

Arbeitsagentur kann Umzug verlangen – zahlt dafür aber auch

Arbeitsuchende müssen jetzt mehr denn je mobil sein. Die Agenturen können den Betroffenen nun häufig sogar einen Umzug abverlangen (siehe Tipp 28) – sie zahlen aber auch für Mobilität. Geleistet wird aus dem »Vermittlungstopf« (siehe Tipp 32).
Die Arbeitsagenturen beteiligen sich an den Fahrtkosten zu einer neuen auswärtigen Stelle, sie erleichtern eine doppelte Haushaltsführung und sie übernehmen Umzugskosten – jedenfalls so lange wie ihre Haushaltsmittel für diese Leistungen reichen. Diese so genannten »Mobi-Hilfen« finden sich zwar inzwischen nicht mehr explizit im SGB III. Das bedeutet allerdings nicht, dass es die Leistungen nicht mehr gibt. Nach § 45 SGB III können die Arbeitsagenturen nämlich nach wie vor aus dem Vermittlungstopf die »Anbahnung oder Aufnahme einer versicherungspflichtigen Beschäftigung« fördern. Übernommen werden dabei die angemessenen Kosten »soweit der Arbeitgeber gleichartige Leistungen nicht oder voraussichtlich nicht erbringen wird«.
Die Mobi-Hilfen bekommen nicht nur Arbeitslose, sondern auch diejenigen, denen Arbeitslosigkeit droht. Das können Betroffene nachweisen, indem sie ihr Kündigungsschreiben oder den befristeten Arbeitsvertrag vorlegen. Es spielt auch keine Rolle, ob bislang Beiträge in die Arbeitslosenversicherung eingezahlt wurden. So erhalten auch Arbeitslose ohne Anspruch auf ALG I – beispielsweise (Hoch-)Schulabsolventen – Mittel zur Mobilitätsförderung. Allerdings prüfen viele Agenturen seit 1. 1. 2009 wieder die Eigenleistungsfähigkeit der Antragsteller. Konkrete, bundesweit geltende gesetzliche Regelungen gibt es zu den Leistungen nicht mehr. In der Arbeitsagentur-Broschüre »was, wie viel, wer?« findet sich die nichtssagende Formel: »Die notwendigen Kosten können übernommen werden. Welche dies im Einzelfall

sind, besprechen Sie bitte mit Ihrem Arbeitsvermittler.« Als Richtschnur kann allerdings gelten: Die Agenturen übernehmen das, was bis Ende 2008 auf Grundlage der damals noch geltenden konkreteren Regelungen per Gesetz übernommen werden konnte. In den meisten Orten dürfte weiterhin gelten:

Pendelkosten: Sechs Monate lang können die Kosten für die tägliche Fahrt zwischen Wohnung und auswärtiger Arbeitsstelle übernommen werden. In der Regel kommen die Arbeitsagenturen für die Bundesbahn-Kosten (2. Klasse, bei Inanspruchnahme von Ermäßigungen) auf. Falls erforderlich, wird auch Kilometergeld für die Anreise per PKW erstattet (20 Cent pro Kilometer, jedoch nicht mehr als 130 € je Fahrt).

Doppelte Haushaltsführung: Wer nicht pendelt, sondern einen zweiten Haushalt am neuen Arbeitsort führt, kann eine Trennungskostenbeihilfe erhalten. Monatlich zahlen die Arbeitsagenturen für das erste halbe Jahr am neuen Arbeitsort bis zu 260 €. Diese Hilfe gibt es für Verheiratete wie für Alleinstehende. Voraussetzung ist nur: Es müssen tatsächlich zwei Haushalte bestehen. Fahrtkosten- und Trennungsbeihilfen müssen stets vor Aufnahme der Beschäftigung beantragt werden.

Umzug: Die Agentur beteiligt sich an den Kosten eines Umzugs, wenn dieser für die Aufnahme oder Beibehaltung des neuen Arbeitsverhältnisses erforderlich ist. Früher galt hierfür ein Maximalbetrag von 4500 €, ein solcher Betrag wird derzeit nicht mehr genannt. Umzugskosten werden aber nur erstattet, wenn der neue Arbeitsplatz außerhalb des so genannten Tagespendelbereichs liegt. Die Entscheidung zum Umzug muss niemand übers Knie brechen. Zunächst könnte man sechs Monate (mit Kostenerstattung) pendeln oder sich sechs Monate (mit Trennungsbeihilfe) ein möbliertes Zimmer am neuen Arbeitsort nehmen und danach erst umziehen. Diese Hilfe muss allerdings vor dem Umzug beantragt werden.

Wichtig: Alle beschriebenen Mobilitätshilfen brauchen nicht zurückgezahlt zu werden, gelten im Inland und für alle EU-Staaten sowie für Norwegen, Island, die Schweiz und Liechtenstein und für Bewerber mit und ohne Anspruch auf ALG I.

! Tipp 34
Weiterbildung kann von der Agentur finanziert werden

Schneller Antrag und gute Argumente notwendig

Viele Gekündigte und Arbeitslose erfüllen die Voraussetzungen, um von der Arbeitsagentur eine berufliche Weiterbildung finanziert zu bekommen. Allerdings: Wer sich weiterbilden möchte und dabei auf Förderung durch die Arbeitsagentur hofft, braucht Geduld und Durchsetzungsvermögen – und er sollte sich mit der Antragstellung beeilen. Denn auf die Förderung der beruflichen Weiterbildung besteht kein Rechtsanspruch. Wer dennoch gefördert werden will, muss deshalb durchsetzungskräftig sein und gute Argumente vorbringen können – und er sollte wissen, wie die Bildungsförderung inzwischen organisiert ist.

Diese wurde seit Anfang 2003 nämlich komplett umgestellt. Interessenten werden nicht mehr – wie früher – in einen bestimmten Kurs vermittelt. Sie erhalten vielmehr einen Gutschein für ein bestimmtes Bildungsziel (beispielsweise »CAD-Anwender«)

und für eine festgelegte Lehrgangsdauer (beispielsweise sechs Monate). Den Schein kann man innerhalb von drei Monaten bei einem Bildungsträger im so genannten Tagespendelbereich einlösen. Sind die Mittel der örtlichen Dienststelle der Agentur für Arbeit aufgebraucht, gibt es allerdings auch keine Gutscheine mehr. Dann muss man unter Umständen bis zum nächsten Jahr auf eine gewünschte Bildungsförderung warten.

Die Anspruchsvoraussetzungen für einen Bildungsgutschein

Wer während einer beruflichen Weiterbildung von der Arbeitsagentur das so genannte »Arbeitslosengeld bei beruflicher Weiterbildung« (siehe Tipp 36) erhalten möchte, muss nachweisen, dass er eine bestimmte Zeit lang Beiträge in die Arbeitslosenversicherung eingezahlt hat. Die Kursteilnahme (Kursgebühr) kann allerdings auch für Arbeitnehmer finanziert werden, die noch nie Beitragszahler waren. Hier gelten folgende Anspruchsvoraussetzungen:

- **Die Maßnahme ist für Sie notwendig**
  Dies ist immer dann der Fall, wenn Sie keinen Berufsabschluss haben. Das Gleiche gilt dann, wenn Sie zwar einen Berufsabschluss vorweisen können, aber mehr als vier Jahre nicht mehr gemäß Ihrer Ausbildung, sondern nur in un- oder angelernter Tätigkeit beschäftigt waren. Nicht notwendig ist eine Weiterbildung, wenn Ihnen auch ohne weitere Ausbildung in absehbarer Zeit ein Arbeitsplatz vermittelt werden kann. Wer also einen »Mangelberuf« hat, kann in der Regel nicht damit rechnen, dass ihm eine Weiterbildung und erst Recht eine Umschulung in einen anderen Beruf finanziert wird.
- **Gute Eingliederungschance**
  Eine Weiterbildungsfinanzierung setzt – so meint die Bundesagentur für Arbeit – allerdings auch voraus, dass Sie nach der Weiterbildung eine »gute Eingliederungsprognose« haben. Ziel der Förderung ist, so heißt es im Merkblatt 6 (Förderung der beruflichen Weiterbildung), »dass Sie nach Abschluss der Weiterbildung mit hoher Wahrscheinlichkeit wieder dauerhaft in den ersten Arbeitsmarkt eingegliedert werden können«.
- **Beratung vor Maßnahmebeginn**
  Ohne intensive Beratung durch die Arbeitsagentur wird eine Bildungsteilnahme nicht gefördert. Diese muss in jedem Fall vor Beginn der Maßnahme stattfinden. Wer auf eigene Faust in eine Maßnahme eintritt, kann also nicht von der Arbeitsagentur gefördert werden.

Soweit diese Voraussetzungen erfüllt sind, kann die Arbeitsagentur einen Bildungsgutschein ausstellen.

Jobverdrossenheit zählt nicht

Bildungsinteressenten müssen bei der Arbeitsagentur mit Nachdruck auf der Matte stehen und gute Argumente haben. Wenig hilfreich sind Argumente wie: »Ich bin meinen bisherigen Job leid« oder »Mit einer Weiterbildung kann ich wenigstens die Zeit ohne Job sinnvoll füllen«. Wer so argumentiert, wird keinen Bildungsgutschein erhalten. Finanziert wird eine berufliche Weiterbildung nämlich nur, wenn sie aus Arbeitsmarktgründen sinnvoll und notwendig ist.
So kann es dagegen gehen: Erklären Sie anschaulich, mit welchen Anforderungen Sie an Ihrem letzten Arbeitsplatz nicht klargekommen sind. Formulieren Sie Ihre

beruflichen Stärken und Schwächen und Ihre beruflichen Ziele. Am besten suchen Sie sich vorab Beratung außerhalb der Arbeitsagentur – etwa bei einer kommunalen Beratungsstelle für Weiterbildung oder einem Arbeitslosenzentrum. Optimal wäre: Sie wissen schon vor dem entscheidenden Gespräch mit Ihrem Arbeitsberater genau, an welchem Kurs Sie teilnehmen möchten, warum dieser Kurs für Sie erforderlich ist und welche (guten!) Arbeitsmarktchancen ihnen die gewonnene Qualifikation bescheren wird.

Bildungsträger fordern

Sie können sich vorab auch direkt von einem Bildungsträger (etwa dem Berufsförderungswerk des DGB oder der Deutschen Angestellten-Akademie) beraten lassen. Die Träger bieten häufig eine individuelle Beratung für Weiterbildungsinteressenten an. Dabei sollte es weniger um die Angebote des Trägers als um Ihre persönlichen Perspektiven für Ihren weiteren Berufsweg gehen. Hilfreich können auch Informationen aus der Datenbank »KURSNET« unter www.arbeitsagentur.de sein (siehe Tipp 35).
Schlagendes Argument für die Bewilligung eines Kurses: Eine Firma, die bereit ist, Sie einzustellen, wenn Sie noch bestimmte Zusatzqualifikationen erwerben. Am besten wendet sich der Arbeitgeber dann direkt an die Arbeitsagentur (oder Sie geben dem Arbeitsvermittler dessen Telefonnummer).

Information über Bildungsziele

Die einzelnen Dienststellen der Arbeitsagenturen fördern keineswegs alle Arten von Bildungsmaßnahmen, sondern nur diejenigen, deren Förderung ihnen sinnvoll erscheint. Diese Kurse werden dann in die so genannte »Bildungszielplanung« der örtlichen Arbeitsagenturen aufgenommen. Der Zielplanung der Kölner Arbeitsagentur, die für die Arbeitsvermittler verbindlich ist, kann man entnehmen, dass im vierten Quartal 2010 beispielsweise lediglich bis zu 25 Bildungsgutscheine für eine »Weiterbildung Schweißtechnik« ausgegeben werden sollen. Wenn im maßgeblichen Quartal bereits 25 Bildungsgutscheine für den CNC-Kurs ausgegeben wurden, geht der Interessent Nr. 26 in Köln leer aus. Kurse, die in der Bildungszielplanung nicht auftauchen, werden in der Regel gar nicht finanziert.
Für Bildungsinteressenten ist es daher von großem Interesse zu erfahren, was genau vor Ort gefördert wird. Doch mit diesen Informationen »mauern« viele Agenturen. Sie stellen die Informationen noch nicht einmal ins Internet. Und in den Fällen, in denen die Bildungszielplanung im Netz steht, ist sie schwer zu finden, denn einen einheitlichen Suchweg gibt es – so die Nürnberger Zentrale der BA – hierfür nicht. Wer die Zielplanung in anderen Orten sucht, dem bleibt nur übrig, im Internet selbst auf die Suche zu gehen. Tipp: Die Planungen findet man zumeist, indem man in einer Internet-Suchmaschine den jeweiligen Ort sowie die Stichwörter »Arbeitsagentur« und »Bildungszielplanung« eingibt.
Darüber hinaus kann man versuchen, vor Ort einen auskunftsbereiten Arbeitsvermittler zu finden. Doch das ist keineswegs selbstverständlich. Denn die Geheimhaltung der geförderten Maßnahmen entspricht der offiziellen Geschäftspolitik der BA. Auf Anfrage der Autoren dieses Ratgebers gab die Bundesagentur für Arbeit folgende Auskunft: »Die Ausgabe eines Bildungsgutscheins ist das Ergebnis eines Profilings, in dem individuelle Qualifikationsdefizite festgestellt wurden, die behoben werden

34

sollen und mit hoher Wahrscheinlichkeit zu einer Integration in den Arbeitsmarkt führen. Insoweit macht es keinen Sinn, Personen mitzuteilen, welche Bildungsziele allgemein gefördert werden, wenn es auf die Einzelfallsituation ankommt.«

Schriftlichen Bescheid fordern

»Da ist im Moment nichts drin.« Mit diesem Satz enden viele Beratungsgespräche über eine Weiterbildungsförderung. Damit brauchen Sie sich aber nicht abspeisen zu lassen. Wenn Sie davon überzeugt sind, dass für Sie eine berufliche Weiterqualifizierung (oder auch eine Umschulung) erforderlich ist, sollten Sie sofort einen schriftlichen Antrag nachschieben: »Hiermit beantrage ich einen Bildungsgutschein für einen Kurs ... zum .... Für den Fall der Ablehnung bitte ich um einen schriftlichen rechtsmittelfähigen Bescheid.« Falls der Antrag abgelehnt wird, können Sie Widerspruch dagegen einlegen und gegebenenfalls später Klage einreichen (siehe Tipp 110).

Führerschein, Pilotenschein, CAD-Kurse

»So etwas ist bei unserer Planung für dieses Jahr nicht vorgesehen, das können wir nicht finanzieren.« Von diesem »Totschlagargument«, das manche Arbeitsvermittler vorbringen, braucht man sich nicht übermäßig beeindrucken zu lassen. Denn auch Kurse, die in der Bildungszielplanung der örtlichen Dienststellen nicht vorgesehen sind, können gefördert werden. Eine zusätzliche Förderung ist allerdings seit Anfang 2010 nicht mehr über die so genannte freie Förderung möglich. Denn der entsprechende § 10 des Dritten Sozialgesetzbuchs wurde ersatzlos gestrichen. Dennoch ist eine freie Förderung nach wie vor möglich – allerdings im Rahmen der Bestimmungen für das so genannte »Vermittlungsbudget« (siehe Tipp 32). Über die freie Förderung ist – beispielsweise – in Einzelfällen die Übernahme der Kosten für den Führerscheinerwerb (wenn dieser für eine Jobaufnahme erforderlich ist) möglich oder – für arbeitslose Piloten – eine Kostenübernahme für den jährlich zu erneuernden Pilotenschein.

Regionaldirektion einschalten

Häufig hilft es auch, die jeweils zuständige Regionaldirektion (die früheren Landesarbeitsämter) der örtlichen Arbeitsagenturen einzuschalten und diese um Überprüfung der Entscheidung der örtlichen Dienststelle zu bitten (mit Angaben Ihrer Kundennummer und des Namens Ihres Vermittlers). Die Adressen der Regionaldirektionen finden Sie im Internet unter www.arbeitsagentur.de → Über uns → Regionaldirektionen. In Ihrem Schreiben an die Regionaldirektion sollten Sie ausführlich begründen, warum Sie der Ansicht sind, dass für Sie die Bildungsteilnahme erforderlich ist, für die Sie sich interessieren.

Tipp 35
Bildungsgutschein bewilligt – was nun?

Wenn Sie von der Arbeitsagentur einen Weiterbildungsgutschein für ein für Sie interessantes Bildungsziel erhalten haben, stehen Sie vor dem nächsten Problem: Sie müssen sich einen passenden Bildungsträger suchen. Auch hierzu einige Tipps.
Beispiel: Sie haben von der Arbeitsagentur Köln einen der 25 Bildungsgutscheine erhalten, die im vierten Quartal 2010 für eine »Weiterbildung Schweißtechnik« ausgegeben werden sollen.
Der Bildungsgutschein legt Sie auf die genannte Schweißtechnik-Weiterbildung fest. Zudem ist im Gutschein in der Regel eine bestimmte Kursdauer festgeschrieben (im Beispielsfall sechs Monate). Wichtig ist weiter: In der Regel gilt der Gutschein für einen Kurs im so genannten Tagespendelbereich. Dazu gehören alle Orte, die Sie von Ihrem Wohnsitz aus täglich mit öffentlichen Verkehrsmitteln mit einer Fahrtzeit von zweieinhalb Stunden (Hin- und Rückfahrt zusammen) erreichen können. Erwerbslose aus Köln können damit beispielsweise auch Kurse buchen, die in Düsseldorf oder Bonn angeboten werden. Die Arbeitsagentur erstattet dann während der Maßnahme auch die Fahrtkosten.
Sie kennen nun Ihre Suchkriterien und Sie müssen jetzt selbst einen Kurs finden, auf den diese Kriterien zutreffen. Ihnen steht natürlich auch frei, einen anderen Lehrgang zu wählen. Doch dieser würde dann nicht von der Arbeitsagentur finanziert. Wie gehen Sie nun am besten vor?
Wichtig ist zunächst: Sie müssen sich selbst auf die Suche machen. Bei der Arbeitsagentur finden Sie in der Regel keinen »Lotsen«, der Ihnen bei der Suche hilft.

Agenturen sollen nicht bei Suche nach Bildungsanbietern helfen

Auf Nachfrage der Autoren dieses Ratgebers erklärte die BA: »Grundsätzlich sollen die Arbeitsagenturen seitdem keinen Einfluss mehr auf die Auswahlentscheidung des Bildungsgutscheininhabers nehmen.«
Empfehlungen, welchen Bildungsträger die Gutscheininhaber kontaktieren sollen, dürfen die Arbeitsvermittler daher im Prinzip gar nicht mehr geben. Denn damit würden die Ämter sich in das freie Spiel von Angebot und Nachfrage auf dem Weiterbildungsmarkt einmischen. Zudem wissen die Arbeitsagenturen – zumindest offiziell – häufig gar nicht, welcher Träger in Frage kommt. Ausgeschlossen ist es damit aber nach wie vor nicht, dass Arbeitslose mit Bildungsgutschein vor Ort einen auskunftsbereiten Vermittler finden, der ihnen trotzdem zumindest sagt, welche Träger den geförderten Kurs anbieten.

KURSNET

Gute Dienste kann Ihnen bei der Kurssuche in jedem Fall die Weiterbildungsdatenbank »KURSNET« leisten. Die Datenbank können Sie per Internet unter www.arbeitsagentur.de aufrufen. Auf der »Eingangsseite« können Sie unter der Rubrik »Informationen« den Unterpunkt »KURSNET« anklicken. Einen kostenlosen Zugang zum Internet haben Sie auch in den Selbstinformationszentren der Arbeitsagenturen.

35

In KURSNET können Sie nach »Bildungsgutschein zugelassen nach § 85 SGB III« suchen. KURSNET ist das führende Portal für Aus- und Weiterbildung in Deutschland. Es informiert bundesweit, tagesaktuell, schnell und kostenlos über mehr als 400 000 Angebote von ca. 14 000 Bildungsanbietern. Geben Sie – um zum oben gewählten Beispiel zurückzukommen – in die Suchmasken »Köln«, »bis zum einem Umkreis von 50 km«, »Schweißtechnik« als Kursbezeichnung sowie »Mit Bildungsgutschein gefördert« an, so erhalten Sie 62 Angebote. Mit weiteren Einschränkungen – etwa mit einer Beschränkung auf einen 10-km-Umkreis reduzieren Sie die Zahl der für Sie in Frage kommenden Angebote weiter. Die in Frage kommenden Anbieter – meist dürften es maximal zwei oder drei sein – können Sie nun persönlich aufsuchen und einen für Sie passenden Bildungsträger auswählen.

Tageszeitungen

Eine erste Orientierung kann Ihnen Ihre örtliche Tageszeitung bieten. Die Träger veröffentlichen hier vielfach ihre Bildungsangebote mittwochs und/oder samstags, vielfach auch in gesonderten Beilagen.

Gewerkschaften und Bildungsträger

Sinnvoll dürfte es häufig sein, direkt die bekannten Bildungsträger vor Ort anzusprechen. Gewerkschaftsmitglieder sollten beim DGB oder bei den Geschäftsstellen der Einzelgewerkschaften nachfragen, mit welchen Trägern man in ihrem Wohnort gute Erfahrungen gemacht hat. Hilfestellung können unter Umständen auch Arbeitsloseninitiativen (Adressen unter www.erwerbslos.de), Beratungsstellen für Weiterbildung oder die so genannten Bewerbungszentren bieten, die es in manchen Bezirken gibt.

Bei Weiterbildung:
Agentur übernimmt auch Kosten für Kinderbetreuung und Fahrten zur Bildungsstätte

Folgende Kosten erstattet die Arbeitsagentur Teilnehmern an einer geförderten beruflichen Weiterbildung ganz oder teilweise:

- **Lehrgangsgebühren / Lernmittel**
  Diese werden bei bewilligten Maßnahmen in voller Höhe übernommen. Dazu gehören auch Kosten für Arbeitskleidung, Prüfstücke und die Prüfungsgebühren für gesetzlich geregelte oder allgemein anerkannte Zwischen- und Abschlussprüfungen.
- **Kosten für die Eignungsfeststellung**
  Eignungsuntersuchungen gibt es vor allem bei den Gesundheits- und Verkehrsberufen sowie im Hotel- und Gaststättengewerbe. Die Kosten dafür werden von der Arbeitsagentur ebenfalls übernommen.
- **Fahrtkosten**
  Fahrtkosten zwischen Wohnungs- und Bildungsstätte erstatten die Agenturen in Höhe des Betrages, der bei Benutzung eines regelmäßig verkehrenden öffentlichen Verkehrsmittels der niedrigsten Klasse des zweckmäßigsten öffentlichen Verkehrsmittels entsteht. Soweit eine Anfahrt mit sonstigen Verkehrsmitteln erforderlich ist, werden 0,20 € je gefahrenem Kilometer erstattet (egal ob die Bildungsstätte per Bus, Bahn, Auto oder Fahrrad erreicht wird).

Für die Abgeltung der An- und Abreise bei auswärtiger Unterbringung sowie für die einmal monatlich bezuschusste Familienheimfahrt werden 0,20 € pro Entfernungskilometer angesetzt. Für Fahrtkosten werden allerdings insgesamt höchstens 476 € im Monat gezahlt.

- **Kosten bei auswärtiger Unterbringung**
  Ist eine Anreise vom Wohnort nicht möglich, trägt die Behörde für die Unterbringung 31 € pro Tag. Der monatliche Höchstzuschuss ist allerdings auf 340 € begrenzt. Hinzu kommen Verpflegungssätze von 18 € täglich – höchstens aber 136 € im Monat.
- **Kinderbetreuungskosten**
  werden von der Arbeitsagentur während der Weiterbildung in Höhe von 130 € je Kind und Monat übernommen. Geregelt ist dies in § 83 SGB III. Voraussetzung für eine Unterstützung ist, dass der Nachwuchs noch nicht 15 Jahre alt ist. Die Kosten werden übernommen, wenn das Kind von Verwandten, Bekannten, einer Tagesmutter oder von einer Kindertagesstätte, einem Kindergarten oder Hort betreut wird. Den Antrag stellt man mit dem »Zusatzfragebogen für die Übernahme der Kinderbetreuungskosten«. Ein Nachweis über die Höhe der Kinderbetreuungskosten wird nicht verlangt.

! Tipp 36
ALG I wird bei Weiterbildung weitergezahlt

Restanspruch bleibt nach Weiterbildung bestehen

Wer Anspruch auf ALG I hat, erhält diese Leistung auch während einer von der Arbeitsagentur finanzierten beruflichen Weiterbildung. In jeweils zwei Weiterbildungsmonaten wird allerdings nur ein Monat vom Anspruch auf ALG I verbraucht.
Seit Anfang 2005 heißt die Leistung, die an Weiterbildungsteilnehmer gezahlt wird, nicht mehr »Unterhaltsgeld«, sondern »Arbeitslosengeld bei beruflicher Weiterbildung«. Die Höhe der Leistung bleibt also für bisherige Bezieher von ALG I unverändert. Die Anspruchsvoraussetzungen wurden gegenüber dem früheren Unterhaltsgeld allerdings drastisch verschärft.
Die neue Leistung zum Lebensunterhalt bei einer Weiterbildung erhält nur derjenige, der Anspruch auf »normales« ALG I hat. Das bis Ende 2004 noch gewährte Unterhaltsgeld konnten auch diejenigen beziehen, die – beispielsweise – innerhalb der letzten drei Jahre mindestens einen Tag ALG I bezogen, aber keinen aktuellen Anspruch mehr auf diese Leistung hatten. Die wichtigste Konsequenz der Neuregelungen: Die relativ günstigen Regelungen für Berufsrückkehrerinnen wurden ab 2005 aufgehoben. Frauen, die nach längerem »Rückzug« in die Familienarbeit wieder erwerbstätig sein möchten, können zwar weiterhin durch eine berufliche Weiterbildung gefördert werden (sie bekommen dann die Kursgebühren bezahlt), haben aber vielfach keinen Anspruch mehr auf »Arbeitslosengeld bei beruflicher Weiterbildung«, sondern können in der Regel allenfalls ALG II zur Finanzierung ihres Lebensunterhalts beziehen.
Tipp: Umso wichtiger ist es für die Betroffenen, einen Anspruch auf ALG I zu erwerben. Eltern sollten dabei insbesondere daran denken, dass Zeiten der Erziehung von Kindern bis zu drei Jahren inzwischen vielfach als »versicherungspflichtig« gelten. Das bedeutet: Durch die Kindererziehung und ohne Beitragszahlung können sie un-

ter Umständen einen Anspruch auf ALG I erwerben. Wie das funktioniert, können Sie in den Tipps 86 und 87 nachlesen.

Zwei Weiterbildungsmonate verbrauchen nur einen Monat ALG I

36

Wer während der Bildungsteilnahme ALG I erhält, verbraucht in dieser Zeit auch seinen Anspruch auf diese Versicherungsleistung. Die Zeit der Weiterbildung wird allerdings nicht voll angerechnet. Bildungsteilnehmer verbrauchen »jeweils einen Tag für jeweils zwei Tage, für die ein Anspruch auf Arbeitslosengeld bei beruflicher Weiterbildung nach diesem Buch erfüllt worden ist«, heißt es in § 128 des SGB III.
Ein Beispiel: Hans Schulz hatte vor Beginn seiner sechsmonatigen Weiterbildung noch Anspruch auf fünf Monate Arbeitslosengeld I. Falls er nach der Weiterbildung ohne Job sein wird, kann er diese Versicherungsleistung noch zwei Monate lang beanspruchen. Durch eine sechsmonatige Weiterbildung mit Bezug von ALG I werden nämlich nur drei Monate dieser Versicherungsleistung verbraucht.

Restanspruch bleibt erhalten

Ein Monat Restanspruch bleibt selbst bei einer längeren Weiterbildung immer erhalten, es sei denn, dass vor Beginn der Bildungsmaßnahme nur noch ein Restanspruch von weniger als einem Monat vorlag. Und: Wer vor Beginn der Weiterbildung nur noch einen Anspruch auf einen Monat (oder noch kürzer) ALG I hatte, kann während der Weiterbildung diese Leistung erhalten, ohne dass sein Restanspruch weiter verbraucht wird.
Günstig ist es daher in jedem Fall, die Weiterbildung zu beginnen, so lange noch ein Anspruch auf ALG I besteht. Wenn während der Wartezeit auf den Kurs diese Leistung ausläuft, kann auch eine zwischenzeitliche Abmeldung von der Arbeitsagentur helfen. Denn: Selbst ein noch so kurzer Restanspruch auf ALG I – gegebenenfalls auch nur ein einziger Tag – sichert die Weiterzahlung dieser Leistung während einer beruflichen Weiterbildung für die gesamte Dauer der Weiterbildung.
Auch dazu ein Beispiel: Der erwerbslose Metallarbeiter Heinz Peters hat noch genau 25 Tage Anspruch auf ALG I. Der Erwerbslose hat von der Arbeitsagentur einen Bildungsgutschein für einen sechsmonatigen CAD-Kurs erhalten. Dieser beginnt erst in fünf Wochen. Bliebe er in dieser Zeit arbeitslos gemeldet, so wäre sein Anspruch auf die Versicherungsleistung aufgebraucht. Das will Heinz Peters verhindern. Er meldet sich deshalb bei der Arbeitsagentur ab, um mit einem auf fünf Wochen befristeten Vertrag als Landarbeiter bei der Spargelernte zu helfen. Nach dem Ende der Ernte tritt er direkt in den CAD-Kurs ein – und zwar mit einem Restanspruch auf 25 Tage ALG I in Höhe von 25 € pro Kalendertag (bzw. 750 € im Monat). Während der Kurs läuft, wird er deshalb während der gesamten sechs Monate jeweils 750 € erhalten. Und: Nach Kursende kann er noch immer auf seinen Restanspruch von 25 Tagen ALG I zurückgreifen.
Wer sich wie Heinz Peters bei der Arbeitsagentur abmeldet, um sich einen Restanspruch auf die Agenturleistung aufzusparen, sollte allerdings aufpassen: Haben Arbeitslose keinen »wichtigen Grund« für ihre Abmeldung, kann die Arbeitsagentur ihnen die Dauer ihres Anspruchs auf die Versicherungsleistung um bis zu vier Wochen kürzen. Das bestimmt § 128 Abs. 1 Nr. 7 SGB III. Möglicherweise werden die Arbeitsagenturen von dieser – bislang nicht allzu häufig angewandten Regelung

– künftig stärker Gebrauch machen. Unter Umständen wird dann ein »Aufsparen« von Ansprüchen, um sich die Weiterzahlung des Arbeitslosengeldes während einer Bildungsmaßnahme zu sichern, nicht als wichtiger Abmeldungsgrund anerkannt (mit der Folge, dass man bei Beginn der Bildungsmaßnahme ohne Anspruch auf das Geld aus Nürnberg dasteht und unter Umständen in einem langwierigen Rechtsstreit klären muss, ob man einen wichtigen Grund für die Abmeldung hatte).
Besser ist: Man kann bei der Abmeldung von der Arbeitsagentur direkt einen von der Dienststelle als »wichtig« anerkannten Grund anführen: Als »wichtiger Grund« gilt beispielsweise die Versorgung eines kranken Kindes oder kranken Angehörigen oder die Aufnahme einer Zwischenbeschäftigung. Auch ein gemeinsamer Urlaub mit dem berufstätigen Ehepartner, eine Reise, die bereits vor Beginn der Arbeitslosigkeit gebucht war, oder der Besuch bei einem erkrankten Angehörigen werden als »wichtige Gründe« für die Unterbrechung der registrierten Arbeitslosigkeit anerkannt, ebenso die Teilnahme an einem längeren (nicht von der Agentur geförderten) Bildungskurs oder an einer politischen oder gewerkschaftlichen Veranstaltungsreihe. Bei einer Abmeldung sollten Sie auf jeden Fall darauf achten, dass Sie weiterhin krankenversichert sind (siehe Tipp 79).

Europäische Union fördert Weiterbildung

Viele Arbeitslose können zwar grundsätzlich von der Arbeitsagentur eine Weiterbildung bewilligt bekommen, haben aber keinen Anspruch auf ALG I oder II. Tipp: In diesem Fall kommt eine Förderung aus Mitteln des Europäischen Sozialfonds (ESF) in Frage. Hierauf besteht allerdings kein Rechtsanspruch. Erkundigen Sie sich bei Ihrer örtlichen Arbeitsagentur.

! Tipp 37
Wenn die Agentur vorlädt, sollten Sie unbedingt hingehen

Sonst kann die Unterstützung vorübergehend gestrichen werden

Anfang November 2010 bekam Ruth Ebert Post von der Arbeitsagentur. Ein Routineschreiben, wie es die örtlichen Dienststellen Jahr für Jahr millionenfach an Arbeitslose verschicken. In diesem Fall ging es um eine Urlaubsrückmeldung. »Bitte kommen Sie am 3.11.2010 um 10.30 Uhr in die Arbeitsagentur Köln, Luxemburger Str. 121, Zimmer N407«, heißt es dort zunächst freundlich. »Dies ist eine Einladung nach § 309 Drittes Buch Sozialgesetzbuch (SGB III)«, wird weiter erklärt und nach der fettgedruckten Warnung: »Beachten Sie bitte unbedingt auch die Rechtsfolgenbelehrung und die weiteren Hinweise auf der Rückseite«, folgt der entscheidende Absatz: »Falls Sie ohne wichtigen Grund dieser Aufforderung, bei der Agentur für Arbeit vorzusprechen nicht nachkommen, liegt ein Meldeversäumnis vor.«
Arbeitslose können während der Zeit, in der sie Anspruch auf ALG I haben, aufgefordert werden, sich »bei der Arbeitsagentur oder einer sonstigen Dienststelle der Bun-

desagentur für Arbeit persönlich zu melden oder zu einem ärztlichen oder psychologischen Untersuchungstermin zu erscheinen«. Dies bestimmt § 309 SGB III.

Einwöchige Sperrzeit bei Meldeversäumnis

37

Bei Meldeversäumnissen tritt seit 2005 eine einheitliche Sperrzeit von einer Woche ein. Das bedeutet: Die Betroffenen erhalten für eine Woche kein ALG I. Zudem verkürzt sich die Dauer ihres Anspruchs auf die Leistung um eine Woche. Die Folgen der Strafe wurden zudem verschärft: Die Sperrzeit wegen eines Meldeversäumnisses zählt seit 2005 auch auf dem »Sperrzeitkonto« mit (siehe Tipp 99). Wer mit 21 Sperrzeitwochen belegt wird, verliert seinen Anspruch auf ALG I ganz.
Ein Meldeversäumnis liegt vor, wenn ein Arbeitsloser trotz einer Aufforderung und einer Belehrung über die Folgen nicht bei der Arbeitsagentur erscheint oder nicht zu einer ärztlichen oder psychologischen Untersuchung kommt. Dies gilt allerdings nicht, wenn der Betroffene einen wichtigen Grund hatte, den Termin zu versäumen. Ein eindeutiger »Katalog«, welche Gründe als wichtig gelten, existiert nicht. Wer bei der Arbeitsagentur nicht vorsprechen kann – etwa wegen einer Vorstellung bei einem Arbeitgeber –, sollte in jedem Fall seinen Vermittler vor Ort informieren und mit ihm abklären, ob dieser mit einer Terminverschiebung einverstanden ist. Auch wer sich verspätet, sollte auf jeden Fall noch am selben Tag in der Arbeitsagentur vorsprechen.

Machen Sie Ihre eigenen Termine mit der Arbeitsagentur ab!

Wenn Sie von der Arbeitsagentur eine Aufforderung zur Meldung bekommen, geht es häufig um Ihre Leistungsansprüche. Durch solche Aufforderungen wird nämlich oft geprüft, ob Sie der Arbeitsvermittlung zur Verfügung stehen.
Tipp: Nutzen Sie die Dienste der Arbeitsvermittlung aktiv, um in Ihrem eigenen Interesse eine möglichst gut bezahlte, ansprechende Arbeit zu finden, in der Sie Ihre Fähigkeiten anwenden können. Aufgabe des Vermittlers ist es, Sie dabei zu unterstützen. Machen Sie dem Vermittler daher sehr deutlich, welche Art von Arbeit Sie suchen. Fragen Sie ihn gezielt nach den Hilfen der Arbeitsagentur (siehe auch Tipp 26). Machen Sie immer dann einen Termin ab, wenn Sie konkrete Wünsche an die Arbeitsvermittlung oder Fragen zur Arbeitsuche haben. Wenn Sie so vorgehen, vermeiden Sie auch bürokratische Meldeaufforderungen zur Überprüfung Ihrer Verfügbarkeit.

Wichtig: Die Dauer des Anspruchs auf ALG I verkürzt sich um die Dauer aller ausgesprochenen Sperrzeiten – auch der wegen Meldeversäumnissen. Die Betroffenen können dann also beispielsweise nach zwei versäumten Einladungen statt 52 nur noch 50 Wochen lang ALG I erhalten.

Bei Meldeversäumnissen wird häufig die Verfügbarkeit angezweifelt

Wer sich bei der Arbeitsagentur trotz Aufforderung nicht meldet, riskiert nicht nur eine Sperrzeit. Häufig steht auch grundsätzlich der Anspruch auf ALG I auf dem Spiel. Denn bei solchen Meldeaufforderungen geht es auch darum, ob die Betroffenen überhaupt dem Arbeitsmarkt zur Verfügung stehen. Besonders bei wiederholten Meldeversäumnissen wird dies überprüft.

Achtung bei Brückentagen

Viele Arbeitnehmer nutzen so genannte »Brückentage« – etwa den Freitag nach einem Feiertag, der auf den Donnerstag fällt – für einen Kurzurlaub. Manche Arbeitsvermittler laden deshalb gerne kurzfristig an solchen Freitagen zu einem Vermittlungsgespräch ein. Klar ist: Wenn Sie offiziell zu einem solchen Termin geladen werden, müssen Sie diesen unbedingt wahrnehmen. Ein unangemeldeter Kurzurlaub gilt keinesfalls als wichtiger Grund, um der Vorladung nicht Folge zu leisten. Tipp: Beantragen Sie für den Brückentag, an dem Sie wegfahren wollen, ganz offiziell einen Urlaubstag (siehe Tipp 39).

Wichtig ist weiterhin: Stellt die Arbeitsagentur fest, dass die Betroffenen in der Zeit, in der sie sich nicht gemeldet haben, gar nicht erreichbar waren, kann die Leistungsbewilligung auch wegen fehlender Erreichbarkeit rückwirkend aufgehoben werden. In diesem Fall kommt es unter Umständen zu Rückzahlungsforderungen. Falls Ruth Ebert, die von der Kölner Arbeitsagentur zu einer Rückmeldung nach dem Ende ihres Urlaubs (siehe Tipp 39) aufgefordert wurde, dieser Meldeaufforderung nicht nachkommt, kann die Arbeitsagentur vermuten, dass der Urlaub ohne Absprache mit der Dienststelle verlängert wurde. In diesem Fall riskiert sie nicht nur eine Sperrzeit, sondern eine Streichung ihres ALG I ab dem ersten Tag nach Urlaubsende.

Meldeaufforderung gilt häufig auch bei Krankheit

Wer krank ist und seine Arbeitsunfähigkeit der Arbeitsagentur angezeigt hat, braucht einer Meldeaufforderung nicht nachzukommen. Seit Anfang 2004 kann eine förmliche Meldeaufforderung allerdings die Auflage enthalten, dass Arbeitslose, die krankheitsbedingt beim Meldetermin nicht erscheinen können, die Meldung unmittelbar nach dem Ende der Krankschreibung nachholen müssen. Wer diesen Hinweis auf dem Schreiben der Behörde findet, muss am ersten Tag nach dem Ende seiner Arbeitsunfähigkeit bei der Arbeitsagentur vorsprechen.

! Tipp 38
Krankmeldung ist wichtig

Für Kranke gibt's weiter Unterstützung

Wer während seiner Arbeitslosigkeit krank wird, sollte sich in jedem Fall bei seinem Arbeitsvermittler arbeitsunfähig melden. Denn Kranke stehen der Arbeitsvermittlung nicht zur Verfügung. Zudem ist die Krankmeldung – bei einer längeren Erkrankung – auch für die Dauer des Anspruchs auf ALG I von Bedeutung.
Ähnlich wie Betriebe sechs Krankheitswochen lang den Lohn fortzahlen, müssen auch die Arbeitsagenturen bei Krankheit sechs Wochen lang weiter für das ALG I aufkommen. Erwerbslose erhalten dann sechs Wochen lang weiter ihre Unterstützung von der Arbeitsagentur. Nach diesen ersten sechs Krankheitswochen ist nicht mehr die Agentur, sondern die Krankenkasse für die Zahlungen zuständig. Erwerbslose haben

dann – genau wie Beschäftigte – Anspruch auf Krankengeld. Doch egal, ob nun die Arbeitsagentur Kranken-Arbeitslosengeld oder die Kasse Krankengeld zahlt: In jedem Fall ist für Erwerbslose die Zahlung genauso hoch wie die »normale« Leistung der Arbeitsagentur. Es gibt nur einen wesentlichen Unterschied: Mit jedem Tag, an dem man während der ersten sechs Krankheitswochen Kranken-Arbeitslosengeld bezieht, vermindert sich die Dauer des Anspruchs auf ALG I ebenfalls um einen Tag. Wer sechs Wochen lang krank ist, verbraucht daher – genauso wie ohne Arbeitsunfähigkeit – sechs Wochen seines Anspruchs auf ALG I.

38

Das ändert sich aber ab der siebten Krankheitswoche. Das Krankengeld, das man dann (von der Krankenkasse) erhält, mindert nicht mehr die Dauer des Anspruchs auf ALG I. Wer also beispielsweise vor einer 20 Wochen dauernden Krankheit noch Anspruch auf 16 Wochen ALG I hatte, kann nach der Krankheitszeit noch zehn Wochen Geld von der Arbeitsagentur beanspruchen. Nur die ersten sechs Krankheitswochen werden also abgezogen.

Worauf Sie im Krankheitsfall besonders achten müssen

Ärzte und Arbeitslose sind manchmal fälschlicherweise der Ansicht, dass während der Arbeitslosigkeit eine Krankschreibung keine Bedeutung hat. Weisen Sie Ihren Arzt deshalb ausdrücklich darauf hin, wenn Sie sich für arbeitsunfähig halten, und bitten Sie ihn darum, Ihnen eine Arbeitsunfähigkeitsbescheinigung auszustellen. Schicken Sie diese Bescheinigung zusammen mit der Veränderungsmitteilung (solche Formulare erhält man meist bei der Arbeitslosmeldung) an die Arbeitsagentur. Auf der Veränderungsmitteilung finden Sie die Antwortvorgaben »arbeitsunfähig erkrankt« und »weiterhin arbeitsunfähig erkrankt«. Kreuzen Sie die zutreffende Antwort an. Vergessen Sie in Schreiben an die Arbeitsagentur niemals, Ihre Kundennummer (Stammnummer) anzugeben.

Dauert Ihre Krankheit länger als zunächst vom Arzt bescheinigt, müssen Sie nochmals beim Arzt vorsprechen, eine neue Arbeitsunfähigkeitsbescheinigung erbitten und diese wiederum bei der Arbeitsagentur vorlegen. Andernfalls gefährden Sie unnötig ihren Anspruch auf ALG I. Denn wenn Sie wegen einer Krankheit nicht in der Lage sind, eine Arbeit anzunehmen, stehen Sie dem Arbeitsmarkt nicht zur Verfügung und haben daher keinen Anspruch auf das »normale« ALG I, sondern nur auf die gleich hohe Krankenunterstützung. Markieren Sie sich auf Ihrem Kalender das Ende der sechsten Krankheitswoche. Wenn Sie beispielsweise erstmals an einem Dienstag krankgeschrieben werden, endet genau sechs Wochen später mit dem Montagabend Ihr Anspruch auf ALG I. Einige Tage danach bekommen Sie wahrscheinlich von der Arbeitsagentur einen Aufhebungsbescheid über Ihr ALG I und von Ihrer Krankenkasse einen Krankengeldantrag. Wenn Sie diesen Antrag nicht bald erhalten, sollten Sie bei Ihrer Krankenkasse nachhaken. Am besten rufen Sie jedoch bereits kurz vor dem Auslaufen Ihres Kranken-Arbeitslosengeldes bei der Krankenkasse an.

Denken Sie daran: Ab der siebten Krankheitswoche ist Ihr Ansprechpartner nicht mehr die Arbeitsagentur, sondern Ihre Krankenkasse. Sie erhalten von der Krankenkasse übrigens nicht nur Krankengeld, sondern Sie sind als Bezieher von Krankengeld automatisch auch weiter krankenversichert – ohne dass Ihnen selbst dafür Kosten entstehen. Aufpassen sollten Sie besonders, wenn später – nach Ihrer vorläufigen Aussteuerung bei der Arbeitsagentur – Ihre Arbeitsunfähigkeit endet. Nach dem letzten Tag der (bescheinigten) Arbeitsunfähigkeit stellt die Krankenkasse die Krankengeldzahlung ein. Die Arbeitsagentur unterstützt Sie jedoch erst dann wieder, wenn Sie erneut Leistungen beantragt haben. An dem Tag, an dem Sie wieder gesund sind, müssen Sie daher einen Wiederbewilligungsantrag auf ALG I stellen. Warten Sie damit auch nur einen Tag, erhalten Sie für diesen Tag kein Geld.

Krankengeld wird auch nach Ende des ALG-I-Bezugs fortgezahlt

An kranke Bezieher von ALG I muss die Krankenkasse auch dann noch Krankengeld weiterzahlen, wenn der Anspruch auf ALG I in der Zeit der Krankheit endet. Dies hat das Bundessozialgericht in einem Urteil vom 2. November 2007 entschieden (Az.: B 1 KR 38/06 R). »Warum soll ich mich während der Arbeitslosigkeit denn krank melden«, meinen gerade ältere Arbeitslose. Ein folgenschwerer Irrtum, vor allem für diejenigen, die krank werden, wenn sie nur noch kurze Zeit Anspruch auf ALG I haben. Denn das Bundessozialgericht hat nun entschieden: Wenn ein Versicherter an dem Tag der ärztlich bescheinigten Arbeitsunfähigkeit grundsätzlich krankengeldberechtigt war, kann er diesen Anspruch voll (maximal für 78 Wochen gerechnet ab dem ersten Tag der Arbeitsunfähigkeit) ausschöpfen, sofern seine Krankheit so lange dauert. Im zu entscheidenden Fall ging es um einen 1981 geborenen ehemaligen ALG-I-Bezieher, der Ende Mai 2005 »wegen einer akuten Belastungssituation« von seinem Neurologen krank geschrieben worden war. ALG I wird im Krankheitsfall – ähnlich wie Lohn – maximal sechs Wochen lang fortgezahlt, wobei in dieser Sechs-Wochen-Frist der Anspruch auf die Leistung weiter verbraucht wird. Da der Betroffene am Tag seiner Krankschreibung nur noch eine Woche ALG I beanspruchen konnte (bis zum 6. Juni 2005), beantragte er nach dem Auslaufen des ALG I bei seiner Krankenkasse (AOK) Krankengeld für die weitere Dauer der Krankschreibung (bis zum 13. Juni 2005). Die Kasse lehnte dies mit der Begründung ab, der Betroffene habe nach Ende des ALG-I-Bezugs keinen Anspruch auf ALG II gehabt. Dies spiele für den Krankengeldanspruch keinerlei Rolle, befand das BSG und gestand dem Betroffenen im Prinzip Krankengeld zu, da er am ersten Tag seiner Arbeitsunfähigkeit dem Grunde nach Anspruch auf diese Leistung gehabt habe.

39

! Tipp 39
Auch Arbeitslose dürfen (angemeldet) Urlaub machen

Das »Okay« gibt es aber meist nur kurzfristig

Haben Sie Ihren Urlaub bereits vor der Arbeitslosigkeit fest gebucht? Sie müssen diese Buchung dann nicht unbedingt stornieren, denn auch Arbeitslose können Urlaub beanspruchen und trotz ihrer Ortsabwesenheit weiterhin ALG I erhalten.
Erwerbslose können – mit Genehmigung der Arbeitsagentur – bis zu drei Wochen (21 Kalendertage) pro Jahr in Urlaub fahren. Dieser Anspruch auf »erlaubte Ortsabwesenheit« bezieht sich nach der so genannten »Erreichbarkeitsanordnung« der Bundesagentur für Arbeit auf Kalenderjahre und nicht auf Jahre des Leistungsbezugs. Ob Sie im gleichen Kalenderjahr auch in Ihrem letzten Job Urlaub genommen haben, spielt keine Rolle. Das bedeutet: Wenn Sie beispielsweise im Juli 2011 arbeitslos werden, dürfen Sie – soweit Sie nicht schnell eine neue Stelle finden – in der Regel im Jahr 2011

noch drei Wochen Urlaub von der Arbeitsagentur nehmen. Die Geldzahlungen von der Agentur laufen in dieser Zeit weiter.
Wollen Sie länger wegfahren, können Sie noch drei Wochen Mehrurlaub nehmen. Während dieser zusätzlichen Wochen gibt es allerdings kein ALG I und Sie sind nicht durch die Agentur krankenversichert. Mehr als insgesamt sechs Wochen im Jahr genehmigt die Arbeitsagentur keinen Aufenthalt »außerhalb des zeit- und ortsnahen Bereichs«, wie es in der »Erreichbarkeitsanordnung« heißt. Wenn Sie trotzdem länger wegbleiben, müssen Sie auch das für die ersten drei Urlaubswochen überwiesene ALG I zurückzahlen.

39

Genehmigung einholen

Arbeitslose müssen ihre urlaubsbedingte Ortsabwesenheit in jedem Fall von der Arbeitsagentur genehmigen lassen. Bis Ende 2008 sah die Erreichbarkeitsanordnung der Bundesagentur für Arbeit in den ersten drei Monaten der Arbeitslosigkeit noch eine strikte »Residenzpflicht« (= Pflicht zur Anwesenheit am Ort) vor. Urlaub konnte in dieser Zeit nur in »begründeten Ausnahmefällen« bewilligt werden. Diese Regelung ist nun entfallen – auch zu Beginn der Arbeitslosigkeit soll nun »einzelfallbezogen« entschieden werden, ob ein Urlaub einer beruflichen Eingliederung im Wege steht.
Tipp: Wenn Sie beispielsweise schulpflichtige Kinder haben und bereits vor der Arbeitslosigkeit einen Familienurlaub in den Schulferien Ihrer Kinder festgemacht haben, sollten Sie dies Ihrem Vermittler bereits beim ersten Vermittlungsgespräch mitteilen. Falls Sie die Reise schon vor der Arbeitslosigkeit gebucht haben, sollten Sie der Arbeitsagentur auch vorrechnen, wie hoch die Rücktrittskosten wären – am besten mit einem Beleg des Reisebüros. Allerdings haben Sie auch in diesem Fall keinen Rechtsanspruch auf die Gewährung von Urlaub.
Ihre Chancen, Urlaub bewilligt zu bekommen, steigen rapide, wenn Sie belegen können, dass Sie mit großer Sicherheit bald eine neue Stelle antreten werden.

Reiserücktrittsversicherungen helfen häufig bei Urlaubsabsage wegen Arbeitsplatzverlust

Wer seinen Job verliert, kann natürlich von einer gebuchten Urlaubsreise zurücktreten – der Rücktritt kann jedoch richtig teuer werden. Der Reiseveranstalter berechnet dann nämlich in aller Regel Stornogebühren – beispielsweise bis zu 50 Prozent des Reisepreises bei einem Rücktritt in den letzten 15 Tagen vor Urlaubsbeginn. In einem solchen Fall kann es sich auszahlen, wenn man zuvor eine Reiserücktrittsversicherung abgeschlossen hat. Diese Versicherung springt ein, wenn Sie durch unvorhersehbare Ereignisse nicht in der Lage sind, den gebuchten Urlaub anzutreten, z. B. weil Sie selbst oder ein naher Angehöriger schwer erkrankt sind. Sie übernimmt dann – von einem Selbstbehalt abgesehen – sämtliche Stornokosten, die bei einem kurzfristigen Rücktritt von der Urlaubsreise anfallen. Einige Versicherungen kommen auch für die Kosten für eine Reisestornierung »wegen Arbeitsplatzverlust« auf. Es zahlt sich daher aus, wenn Sie vor Abschluss einer Reiserücktrittsversicherung auf das Kleingedruckte in den Versicherungsverträgen achten.

Spätes »Ja«

Die Arbeitsagenturen sagen meist zwar »Ja« zum Urlaub – allerdings sehr spät. In der Regel kommt die Zustimmung frühestens zwei Wochen vor Urlaubsantritt, häufig noch kurzfristiger. Denn vorher sei – so die Agenturen – nicht absehbar, ob während der Urlaubszeit Vermittlungschancen bestünden. Eine frühzeitige Buchung und eine Nutzung von günstigen Frühbucher-Rabatten ist für Arbeitslose deshalb kaum drin – oder zumindest mit einem Risiko verbunden, denn im Zweifelsfall hat die Arbeitsvermittlung Vorrang.

Wenn die Arbeitsagentur »Nein« zum Urlaub sagt

Im Notfall kann man sich für die Zeit des Urlaubs von der Agentur abmelden. Dann muss man aber für diesen Zeitraum auf das ALG I verzichten. In einem solchen Fall sollte man sich unbedingt bei seiner Krankenkasse erkundigen, ob und wie der Krankenversicherungsschutz auch während der Urlaubszeit aufrechterhalten bleiben kann. Wer einen gesetzlich krankenversicherten Ehepartner hat, ist über diesen kostenlos familienversichert. Unverheiratete müssen sich gegebenenfalls freiwillig krankenversichern (siehe Tipp 79).
Nach dem Urlaubsende kann man sich bei der Arbeitsagentur wieder arbeitslos melden und erneut ALG I beantragen. Dann muss man jedoch auf die Frage gefasst sein, warum man sich zwischenzeitlich abgemeldet hat. Bei solchen kurzen Abmeldungen vermuten die Arbeitsagenturen nämlich schnell, dass man die »offizielle« Arbeitslosigkeit nur unterbrochen hat, um die Annahme eines Arbeitsangebots zu vereiteln. In diesem Fall würde der Anspruch auf ALG I um bis zu vier Wochen gekürzt. Diese Vermutung können die Betroffenen entkräften, indem sie belegen, dass sie sich nur wegen eines lange geplanten Familienurlaubs abgemeldet haben. Denn das gilt als »wichtiger Grund« (siehe auch Tipp 85).

Nach Urlaubsende rückmelden

Arbeitslose müssen grundsätzlich damit rechnen, dass sie unmittelbar nach dem (angemeldeten) Urlaub kurzfristig zur Vorsprache bei der Arbeitsagentur aufgefordert werden. Wenn Sie dieser Meldeaufforderung nicht nachkommen, müssen Sie hinnehmen, dass Ihnen das ALG I so lange gestrichen wird, bis Sie bei der Dienststelle erscheinen. Falls Sie aufgrund »unvorhersehbarer und für den Arbeitslosen unvermeidbarer Ereignisse« (§ 3 Abs. 3 der Erreichbarkeitsanordnung) nicht rechtzeitig aus dem Urlaub zurückkehren können (etwa wegen der Verschiebung des Rückflugs durch die Fluggesellschaft oder wegen eines Unfalls), sollten Sie dies umgehend der Arbeitsagentur mitteilen. In solchen Fällen kann der dreiwöchige Urlaub um bis zu drei Tage verlängert werden.

Auch Bildungsurlaub möglich

Arbeitslose können auch an längeren Veranstaltungen teilnehmen, die »staatspolitischen, kirchlichen oder gewerkschaftlichen Zwecken« dienen »oder sonst im öffentlichen Interesse« liegen. Voraussetzung dafür ist: Sie müssen der Arbeitsagentur die Anschrift des Bildungs- oder Veranstaltungsträgers benennen und »werktäglich persönlich unter der dem Arbeitsamt benannten Anschrift durch Briefpost erreichbar« sein. Weiterhin müssen sie sich vor der Teilnahme »für den Fall der beruflichen Eingliederung glaubhaft zum jederzeitigen Abbruch bereit erklärt haben«. Dies bestimmt § 3 Abs. 2 der Erreichbarkeitsanordnung.

Aufenthalt an anderen Orten im Nahbereich möglich

Auch außerhalb eines Urlaubs oder Bildungsurlaubs müssen Arbeitslose sich nicht jederzeit an ihrem Wohnsitz aufhalten. Sie können sich »vorübergehend« von ihrem gewöhnlichen Aufenthalt entfernen unter folgenden Voraussetzungen:

- Der Aufenthaltsort muss sich im Nahbereich ihres Wohnsitzes befinden. Darunter wird normalerweise der Tagespendelbereich verstanden, der etwa zweieinhalb Fahrstunden (Hin- und Rückfahrt) umfasst.
- Sie müssen ihre (Nahbereichs-)Anschrift rechtzeitig der Arbeitsagentur mitteilen.
- Sie müssen Vorschlägen der Arbeitsagentur zur beruflichen Eingliederung Folge leisten können.

Kapitel D
Wer hat Anspruch auf Arbeitslosengeld I – und wie lange?

NEU!

- Arbeitnehmer die überwiegend Jobs ausgeübt haben, die auf maximal sechs Wochen befristet waren, haben bereits nach sechs Versicherungsmonaten Anspruch auf ALG I (→ Tipp 43).
- Wer für die Angehörigenpflege eine Auszeit vom Job nimmt, kann – bei Verfügbarkeit – grundsätzlich ALG I erhalten (→ Tipp 41)
- Wer seine Auszeit für die Pflege über die maximal sechsmonatige Pflegezeit hinaus verlängert, kann sich auf eigenen Antrag freiwillig arbeitslosenversichern. Die Entscheidung hierfür muss innerhalb von drei Monaten (vorher: ein Monat) getroffen werden (→ Tipp 70)

Checkliste: Was spielt für Ihren Anspruch auf ALG I eine Rolle?

- Waren Sie in den letzten Jahren versicherungspflichtig beschäftigt?
(→ Tipp 41)
- Haben Sie ein Kind unter drei Jahren erzogen?
(→ Tipps 86 und 87)
- Haben Sie Rente wegen voller Erwerbsminderung bezogen?
(→ Tipp 45)
- Haben Sie für die Angehörigenpflege eine Auszeit von Ihrem Job genommen?
(→ Tipp 41 und Kapitel G)
- Waren Sie zuletzt selbstständig?
(→ Kapitel G)
- Haben Sie Übergangsgeld während einer beruflichen Rehabilitationsmaßnahme bezogen?
(→ Tipp 44)
- Haben Sie überwiegend Jobs ausgeübt, die auf maximal sechs Wochen befristet waren?
(→ Tipp 43)
- Haben Sie in den letzten vier Jahren schon einmal ALG I bezogen?
(→ Tipp 48)
- Sind Sie 50 Jahre alt oder älter?
(→ Tipp 47)
- Sind Sie jünger als 50 Jahre?
(→ Tipp 46)
- Haben Sie einen von mehreren sozialversicherungspflichtigen Teilzeitjobs verloren?
(→ Tipp 42)

40

!

Tipp 40

Arbeitslosengeld I:

Übersicht über die Anspruchsvoraussetzungen

Das ALG I ist eine – zeitlich begrenzte – Versicherungsleistung und wird nur an diejenigen gezahlt, die vor der Arbeitslosmeldung längere Zeit (siehe Tipp 41) Beiträge zur Arbeitslosenversicherung abgeführt haben. Auf diese Leistung haben Erwerbslose – unabhängig vom eigenen Vermögen oder vom Verdienst des Ehepartners – einen Rechtsanspruch. Das Gleiche gilt für eine Leistung, die durch das Dritte Sozialgesetzbuch 1998 neu eingeführt wurde: das Teilarbeitslosengeld. Dieses können diejenigen erhalten, die zuvor zwei versicherungspflichtige Jobs hatten und einen davon verloren haben (siehe Tipp 42).

Arbeitslosenhilfe abgeschafft

Die Fürsorgeleistung Arbeitslosenhilfe ist zum 1. Januar 2005 abgeschafft worden. Stattdessen wurde für Arbeitslose, deren ALG I ausläuft bzw. die gar keinen Anspruch auf diese Versicherungsleistung haben, eine neue Fürsorgeleistung geschaffen: das so genannte Arbeitslosengeld (ALG) II, das weitgehend der bisherigen Sozialhilfe entspricht. Das ALG II wird – im Gegensatz zum ALG I – nur nach Überprüfung der Bedürftigkeit der Betroffenen gezahlt. Das heißt: Nur diejenigen Arbeitslosen, die nach den engen Gesetzesbestimmungen wegen zu geringem (Familien-)Einkommen und Vermögen als »bedürftig« anerkannt werden, bekommen diese Leistung. Wer etwa mit einem berufstätigen (Ehe-) Partner verheiratet ist oder eigenes Vermögen hat, gilt häufig nicht als bedürftig. Wer mehr dazu wissen möchte, findet weiter hinten in diesem Buch in den Tipps 105 und 106 einige Informationen zum ALG II, die insbesondere für diejenigen wichtig sind, deren ALG I bald ausläuft. Umfassende Infos und Ratschläge bietet der ebenfalls vom DGB-Bundesvorstand herausgegebene Ratgeber »111 Tipps zu Arbeitslosengeld II und Sozialgeld« (siehe Tipp 111).

ALG I gibt es nach § 118 Abs. 1 SGB III nur für unter 65-jährige Arbeitnehmer, die
- »arbeitslos sind«,
- »sich bei der Agentur für Arbeit arbeitslos gemeldet« und
- »die Anwartschaftszeit erfüllt haben«.

Ab 2012 wird – parallel zum stufenweise auf 67 Jahre steigenden Regeleintrittsalter für die Altersrente – das Höchstalter für den Bezug von ALG I ebenfalls stufenweise auf 67 Jahre angehoben.
Hinter diesen zunächst fast selbstverständlich klingenden Regelungen stecken allerdings Tücken und Klippen. So gelten diejenigen nicht mehr als arbeitslos, die wöchentlich 15 Stunden oder mehr tätig sind (siehe Tipp 63). Weiterhin müssen die Betroffenen nicht nur für die Arbeitsvermittlung zur Verfügung stehen, sondern sie müssen auch aktiv »alle Möglichkeiten« der Beschäftigungssuche nutzen, wenn sie nicht ihren Anspruch auf Leistungen von der Arbeitsagentur ganz oder zeitweise verlieren wollen (siehe Tipp 27).

Verfügbarkeitsanforderungen beachten

Problematisch können insbesondere die Verfügbarkeits- und Zumutbarkeitsanforderungen werden. Dies gilt etwa für diejenigen, die Kinder zu betreuen haben (siehe Tipp 83) oder eine Schule bzw. Hochschule besuchen (siehe Tipp 95). In diesen Fällen gelten sie häufig als »nicht verfügbar für den Arbeitsmarkt«. Die Folge: kein Geld von der Arbeitsagentur. Auch wenn sie für die Agentur nicht erreichbar sind, etwa unangemeldet in Urlaub oder zur Kur fahren, müssen Erwerbslose mit einem Stopp der Unterstützungszahlungen rechnen (siehe Tipp 39).
Verschiedene Bestimmungen zur Verfügbarkeit von Arbeitslosen und zur Zumutbarkeit von Arbeitsbedingungen werden (in den oben erwähnten Tipps) an anderen Stellen in diesem Buch erläutert. In den folgenden Tipps geht es zunächst einmal um die wichtigen Anwartschaftszeiten, die sie in einer bestimmten Rahmenfrist erfüllen müssen, um überhaupt ALG I zu bekommen.

Achtung: Verwirrende Rahmenfristen

»Rahmenfrist« nennt sich der Zeitraum, in dem Sie bestimmte Vorleistungen (z. B. Vorversicherungszeiten) für das ALG I erfüllt haben müssen. Verwirrend ist dabei: Für den Anspruch und die Dauer des Anspruchs auf diese Leistung gelten unterschiedliche Fristen. Außerdem gibt es noch weitere Rahmenfristen für die Höhe, den Bestandschutz und die Verjährung der Leistung.
Zunächst geht es im Folgenden um den Anspruch auf ALG I. Damit beschäftigt sich Tipp 41. Um die Dauer des Anspruchs geht es dann in den Tipps 46 und 47, um die Höhe in den Tipps 50 bis 52, den Bestandsschutz in Tipp 55 und die Verjährung in Tipp 48.

Rahmenfristen fürs Arbeitslosengeld I

	Länge der Frist	Tipp	Anforderung
Anspruch (§ 124 SGB III)	2 Jahre	41	in dieser Zeit vor dem Antrag müssen mindestens zwölf sozialversicherungspflichtige Monate liegen, erst dann gibt es ALG I (für sechs Monate)
Dauer (§ 127 SGB III)	5 Jahre	46, 47	nur wer in dieser Zeit die erforderliche Vorversicherungszeit nachweist, erhält – je nach Alter – länger ALG I
Höhe (§ 130 SGB III)	1 Jahr*	50 bis 52	das Durchschnittseinkommen in dieser Zeit vor dem Antrag bestimmt in der Regel die Höhe der Leistung
Bestandsschutz (§ 131 Abs. 4 SGB III)	2 Jahre	55	in dieser Frist ist – bei erneuter Arbeitslosigkeit – die einmal erreichte Höhe gesichert
Verjährung (§ 147 Abs. 2 SGB III)	4 Jahre	48	danach (gerechnet ab der ersten Antragstellung) verfallen nicht aufgebrauchte Ansprüche

* kann gegebenenfalls auf 2 Jahre erweitert werden

! Tipp 41

Wichtigste Voraussetzung fürs ALG I:

Beitragszahlungen zur Arbeitslosenversicherung

ALG I ist eine Versicherungsleistung. Sie erhalten diese in der Regel nur dann, wenn Sie vor der Arbeitslosigkeit lange genug in einem »Versicherungspflichtverhältnis« gestanden haben. Das bedeutet: Sie müssen eine längere »versicherungspflichtige« (früher »beitragspflichtige«) Beschäftigung nachweisen. Die Anwartschaftszeit (Vorversicherungszeit) für das ALG I erfüllen in der Regel Erwerbslose, die innerhalb der maßgebenden Rahmenfrist mindestens zwölf Monate lang versicherungspflichtig beschäftigt waren.

Zweijährige Rahmenfrist

Die Rahmenfrist für den Anspruch auf ALG I umfasst zwei Jahre – rückgerechnet vom Tag, an dem die Leistung beantragt und beansprucht wird.
Ein Beispiel: Uwe N. wird zum 30. Juni 2011 entlassen. Am 1. Juli 2011 beantragt er ALG I. Die Arbeitsagentur prüft nun, ob er im Zweijahreszeitraum vom 1. Juli 2009 bis zum 30. Juni 2011 zwölf versicherungspflichtige Monate nachweisen kann. Bis Ende Januar 2006 galt hier noch eine dreijährige Rahmenfrist.

Die Regel: Zwölf Versicherungsmonate in der Rahmenfrist

Arbeitslose müssen nun in der Regel mindestens zwölf versicherungspflichtige Monate nachweisen, um ALG I beanspruchen zu können. Die früher für Saisonarbeitskräfte sowie Wehr- und Zivildienstleistende noch geltenden kürzeren Anwartschaftszeiten wurden 2006 abgeschafft. Ausnahmen gelten aber seit August 2009 für Arbeitnehmer, die in den letzten zwei Jahren überwiegend nur kurze Jobs von maximal sechswöchiger Dauer hatten (siehe Tipp 43).

Beitragsmonat ist nicht gleich Kalendermonat

Wenn nur ein paar Tage ausschlaggebend dafür sind, ob man die geforderten zwölf Beitragsmonate zusammenbekommt, ist es wichtig zu wissen, was die Arbeitsagenturen unter einem »Beitragsmonat« verstehen. Dieser ist nicht immer identisch mit einem normalen Kalendermonat. Vielmehr entsprechen 30 Kalendertage einem Beitragsmonat. Dies bestimmt § 339 Satz 2 SGB III. Zwölf Beitragsmonate im Sinne des Gesetzes sind damit 360 Kalendertage, genau fünf Tage weniger als ein Jahr hat. Zwölf Beitragsmonate umfassen damit beispielsweise den Zeitraum vom 1. Januar bis zum 26. Dezember.

Stückeln erlaubt

Wenn die Arbeitsagentur überprüft, ob Antragsteller die geforderten zwölf Monate versicherungspflichtiger Beschäftigung nachweisen können, spielt es keine Rolle, ob sie diese zwölf Monate ohne Unterbrechung (an einem Stück) gearbeitet haben oder ob es zwischendurch Beschäftigungspausen gegeben hat. Auch mehrere kürzere bei-

tragspflichtige Beschäftigungszeiten werden zusammengezählt und können so in der erforderlichen Rahmenfrist zu einem Anspruch auf ALG I führen.
Dazu ein Beispiel: Sie sind arbeitslos, beziehen ALG I und nehmen eine auf sechs Monate befristete Beschäftigung auf. Nach dem Auslaufen des kurzen Jobs werden Sie wieder arbeitslos. Durch die kurze Beschäftigung haben Sie zunächst keinen neuen Anspruch auf ALG I erworben. Sie können jedoch eventuell auf einen noch bestehenden Restanspruch auf die Versicherungsleistung aus der Zeit Ihrer letzten Arbeitslosigkeit zurückgreifen. Wie das funktioniert, können Sie in Tipp 48 nachlesen.
Wenn Sie innerhalb des nächsten Jahres jedoch erneut einen auf sechs Monate befristeten Job finden, können Sie nach dem Ende des zweiten befristeten Beschäftigungsverhältnisses insgesamt zwölf Anwartschaftsmonate vorweisen. Hierdurch haben Sie einen (neuen) Anspruch auf ALG I erworben – und zwar für sechs Monate (siehe Tipp 46). Hinsichtlich der Höhe der Leistung sollten Sie insbesondere die gesetzliche Bestandsschutzregelung beachten (siehe Tipp 55).
Wer in den letzten beiden Jahren schon einmal arbeitslos war und ALG I bezogen hat, muss allerdings beachten: Die Beitragszeiten, auf denen der alte Anspruch beruhte, werden nicht mehr mitgezählt, wenn die Agentur für Arbeit überprüft, ob inzwischen ein neuer Anspruch entstanden ist. Entscheidend ist, ob der Erwerbslose in der Zwischenzeit wieder mindestens zwölf versicherungspflichtige Monate nachweisen kann.

Alle Wehr- und Zivildienstleistenden sind jetzt versichert

Seit Februar 2006 sind alle Wehr- und Zivildienstleistenden in der Arbeitslosenversicherung pflichtversichert. Zugleich fiel aber die frühere Sonderregelung fort, nach der Ex-Dienstleistende alleine aufgrund ihrer früheren Dienstzeit einen Anspruch auf ALG I erwerben konnten. Das ist nun nur noch möglich, wenn sie zusätzlich Zeiten einer versicherungspflichtigen Beschäftigung belegen können.
Ein Beispiel: Daniel N. wird nach seiner neunmonatigen Dienstzeit (von Anfang April bis Ende Dezember) am 1. Januar 2011 arbeitslos. Er kann ALG I beanspruchen, wenn er in der maßgeblichen 2-Jahres-Rahmenfrist seit dem 1. Januar 2009 außer der neunmonatigen Dienstzeit noch zusätzlich mindestens drei Monate versicherungspflichtig beschäftigt war. Falls Daniel N. vor seiner Dienstzeit keine sozialversicherte Beschäftigung nachweisen kann, so müsste er nach seiner Dienstzeit wenigstens einen auf (mindestens) drei Monate befristeten Job finden. Nach dem Ende dieses befristeten Beschäftigungsverhältnisses könnte er ALG I erhalten.

Auf die Versicherungspflicht kommt es an

Für die Anwartschaft auf ALG I zählen zunächst einmal Beschäftigungszeiten. Das Gesetz verlangt dabei nicht, dass tatsächlich Beiträge an die Arbeitslosenversicherung geflossen sein müssen, die Zeiten müssen nur »versicherungspflichtig« gewesen sein. Wenn – wie etwa bei Schwarzarbeit – der Arbeitgeber Sozialbeiträge hinterzieht und dies durch eine Anzeige des Arbeitnehmers oder durch eine Kontrolle der Krankenkasse bekannt wird, muss der Arbeitgeber Sozialversicherungsbeiträge nachzahlen. Die Zeit der Schwarzarbeit zählt dann als versicherungspflichtig. Das gilt auch dann, wenn der Arbeitgeber zahlungsunfähig ist und gar keine Beiträge an die Arbeitslosenversicherung entrichtet.

41

Nicht nur Beschäftigungszeiten zählen

Die notwendige Anwartschaftsdauer (Vorversicherungszeit) für das ALG I wird nicht nur durch Beschäftigungszeiten erfüllt. Auch Zeiten des Bezugs von Krankengeld, Versorgungskrankengeld, Verletztengeld oder Übergangsgeld (bei Rehabilitationsmaßnahmen, siehe Tipp 44) sowie von Krankentagegeld eines privaten Krankenversicherungsunternehmens sind in der Regel versicherungspflichtig, wenn der Bezieher einer dieser Leistungen vor Beginn des Bezugs der entsprechenden Leistung sozialversichert beschäftigt war oder ALG I bezogen hatte. Der Bezug von ALG II zählt dagegen nicht für die Anwartschaft auf ALG I.
Seit 2003 gelten Zeiten des Bezugs von Mutterschaftsgeld und Zeiten der Betreuung eines Kindes unter drei Jahren ebenfalls meist als versicherungspflichtig. Das bedeutet: Nach einer längeren Zeit der Kindererziehung hat ein Elternteil nun vielfach Anspruch auf ALG I. Mehr Informationen hierzu finden Sie in den Tipps 86 und 87.

Pflegezeit bringt Anspruch auf ALG I

Wer die Pflege eines Angehörigen übernimmt und dafür aus seinem sozialversicherten Job aussteigen muss, bleibt in der maximal sechsmonatigen Pflegezeit nach dem Pflegezeitgesetz ohne eigene Kosten arbeitslosenversichert. Wie viele Stunden sie oder er pro Woche mit der Pflege beschäftigt ist, spielt in den ersten sechs Monaten der Angehörigenpflege keine Rolle. Die Beiträge für die Betroffenen, die für 2011 mit monatlich 7,67 € (West) bzw. 6,72 € (neue Länder) sehr niedrig ausfallen, übernimmt die Pflegeversicherung. Trotz dieser niedrigen Versicherungsbeiträge erwerben die Betroffenen volle Ansprüche an die Arbeitslosenversicherung bzw. erhalten diese Ansprüche aufrecht. Die Höhe des ALG I bemisst sich, für den Fall, dass die Betroffenen nach der Pflegezeit ohne Arbeit sein sollten, in der Regel nach ihrem Verdienst vor der Pflegezeit.

Bei Pflegezeit ggf. auch Anspruch auf ALG I oder ALG II

Es ist keineswegs ausgeschlossen, dass pflegende Angehörige in der Pflegezeit zwar ihren bisherigen Job nicht ausüben können, wohl aber einen anderen – etwa weil dieser für sie günstigere Arbeitszeiten hat. Finden sie einen solchen Job nicht, können sie sich arbeitslos melden. Dann haben sie grundsätzlich auch Anspruch auf ALG I, wenn sie diese Leistung beantragen und dem Arbeitsmarkt zur Verfügung stehen. Dies mag zunächst erstaunen, da ja – in der Pflegezeit nach dem Pflegezeitgesetz – noch das bisherige Arbeitsverhältnis fortbesteht. Die Betroffenen sind jedoch »beschäftigungslos« – und wer ohne Beschäftigung ist, kann grundsätzlich ALG I erhalten. Das erklärt auch die BA, die in ihren Durchführungsanweisungen zu § 119 SGB III auf S. 3 ausdrücklich feststellt: »Das fortbestehende Arbeitsverhältnis allein lässt Beschäftigungslosigkeit im leistungsrechtlichen Sinne nicht entfallen.« Weiter erklärt die BA: »Nimmt ein Arbeitnehmer Pflegezeit gemäß § 3 Abs. 1 S. 1 Pflegezeitgesetz (PflegeZG) in Anspruch, kann Arbeitslosigkeit vorliegen, wenn neben der Pflege eine marktübliche, mindestens 15 Stunden umfassende Beschäftigung ausgeübt werden kann.« Die Betroffenen müssten allerdings damit rechnen, dass ihre Verfügbarkeit überprüft wird, etwa dadurch, dass sie erklären, dass ihre Pflegetätigkeit einer Beschäftigungsaufnahme nicht im Wege steht.

Klar ist zudem: Wer Arbeitslosengeld I bezieht, erwirbt in der Zeit des Leistungsbezugs nicht zugleich einen Anspruch auf diese Versicherungsleistung. Die Pflegezeit zählt in diesem Fall also nicht als Anwartschaftszeit fürs ALG I.

Anders sieht es aus, wenn die Betroffenen – was bei Bedürftigkeit grundsätzlich möglich ist – ALG II in Anspruch nehmen. In diesem Fall wird die Pflegezeit als Anwartschaftszeit für die Versicherungsleistung ALG I gewertet – wenn die Betroffenen vor der Pflegezeit sozialversicherungspflichtig beschäftigt waren. Wichtig ist noch: Wer ALG II bezieht und einen Angehörigen pflegt, muss nicht dem Arbeitsmarkt zur Verfügung stehen. Wenn sich die Erwerbstätigkeit mit der Angehörigenpflege nicht vereinbaren lässt, besteht keine Arbeitsverpflichtung. Dabei gilt genau das Gleiche wie bei der Betreuung von Kindern unter drei Jahren.

Längere Auszeit für die Pflege

Wer seine Auszeit für die Pflege über die Sechsmonatsfrist hinaus verlängert oder ggf. seinen Job für die längere Betreuung eines Angehörigen ganz aufgibt, kann sich nach diesen sechs Monaten für die genannten Beträge auf eigenen Antrag arbeitslosenversichern. Die Entscheidung für dieses so genannte »Versicherungspflichtverhältnis auf Antrag« müssen die Betroffenen seit Anfang 2011 innerhalb von drei Monaten nach dem Ende der sechsmonatigen »regulären« Pflegezeit treffen. Den Beitrag müssen die Betroffenen dann selbst entrichten – eine Beteiligung der Pflegekasse gibt es nach dem Ende der Sechsmonatsfrist nicht mehr (siehe Tipp 70).

ALG I oft nach Stopp der Erwerbsminderungsrente

Auch wer Rente wegen voller Erwerbsminderung bezieht, bleibt nun in der Regel unter dem Schutz der Arbeitslosenversicherung. Wurden die Rentenzahlungen gestoppt, können die Betroffenen deshalb meist (wieder) mit ALG I rechnen (siehe Tipp 45).

! Tipp 42
Wer einen von zwei Teilzeitjobs verliert, hat Anspruch auf Teilarbeitslosengeld

Etwa jeder dritte Arbeitnehmer hat inzwischen nur eine Teilzeitstelle. Vielen reicht der halbe Job nicht. Zunehmend mehr Arbeitnehmer bessern ihr Einkommen mit einem Nebenjob auf. Überwiegend haben die Betroffenen heute noch sozialversicherungsfreie Minijobs. Immer öfter gibt es jedoch auch Beschäftigte mit zwei sozialversicherungspflichtigen Arbeitsverhältnissen. Das bringt Vorteile, vor allem bei der Arbeitslosen- und Krankenversicherung. Bei einem Jobverlust haben die Betroffenen dann Anspruch auf das so genannte Teilarbeitslosengeld. Diese Leistung ist bislang kaum bekannt und wird deshalb auch nur höchst selten in Anspruch genommen, im Schnitt nur von etwa 150 Arbeitslosen. Wir erklären, wie die Leistung funktioniert.

Wer einen sozialversicherungspflichtigen Zweitjob hat, hat aufgrund seiner gezahlten Sozialversicherungsbeiträge im Zweitjob im Prinzip ähnliche Ansprüche wie auf-

grund der Beiträge im Erstjob. Ein besonderes Augenmerk sollten Betroffene auf das so genannte Teilarbeitslosengeld legen, das bereits 1998 eingeführt, also keineswegs eine neue Leistung ist. Diese Leistung können diejenigen erhalten, die zuvor zwei (oder mehr) versicherungspflichtige Jobs hatten und einen davon verloren haben.
Anspruch auf diese Leistung haben Arbeiter und Angestellte, die innerhalb der letzten zwei Jahre vor dem Verlust einer Teilzeitbeschäftigung mindestens zwölf Monate lang zwei versicherungspflichtige Jobs ausgeübt haben und einen dieser Jobs weiterhin ausüben. Das Teilarbeitslosengeld gibt es höchstens sechs Monate lang. Es wird genauso berechnet wie das (normale) ALG I. Grundlage für die Bemessung ist auch bei dieser Leistung das versicherungspflichtige Arbeitsentgelt, das innerhalb der letzten zwölf Monate bei dem Job gezahlt wurde, den die Betroffenen verloren haben. Ein Arbeitnehmer mit Kind, der einen Zweitjob mit monatlichen Einkünften von 1000 € brutto verliert, hat z. B. Anspruch auf 431,70 € Teilarbeitslosengeld (bei Steuerklasse VI). Für einen Kinderlosen wären es 386,70 €.

Das Einkommen des weiter bestehenden zweiten Beschäftigungsverhältnisses wird – wenn es unverändert bleibt – nicht auf das Teilarbeitslosengeld angerechnet. Soweit die Betroffenen in ihrem zweiten Job allerdings mehr als zuvor verdienen, wird der Unterschiedsbetrag voll vom Teilarbeitslosengeld abgezogen. Weitere (Neben-)Tätigkeiten dürfen die Betroffenen höchstens zwei Wochen lang und in keinem Fall mehr als fünf Stunden wöchentlich ausüben. Zwei Wochen hintereinander ist damit ein je fünfstündiger Nebenjob erlaubt. Einkünfte aus dem Nebenjob werden, soweit sie unter 165 € bleiben, nicht auf das Teilarbeitslosengeld angerechnet. Bei länger dauernden Nebenjobs und bei Nebenjobs, die wöchentlich mehr als fünf Stunden beanspruchen, wird dagegen das Teilarbeitslosengeld gestrichen. Dieses wird auch dann nicht mehr gezahlt, wenn Arbeitnehmer auch ihren anderen Job verlieren. Denn dann haben sie Anspruch auf das ganz normale ALG I.
Die Dauer des Anspruchs auf (Voll-)ALG I wird allerdings durch das vorher bezogene Teilarbeitslosengeld gemindert – und zwar um einen Tag »für jeweils zwei Tage, für die ein Anspruch auf Teilarbeitslosengeld innerhalb der letzten zwei Jahre vor der Entstehung des Anspruchs erfüllt worden ist«. Dies bestimmt § 128 Abs. 1 Nr. 2 SGB III. Wer also sechs Monate Teilarbeitslosengeld bezogen hat und dann auch seinen anderen Job verliert, dessen Anspruch auf ALG I mindert sich also um drei Monate.
Das Arbeitslosengeld wird im Übrigen in solchen Fällen auf Grundlage der Summe der zuletzt gleichzeitig bezogenen Arbeitsentgelte beider Jobs berechnet. Ein Beispiel: Ein Arbeitnehmer hatte bis Ende Dezember 2010 zwei Jobs und verdiente dabei brutto monatlich 1500 € in Job 1 plus 1000 € in Job 2. Er verliert zunächst Job 2 und bezieht bis Ende Juni Teilarbeitslosengeld, das auf Grundlage von 1000 € berechnet wird. Ende Juni geht auch Job 1 verloren. Das Arbeitslosengeld, das dem Betroffenen nun zusteht, wird auf Basis einer Bemessungsgrundlage von 2500 € berechnet.

Weitere Versicherungsansprüche

Darüber hinaus erwerben sozialversicherungspflichtige Doppeljobber in ihrem Nebenjob auch einen Anspruch auf Rente sowie auf Krankengeld. Im Krankheitsfall steht ihnen nach dem Ende der sechswöchigen Lohnfortzahlung Krankengeld für beide Jobs zu. Daher lohnt es sich für doppeljobbende Arbeitnehmer in vielen Fällen aus einem für die Betroffenen beitragsfreien Minijob ein sozialversicherungspflichtiges Beschäftigungsverhältnis zu machen. Wichtig zu wissen: Für Arbeitgeber ist die

Beitragsbelastung bei einem Minijob deutlich höher als bei einer Beschäftigung oberhalb der 400-Euro-Grenze. Vielfach dürften sie deshalb gar nichts dagegen haben – beispielsweise – aus einem 400-Euro-Job einen 401-Euro-Job zu machen.

Tipp 43

Bei überwiegend kurzen Beschäftigungsverhältnissen:

ALG I kann es schon nach sechs Versicherungsmonaten geben

43

Im Regelfall müssen Arbeitnehmer innerhalb der letzten zwei Jahre zwölf versicherte Monate nachweisen. Seit August 2009 reichen nach dem neuen § 123 Abs. 2 SGB III ausnahmsweise auch sechs Monate. Dies gilt allerdings nur für Arbeitnehmer mit überwiegend kurzen Beschäftigungsverhältnissen.

Die zunächst bis zum 1. August 2012 befristet geltende Neuregelung ist u.a. für Kulturschaffende (z. B. Schauspieler) wichtig. Denn sie sind häufig – etwa für die Dauer einer Fernsehproduktion – immer wieder nur für kurze Zeitabschnitte beschäftigt und zwischenzeitlich arbeitslos. Daher können sie dann die für den Anspruch auf ALG I erforderliche Anwartschaftszeit von zwölf Monaten innerhalb der letzten beiden Jahre nicht erfüllen. Vor diesem Problem stehen natürlich nicht nur Künstler, sondern alle, die häufig kurzzeitig beschäftigt sind. Dies kann beispielsweise auch für viele Berufseinsteiger zutreffen, die zunächst nur auf kurze Zeit befristete Jobs finden. Auch im Baubereich gibt es solche Jobs überdurchschnittlich häufig.

Arbeitnehmer, die häufig nur kurze Beschäftigungsverhältnisse hatten, erhalten die Versicherungsleistung Arbeitslosengeld I nun, wenn sie innerhalb der letzten beiden Jahre mindestens sechs Monate mit einer versicherungspflichtigen Beschäftigung nachweisen können. Wer diese Voraussetzung erfüllt, kann dann drei Monate lang ALG I erhalten. Wer mindestens acht Monate sozialversicherter Arbeit nachweist, erhält maximal vier Monate ALG I. Bei mindestens zehn Versicherungsmonaten gibt es ALG I für fünf Monate.

Wer innerhalb der letzten 24 Monate vor dem Antrag auf Arbeitslosengeld I auf zwölf oder mehr Monate versicherungspflichtiger Beschäftigung kommt, für den gelten die »normalen« Anwartschaftszeitregeln, die mindestens einen Anspruch auf sechs Monate ALG I ermöglichen.

Um von der neuen Sonderregelung profitieren zu können, müssen die Betroffenen zwei Voraussetzungen gleichzeitig erfüllen:

1. Zum einen kommt es auf die Dauer ihrer Beschäftigungsverhältnisse in den letzten beiden Jahren vor einem Antrag auf Arbeitslosengeld I an. Die Jobs müssen überwiegend auf kurze Zeit (maximal auf sechs Wochen) befristet gewesen sein. Wer beispielsweise in den letzten beiden Jahren in fünf verschiedenen, jeweils auf sechs Wochen befristeten Filmprojekten beschäftigt war, erfüllt diese Voraussetzung. Wer dagegen zwei befristete Jobs hatte, die jeweils drei Monate dauerten, erfüllt die Voraussetzung nicht.
2. Von der Sonderregelung zur Anwartschaft soll nur profitieren, wer zuletzt höchstens ein durchschnittliches Jahreseinkommen erzielt hat. Genauer: Das Einkom-

men der Betroffenen darf im Jahr vor der Arbeitslosigkeit die Bezugsgröße nach § 18 Abs. 1 des SGB IV nicht überschritten haben. 2011 liegt die Bezugsgröße wie im Vorjahr bei einem Bruttojahreseinkommen von 30 660 €.

Praktisch bedeutet das: Wer im letzten Jahr höhere Einkünfte hatte, muss Zeiten zwischenzeitlicher Arbeitslosigkeit durch eigene Rücklagen überbrücken.

44

! **Tipp 44**

Nach beruflicher Rehabilitation:

Günstigere Sonderregeln für den Anspruch auf Arbeitslosengeld I

Haben Sie zuletzt Übergangsgeld während einer beruflichen Rehabilitation bezogen? Und sind Sie nun oder demnächst arbeitslos? Dann gelten für Sie beim ALG I günstigere Regelungen zur Anwartschaft.
Im Normalfall können Sie nur dann ALG I erhalten, wenn Sie innerhalb der letzten zwei Jahre vor dem Antrag auf die Leistung mindestens zwölf Monate versicherungspflichtig beschäftigt waren (siehe Tipp 41). Andernfalls gehen Sie normalerweise bei der Agentur für Arbeit leer aus. Für Teilnehmer an berufsfördernden Maßnahmen, die von einem Rehabilitationsträger Übergangsgeld erhalten haben, gilt jedoch eine Ausnahmeregelung.
Beispiel: Der gelernte Bäcker Michael Münzer (27) musste wegen einer Mehlstauballergie umgeschult werden. Während der erforderlichen so genannten beruflichen Rehabilitation (in diesem Fall war es eine zweijährige Ausbildung zum Datenverarbeitungskaufmann) erhielt er vom 1. Februar 2009 bis zum 31. Januar 2011 Übergangsgeld. Anschließend fand er nicht sofort eine Arbeit im neu erlernten Beruf, sondern musste ALG I beantragen. Normalerweise hätte er keinen Anspruch auf diese Leistung gehabt, da hierfür innerhalb der letzten beiden Jahre vor Antragstellung im Regelfall zwölf Monate sozialversicherter Beschäftigung nachgewiesen werden müssen. In dieser Zeit nahm Münzer jedoch an der Umschulung teil – und zahlte keine Beiträge. Hier greift jedoch die Sonderregelung von § 124 Abs. 3 SGB III. Danach werden »in die Rahmenfrist Zeiten nicht eingerechnet, in denen der Arbeitslose von einem Rehabilitationsträger Übergangsgeld wegen einer berufsfördernden Maßnahme bezogen hat«. Maximal wird hierdurch die Rahmenfrist auf fünf Jahre erweitert.
Damit interessiert sich die Arbeitsagentur für den Zweijahreszeitraum unmittelbar vor Maßnahmebeginn, also für den Zeitraum von Anfang Februar 2007 bis Ende Januar 2009. Da Münzer in dieser Zeit durchgängig sozialversichert beschäftigt war, erhält er ALG I. Auch die Höhe der Leistung richtet sich in diesem Fall nach seinem letzten Verdienst. Denn für die Höhe der Leistung ist im Regelfall das Arbeitsentgelt im letzten Jahr des letzten »Versicherungspflichtverhältnisses« des Antragstellers ausschlaggebend (siehe Tipps 50 und 51). Da die Zeit der beruflichen Rehabilitation nicht als versicherungspflichtig gilt, wird in diesem Fall ausnahmsweise auf ein längst vergangenes Beschäftigungsverhältnis zurückgegriffen, um die Höhe des ALG I zu berechnen.

Andere Regelung bei Leistungsbezug vor der Maßnahme

Falls Sie nach Ihrem letzten Beschäftigungsverhältnis und vor der Maßnahme zur beruflichen Rehabilitation bereits ALG I beantragt und bezogen haben, gelten für Sie andere Regelungen. In diesem Fall können Sie allenfalls auf einen vor der Maßnahme noch nicht voll aufgebrauchten Restanspruch auf die Versicherungsleistung zurückgreifen.
Ein Beispiel: Sie haben die Leistung am 1. November 2009 beantragt, sie ist Ihnen daraufhin für zwölf Monate bewilligt worden. Sie haben hiervon jedoch nur einen Monat in Anspruch genommen, weil Ihre Reha-Maßnahme am 1. Dezember 2009 begann. In diesem Fall können Sie nach der Reha den verbliebenen Restanspruch auf elf Monate ALG I geltend machen. Darauf können Sie allerdings nur bis zum 31. Oktober 2013 zurückgreifen. Denn vier Jahre nach dem ersten Tag des Bezugs von ALG I erlischt der Anspruch auf diese Leistung (siehe Tipp 48).

! **Tipp 45**

Nach Ablauf einer Erwerbsminderungsrente auf Zeit:

Häufig Anspruch auf ALG I

Erwerbsminderungsrenten werden von der Rentenversicherung in aller Regel nicht auf Dauer, sondern nur für einen befristeten Zeitraum bewilligt. Was ist aber, wenn nach Ablauf des Bewilligungszeitraums von – beispielsweise – zwei Jahren die Rente auf Zeit nicht erneut bewilligt wird. Wichtig zu wissen: In diesen Fällen besteht häufig ein Anspruch auf ALG I.
Ein Beispiel: »Meine Zeitrente wurde nicht verlängert, ab Februar 2011 stehe ich dann ohne Geld da.« Der 53-jährige Bülent A. leidet unter schweren Depressionen. Deshalb wurde ihm von der Rentenversicherung eine Rente wegen voller Erwerbsminderung zugestanden – allerdings nur auf Zeit. Die Rente erhält er bis Ende Januar 2011. Eine weitere Zahlung der Rente wurde vom zuständigen Träger – Deutsche Rentenversicherung (Bund) – abgelehnt. Bülent A. sei inzwischen wieder erwerbsfähig, befanden die Gutachter der Rentenversicherung.
Der gebürtige Türke überlegt noch, ob er gegen die Entscheidung der Rentenkasse Widerspruch einlegt. Für alle Fälle hat er sich allerdings schon einmal arbeitslos gemeldet und bei der zuständigen Arbeitsagentur einen Antrag auf ALG I gestellt. Denn durch die Zeit des Rentenbezugs hat er einen neuen Anspruch auf diese Leistung erworben.
Die Zeit des Bezugs von Rente wegen *voller* Erwerbsminderung gilt nach § 26 Abs. 2 Nr. 3 des Dritten Sozialgesetzbuchs nämlich als versicherungspflichtig in der Arbeitslosenversicherung. Dies trifft dann zu, wenn die Betroffenen unmittelbar vor dem Bezug der Rente als Arbeitnehmer versicherungspflichtig waren oder ALG I bzw. – so lange es diese Leistung noch gab – Arbeitslosenhilfe erhalten hatten. Ein Bezug der neuen Fürsorgeleistung ALG II vor der Rente führt dagegen nicht dazu, dass die Zeit des Rentenbezugs als Versicherungspflichtzeit zählt.
Bülent A. hat, bevor ihm zum 1. Februar 2009 die Rente auf Zeit bewilligt wurde, ALG I bezogen – und zwar 606 € pro Monat. Daher zählen die kompletten 24 Monate

seines Rentenbezugs als versicherungspflichtig. Er hat somit einen neuen Anspruch auf zwölf Monate ALG I erworben. Da er in den letzten beiden Jahren kein versicherungspflichtiges Arbeitsentgelt bezogen hat, wird die Höhe seines ALG I fiktiv bemessen. Wie diese Berechnung funktioniert, können Sie im Einzelnen in Tipp 52 nachlesen. Das ALG I von Bülent A. wird, da er nur in ungelernte Tätigkeiten vermittelt werden kann, auf Grundlage eines Bruttoarbeitsentgelts von 1554,29 € berechnet (siehe Tipp 52). Dem kinderlosen Erwerbslosen (Steuerklasse I, alte Bundesländer) steht damit 2011 eine monatliche Leistung in Höhe von 654,60 € zu.

Tipp 46

Für unter 50-Jährige:

ALG I gibt es höchstens ein Jahr lang

Wie lange Sie ALG I erhalten, hängt von zwei Faktoren ab: Ihrem Alter und der Dauer Ihrer versicherungspflichtigen Beschäftigung. Im Folgenden geht es zunächst um die Regelungen für unter 50-Jährige. Wenn Sie am Tag der Arbeitslosmeldung mindestens 50 Jahre alt sind oder in Kürze Ihren 50. Geburtstag feiern, sollten Sie Tipp 47 lesen.
Wer an dem Tag, an dem er den Antrag auf ALG I stellt, noch nicht 50 Jahre alt ist, bekommt diese Versicherungsleistung höchstens ein Jahr lang. Zwölf Monate gibt es diese Leistung allerdings nur für diejenigen, die in der maßgeblichen Rahmenfrist von fünf Jahren vor der Antragstellung mindestens 24 Monate lang versicherungspflichtig (siehe Tipp 41) waren. Bei kürzeren versicherungspflichtigen (Beitrags-)Zeiten zahlen die Agenturen das ALG I entsprechend kürzer (siehe Tabelle):

Dauer des Anspruchs auf ALG I für Arbeitslose unter 50 Jahren

Versicherungsmonate innerhalb der letzten fünf Jahre vor Antragstellung	Dauer des Anspruchs in Monaten
12	6
16	8
20	10
24 und mehr*	12

* davon müssen zwölf Monate innerhalb der letzten zwei Jahre nachgewiesen werden

Wer nur zwölf Monate versicherungspflichtig war, erhält für sechs Monate ALG I. Bei jeweils vier zusätzlichen Beitragsmonaten verlängert sich dann der Anspruch um jeweils zwei Monate. Bei 16 Beitragsmonaten ergibt sich damit ein Anspruch auf acht Monate, bei 20 Beitragsmonaten auf zehn Monate ALG I.
Dabei kommt es auf jeden Beitragstag an. Nach der Zählweise der Agenturen entsprechen 30 Kalendertage einem Beitragsmonat. Zwölf Monate im Sinne des Gesetzes sind damit 360 Kalendertage – und kein volles Jahr. Wer beispielsweise statt der ge-

forderten 16 Monate (480 Kalendertage) nur einen Tag weniger, also 479 Tage versicherungspflichtiger Beschäftigung, nachweisen kann, erhält nur für sechs (statt acht) Monate ALG I.

Versicherungszeiten der letzten fünf Jahre entscheiden

Bei der für die Dauer des Anspruchs auf ALG I entscheidenden Rahmenfrist hat der Gesetzgeber in den letzten Jahren für einige Verwirrung gesorgt: Bis Ende Januar 2006 galt für die Dauer des Anspruchs auf diese Leistung noch eine Rahmenfrist von sieben Jahren. Vom Februar bis Ende 2007 galt eine Dreijahresfrist. Seit Anfang 2008 gilt nun eine Fünfjahresfrist. Das heißt: Wenn die Arbeitsagenturen überprüfen, wie lange Erwerbslose ALG I beziehen können, werden die Anwartschaften der letzten fünf Jahre einbezogen.

Wichtig ist: Diese Fünfjahresfrist ist nur für die Dauer der Zahlung von Bedeutung, sie wird daher im Folgenden auch »Dauer-Rahmenfrist« genannt. Wenn die Arbeitsagenturen dagegen prüfen, ob die Betroffenen überhaupt einen Anspruch auf ALG I haben, legen sie die zweijährige Anspruchs-Rahmenfrist zugrunde. Nur wer innerhalb dieser zwei Jahre zwölf versicherungspflichtige Monate (siehe Tipp 41) nachweisen kann, erhält überhaupt ALG I. Das folgende Beispiel verdeutlicht, wie wichtig es ist, die verschiedenen Rahmenfristen auseinander zu halten:
Wilhelm Graffmann (39) meldet sich am 1. Februar 2011 arbeitslos. Er kann innerhalb der letzten fünf Jahre folgende Beschäftigungszeiten nachweisen:

- Februar 2006 bis 31. Dezember 2006 (elf Beitragsmonate) sowie
- 1. August 2009 bis 30. Juni 2010 (nochmals elf Beitragsmonate).

Er kommt damit in der »Dauer-Rahmenfrist« von fünf Jahren auf 22 Beitragsmonate, also auf fast zwei Jahre. Damit hätte er sich eigentlich einen Anspruch auf eine Dauer von zehn Monaten ALG I erarbeitet. Dennoch bekommt er gar kein Versicherungsgeld aus Nürnberg. Denn in der »Anspruchs-Rahmenfrist« von zwei Jahren vor seiner Arbeitslosmeldung kommt er nur auf eine Anwartschaftszeit von elf Monaten. Ihm fehlt also ein Beschäftigungsmonat, weil ein Anspruch auf ALG I erst bei einer Anwartschaftszeit von zwölf Monaten innerhalb der alles entscheidenden »Anspruchs-Rahmenfrist« entsteht (siehe Tipp 41).

Die »Dauer-Rahmenfrist« kann nach Reha-Zeiten verlängert werden

Die für die Dauer des Anspruchs auf ALG I entscheidende fünfjährige Rahmenfrist wird genauso wie die zweijährige Anspruchsrahmenfrist in einem einzigen Ausnahmefall verlängert – und zwar für diejenigen, die zuletzt während einer beruflichen Rehabilitation Übergangsgeld bezogen haben. Wenn dies für Sie zutrifft, sollten Sie zunächst in Tipp 44 nachlesen, wie lange die Anspruchsrahmenfrist in Ihrem Fall ist. Für die Dauer Ihres Anspruchs auf die Versicherungsleistung gilt dann immer eine um drei Jahre längere Rahmenfrist. Wenn zum Beispiel für den ehemaligen Bäcker Michael Münzer für den Anspruch auf ALG I eine vierjährige Rahmenfrist maßgebend ist (siehe Tipp 44), so gilt für die Dauer seines Anspruchs eine siebenjährige Rahmenfrist. Falls er innerhalb der letzten sieben Jahre mindestens 24 versicherungspflichtige Monate nachweisen kann, hat er Anspruch auf zwölf Monate ALG I.

47

Tipp 47

Für 50-Jährige und Ältere:

Bis zu 24 Monate Arbeitslosengeld I

Eventuell bis zum Geburtstag mit dem Antrag warten

Seit Anfang 2008 können Arbeitnehmer, die 50 oder älter sind, die Versicherungsleistung ALG I länger als ein Jahr erhalten – und zwar für maximal 24 Monate, sofern sie die notwendigen Vorversicherungszeiten erfüllen.
Wer mindestens 50 Jahre alt ist, kann bis zu 15 Monate ALG I erhalten. Für Arbeitslose zwischen 55 und (unter) 58 Jahren gibt es die Leistung für maximal 18 Monate (bei nachgewiesenen 36 Beschäftigungsmonaten). Wer 58 oder älter ist, bekommt bis zu 24 Monate ALG I.
Längst nicht allen älteren Arbeitslosen steht allerdings das längere ALG I zu. Denn neben dem Alter kommt es auch auf die Zeiten an, in denen Arbeitslosenversicherungsbeiträge gezahlt wurden. Ausschlaggebend sind hier im Normalfall (zur Ausnahme siehe Tipp 44) die letzten fünf Jahre vor der Antragstellung. Nur wer in dieser »Dauer-Rahmenfrist« von fünf Jahren mindestens 30 Monate versicherungspflichtig war, kann überhaupt mit einem längeren Bezug von ALG I rechnen. In diesem Fall gibt es diese Leistung für 15 Monate. Um 18 Monate lang ALG I beanspruchen zu können, müssen die Älteren (ab 55) innerhalb der letzten fünf Jahre vor Eintritt der Arbeitslosigkeit drei Jahre versicherungspflichtig beschäftigt gewesen sein. Wer 58 oder älter ist, bekommt bis zu 24 Monate ALG I. Dies gilt dann, wenn der Betroffene in den letzten fünf Jahren mindestens 48 Monate mit versicherungspflichtiger Tätigkeit nachweisen kann. Krankheitszeiten mit Krankengeldbezug werden dabei generell mitgezählt.
Für Arbeitslose ab 50, die die erforderlichen Vorversicherungszeiten für das längere ALG I nicht zusammenbekommen, gelten dieselben Regelungen zur Anspruchsdauer wie für Jüngere. Sie können die Leistung dann also – je nach ihren Vorversicherungszeiten – lediglich sechs bis zwölf Monate lang bekommen (siehe Tipp 44).

Die Verschiebung Ihres Antrags kann sich lohnen

Wenn die Dauer Ihres Anspruchs ausgerechnet wird, kommt es nicht auf Ihr Alter am Tag der Entlassung an. Es zählt vielmehr das Alter an dem Tag, an dem Sie den Antrag auf ALG I stellen (soweit an diesem Tag alle anderen Voraussetzungen für den Anspruch erfüllt sind; siehe Tipp 40). Dieses Datum wird in Ihrem Antrag vermerkt.
Wenn Sie kurz vor Ihrem 50., 55. oder 58. Geburtstag arbeitslos werden, sollten Sie genau kalkulieren. Falls Sie befürchten, dass Sie längere Zeit ohne Job bleiben werden, sollten Sie den Antrag auf ALG I bis zu Ihrem Geburtstag aufschieben. Nach § 118 Abs. 2 des Dritten Sozialgesetzbuchs können Sie, bis die Arbeitsagentur über Ihren Antrag auf ALG I entschieden hat, noch bestimmen, dass Ihr Anspruch erst ab einem späteren Termin wirksam werden soll – etwa an Ihrem 55. Geburtstag. Dann erhalten Sie zwar bis zum Tag der Antragstellung keine Unterstützung, dafür können Sie aber später unter Umständen drei oder sechs Monate länger ALG I erhalten. Vergessen Sie aber nicht, dass Sie dann in der Wartezeit unter Umständen nicht krankenversichert sind. Sie sollten sich in diesem Fall daher auch mit Ihrer Krankenkasse in Verbindung setzen (siehe Tipp 79).

Tipp 48

Für alle, die erneut arbeitslos werden:

Nicht aufgebrauchte Ansprüche auf ALG I verfallen nach vier Jahren

Sie haben eine neue Stelle gefunden, noch bevor Ihr Anspruch auf ALG I aufgebraucht war? Dann interessiert Sie vielleicht, was aus Ihrem nicht verbrauchten Restanspruch wird. Haben Sie noch Ansprüche, wenn Sie erneut arbeitslos werden sollten? Und wenn ja: Wie lange? Zwei Fälle sind hierbei zu unterscheiden:

Fall 1: Neuer Anspruch auf Arbeitslosengeld I

Jemand wird erneut arbeitslos. Seit seiner letzten Arbeitslosigkeit war er zwölf Monate versicherungspflichtig beschäftigt. Damit hat er einen neuen Anspruch auf ALG I erworben – und zwar für sechs Monate. Zudem wird die Höhe der Leistung neu berechnet (siehe Tipps 50 und 51). In diesen Fällen wird unter Umständen die Restanspruchsdauer aus der letzten Arbeitslosenzeit zu der neu erworbenen Anspruchsdauer addiert. Wann und wie dies geschieht, wird in Tipp 49 erläutert. Hier soll es zunächst nur um den zweiten Fall gehen.

Fall 2: Kein neuer Anspruch auf Arbeitslosengeld I

Jemand wird erneut arbeitslos. Seit seiner letzten Arbeitslosigkeit kann er jedoch keine zwölf neuen versicherungspflichtigen Monate vorweisen. Er hat damit keinen neuen Anspruch auf ALG I erworben.
Erwerbslose, für die dies zutrifft, können unter Umständen aber einen Wiederbewilligungsantrag auf ALG I stellen. Sie beantragen damit, dass ihnen die noch nicht verbrauchten Tage oder Monate ihres ALG-I-Anspruchs aus ihrer letzten Erwerbslosigkeit erneut bewilligt werden. Die Bemessungsgrundlage für ihr Arbeitslosengeld bleibt dabei unverändert. Das bedeutet: Die Betroffenen erhalten dann etwa den Betrag, den die Arbeitsagentur früher schon einmal gezahlt hat – und zwar so lange, bis der Anspruch ausgeschöpft ist. Arbeitslose können allerdings nur für eine gewisse Zeit ihren alten Anspruch wieder aufleben lassen. Es dürfen nämlich zwischen dem Tag des ursprünglichen (Erst-)Antrags auf ALG I und dem Tag des Wiederbewilligungsantrags noch keine vier Jahre vergangen sein. Innerhalb von vier Jahren nach der ersten Antragstellung können also diejenigen, die erneut erwerbslos werden, ihren übrig gebliebenen Restanspruch geltend machen. Danach sind Wiederbewilligungsanträge nicht mehr möglich. Dies bestimmt § 147 Abs. 2 SGB III.
Ein Beispiel: Der Ingenieur Joseph Weiß (47) wurde Anfang 2007 zum ersten Mal arbeitslos. Am 1. Februar 2007 stellte er seinen Antrag auf ALG I. Damals stand ihm die Versicherungsleistung aufgrund seiner vorherigen sozialversicherten Beschäftigung für zwölf Monate zu. Davon verbrauchte Joseph Weiß aber nur drei Monate. Die restlichen neun Monate nahm er nicht in Anspruch, weil er seine Chance als Selbstständiger suchte. Er gründete – mit seinen Ersparnissen und einem Bankkredit – eine kleine Computerfirma. Doch die Geschäfte liefen nicht so, wie es sich der Ingenieur

vorgestellt hatte. Im Dezember 2009 machte sein Betrieb Pleite. Sein Geld war weg und seine Hoffnung auf eine selbstständige Existenz verflogen.
Joseph Weiß musste sich erneut auf die Suche nach einer abhängigen Beschäftigung machen und meldete sich daher wieder arbeitslos. Einen neuen Anspruch auf ALG I hatte er in der Zwischenzeit nicht erworben, denn die Möglichkeit, sich als Selbstständiger freiwillig gegen Arbeitslosigkeit weiterzuversichern (siehe Tipp 70), hat der Ingenieur nicht genutzt. Der Ingenieur, der jetzt zum zweiten Mal arbeitslos geworden war, hatte aber noch neun Monate ALG I aus seiner ersten Arbeitslosenzeit gut. Deshalb stellte Joseph Weiß am 2. Januar 2011 einen Wiederbewilligungsantrag. Seit Januar 2011 bekommt er nun wieder ALG I – für maximal neun Monate.
Kein Geld hätte Joseph Weiß allerdings bekommen, wenn er erst im Februar 2011 oder noch später einen erneuten Antrag auf ALG I gestellt hätte. Dann wären seine alten Ansprüche auf diese Leistung nämlich verfallen, weil seit der letzten Antragstellung (am 1. Februar 2004) vier Jahre vergangen wären. Der Ingenieur hätte in diesem Fall ohne ALG I über die Runden kommen müssen. Bei Bedürftigkeit hätte er allenfalls Anspruch auf ALG II gehabt (siehe Tipps 105 und 106).

Arbeitslosengeld I wird auch über die Vierjahresgrenze hinaus gezahlt

Erwerbslose wie Joseph Weiß können ihren Anspruch auf ALG I wiederaufleben lassen, wenn sie diese Leistung erneut beantragen und zwischen dem Tag des ursprünglichen (Erst-)Antrags auf ALG I und dem Tag des Wiederbewilligungsantrags noch keine vier Jahre vergangen sind. Wichtig ist weiterhin: Wenn die Betroffenen erneut ALG I erhalten, können sie die Versicherungsleistung auch über den Fristablauf hinaus beziehen. Inzwischen hat die Bundesagentur für Arbeit auch anerkannt, dass das gleiche gilt, wenn jemand unmittelbar vor dem Fristablauf eine kurze Zwischenbeschäftigung aufnimmt. § 122 SGB III bestimmt nämlich, dass eine persönliche Arbeitslosmeldung auch bei einer maximal sechswöchigen Unterbrechung der Arbeitslosigkeit nicht erlischt. Das bedeutet: Wer kurz vor dem Ende der Vierjahresfrist einen kurzen Zwischenjob findet, kann nach dessen Ende noch den verbliebenen Restanspruch auf ALG I in Anspruch nehmen. Dieser »Wende« bei der BA lag ein Urteil des Sozialgerichts Speyer zugrunde (Az.: S 10 AL 220/07).

! Tipp 49

Für Mehrfach-Arbeitslose mit neuem Anspruch auf ALG I:

Alter und neuer Anspruch können addiert werden

»Soll ich diesen Job jetzt annehmen oder nicht?«, fragt sich die 32-jährige Kölner Sozialarbeiterin Silvie Schweitzer. Drei Monate ist sie mittlerweile arbeitslos und ihr steht noch für drei Monate ALG I zu. Jetzt hat sie über Bekannte von einer Stelle in einem Jugendzentrum erfahren. Der Haken an der Sache: Diese Stelle wird zwar besser bezahlt als ihre letzte, aber sie ist auf nur ein Jahr befristet. Die Sozialarbeiterin ist skeptisch: »Und was ist, wenn ich danach wieder ohne Job dastehe?«

Sicherlich gibt es gute Gründe, die gegen die Annahme einer befristeten Stelle sprechen können. Doch wenn man nach einer befristeten Tätigkeit wieder arbeitslos werden sollte, steht man beim ALG I häufig besser da als vorher.

Längerer Anspruch auf Arbeitslosengeld I

Dies betrifft zunächst einmal die Dauer des Anspruchs auf ALG I. Durch eine mindestens einjährige befristete Beschäftigung erarbeitet man sich einen neuen Anspruch auf die Versicherungsleistung aus Nürnberg. Wenn einem dann noch ein Restanspruch aus einer früheren Arbeitslosigkeit zusteht, können die alten und neuen Ansprüche zusammengezogen werden.

Für Silvie Schweitzer bedeutet dies: Derzeit hat sie noch einen Anspruch auf drei Monate ALG I. Falls sie den auf ein Jahr befristeten Job annimmt und hinterher ohne Job dasteht, hat sie immerhin zusätzlich einen neuen Anspruch auf sechs Monate ALG I erworben (siehe Tipp 41). Zusammen mit ihrem Restanspruch von drei Monaten kann sie diese Leistung dann insgesamt neun Monate lang beziehen.

Der Restanspruch auf ALG I wird allerdings nur dann berücksichtigt, wenn seit dem früheren (ersten) Antrag auf ALG I nicht zu viel Zeit verstrichen ist. Hier gilt eine Vierjahresfrist. Das bedeutet: Wenn seit dem Antrag, der zu dem ersten Anspruch auf ALG I führte, vier Jahre oder mehr verstrichen sind, können der alte und der neue Anspruch nicht mehr addiert werden. Der Restanspruch ist dann endgültig verfallen. Ist der frühere Anspruch dagegen – wie bei Silvie Schweitzer – weniger als vier Jahre alt, so wird er dem neuen Anspruch zugeschlagen.

Auch bei Addition gelten Obergrenzen bei der Bezugsdauer

Wenn die alte Restanspruchsdauer auf ALG I und der neue Anspruch addiert werden, gelten auch die (je nach Alter der Betroffenen unterschiedlichen) Obergrenzen für die Dauer des Anspruchs auf ALG (siehe Tipps 46 und 47). Wer bei der erneuten Antragstellung jünger als 50 Jahre ist, kann diese Leistung allenfalls ein Jahr lang beziehen. Für Arbeitslose ab 50 gelten längere Höchstbezugsdauern. Wer 58 ist, kann beispielsweise bis zu 24 Monate ALG I erhalten. Diese Obergrenzen gelten auch dann, wenn sich durch die Addition mehrerer Anspruchszeiten – rechnerisch – eine längere Bezugsdauer ergeben würde.

Bestandsgarantie für Ihr ALG I

Mehrfach-Arbeitslose sollten wissen: Auch hinsichtlich der Höhe der Leistung können Sie sich durch einen Zwischenjob nicht verschlechtern. Denn selbst wenn Ihre Zwischenbeschäftigung schlechter dotiert ist als Ihr früherer Job, bleibt es mindestens bei der früheren Höhe des ALG I. Dafür sorgt die im Dritten Sozialgesetzbuch vorgesehene »Besitzstandsgarantie«. Danach steht Ihnen bei erneuter Arbeitslosigkeit häufig mindestens das bei der ersten Arbeitslosigkeit gezahlte ALG I zu (siehe Tipp 55). Ist Ihre Zwischenbeschäftigung demgegenüber besser dotiert als Ihr letzter Job, verbessern Sie sich sogar. In diesem Fall wird Ihr ALG I auf Grundlage des Einkommens im neuen Job berechnet.

Kapitel E
Arbeitslosengeld I – Wie viel zahlt die Arbeitsagentur?

NEU!

- Für Arbeitslose, die aufgrund einer ausnahmsweise auf sechs Monate verkürzten Anwartschaft ALG I erhalten (→ Tipp 43), bestimmt ggf. das Entgelt von 90 Kalendertagen (statt 150 Tagen) die ALG-I-Höhe (→ Tipp 51).
- Durch Arbeitszeitverkürzungen aufgrund einer Vereinbarung zur Beschäftigungssicherung wird der Anspruch auf ALG I nicht gemindert. Diese Regelung wurde bis Ende März 2012 verlängert (→ Tipp 50).
- Ein Wechsel in die 2010 neu eingeführte Lohnsteuerklasse »IV Faktor« wird von den Arbeitsagenturen anerkannt. Dies gilt auch dann, wenn die Betroffenen kurz vor Eintritt der Arbeitslosigkeit oder in der Zeit, in der sie bereits ALG I beziehen, in Klasse-IV-Faktor wechseln (→ Tipp 61).
- Durch die Lohnsteuerklasse »IV Faktor« werden nun erstmals individuelle Steuerfreibeträge bei der Berechnung des ALG I berücksichtigt. Dies gilt allerdings – was möglicherweise verfassungswidrig ist – nur für verheiratete Arbeitslose (→ Tipp 62).

Checkliste: In diesen Fällen haben Sie Anspruch auf eine günstigere Berechnung Ihres ALG I

Falls Sie eine der folgenden Fragen mit »Ja« beantworten, treffen für Sie wahrscheinlich vorteilhafte Ausnahmeregelungen für die Berechnung des ALG I zu. Von den Arbeitsagenturen wird dies häufig übersehen. Prüfen Sie daher:

- Haben Sie in den letzten dreieinhalb Jahren Ihre Arbeitszeit verkürzt?
(→ Tipp 57)
- Haben Sie in den letzten dreieinhalb Jahren Ihren Arbeitsplatz gewechselt und Ihre Arbeitszeit verkürzt?
(→ Tipp 57)
- Haben Sie in den letzten 24 Monaten schon einmal ALG I bezogen?
(→ Tipp 55)
- Haben Sie in den letzten zwölf Monaten weniger verdient als im Jahr davor?
(→ Tipp 56)
- Erwarten Sie von Ihrem letzten Arbeitgeber noch Nachzahlungen, etwa weil rückwirkend Tariferhöhungen wirksam wurden?
(→ Tipp 54)

Auch Ihre persönliche Lebenssituation oder Veränderungen Ihrer familiären Situation haben Einfluss auf die Höhe des ALG I. Wichtig sind vor allem folgende Punkte:

- Haben Sie oder Ihr Lebenspartner (nach dem Lebenspartnerschaftsgesetz) Anspruch auf Kindergeld?
  (→ Tipp 58)
- Haben Sie während der Zeit des Bezugs von ALG I geheiratet?
  (→ Tipp 58, S. 153)
- Hat Ihr neuer Ehepartner Kinder?
  (→ Tipp 58)
- Haben Sie sich scheiden lassen oder ist Ihr Ehepartner verstorben?
  (→ Tipp 58, S. 153)
- Sind Sie alleinstehend und haben ein Kind?
  (→ Tipp 82, S. 213)
- Sind Sie verheiratet und haben Sie Anspruch auf individuelle Steuerfreibeträge?
  (→ Tipp 62)
- Sind Sie verheiratet und haben Sie bislang Steuerklasse V?
  (→ Tipp 59 bis 62)

!

Tipp 50

Die Höhe des ALG I:

Etwa 60 oder 67 Prozent vom früheren Verdienst

Pauschale Abzüge für Steuer und Sozialversicherung

Das ALG I beträgt

- für Arbeitslose mit mindestens einem Kind, das steuerlich zu berücksichtigen ist, sowie für Erwerbslose, deren Ehegatte oder Lebenspartner nach dem Lebenspartnerschaftsgesetz mindestens ein steuerlich zu berücksichtigendes Kind hat (siehe auch Tipp 58), 67 Prozent,
- für alle anderen Arbeitslosen 60 Prozent des »pauschalierten Nettoentgelts (Leistungsentgelt), das sich aus dem Bruttoentgelt ergibt, das der Arbeitslose im Bemessungszeitraum erzielt hat«.

So steht es in § 129 des Dritten Sozialgesetzbuchs. Das »Nettoentgelt«, das bei der Berechnung des ALG I zugrunde gelegt wird, ist nicht identisch mit dem zuletzt verdienten Nettolohn oder -gehalt. Zunächst einmal werden bei der Umrechnung des Brutto- in das Nettoentgelt nicht genau die Abzüge berücksichtigt, die für den einzelnen Arbeitslosen tatsächlich maßgebend sind, sondern »pauschalierte Abzüge« (§ 133 SGB III). Dies ist zum einen die »Sozialversicherungspauschale«. Diese wird nicht jährlich neu berechnet, sondern ist in § 133 SGB III zunächst auf den Satz von 21 Prozent festgeschrieben. Darüber hinaus wird die Lohnsteuer berücksichtigt, wie sie sich aus der amtlichen Lohnsteuertabelle ergibt. Für die Betroffenen bedeutet das vor allem: Besondere Freibeträge – etwa bei Behinderung – werden bei der »Brutto-Netto-Umrechnung« nicht berücksichtigt.

50

Die Regel: Das beitragspflichtige Arbeitseinkommen zählt

Beim Bruttoentgelt berücksichtigen die Arbeitsagenturen (fast) alle Bestandteile des früheren Arbeitseinkommens, für die Beiträge an die Arbeitslosenversicherung abgeführt werden mussten. Dazu gehören auch vermögenswirksame Leistungen, Zuschläge für Mehrarbeit, Provisionen und Sachleistungen wie freie Kost und Logis. Was zum beitragspflichtigen Arbeitseinkommen gehört, ist im Einzelnen in den §§ 14 und 17 SGB IV festgelegt. So genannte »Einmalzahlungen« (vor allem: Weihnachts- und Urlaubsgeld) gehen nach einem Urteil des Bundesverfassungsgerichts vom 24. Mai 2000 (Az.: 1 BvL 1/98) ebenfalls in die Berechnung des ALG I ein.

Bemessungszeitraum: In der Regel die letzten zwölf Arbeitsmonate

Entscheidend für die exakte Höhe des ALG I ist der Verdienst im so genannten Bemessungszeitraum: in der Zeitspanne also, die für die Bemessung der Leistung herangezogen wird. Diese Spanne wurde in der Vergangenheit mehrfach verlängert. Dadurch soll verhindert werden, dass jemand durch ein höheres Arbeitseinkommen in den letzten Monaten vor Beginn der Arbeitslosigkeit seine Unterstützungsansprüche aufbessert. Seit 1998 wird sogar der Verdienst im kompletten letzten Arbeitsjahr berücksichtigt. Wie das Bemessungsentgelt genau ermittelt wird, steht in den Tipps 50 und 51.

Nur bis zur Beitragsbemessungsgrenze

Für diejenigen, die vor Beginn ihrer Arbeitslosigkeit gut verdient haben, ist wichtig: Die Arbeitsagentur berücksichtigt das frühere Einkommen nur bis zu einer bestimmten Obergrenze (bis zur so genannten Beitragsbemessungsgrenze). In Ostdeutschland wird bei der Berechnung des ALG I im Jahr 2011 maximal ein monatliches Bruttogehalt von 4800 € zugrunde gelegt; in Westdeutschland gilt die Grenze von 5500 €.

Nachträgliche Korrekturen des Einkommens können berücksichtigt werden

Die Arbeitsagenturen stützen sich bei der Berechnung des ALG I auf die Angaben in den Arbeitsbescheinigungen der Arbeitgeber (siehe Tipp 22). Falls sich hinterher herausstellt, dass diese Angaben fehlerhaft waren oder wenn Nachzahlungen fällig werden, sind auch während des Leistungsbezugs noch nachträgliche Korrekturen möglich (siehe Tipp 54). Berücksichtigt werden nur die beim Ausscheiden aus dem Arbeitsverhältnis bereits abgerechneten Lohn- oder Gehaltszeiträume.

Wer die Arbeitszeit künftig senken möchte, bekommt geringere Unterstützung

In der Regel berücksichtigen die Agenturen das volle Einkommen, das die Betroffenen vor ihrer Arbeitslosigkeit erzielt haben. Doch auch von dieser Regelung gibt es Ausnahmen. Wer etwa in Zukunft – anders als bisher – nur Teilzeitarbeit will (bzw. aus gesundheitlichen oder sonstigen Gründen nur noch Teilzeit arbeiten kann), bekommt für das ALG I nur noch Teile seines vorherigen Einkommens angerechnet. Bei einer gewünschten Verkürzung der Arbeitszeit um ein Drittel werden beispielsweise nur zwei Drittel des vorherigen Einkommens berücksichtigt (siehe Tipp 93).

Besitzstandswahrung bei erneuter Arbeitslosigkeit, nach Teilzeitarbeit, Kindererziehungs- und Pflegezeiten

Einige Regelungen können dazu beitragen, Benachteiligungen bei der Bemessung des ALG I zu vermeiden. Besonders wichtig ist die Sicherung der einmal erzielten Höhe der Leistung, wenn Arbeitslose eine schlechter bezahlte Arbeitsstelle annehmen und danach nochmals arbeitslos werden. Wer innerhalb einer Zweijahresfrist nach seinem letzten Leistungsbezug erneut arbeitslos wird, darf auch nach einer schlechter bezahlten Zwischenbeschäftigung nicht schlechter gestellt werden als während der vorausgegangenen Arbeitslosenzeit (siehe Tipp 55).
Wer wegen der Betreuung von Kleinkindern nur reduziert erwerbstätig war und Elterngeld bezog, kann ebenfalls auf früher erarbeitete Ansprüche pochen. Bei der Berechnung des ALG I wird dann auf das Arbeitseinkommen vor dem Elterngeldbezug zurückgegriffen oder die Höhe der Leistung wird fiktiv berechnet (siehe Tipp 52). Dies gilt auch dann, wenn die Betroffenen wegen der Berücksichtigung von Einkommen kein Elterngeld erhalten haben. Genauso wird verfahren, wenn Arbeitslose innerhalb des Bemessungszeitraums eine Pflegezeit genommen haben und wegen der Pflege von Angehörigen ihre Arbeitszeit reduziert haben.
Auch für diejenigen, die aus anderen Gründen ihre Arbeitszeit reduziert hatten, bevor sie arbeitslos wurden, gibt es eine Art Besitzstandswahrung. Vielfach können sie trotz ihrer Teilzeitbeschäftigung darauf pochen, dass ihr ALG I nach der vorherigen Vollzeitbeschäftigung bemessen wird (siehe Tipp 57).

Vereinbarungen zur Beschäftigungssicherung, die eine Arbeitszeitverkürzung festlegen, schaden beim ALG I nicht

Mitunter verzichten Belegschaften auf Teile des ihnen zustehenden Lohns, um so »ihre« Firma vor der Pleite zu retten. Falls die Firma dann doch Insolvenz anmelden muss und die Betroffenen arbeitslos werden, schadet dieser Lohnverzicht den Betroffenen u. U. beim ALG I. Sie werden für ihren Lohnverzicht also noch zudem mit einer Kürzung des ALG I bestraft. Das muss nicht sein. Der 2009 neu eingeführte § 421 t SGB III regelt in Absatz 7 nämlich: Kommt der Lohnverzicht durch eine Senkung der durchschnittlichen regelmäßigen wöchentlichen Arbeitszeit aufgrund einer Beschäftigungssicherungsvereinbarung zustande, die ab dem 1. Januar 2008 geschlossen oder wirksam geworden ist, so gilt eine Sonderregelung: Bei der Berechnung des ALG I ist dann als Arbeitsentgelt das Arbeitsentgelt zu Grunde zu legen, »das der Arbeitslose ohne diese Vereinbarung und ohne Mehrarbeit erzielt hätte«. Die Regelung ist bis Ende März 2012 befristet. (Informationen zu den Folgen eines Lohnverzichts fürs Insolvenzgeld finden Sie in den Tipps 6 und 7.)

Härtefallregelung bei niedrigerem Einkommen in den letzten zwölf Monaten

Wer arbeitslos wird, sollte in jedem Fall die Einkommen aus den letzten beiden Jahren vor seiner Entlassung miteinander vergleichen. Für den Fall, dass der Verdienst in den letzten zwölf Monaten – gemessen an dem zuvor erzielten Einkommen – relativ niedrig war, können Erwerbslose verlangen, dass bei der Berechnung des ALG I der 24-Monats-Zeitraum berücksichtigt wird. Die Leistung fällt dadurch etwas höher aus (siehe Tipp 56).

51

Tipp 51
Wie das Bemessungsentgelt berechnet wird

Für das ALG I zählen 150 Tage mit Arbeitsentgelt

Wie hoch Ihr Anspruch auf ALG I ausfällt, hängt normalerweise davon ab, wie viel Sie in den letzten zwölf Beschäftigungsmonaten verdient haben, manchmal wird auch auf die letzten 24 Monate zurückgegriffen. Wichtig ist in jedem Fall: Es müssen mindestens 150 Tage mit Anspruch auf Arbeitsentgelt zusammenkommen. Eine Sonderregelung gilt für diejenigen, für die die Ausnahmeregelung der auf sechs Monate verkürzten Anwartschaft aufs ALG I zutrifft (siehe Tipp 43). Wie bei dieser Personengruppe bei der ALG-I-Berechnung verfahren wird, steht im Kasten am Ende dieses Tipps. Hier geht es zunächst um das Verfahren im Standardfall. Dieses funktioniert folgendermaßen:

Schritt 1: Ein-Jahres-Check

Entscheidend für die exakte Höhe des ALG I ist zunächst der komplette Verdienst in den kompletten letzten zwölf Arbeitsmonaten. Zwei Fälle sind zu unterscheiden:

Fall 1: Sie haben innerhalb des letzten Jahres fünf Monate lang an insgesamt 152 (Kalender-)Tagen sozialversicherungspflichtiges Arbeitsentgelt bezogen. In diesem Fall ist Ihr Verdienst in diesen 152 Tagen für die Höhe Ihres Anspruchs auf ALG I ausschlaggebend, denn die »150-Tage-Grenze« ist überschritten.
Und so rechnet die Arbeitsagentur: Ihr beitragspflichtiges Entgelt betrug 15 200 €. Dieses wird auf die Zahl der Kalendertage umgelegt, an denen Sie beschäftigt waren. Damit kommen Sie auf ein durchschnittliches kalendertägliches Arbeitsentgelt in Höhe von 100 €. Dies ist die Bemessungsgrundlage für das ALG I, das Ihnen pro Kalendertag zusteht. Die monatliche Bemessungsgrundlage ergibt sich, indem man den Tagessatz mit 365 multipliziert und durch zwölf (Monate) dividiert. In diesem Fall sind es 3000 €. Die Höhe des ALG I, das Ihnen auf dieser Berechnungsgrundlage zusteht, können Sie mit Hilfe der Tabellen der Arbeitsagentur oder auf den Internetseiten der Bundesagentur für Arbeit selbst ermitteln. Wenn Sie kinderlos sind und Steuerklasse I haben, weist der Arbeitslosengeldrechner der Bundesagentur für Arbeit bei einem Bemessungsentgelt von 3041,67 € für das Jahr 2011 ein monatliches ALG I in Höhe von 1116,30 € aus (siehe auch Tipp 53).

Den Arbeitslosengeldrechner der Bundesagentur für Arbeit finden Sie im Internet unter http://www.pub.arbeitsagentur.de/selbst.php

Fall 2: Sie beantragen zum 1. Februar 2011 ALG I, kommen aber zwischen dem 1. Februar 2010 und dem 31. Januar 2011 nur auf 148 Tage mit Anspruch auf Arbeitsentgelt und einem Entgelt von 14 800 €. In diesem Fall ist die »150-Tages-Grenze« innerhalb der letzten zwölf Monate nicht erreicht. Deshalb wird der Bemessungszeitraum auf zwei Jahre ausgedehnt.

Bei gesunkenem Einkommen: Zwei Jahre zählen

Haben Sie in den letzten zwölf Monaten deutlich weniger verdient als zuvor, können Sie beantragen, dass auch der 12-Monats-Zeitraum vor Ihrem letzten Beschäftigungsjahr bei der Bemessung des ALG I einbezogen wird. Wie das geht, steht in Tipp 56.

Schritt 2: Zwei-Jahres-Check

In diesem Fall wird das komplette sozialversicherungspflichtige Bruttoarbeitsentgelt des zweiten 12-Monats-Zeitraums vor dem Antrag auf ALG I einbezogen.
Und so sieht dann die Fortsetzung Fall 2 aus: Sie waren im vorletzten Jahr vor dem Ende Ihres letzten Beschäftigungsverhältnisses – also zwischen Anfang Februar 2009 und Ende Januar 2010 – bis auf einen einzigen Tag durchgängig sozialversicherungspflichtig beschäftigt und haben in den 364 Kalendertagen ein Arbeitsentgelt in Höhe von 18 200 € erzielt. In den letzten zwei Jahren vor dem Antrag auf ALG I haben Sie damit die »150-Tage-Grenze« locker überschritten. Das maßgebliche kalendertägliche Bemessungsentgelt wird nach der Formel »Gesamtverdienst geteilt durch Kalendertage mit Anspruch auf Arbeitsentgelt« berechnet. Sie kommen in den letzten zwei Jahren insgesamt auf ein sozialversicherungspflichtiges Entgelt in Höhe von 33 000 €. Dem stehen (148 plus 364 =) 512 Kalendertage mit Anspruch auf Arbeitsentgelt gegenüber. Das kalendertägliche Bemessungsentgelt beträgt damit 64,45 €, das monatliche Bemessungsentgelt (365 / 12 x 64,45 =) 1960,35 € (siehe Tipp 53). Der Monatssatz Ihres ALG I beträgt in diesem Fall 783,60 €.

Schritt 3: Fiktive Bemessung

Und schließlich kommt es noch vor, dass jemand in den letzten beiden Jahren – rückgerechnet ab dem letzten Beschäftigungstag – nicht auf 150 Kalendertage mit Anspruch auf Arbeitsentgelt kommt und dennoch ALG I beanspruchen kann. In diesen Fällen wird diese Leistung »fiktiv« bemessen. Wie das funktioniert, erfahren Sie im folgenden Tipp 52 .

Bei kurzer Anwartschaft: Entgelt von 90 Kalendertagen bestimmt ALG-I-Höhe

In Ausnahmefällen reichen sechs (statt normalerweise: zwölf) Versicherungsmonate, um einen Anspruch auf ALG I zu erwerben (siehe Tipp 43). Für Erwerbslose, die aufgrund dieser Sonderregel Anspruch auf ALG I haben, gelten bei der Berechnung der Höhe der Versicherungsleistung im Prinzip die gleichen Regeln wie für alle anderen Arbeitslosen, mit einer Ausnahme: Die 150-Tage-Regel wird durch eine 90-Tage-Regel ersetzt. Das bedeutet: Kommen in den letzten zwölf Monaten 90 oder mehr Tage mit Anspruch auf Arbeitsentgelt zusammen, so wird das ALG I auf Basis der versicherungspflichtigen Einkünfte dieser zwölf Monate berechnet, andernfalls wird auf die letzten 24 Monate zurückgegriffen. Kommen auch in diesem Zeitraum keine 90 Tage mit Arbeitsentgelt zusammen, so wird das ALG I fiktiv bemessen (siehe Tipp 52).

52

Tipp 52

Bei zu kurzen Beschäftigungszeiten:
Arbeitslosengeld I wird fiktiv bemessen

Wie hoch das ALG I ausfällt, hängt normalerweise von der Höhe des beitragspflichtigen Verdienstes vor Beginn der Arbeitslosigkeit ab. Das erzielte Einkommen ist aber nur dann Grundlage für die Berechnung, wenn in den letzten beiden Jahren vor dem Antrag auf ALG I mindestens 150 Kalendertage mit Anspruch auf Arbeitsentgelt zusammenkommen (siehe Tipp 51). Andernfalls wird die Leistung – wenn darauf überhaupt ein Anspruch besteht (siehe Tipps 40 bis 45) – fiktiv bemessen.
Die fiktive Bemessung spielt beispielsweise eine Rolle, wenn die Betroffenen aufgrund von Kindererziehungszeiten (siehe Tipp 86) oder nach dem Bezug von Erwerbsminderungsrente (siehe Tipp 45) ALG I beziehen. Eine wichtige Rolle spielt dieses Berechnungsverfahren aber auch für diejenigen, die zuletzt freiwillig arbeitslosenversichert waren. Das ist seit dem 1. Februar 2006 für Pflegepersonen, Selbstständige oder Arbeitnehmer mit Auslandsjob möglich (siehe Kapitel G).
Wie das ALG I nach freiwilliger Versicherung in der Regel bemessen wird, zeigt folgendes Beispiel: Peter S., ein 55-jähriger Tischlermeister, ist seit 1970 selbstständig tätig. Seit dem 1. Februar 2006 zahlt er Beiträge in die freiwillige Arbeitslosenversicherung. Seit dem Februar 2007 kann er zwölf Versicherungsmonate nachweisen und kann damit – falls sich seine Auftragslage so verschlechtert, dass er nur noch weniger als 15 Stunden wöchentlich zu tun hat – ALG I bekommen, und diese Leistung, da er inzwischen über drei Jahre lang Beiträge gezahlt hat, 18 Monate lang erhalten.
Da er in den letzten Jahren keine versicherungspflichtige Beschäftigung nachweisen kann, würde die Höhe seines Geldes aus Nürnberg »fiktiv« bemessen – danach, was er verdienen könnte, wenn die Arbeitsagentur ihn in eine abhängige Beschäftigung vermitteln würde. Die Ämter unterscheiden dabei zwischen folgenden vier Qualifikations- und Entgeltstufen (siehe Tabelle):

- Hoch- und Fachhochschulausbildung,
- Fachschul- oder vergleichbare Ausbildung,
- abgeschlossene Ausbildung in einem Ausbildungsberuf,
- ohne Ausbildung.

Die genaue Berechnung funktioniert folgendermaßen: Bei niedrig qualifizierten Arbeitslosen wird nach § 132 SGB III ein tägliches Arbeitsentgelt »in Höhe von einem Sechshundertstel der Bezugsgröße« zugrunde gelegt. Die Bezugsgröße wird jährlich neu berechnet und liegt 2011 im alten Bundesgebiet bei 30 660 €, in den neuen Ländern bei 26 880 €. Ein Sechshundertstel davon sind 51,10 bzw. 44,80 € pro Tag.
Bei Arbeitslosen mit Hochschulausbildung wird genau doppelt so viel zugrunde gelegt. Bei Arbeitslosen, die – wie Peter S. – eine Fachschul- oder Meisterausbildung haben, wird das ALG I auf Grundlage eines täglichen Arbeitsentgelts von einem Dreihundertsechzigstel der Bezugsgröße berechnet. Das sind in den alten Bundesländern kalendertäglich 85,17 € bzw. monatlich 2590,59 €. Auf dieser Grundlage wird das ALG berechnet. Der Schreinermeister Peter S. (Steuerklasse III, ohne Kind, alte Bundesländer) würde bei diesem Bemessungsentgelt auf Basis der maßgeblichen Sätze für das ALG I im Jahr 2011 monatlich 1124,40 € aus Nürnberg erhalten, s. Tabelle S. 186.

Bemessungsgrundlage für das ALG I bei fiktiver Einstufung

	Für das kalendertägliche Bemessungsentgelt maßgebender Bruchteil der Bezugsgröße	Monatliches Bemessungsentgelt* (in Euro)	
		West	Ost
Ohne Berufsausbildung	1/600	1554,29	1362,67
Ausbildungsberuf	1/450	2072,39	1816,89
Meister/Fachschulausbildung	1/360	2590,49	2271,11
Uni/Fachhochschule	1/300	3108,58	2725,33

* Das monatliche Bemessungsentgelt ergibt sich nach der Formel »tägliches Bemessungsentgelt x 365 (Tage) / 12 (Monate)«. Die entsprechende Höhe des ALG I ist der Tabelle auf S. 186 zu entnehmen.

Maßgebliche Qualifikationsstufe

Nach dem Gesetz sind Arbeitslose, deren Leistungen »fiktiv« berechnet werden, bei Arbeitslosigkeit »der beruflichen Qualifikationsgruppe zuzuordnen, die der beruflichen Qualifikation entspricht, die für die Beschäftigung erforderlich ist, auf die die Bundesagentur für Arbeit die Vermittlungsbemühungen für den Arbeitslosen in erster Linie zu erstrecken hat«. So heißt es in § 132 Abs. 2 SGB III.
In den Durchführungsanweisungen wird dazu ausgeführt, dass die nach den Umständen des Einzelfalls »realistisch maßgebende Beschäftigung« für die Ermittlung der notwendigen beruflichen Qualifikation ausschlaggebend ist. Praktisch bedeutet das: Ein Hochschulabsolvent, der jahrelang als Taxifahrer tätig war, wird trotz seiner Uni-Ausbildung nicht in eine höhere Qualifikationsstufe eingeordnet. Umgekehrt kann ein durch zahlreiche erfolgreiche Projekte ausgewiesener Programmierer – selbst wenn er keine entsprechende Berufsausbildung hat – darauf pochen, nicht als Ungelernter eingestuft zu werden.

Fiktive Bemessung nach Ost- oder West-Werten?

Die Bezugsgröße West ist noch immer mehr als ein Zehntel höher als die Bezugsgröße Ost (siehe Tabelle). Daher ist es für Betroffene wichtig, welche Größe bei der Berechnung des ALG I zugrunde zu legen ist.
Die Bundesagentur für Arbeit (BA) geht hierbei nicht vom reinen Wohnortprinzip aus. Vielmehr sei – so die BA – entscheidend, ob der »Tagespendelbereich«, auf den sich die Vermittlungsbemühungen der »fiktiv« eingestuften Versicherten bei Arbeitslosigkeit erstrecken, nur in den neuen Bundesländern liegt oder zumindest teilweise auch in die alten Bundesländer hineinreicht. Ist Letzteres der Fall, so wird »nach dem Günstigkeitsprinzip« die höhere Bezugsgröße »West« zugrunde gelegt.
Der zumutbare Tagespendelbereich umfasst nach § 121 Abs. 4 SGB III Pendelzeiten von bis zu zweieinhalb Stunden bei einer Arbeitszeit von mehr als sechs Stunden täglich. Bei kürzeren Arbeitszeiten werden Pendelzeiten von bis zu zwei Stunden berücksichtigt. Praktisch bedeutet dies: Wer zwar in den neuen Bundesländern, aber

im Umfeld Berlins (das für die Ämter zu Westdeutschland zählt) oder in der Nähe von Bayern, Hessen, Niedersachsen oder Schleswig Holstein wohnt, kann darauf bestehen, dass bei der fiktiven Bemessung die höheren West-Werte zugrunde gelegt werden. Bei einer anderen Einstufung lohnt es sich, Widerspruch und ggf. Klage einzulegen (siehe Tipp 110).

BSG: Höheres Arbeitslosengeld nach außerbetrieblicher Berufsausbildung

52

Jugendliche, die eine außerbetriebliche Berufsausbildung absolvieren, gehören oft zu Benachteiligten – etwa weil sie behindert sind oder nur einen schlechten Schulabschluss haben. Die Benachteiligung setzt sich vielfach nach der Ausbildung fort. Denn sie haben dann in der Regel schlechtere Chancen, einen (ersten) Job zu finden. Wenn es dann um die Höhe des Arbeitslosengeldes (ALG) I geht, sind diese Jugendlichen allerdings ausnahmsweise mal im Vorteil: Bei »normalen« Azubis richtet sich das ALG I nach ihrem niedrigen Ausbildungsentgelt. Bei außerbetrieblichen Azubis dagegen nach einem weit höheren Entgelt, das sie theoretisch in einem Job in ihrem erlernten Ausbildungsberuf erzielen könnten. Das befand das Bundessozialgericht in einem Urteil vom 3. Dezember 2009 für korrekt (Az.: B 11 AL 42/08 R).

Konkret ging es um eine behinderte Klägerin, die von 2001 bis 2005 im Rahmen einer Rehabilitationsmaßnahme eine Ausbildung zur Orthopädiemechanikerin und Bandagistin in einem Berufsbildungswerk absolviert hatte. Eine sozialversicherungspflichtige Ausbildungsvergütung hatte sie nicht erhalten, sondern nur ein schmales Ausbildungsgeld in Höhe von 93 € monatlich. Doch auch ohne reguläre Ausbildungsvergütung war ihre Ausbildung nach § 25 Abs. 1 SGB III versicherungspflichtig. Das bedeutet: Als sie nach Ausbildungsabschluss arbeitslos wurde, hatte sie Anspruch auf Arbeitslosengeld I. Die Bundesagentur für Arbeit berechnete ihre Versicherungsleistung aber nur auf Grundlage einer Ausbildungsvergütung von 17,07 € pro Tag. Soviel hätten angehende Orthopädiemechaniker-Azubis nach dem damals geltenden Tarifvertrag erhalten.

Die Ausbildungsabsolventin verlangte dagegen, entsprechend ihrer erworbenen Qualifikation fiktiv eingestuft zu werden. Genau das sieht § 132 Abs. 2 SGB III vor. Für Arbeitslose mit einer abgeschlossenen Berufsausbildung, die keine fünf Monate versicherungspflichtiges Entgelt in den letzten beiden Jahren nachweisen können, wird das ALG I danach auf Grundlage von »einem Vierhundertfünfzigstel der Bezugsgröße« errechnet. Aufgrund dieser Rechenanweisung ergab sich – nach den damaligen Werten eine Bemessungsgrundlage in Höhe von 64,40 € pro Kalendertag – also fast viermal so viel wie die Arbeitsagentur bei der ALG-I-Berechnung zugrunde legen wollte.

Das BSG gab der Klägerin recht. Es sah in der Ungleichbehandlung von »normalen« Azubis und solchen in außerbetrieblichen Maßnahmen auch keinen Verstoß gegen den allgemeinen Gleichheitssatz. Denn der Gesetzgeber habe aus Vereinfachungsgründen die fiktive Bemessung für alle Versicherungspflichtverhältnisse vorgesehen, denen kein Arbeitsentgelt zugeordnet werden könne. Dies sei legitim.

! Tipp 53
So können Sie Ihr Arbeitslosengeld I ermitteln

Die Gesetzesänderungen der letzten Jahre sollten das Arbeitsförderungsrecht angeblich einfacher machen. In einem Punkt ist das dem Gesetzgeber tatsächlich gelungen: bei den Regeln zur Errechnung der Höhe des ALG I.
Um zu ermitteln, wie hoch Ihre Leistung ausfällt, müssen Sie in zwei Schritten vorgehen.

Schritt I: Höhe des Bemessungsentgelts

Im Standardfall können Sie sich an Ihren Gehalts- oder Lohnabrechnungen orientieren. Dort wird meist unterschieden zwischen »Sozialversicherungs-Brutto« und »steuerpflichtigem Brutto«. In die Berechnung der Leistungen der Arbeitsagentur wird das komplette »Sozialversicherungs-Brutto« einbezogen. Wenn sich bei Ihnen für die letzten zwölf Monate Ihres Arbeitsverhältnisses ein Sozialversicherungs-Brutto von insgesamt 18 250 € ergibt, können Sie – falls Sie durchgängig beschäftigt waren – diesen Betrag einfach durch 12 teilen (durch die Zahl der jährlichen Kalendermonate also). Das monatliche Arbeitsentgelt, das für die Berechnung des ALG I ausschlaggebend ist, beträgt damit 1520,83 €.
Ganz wichtig ist: So können Sie nur verfahren, wenn Sie tatsächlich in den letzten zwölf Monaten durchgängig Arbeitsentgelt erzielt haben. Jede »Pause« mindert die Zahl der zu berücksichtigenden Tage.
Ein Beispiel: Sie haben in den letzten zwölf Monaten zwei Wochen unbezahlten Urlaub genommen. In diesem Fall können Sie von der Zahl der Kalendertage mit Anspruch auf Arbeitsentgelt 14 Tage abziehen, somit kommen Sie nur noch auf 351 Kalendertage. Das durchschnittliche tägliche Arbeitsentgelt beträgt dann (18250 : 351 =) 51,99 € und das monatliche Arbeitsentgelt, das dann nach der Formel »tägliches Arbeitsentgelt x 365 / 12« errechnet wird, 1581,36 €. Das sind immerhin schon gut 60 € mehr. Auf solche »Lücken« sollten Sie die Sachbearbeiter der Arbeitsagentur deshalb in jedem Fall aufmerksam machen.
Noch stärker wirkt es sich aus, wenn Sie innerhalb der letzten zwölf Monate eine Beschäftigungspause hatten, in der Sie – beispielsweise – selbstständig tätig waren oder einen Langzeiturlaub gemacht haben.

Schritt II: Vom Entgelt zum Arbeitslosengeld I

Um nun Ihr ALG I (z. B. per Internet unter www.pub.arbeitsagentur.de / alt.html) selbst zu berechnen, brauchen Sie im Normalfall eigentlich nur zwei Informationen:

1) Haben Sie oder Ihr Ehepartner ein Kind, für das Sie oder Ihr Partner Kindergeld erhalten (bzw. beanspruchen können)?

Falls ja: Dann steht Ihnen ein höheres Arbeitslosengeld zu (siehe Tipp 58).
Meist ist diese Frage einfach zu beantworten. Gerade wenn Sie ein bereits erwachsenes Kind haben, lohnt es sich für Sie nachzulesen, wie lange und unter welchen Voraussetzungen Sie die staatliche Kinderleistung beziehen können. Mehr dazu finden Sie in Tipp 81.

2) Welche Steuerklasse ist auf Ihrer Steuerkarte eingetragen?
Von der Steuerklasse hängt bei Beschäftigten ab, wie viel Steuer vom Lohn (als Vorauszahlung auf die Einkommensteuer) abgezogen wird. Bei Arbeitslosen ist die Steuerklasse für die Höhe des ALG I entscheidend (siehe Tipps 59 und 60).
Bei einem monatlichen Bemessungsentgelt in Höhe von 1520,83 € erhalten kinderlose Arbeitslose mit Steuerklasse I oder IV 2011 ein monatliches ALG I in Höhe von 644,10 €. Für Arbeitslose mit Kind und Steuerklasse III wären es 794,10 €.
Völlig neue Gestaltungsmöglichkeiten gibt es dabei durch die 2010 neu eingeführte Steuerklasse »IV Faktor« (siehe Tipp 61). Dieser ermöglicht verheirateten Arbeitslosen nun sogar die Einbeziehung individueller Steuerfreibeträge in die Berechnung des ALG I (siehe Tipp 62).

Fester Monatssatz beim ALG I

Mit den oben genannten Beträgen können Sie übrigens – so lange Sie ohne Job sind – jeden Monat gleichermaßen kalkulieren, egal ob der Monat 30, 31 oder 28 Tage hat.

! Tipp 54

Bei Nachzahlungen des früheren Arbeitgebers:

Höhere Ansprüche von der Arbeitsagentur

Die Höhe der Leistungen der Arbeitsagentur wird in der Regel aufgrund der Gehaltsangaben berechnet, die die Arbeitgeber in den Arbeitsbescheinigungen (siehe Tipp 22) nachweisen. Diese Bescheinigungen werden von den Firmen meist unmittelbar vor oder kurz nach dem Ende des Beschäftigungsverhältnisses ausgefüllt (derzeit – bis Ende 2011 – noch in Papierform, ab 2012 elektronisch). Häufig kommt es aber vor, dass Arbeitslose noch einige Zeit nach dem Ende ihres letzten Beschäftigungsverhältnisses Nachzahlungen von ihrer früheren Firma erhalten.
Das kann ganz verschiedene Gründe haben: Oft wird erst nach dem Ende des Beschäftigungsverhältnisses klar, ob die Betroffenen einen Anspruch auf Prämien oder Provisionen haben. Oder eine vor dem Ende des Beschäftigungsverhältnisses bereits beschlossene Tariferhöhung war beim Ausscheiden noch nicht berücksichtigt. Es ist aber auch denkbar, dass das Arbeitsgericht erst nach dem Ende der Beschäftigung einer Klage auf eine Höhereinstufung zustimmt. Und manchmal gibt es in den Lohn- oder Gehaltsabrechnungen simple Rechenfehler zum Nachteil der Betroffenen.
In all diesen Fällen hat eine Nachzahlung des früheren Arbeitgebers zur Folge, dass auch das ALG I neu berechnet werden muss. Die nachträglich eingegangenen Lohn- bzw. Gehaltsbestandteile müssen auch für das ALG I berücksichtigt werden. Voraussetzung hierfür ist allerdings: Die Nachzahlung des Arbeitgebers muss – wie es in den Durchführungsanweisungen der Bundesagentur für Arbeit zu § 131 SGB III heißt – »in nachträglicher Vertragserfüllung« erfolgt sein; rückwirkende Veränderungen des Arbeitsvertrags zugunsten der Betroffenen werden also nicht berücksichtigt. In solchen Fällen wird unterstellt, dass diese Veränderung nur vorgenommen wurde, um ein höheres ALG I zu bekommen.

Voraussetzung für eine Neuberechnung der Zahlung der Arbeitsagentur ist weiter: Die Nachzahlung des Arbeitgebers darf nicht nur »auf dem Papier stehen«, sondern sie muss dem Arbeitslosen tatsächlich zugeflossen sein. Von dieser Regel gibt es nur eine Ausnahme: Wenn der ehemalige Arbeitgeber wegen Insolvenz nicht zahlungsfähig ist, wird auch ein nicht erfüllter Nachzahlungsanspruch berücksichtigt.

Bei Nachzahlungen des Arbeitgebers sofort die Arbeitsagentur benachrichtigen

Haben Sie entsprechende Nachzahlungen von Ihrem früheren Arbeitgeber erhalten (oder nur wegen dessen Zahlungsunfähigkeit nicht erhalten), sollten Sie dies der Arbeitsagentur umgehend mitteilen. Weisen Sie die Zahlung nach – beispielsweise durch eine Kopie des Überweisungsbelegs. Ihr ALG I muss dann neu bemessen werden – und zwar vom Beginn Ihrer Arbeitslosigkeit an. Sie können dann nicht nur für die Zukunft mit einer höheren Unterstützung rechnen, sondern Sie bekommen auch eine Nachzahlung der Arbeitsagentur für die Vergangenheit.

!

Tipp 55

Wenn Sie in den letzten zwei Jahren schon einmal arbeitslos waren:

Frühere Höhe des ALG I ist garantiert

Waren Sie in den letzten beiden Jahren schon einmal arbeitslos? Haben Sie damals ALG I bezogen? In diesem Fall sollten Sie unbedingt prüfen, welches Arbeitsentgelt bei der Berechnung Ihrer Geldleistung zugrunde gelegt wurde.
Seit 1998 gibt es bei Arbeitsamtsleistungen eine »Bestandsschutzregelung«: Verschlechtern können sich die Betroffenen danach bei erneuter Arbeitslosigkeit in einer Rahmenfrist von zwei Jahren (bis Ende Januar 2006 waren es noch drei Jahre) nicht mehr. Im Normalfall gilt: Wer seit der letzten Arbeitslosigkeit eine versicherungspflichtige Beschäftigung von mindestens zwölf Monaten nachweisen kann, hat einen (neuen) Anspruch auf ALG I erworben (siehe Tipp 41). Die Höhe der Leistung berechnet sich dann nach dem Verdienst der letzten Beschäftigung. Von dieser Regel gibt es eine wichtige Ausnahme. § 131 Abs. 4 SGB III bestimmt: »Hat der Arbeitslose innerhalb der letzten zwei Jahre vor der Entstehung des Anspruchs ALG bezogen, ist Bemessungsentgelt mindestens das Entgelt, nach dem das ALG zuletzt bemessen worden ist.«
Was diese Bestimmung bedeutet, zeigt folgendes Beispiel: Elvira Schuster hat zum 1. November 2009 einen Job angenommen, der auf ein Jahr befristet war. Dabei handelt es sich um eine schlecht bezahlte Teilzeitstelle. Ihre Hoffnung nach dem ersten Beschäftigungsjahr auf eine unbefristete Vollzeitstelle übernommen zu werden, trog. Seit dem 1. November 2010 ist Frau Schuster wieder arbeitslos. Durch die zwölfmonatige Beschäftigung hat sie einen neuen Anspruch auf ALG I erworben – und zwar für sechs Monate (siehe Tipps 41 und 46). Diese sechs Monate werden ihrem Restanspruch auf ALG I, der noch nicht aufgebraucht ist, zugeschlagen (siehe Tipp 49).
Um die Höhe ihres ALG I zu bestimmen, muss die Arbeitsagentur dann überprüfen, ob sie im Zweijahreszeitraum vor dem 1. November 2010 – also seit dem 1. November

2008 – schon einmal Geld von der Arbeitsagentur bezogen hat. Dies trifft bei Frau Schuster zu: Bis zum 31. Oktober 2009 erhielt sie ALG I. Dieses wurde auf der Grundlage eines vorherigen Bruttoverdienstes von 2300 € berechnet. Im letzten befristeten Job hat Frau Schuster brutto nur 1200 € monatlich verdient – also lediglich etwas mehr als die Hälfte ihres früheren Lohns. Deshalb wird ihr neues ALG I auf Grundlage des früher erzielten Arbeitsentgelts von 2300 € berechnet.
Der Bestandsschutz sichert Frau Schuster so monatlich ein um 355,20 € höheres ALG I. Auf Basis ihres letzten Verdienstes würde sie (mit Steuerklasse I, ohne Kind) monatlich nur 536,10 € erhalten. Tatsächlich kann sie jetzt seit November 2010 jedoch 891,30 € beanspruchen.

Weisen Sie die Agentur unbedingt auf Ihre frühere höhere Leistung hin

Die Bestandsschutzregelung von § 131 Abs. 4 des Dritten Sozialgesetzbuchs sichert Ihnen innerhalb der letzten zwei Jahre auch nach einer sehr schlecht bezahlten Zwischenbeschäftigung und sogar nach einer Beschäftigung mit einer niedrigeren Wochenarbeitszeit die einmal erreichte Höhe des ALG I.
Sie sollten aber auf zwei Dinge achten: Zum einen muss die Zwischenbeschäftigung arbeitslosenversicherungspflichtig (gewesen) sein. Bei Jobs mit weniger als 15 Stunden werden keine Beiträge zur Arbeitslosenversicherung abgeführt. Zum anderen sollten Sie bei Ihrer (erneuten) Arbeitslosmeldung die Arbeitsagentur sicherheitshalber darauf hinweisen, dass Sie in den letzten zwei Jahren schon einmal ein höheres ALG I bezogen haben. Zeigen Sie Ihren früheren Bewilligungsbescheid bei der Arbeitsagentur vor. Kontrollieren Sie die neue Höhe bei Ihrem ALG I genau. Denn bei dem Massenandrang, dem sich die Agenturen gegenübersehen, können gerade bei der Berücksichtigung von solchen Ausnahmeregelungen Fehler passieren.

! Tipp 56

Wenn das Einkommen im Jahr vor dem Jobverlust niedrig war:

Härtefallregelung sorgt für mehr ALG I

Gar nicht so selten passiert es, dass Arbeitslose im letzten Jahr vor der Arbeitslosigkeit bereits weniger als zuvor verdient haben – etwa weil sie Abstriche von ihrem Lohn hingenommen haben, um ihren Arbeitsplatz zu retten. In solchen Fällen greift eine Härtefallregelung des Dritten Sozialgesetzbuchs. Diese sorgt dafür, dass das ALG I wenigstens etwas höher ausfallen kann als aufgrund des letzten Gehalts zu erwarten wäre.
Die Regelung funktioniert folgendermaßen: Der so genannte »Bemessungsrahmen« für die Höhe des ALG I kann von ein auf zwei Jahre verlängert werden, »wenn es unbillig hart wäre von dem Bemessungsentgelt im Bemessungszeitraum auszugehen«. Dies regelt § 130 Abs. 3 Nr. 2 des Dritten Sozialgesetzbuchs.
Wann eine »unbillige Härte« vorliegt, definiert der Gesetzgeber nicht genau. Die Bundesagentur für Arbeit geht davon aus, dass dies der Fall ist, wenn sich bei der Zweijahresfrist ein um mehr als zehn Prozent höheres Bemessungsentgelt ergibt als bei der Einjahresfrist.

Dazu ein Beispiel: Ein Arbeitnehmer hat in den letzten zwölf Monaten seines Beschäftigungsverhältnisses im Durchschnitt monatlich 2000 € verdient, in den zwölf Monaten davor waren es 2410 €. Nimmt man den kompletten Zweijahreszeitraum so ergibt sich ein Durchschnittsentgelt von 2205 €. Dieses ist um 10,25 Prozent höher als das durchschnittliche Arbeitsentgelt im letzten Jahr vor der Arbeitslosigkeit. Deshalb muss in diesem Fall bei der Berechnung des ALG I der Lohn im Zweijahreszeitraum berücksichtigt werden. Wichtig ist allerdings: Es ist Sache der Arbeitslosen selbst, dies zu verlangen. Ohne Anstoß der Betroffenen sind die Ämter nicht verpflichtet zu prüfen, ob diese Regelung greift. Im Gesetz heißt es ausdrücklich: Die Gesetzesbestimmung »ist nur anzuwenden, wenn der Arbeitslose dies verlangt und die zur Bemessung erforderlichen Unterlagen vorlegt«.

Tipp: Wer zuletzt weniger verdient hat, sollte in jedem Fall nachrechnen, ob für ihn die Härtefallregelung des Gesetzes in Frage kommt. Falls ja, kann man einen formlosen Antrag stellen. Diesen sollte man zusammen mit der Arbeitsbescheinigung (siehe Tipp 22) des letzten Beschäftigungsbetriebs bei der Arbeitsagentur abgeben. Zugleich sollte man in jedem Fall kontrollieren, dass die Firma auch das Gehalt des vorletzten Jahres korrekt auf der Bescheinigung angegeben hat.

Achtung bei Lohnverzicht durch Arbeitszeitverkürzung

Wer zuletzt in einem Betrieb gearbeitet hat, in dem durch eine Vereinbarung zur Beschäftigungssicherung die Arbeitszeit und damit auch der Lohn gekürzt wurden, sollte den 2009 neu eingeführten § 421 t des SGB III kennen. Dieser regelt in Absatz 7 nämlich, dass in solchen Fällen bei der Berechnung des ALG I das Einkommen zugrunde gelegt werden muss, dass der Betroffene ohne Lohnverzicht erzielt hätte (siehe Tipp 50). Die entsprechende Regelung gilt bis Ende März 2012.

! Tipp 57

Nach Teilzeitbeschäftigung:

Auch dann gibt es häufig Vollzeit-ALG I

Sie waren unmittelbar vor Ihrer Arbeitslosigkeit teilzeitbeschäftigt? Sie befürchten, dass deshalb auch Ihr ALG I entsprechend niedrig ausfällt? Dann ist für Sie der folgende Tipp besonders wichtig. Unter Umständen haben Sie nämlich auch nach einer Teilzeitbeschäftigung Anspruch auf ein höheres ALG I, das auf Grundlage einer früheren Beschäftigung mit längerer Arbeitszeit berechnet wird.
»Hemmnisse gegenüber persönlichen Arbeitszeitverkürzungen abzubauen« – dies ist das Ziel einer gesetzlichen Regelung, die in § 130 Abs. 2 Nr. 4 SGB III zu finden ist. Wer die Arbeitszeit verkürzt, bekommt zwar nach wie vor weniger Lohn oder Gehalt. Das Gesetz begrenzt jedoch die Nachteile bei einem möglichen Arbeitsplatzverlust. Wenn die Betroffenen ihre Stelle verlieren, können sie nämlich u. U. so viel ALG I erhalten, als hätten sie bis zuletzt mit ihrer früheren längeren Arbeitszeit weitergearbeitet oder das ALG I wird auf Grundlage der Qualifikation der Betroffenen »fiktiv« bemessen. Es gibt also eine gewisse Belohnung für eine Arbeitszeitverkürzung ohne Lohnausgleich, allerdings nur, wenn die folgenden drei Voraussetzungen erfüllt sind:

57

1. Deutliche Arbeitszeitverkürzung vor der Arbeitslosigkeit
Auf die gesetzliche Ausnahmeregelung kann sich nur berufen, wer zuletzt mit deutlich verkürzter Arbeitszeit gearbeitet hat. Das Gesetz »belohnt« nur Arbeitszeitverkürzungen um mindestens fünf Wochenarbeitsstunden. Wer zuletzt beispielsweise mit 28 Wochenarbeitsstunden tätig war, vorher aber 35 Stunden in der Woche gearbeitet hatte, erfüllt zwar diese Anforderung. Zugleich muss die letzte kürzere Arbeitszeit um mehr als 20 Prozent unter einer vergleichbaren Vollzeitarbeitszeit gelegen haben. Diese Voraussetzung ist bei der skizzierten Arbeitszeitverkürzung nicht erfüllt. Die Arbeitszeit eines vormals mit 35 Wochenstunden Tätigen müsste auf weniger als 28 Wochenstunden, also beispielsweise auf 27,9 Stunden verkürzt werden, wenn der Betroffene von dieser Regelung des SGB III profitieren möchte.

2. Die Arbeitszeitverkürzung darf nicht nur »vorübergehend« sein
Die Teilzeitregel des SGB III belohnt grundsätzlich nur Arbeitszeitverkürzungen von einer gewissen Dauer. Die Bundesagentur geht dabei davon aus, dass die Arbeitszeit für mindestens drei Monate verkürzt worden sein muss. Dabei kommt es nicht unbedingt darauf an, wie viele Monate Arbeitnehmer tatsächlich mit verkürzter Arbeitszeit tätig waren. Wichtig ist vielmehr, dass die Arbeitszeitverkürzung auf längere Zeit (mindestens drei Monate) beabsichtigt und angelegt war. Wer seine Arbeitszeit verkürzt hat – etwa um seinen Arbeitsplatz zu retten – und dann nach zwei Monaten schließlich doch entlassen wird, steht unter dem Schutz der dargestellten Teilzeitarbeitsbelohnung des SGB III. Denn eigentlich sollte dann die Teilzeitbeschäftigung ja länger dauern. Das Beschäftigungsende ist in solchen Fällen nicht dem Arbeitnehmer zuzurechnen. Das bedeutet: Die letzten beiden Teilzeitbeschäftigungsmonate müssen in diesem Fall bei der Berechnung des ALG I außen vor bleiben.

3. Mindestens ein halbes Beschäftigungsjahr mit längerer Wochenarbeitszeit
Wer nicht will, dass sein ALG I auf Grundlage des Lohns bei verkürzter Arbeitszeit berechnet wird, muss innerhalb der letzten dreieinhalb Jahre vor Eintritt der Arbeitslosigkeit zumindest sechs Monate mit längerer Arbeitszeit gearbeitet haben. Diese sechs Monate können nicht zusammengestückelt werden. Man muss also ein ununterbrochenes halbes Jahr der längeren Beschäftigung nachweisen können. Wenn die genannten drei Voraussetzungen erfüllt sind, berechnet die Arbeitsagentur das ALG I nicht nach der Beschäftigung mit der kürzeren Wochenstundenzahl – aber wie dann?

Manchmal kommt es zur »fiktiven« Einstufung

Nach welcher Methode das ALG I berechnet wird, hängt davon ab, wie lange es her ist, dass der Arbeitnehmer auf die verkürzte Arbeitszeit gewechselt ist. Sind seit diesem Wechsel erst rund 19 Monate vergangen, so wird das ALG I auf Basis des Verdienstes der letzten 150 Kalendertage mit längerem Arbeitsentgelt berechnet (siehe Tipp 51). Andernfalls werden die Betroffenen dann »fiktiv« nach Ihrer beruflichen Qualifikation eingestuft. Wie Letzteres funktioniert, können Sie in Tipp 52 detailliert nachlesen.
Dieses – vom Gesetzgeber möglicherweise ohne Absicht erzeugte – Wirrwarr kommt zustande, weil § 132 des Dritten Sozialgesetzbuchs bestimmt, dass das ALG I immer dann, wenn in den letzten beiden Jahren vor dem Ende des Beschäftigungsverhältnisses keine anrechenbaren 150 Tage mit Anspruch auf Arbeitsentgelt zusammenkommen, »fiktiv« bemessen werden muss.

Dazu das Beispiel eines Arbeitnehmers mit folgenden Arbeitszeiten:

- 35-Stunden-Woche vom 1. Januar 2007 bis zum 31. Dezember 2008
- 27-Stunden-Woche vom 1. Januar 2009 bis 31. Juli 2010
- Antrag auf Arbeitslosengeld am 1. August 2010

Bei der Berechnung des ALG I müssen die Arbeitsagenturen zunächst prüfen, ob es in den letzten beiden Arbeitsjahren 150 Kalendertage mit berücksichtigungsfähigem Arbeitsentgelt gibt. Das Entgelt aus der Zeit mit verkürzter Arbeitszeit zählt dabei nicht mit. Im Beispielsfall interessiert die Ämter der Zeitraum zwischen dem 1. August 2008 und dem 31. Juli 2010. In diese Zeit fallen genau 152 Kalendertage (vom 1. August bis zum 31. Dezember 2008) mit Arbeitsentgelt, das berücksichtigt werden darf – also Entgelt aus dem Arbeitsverhältnis mit der längeren Arbeitszeit. Auf dieser Basis wird die Höhe des ALG I berechnet. Würden nur einige Kalendertage fehlen, so käme es zu einer fiktiven Berechnung der Geldleistung aus Nürnberg.

Das kann sich für den Arbeitslosen je nach Qualifikationsstufe im Einzelfall negativ auswirken, es kann aber auch – wie in folgendem Beispiel – günstiger sein: Ein Arbeitnehmer hat in der Phase mit längerer Arbeitszeit ein Arbeitsentgelt von 2500 € monatlich erzielt. Da er einen Hochschulabschluss hat und auch entsprechend seiner Qualifikation vermittelt werden kann, wurde er 2010 fiktiv auf Basis eines höheren Betrags von 3108,58 € eingestuft. Dieser Betrag gilt für die alten Bundesländer, in den neuen Ländern wären es nur 2725,33 € (siehe Tipp 52).

Wichtig: Agenturen auf Sonderregelung hinweisen

Besonders beachten sollten Sie: Die Arbeitsagentur wird von sich aus nicht auf die Idee kommen, dass für Sie die oben aufgeführte Sonderregelung des § 130 Abs. 2 SGB III zutrifft. Berechnen die Agenturen die Höhe des ALG I, gehen sie immer vom »Normalfall« aus. Das heißt: Ihre Leistung wird auf der Grundlage Ihres Verdienstes in den letzten zwölf Monaten vor der Arbeitslosmeldung berechnet. Wenn für Sie die in diesem Tipp beschriebene bessere Möglichkeit zutrifft, müssen Sie die Arbeitsagentur darauf hinweisen – und zwar am besten durch ein kurzes Begleitschreiben zum Antrag auf ALG I.

Wichtig ist zudem: Achten Sie darauf, dass Ihr Arbeitgeber die »Angaben zur wöchentlichen Arbeitszeit« vollständig und korrekt ausgefüllt hat. Diese werden in Punkt 7 der Arbeitsbescheinigung (siehe auch Tipp 22) erfragt. Ihr letzter – oder ihre letzten – Arbeitgeber müssen dort Abweichungen Ihrer Arbeitszeit in den letzten 42 Monaten des Beschäftigungsverhältnisses angeben. Passen Sie auf: Manche Firmen verzichten auf diese Angaben, weil sie deren Bedeutung nicht kennen. Weiterhin müssen Ihnen die Firmen auf einem Begleitschreiben zur Arbeitsbescheinigung Ihr früheres monatliches Arbeitseinkommen aus der Zeit bescheinigen, in der Sie mit längerer Wochenarbeitszeit tätig waren. Aus diesem Schreiben müssen Ihr damaliges versicherungspflichtiges Bruttoentgelt und Ihre damalige wöchentliche Arbeitszeit hervorgehen. Ein Formblatt hierfür existiert nicht, und auf der »normalen« Arbeitsbescheinigung können nur Angaben für die letzten zwölf Beschäftigungsmonate gemacht werden. Erklären Sie Ihrem früheren Arbeitgeber (bzw. der Personalabteilung) die Bedeutung dieser Angaben und bitten Sie um ein solches Begleitschreiben zur Arbeitsbescheinigung.

Achtung Betriebs- und Personalräte: Kombination von Teilzeit- und Vollzeitbeschäftigung sichert Anspruch auf volles ALG I

Viele Arbeiter und Angestellte würden gerne ihre Arbeitszeit verkürzen. Nur: Sie schrecken vor den damit verbundenen Einkommensverlusten und der schlechteren sozialen Absicherung zurück. Besonders schlimm ist es, wenn man zunächst die Arbeitszeit verkürzt und dann auch noch den Teilzeitjob verliert und arbeitslos wird. Denn dann wird das ALG I in der Regel auch nur auf Grundlage des vorherigen Teilzeitverdienstes berechnet.
Ein solcher finanzieller Absturz kann jedoch vielfach vermieden werden, wenn Betriebe und betriebliche Interessenvertretungen die Möglichkeiten nutzen, die § 130 Abs. 2 SGB III bietet. Diese gesetzliche Regelung kann nämlich durch ein »rollierendes« Verfahren in den Betrieben optimiert werden, bei denen Teilzeit- und Vollzeitarbeit kombiniert werden: Nach drei Jahren mit verkürzter Arbeitszeit muss dabei jeweils mindestens ein halbes Jahr mit Vollarbeitszeit zwischengeschaltet werden, um sicherzustellen, dass bei drohender Arbeitslosigkeit das ALG I nicht auf Grundlage des Gehalts bei verkürzter Arbeitszeit berechnet wird.
Ein Beispiel: In einer Arbeitsgruppe arbeiten insgesamt sieben Beschäftigte. Jeweils eine(r) übernimmt turnusmäßig für ein halbes Jahr einen Vollzeitjob – die anderen sechs arbeiten als Teilzeitbeschäftigte (etwa mit einer um 25 Prozent verkürzten Arbeitszeit). So haben dreieinhalb Jahre nach Einführung dieses rollierenden Systems alle sechs Kollegen für den Fall, dass sie arbeitslos werden, Anspruch auf (Vollzeit-)ALG I. Dieses würde in diesem Fall fiktiv berechnet – entsprechend der Qualifikation der Betroffenen. Einzelheiten hierzu stehen in Tipp 52.

! Tipp 58

Wichtig für Arbeitslose mit Kindern:

Kinderzuschlag bei Leistungen der Arbeitsagentur

Beim ALG I stehen sich Arbeitslose mit Kindern in der Regel besser. Sie erhalten deutlich mehr Unterstützung (siehe Tipp 50). Dabei können – bei höheren Leistungssätzen – monatlich bis zu 150 € mehr zusammenkommen. Auf die Zahl der Kinder kommt es dabei nicht an. Entscheidend für die Arbeitsagenturen ist, ob Arbeitslose oder ihre (Ehe-)Partner für mindestens ein Kind einen Anspruch auf Kindergeld bzw. einen steuerlichen Kinderfreibetrag haben – dabei reicht auch ein halber Freibetrag (siehe Tipp 81). Übrigens: Auch die Kinder des eingetragenen Lebenspartners (nach dem Lebenspartnerschaftsgesetz) werden von der Arbeitsagentur berücksichtigt.
Aufpassen sollten insbesondere Erwerbslose, die wieder oder zum ersten Mal (weil sie ein Baby bekommen haben) Anspruch auf Kindergeld haben. Auch Erwerbslose mit volljährigen Kindern sollten genau prüfen, ob für diese (etwa weil ein Kind arbeitslos wird oder eine Ausbildung aufnimmt) erneut oder noch immer ein Anspruch auf Kindergeld besteht (siehe Tipp 81). Denn in diesem Fall gibt es nicht nur den staatlichen Kinderzuschuss, sondern auch höhere Leistungen der Arbeitsagentur. Die Agentur rechnet dabei nach dem »Monatsprinzip« ab: Auch wenn ein Kind – beispielsweise – erst am 31. Oktober geboren wurde, steht den Eltern für den vollen Oktober der höhere Leistungssatz beim ALG I zu. Und wenn ein Kind unter 21 Jahren

etwa bis zum 5. Januar arbeitslos war und danach eine Beschäftigung findet, gibt es für die Mutter oder den Vater (falls beide arbeitslos sein sollten: für beide) für den ganzen Januar noch mehr Geld von der Arbeitsagentur.

Veränderungen beim Kindergeld müssen Sie der Arbeitsagentur melden

Die für das Kindergeld zuständige Familienkasse hat ihren Sitz zwar auch in der Arbeitsagentur, doch sie informiert die für die Zahlungen des ALG I zuständige Leistungsabteilung nicht automatisch darüber, dass Sie Kindergeld beziehen. Wenn sich Ihre persönlichen Verhältnisse so verändern, dass Sie erstmals oder wieder Anspruch auf Kindergeld haben, müssen Sie dies also der Arbeitsagentur unter Angabe Ihrer Kundennummer / Stammnummer mitteilen. Als Nachweis dient dabei der Kindergeldbescheid der Familienkasse der Arbeitsagentur oder die geänderte Steuerkarte (auf der mindestens ein halber Kinderfreibetrag eingetragen sein muss). Diese Dokumente müssen Sie der Leistungsabteilung der Arbeitsagentur vorlegen. Wenn Sie erstmals Nachwuchs bekommen, reicht auch eine Geburtsurkunde.
Versäumen Sie eine solche Mitteilung, so erhalten Sie von der Arbeitsagentur weiterhin nur den niedrigeren Unterstützungssatz für Kinderlose. Sie sind im Übrigen auch verpflichtet, der Arbeitsagentur mitzuteilen, wenn kein Anspruch mehr auf Kindergeld besteht. Denn ab diesem Zeitpunkt haben Sie nur noch Anspruch auf niedrigere Leistungen der Arbeitsagentur. Versäumen Sie diese Meldung, müssen Sie damit rechnen, dass zu viel überwiesene Beträge (ALG I plus zu viel gezahlte Beiträge zur Kranken-, Pflege- und Rentenversicherung, siehe Tipps 75 und 79) zurückgefordert werden.
Alleinerziehende Erwerbslose sollten weiterhin daran denken, dass sie meist – soweit mindestens ein Kind bei ihnen gemeldet ist – auch Anspruch auf die Steuerklasse II haben. Mit dieser Steuerklasse erhält man mehr ALG I (siehe Tipp 82, S. 213).

58

Achtung bei Familienstandsänderungen:
Heirat oder Scheidung wirkt sich auf das Arbeitslosengeld I aus

Sie beziehen ALG I und heiraten? Das hat Folgen für die Höhe der Leistung der Arbeitsagentur. Gleiches gilt auch bei einer Scheidung oder beim Tod Ihres Ehepartners. Eine Änderung Ihres Familienstands – Heirat, Scheidung oder Tod des Partners – hat Konsequenzen für die steuerliche Eingruppierung und damit auch für die Einordnung in die richtige Leistungsgruppe bei der Arbeitsagentur (siehe Tipp 53). Wichtig ist allerdings: In solchen Fällen sind Sie erst in dem Jahr, das der Familienstandsänderung folgt, zu einer Änderung der Steuerklasse verpflichtet. Sie können aber auch sofort Ihre Steuerklassen ändern. Diese Wahlfreiheit besteht auch bei Arbeitslosigkeit. Sie können dann – mit Beratung durch das Finanzamt und der Arbeitsagentur – die für Sie günstigste Lösung wählen. In manchen Fällen dürfte es günstiger sein, die alten Steuerklassen zunächst zu behalten, in anderen Fällen dürfte es sinnvoll sein, bei den Einwohnermeldeämtern eine Steuerklassenänderung vornehmen zu lassen.
Ein Beispiel: Eine ledige Arbeitslose bezieht ALG I nach Steuerklasse I. Im Juli heiratet sie. Da ihr Ehepartner ein recht gutes Einkommen hat, wäre es steuerlich gesehen sinnvoll, wenn das Paar sofort die Steuerklassenkombination III / V wählen würde (Steuerklasse III für den verdienenden Partner, Steuerklasse V für die Arbeitslose). Dann würde der Ehepartner zwar vorläufig mehr Nettogehalt pro Monat bekommen. In diesem Fall würde die Arbeitsagen-

tur aber das ALG I für seine erwerbslose Frau sofort neu berechnen und drastisch kürzen. Günstiger ist es deshalb, wenn die frisch gebackenen Eheleute weiterhin zunächst ihre alten Steuerklassen behalten – zumindest so lange, wie die Ehefrau noch arbeitslos ist. Der verdienende Ehepartner muss dabei zunächst zwar zu viel Steuern an das Finanzamt zahlen, die zu viel bezahlte Steuer erstattet das Finanzamt jedoch später im Rahmen der Einkommensteuerveranlagung (siehe auch Tipp 59). Übrigens: Auch wenn dann im Folgejahr die Steuerklassen geändert werden müssen, sollten sich die Ehepartner für den Fall, dass die Ehefrau weiterhin arbeitslos ist, möglichst für die Steuerklassenkombination IV/IV entscheiden (und nicht für III/V). Denn mit Klasse V fällt das ALG I der Ehefrau deutlich niedriger aus (siehe Tipp 59).

Auch Kinder des neuen Ehepartners sichern Erwerbslosen höheres ALG I

Möglicherweise bringt der neue Ehepartner eines Erwerbslosen Kinder mit in die Ehe. Auch dies kann sich positiv auf das ALG I auswirken. Ab dem Tag der Hochzeit hat der Erwerbslose dann nämlich Anspruch auf den so genannten »erhöhten Leistungssatz« (siehe auch Tipps 58 und 81). § 129 SGB III bestimmt nämlich, dass Arbeitslose, »deren Ehegatte mindestens ein Kind« hat, genauso behandelt werden wie Arbeitslose mit eigenen Kindern. Wenn für die Kinder ein Kindergeldanspruch besteht oder wenn für die Kinder Steuerfreibeträge beansprucht werden können (siehe Tipp 81), gibt es jeweils den so genannten erhöhten Leistungssatz (67 Prozent des letzten Nettoarbeitsentgelts gegenüber 60 Prozent für Kinderlose, siehe Tipp 50).

Dabei kommt es nicht darauf an, dass die (Stief-)Kinder als ehelich erklärt werden. Den erhöhten Leistungssatz gibt es für alle Erwerbslosen, deren neuer Ehepartner mindestens ein steuerlich zu berücksichtigendes Kind hat. Die Arbeitsagenturen zahlen dabei den erhöhten Leistungssatz ab dem Beginn des Monats, in dem ein Erwerbsloser geheiratet hat.

Änderung Ihres Familienstandes der Agentur mitteilen

Sie sollten beachten, dass die Arbeitsagentur ohne eine Mitteilung Ihrerseits nichts von einer Änderung Ihres Familienstands weiß. Auch wenn Ihr neuer Ehepartner ein Kind mit in die Ehe gebracht hat, müssen Sie dies der Arbeitsagentur schon selbst mitteilen. Als Beleg reicht dabei ein Dokument, mit dem Sie die Eheschließung nachweisen (Familienstammbuch) und der Kindergeldbescheid, im Zweifelsfall reicht auch die Kindergeldnummer.

!

Tipp 59

Für Verheiratete, die schon im Vorjahr wissen, dass sie arbeitslos werden:

Durch frühzeitigen Steuerklassenwechsel mehr Arbeitslosengeld I

Die folgenden vier Tipps richten sich an Verheiratete bzw. an diejenigen, die vorhaben zu heiraten. Denn für sie gibt es besondere Gestaltungsmöglichkeiten bei den Steuerklassen. Diese sind vor allem für Arbeitslose von Bedeutung. Für sie hängt die Höhe des ALG I nämlich von der gewählten Steuerklasse ab.

Wenn Sie beispielsweise verheiratet sind und Kinder haben, erhalten Sie 2011 bei Steuerklasse III bei einem Bruttoverdienst vor der Arbeitslosigkeit in Höhe von 2900 € mit Steuerklasse III monatlich 1362,90 € ALG I, bei Steuerklasse V dagegen nur 983,40 €. Der Unterschied ist also beträchtlich.

Bei Beschäftigten bestimmt die Steuerklasse dagegen nur die Höhe der Steuervorauszahlungen. Wer durch eine günstige Steuerklassenwahl wenig Steuern vorauszahlt, muss später viel Steuern nachzahlen. Unterm Strich bleibt die Steuerbelastung gleich. Arbeitslose können dagegen durch die Wahl der »richtigen« Steuerklasse gewinnen – aber auch »verlieren«, wenn sie Fehler machen.

Zeitpunkt ist entscheidend

Welchen Spielraum Sie hierbei haben, hängt davon ab, zu welchem Zeitpunkt Sie die Steuerklassen wechseln. Große Freiheiten haben Sie dabei bei einem frühzeitigen Wechsel der Steuerklassen im Kalenderjahr vor der Arbeitslosigkeit. Welche Möglichkeiten Sie dann haben, erfahren Sie in diesem Tipp.

In den folgenden Tipps geht es dann um Veränderungen bei den Steuerklassen, die im Kalenderjahr, in dem die Arbeitslosigkeit eintritt, vorgenommen werden.

Keine Überprüfung der Steuerklassenwahl

Wenn Ehepartner schon frühzeitig wissen, dass einer von ihnen arbeitslos wird und noch im Kalenderjahr vor der Beantragung des ALG I die Lohnsteuerklasse ändern, müssen die Arbeitsagenturen später die (neue) Steuerklasse, die auf der Steuerkarte des Erwerbslosen eingetragen ist, ohne Überprüfung akzeptieren. Denn § 133 Abs. 2 SGB III bestimmt: »Die Feststellung der Lohnsteuer richtet sich nach der Lohnsteuerklasse, die zu Beginn des Jahres, in dem der Anspruch entstanden ist, auf der Lohnsteuerkarte des Arbeitslosen eingetragen war.« Wenn der Erwerbslose also im Jahr vor der Arbeitslosigkeit eine für ihn günstige Steuerklasse gewählt hat, erhält er deshalb auch ein entsprechend höheres ALG I – im oben gewählten Beispiel gibt es etwa mit Steuerklasse III monatlich knapp 400 € mehr als mit Klasse V.
Dafür muss der erwerbstätige Ehepartner allerdings zumindest kurzfristig Nachteile bei der Steuer in Kauf nehmen: Von seinem Bruttoeinkommen werden nämlich zunächst Monat für Monat aufgrund dessen »schlechterer« Steuerklasse zu viel Steuern abgeführt. Der eigentliche Gewinn stellt sich erst später bei der Einkommensteuerveranlagung (früher auch: Lohnsteuerjahresausgleich) im darauf folgenden Jahr heraus: Das Finanzamt zahlt jeden Cent der zu viel gezahlten Steuer zurück. Zunächst führt man also zu viel Steuern ab, die man nachher jedoch zurückerhält.

! Tipp 60
Achtung beim Steuerklassenwechsel im Jahr der Arbeitslosigkeit

Wechsel bringt oft weniger ALG I – Vorteile nur in Ausnahmefällen

Im vorherigen Tipp ging es darum, wie Sie von einem Steuerklassenwechsel profitieren können, den Sie im Jahr vor Ihrer Arbeitslosigkeit vornehmen. Steuerklassenwechsel im Jahr der Arbeitslosigkeit können dagegen Nachteile mit sich bringen.

Manche Erwerbslose, die sich durch einen solchen Steuerklassenwechsel mehr Arbeitslosenunterstützung sichern wollen, stehen nachher sogar mit weit weniger Geld da.

Vor Steuerklassenwechsel beraten lassen

61

Häufig überlassen die Betroffenen beispielsweise dem Ehepartner die günstigere Steuerklasse III, um so dessen Steuerbelastung zu minimieren – und nehmen selbst Steuerklasse V (in der irrigen Annahme, dass es bei Arbeitslosen ja nicht auf die Steuerklasse ankommt). Das geht oft nach hinten los: Denn die Arbeitsagentur berechnet die Unterstützung des arbeitslosen Ehepartners dann auf Grundlage der schlechteren Klasse V. Arbeitslose sollten sich daher vor jeder Steuerklassenänderung von der Arbeitsagentur beraten lassen. Diese ist dazu verpflichtet. Bei der Arbeitsagentur können Sie – wie auch beim Finanzamt – Tabellen zur günstigen und zweckmäßigen Steuerklassenwahl einsehen.

Seit 1998 müssen Erwerbslose bei Steuerklassenänderungen noch mehr als früher aufpassen. Denn das Gesetz bestimmt seitdem, dass eine *ungünstigere* Steuerklasse des Arbeitslosen beim ALG I grundsätzlich berücksichtigt werden muss.
Ein Wechsel in eine günstigere Steuerklasse (etwa von Klasse V in IV oder III) wird dagegen nur dann berücksichtigt, wenn er im Kalenderjahr vor der Arbeitslosigkeit vorgenommen wird (siehe Tipp 59).
Nur in Ausnahmefällen kann sich eine solche Änderung im Jahr der Arbeitslosigkeit auch heute noch auszahlen: Für verheiratete Arbeitslose ist ein solcher Steuerklassenwechsel beispielsweise dann sinnvoll, wenn der Arbeitslose vor der Erwerbslosigkeit etwa gleich viel verdient hatte wie sein Ehepartner und dennoch die ungünstige Steuerklasse V mit sehr hohen Abzügen hatte. In solchen Fällen war die bisherige Steuerklassenwahl bereits unzweckmäßig. Trifft dies zu, dann können die Betroffenen im Fall der Arbeitslosigkeit in Steuerklasse IV wechseln. Sie erhalten dann ein entsprechend höheres ALG I (siehe Tipp 51).
Ganz anders ist die Rechtslage allerdings bei der neuen – und noch weitgehend unbekannten – Steuerklasse »IV Faktor«. Um diese geht es in den folgenden beiden Tipps.

! Tipp 61

Für Verheiratete:

Mit Steuerklasse »IV Faktor« wesentlich mehr Arbeitslosengeld I

Wechsel lohnt sich auch noch während der Arbeitslosigkeit

Normalerweise können Verheiratete ihr Arbeitslosengeld I nicht erhöhen, wenn sie während oder erst kurz vor ihrer Arbeitslosigkeit ihre Steuerklassen wechseln. Doch das ändert sich durch den 2010 neu eingeführten »Faktor« in Steuerklasse IV. Wer Bescheid weiß, kann sich nun einige 100 € mehr ALG I sichern.

Nehmen wir an, Sie verdienen derzeit in Ihrer Halbtagsstelle monatlich 1950 € und Ihr Ehepartner verdient mit 3000 € pro Monat wesentlich mehr. Vermutlich haben Sie selbst dann Steuerklasse V und Ihr Ehepartner Steuerklasse III. Das wäre jedenfalls für Sie als Ehepaar die – steuerlich gesehen – günstigste Kombination der Steuerklassen. Denn so fallen derzeit Ihre monatlichen Steuervorauszahlungen – also die Beträge, die Ihre jeweiligen Arbeitgeber Ihnen als Lohnsteuern abhalten – für Sie als Paar am niedrigsten aus.

Doch leider verlieren Sie Ihren Job zum 1. April 2011. Da sich die Höhe des ALG I auch nach Ihrer Steuerklasse richtet (siehe Tipp 50), haben Sie nun wegen Ihrer schlechten Steuerklasse V das Nachsehen. Sie werden monatlich nur 716,40 € ALG I erhalten. Zum Vergleich: Bei Steuerklasse III wären es 997,50 und bei Steuerklasse IV 870,90 €. Ein Wechsel in eine der herkömmlichen anderen Steuerklassenkombinationen im Jahr der Arbeitslosigkeit würde von der Arbeitsagentur nicht anerkannt, da er – nach den für die Steuer geltenden Regeln – nicht sinnvoll ist (siehe Tipp 60). Allerdings ist ein Wechsel in die neue »Steuerklasse IV Faktor« nach den Arbeitsagentur-Regeln möglich und sinnvoll. Mit Faktor IV würden Sie bei den oben genannten Werten monatlich 873,60 € ALG I erhalten, also immerhin 157,20 € pro Monat mehr als mit der bisherigen Steuerklasse V.

Anfang 2010 wurde die neue Steuerklassenkombination IV / IV mit Faktor eingeführt. Ein Wechsel in »IV Faktor« wird von der Arbeitsagentur auch dann anerkannt, wenn er erst im Jahr der Arbeitslosigkeit vorgenommen wird. In den Durchführungshinweisen zu § 133 SGB III heißt es hierzu ausdrücklich: »Ein Wechsel von der Steuerklassenkombination III / V in das Faktorverfahren ist immer nach § 133 Abs. 3 Nr. 1 beachtlich«. Dies gilt auch dann, wenn Sie das so genannte Faktorverfahren erst unmittelbar vor der Arbeitslosigkeit gewählt haben – oder sogar erst in der Zeit, in der Sie bereits ALG I beziehen. Natürlich würde auch anerkannt, wenn Sie aus der »normalen« Steuerklasse IV in »IV Faktor« wechseln. Auch dies kann Ihnen ein höheres ALG I bringen.

Weil es den »Faktor« in Steuerklasse IV noch nicht lange gibt und er bei vielen arbeitslosen Verheirateten für wesentlich mehr ALG I sorgen kann, wird im Folgenden ausführlicher erläutert, wie das neue Verfahren funktioniert:

Was steckt hinter dem Faktorverfahren?

Seit Anfang 2010 können Ehepartner statt der Steuerklassenkombination III und V oder IV / IV das so genannte Faktor-Verfahren in Steuerklasse IV wählen. Das muss beim Finanzamt beantragt werden. Ein Antrag für das laufende Kalenderjahr ist jeweils bis zum 30. November möglich.

Was ist der Sinn des neuen Faktor-Verfahrens?

Es sorgt dafür, dass unterschiedlich verdienende Ehepartner steuerlich schon beim Lohnsteuerabzug in etwa gleich behandelt werden. Auch eingetragene Steuerfreibeträge kommen dann beiden Partnern sofort schon bei der monatlichen Lohnsteuerzahlung zugute (siehe Tipp 62).

Was ist der wichtigste Unterschied zwischen Steuerklasse IV und »IV Faktor«?

Wer Steuerklasse IV hat, muss in der Regel etwas zu viel Steuern vorauszahlen. Die zu viel gezahlte Steuer wird dann im Folgejahr bei der Einkommensteuerveranlagung erstattet. Bei »IV Faktor« dagegen entspricht die vorausgezahlte Steuer fast genau der Steuer, die später vom Finanzamt errechnet wird. Bei Steuerklasse »IV Faktor« wird also schon ziemlich genau die spätere Steuerschuld, die sich bei der Einkommensteuererklärung herausstellt, vorab berücksichtigt.

61

Wie funktioniert das?

Das Finanzamt errechnet erst, wie viel Lohnsteuer die Ehepartner jeweils bei Steuerklasse IV im Laufe eines Jahre zahlen müssten. Das ist Schritt 1, bei dem dann der Betrag A herauskommt. Danach wird in Schritt 2 aufgrund der aktuellen Steuertabelle ermittelt, wie viel Steuern das Paar tatsächlich für seine Einkünfte im jeweiligen Kalenderjahr zahlen müsste. Das ist Betrag B. Dieser ist regelmäßig niedriger als Betrag A – also die mit Steuerklassenkombination IV/IV vorausgezahlte Steuer. Beide Werte werden nun in Beziehung zueinander gesetzt. Heraus kommt dabei in Schritt 3 der Faktor IV.

Was bedeutet das konkret für unser Beispiel?

Nehmen wir an, das Ehepaar in unserem Beispielfall wechselt in Steuerklasse IV/IV (was ja die Voraussetzung ist, damit das Faktorverfahren wirksam werden kann). Bei einem Jahreseinkommen von 36 000 € brutto (= 3000 € pro Monat) für den besser verdienenden Ehemann wird bei Steuerklasse IV eine Lohnsteuer von 5791 € errechnet. Für die Ehefrau ergibt sich bei einem Jahresbruttolohn von 23 400 € (= 1950 € pro Monat) eine Lohnsteuer von 2568 €. Zusammen kommen dabei (5791 + 2568=) 8359 € an potentiell zu zahlender Lohnsteuer heraus, wenn jeder nach Steuerklasse IV (ohne weitere individuelle Freibeträge, siehe Tipp 62) besteuert würde. Dies ist Schritt 1 der Rechenoperation. Die Werte und die komplette Berechnung können Sie übrigens im – recht einfachen – Online-Rechner des Bundesfinanzministeriums nachvollziehen. Diesen finden Sie unter www.abgabenrechner.de/fb2010/fb2010.jsp.

Und was ist Schritt 2?

Nun wird die voraussichtliche tatsächliche Steuerschuld des Ehepaars berechnet. Das wären nach dem Rechner des Bundesfinanzministeriums bei Bruttoeinkünften in Höhe von insgesamt 59 400 € (für beide Ehepartner insgesamt) 8220 €. So viel Steuern müsste das Ehepaar also für 2011 tatsächlich zahlen, wenn es bei den oben genannten monatlichen Einkünften bliebe. Das Ehepaar mit der Steuerklassenkombination IV/IV könnte deshalb 2012 mit einer Steuererstattung rechnen.

Und was soll nun das Faktorverfahren bewirken?

Es soll vermeiden, dass es erst 2012 zu einer Steuererstattung kommt. Das Faktorverfahren sorgt also dafür, dass die vorausgezahlte Steuer von vornherein realistisch ist, also niedriger ausfällt. Das geht im Beispielfall so, dass 8220 (die reale Steuer) durch 8359 (die vorausgezahlte Steuer) dividiert wird. Heraus kommt dabei der Faktor 0,983. Dafür kann man auch – das ist geläufiger – 98,3 Prozent sagen. Die Ehepartner müssen also, wenn sie »IV Faktor« wählen, monatlich nicht die volle Lohnsteuer zahlen, die bei Steuerklasse IV fällig würde, sondern nur 98,3 Prozent davon.
Übrigens: Der Unterschied zwischen der Steuerklassenkombination IV / IV und dem »IV Faktor« ist in diesem Fall nicht besonders groß, da in diesem Beispiel keine besonderen individuellen Steuerfreibeträge (etwa für Behinderung, Spenden oder Ausbildungskosten) berücksichtigt wurden. Wie die Rechnung ausfällt, wenn man auch diese noch einbezieht, wird im folgenden Tipp 62 erläutert.

Welche besonderen Verpflichtungen geht ein Ehepaar ein, das »IV Faktor« wählt?

Das Paar muss in jedem Fall im Folgejahr eine Steuererklärung abgeben. Weiterhin muss es im Folgejahr – wenn es mit der Steuerklassenwahl zufrieden war – nochmals den »IV Faktor« beantragen. Genau wie die Steuerfreibeträge jährlich neu beantragt werden müssen, muss auch der »IV Faktor« in jedem Jahr neu beantragt werden.

Und was hat das nun alles mit dem Arbeitslosengeld I zu tun?

Der Wechsel in Steuerklasse »IV Faktor« wird von der Arbeitsagentur standardmäßig anerkannt – auch ein Wechsel im Jahr der Arbeitslosigkeit. Faktor IV bringt somit ein deutlich höheres ALG I – vor allem für diejenigen, die vorher Steuerklasse V hatten. Besondere weitere Vorteile haben diejenigen, bei denen zusätzlich noch steuerliche Freibeträge wirksam werden (siehe Tipp 62). Für Beschäftigte haben die Steuerklassen und vorab bewilligte Freibeträge nur (relativ) geringe Auswirkungen. Denn sie können sich zunächst zu viel gezahlte Steuern später durch die Einkommensteuererklärung zurückholen. Für Arbeitslose bleibt es aber beim einmal ausgezahlten Arbeitslosengeld I. Nachzahlungen wegen einer ungünstigen Steuerklasse gibt es nicht. Deshalb lohnt es sich für viele Verheiratete, wenn sie noch vor Beginn ihrer Arbeitslosigkeit die Steuerklasse »IV Faktor« auf ihrer Lohnsteuerkarte 2010 eintragen lassen, die auch für 2011 weiter gilt (ehe dann die elektronische Lohnsteuerkarte kommen soll).

Verschaffen sich Arbeitslose damit nicht ungerechtfertigte Vorteile?

Nein. Denn die »IV Faktor«-Lösung ist ohnehin die steuerlich gesehen gerechteste Lösung. Daher ist es nur vernünftig, wenn auch Leistungen der Sozialversicherungen auf Grundlage von »IV Faktor« berechnet werden.

!

Tipp 62

Nur für Verheiratete:

Durch den neuen Faktor IV bringen eingetragene Steuerfreibeträge erstmals mehr ALG I

62

Von den steuerlichen Freibeträgen, die – je nach persönlicher Situation – auf der Steuerkarte eingetragen sind, um weniger Steuern im Voraus zu zahlen, hatten Arbeitslose bislang nichts. Doch auch das hat sich durch den 2010 neu eingeführten Faktor IV (siehe Tipp 61) geändert – allerdings nur für Arbeitslose, die verheiratet sind. Im Folgenden erfahren Sie, wie das funktioniert.

Ausbildungskosten für Kinder, Ausgaben für die Berufsausbildung, Unterhaltszahlungen, Sonderausgaben bei Krankheit oder Behinderung, hohe Werbungskosten (über die Pauschale von 920 € hinaus), Kirchensteuer, regelmäßige Ausgaben für Haushaltshilfen und Spenden … Dafür und für vieles mehr können Steuerfreibeträge auf der eigenen Lohnsteuerkarte oder derjenigen des Ehepartners eingetragen werden – und die laufenden Steuerzahlungen verringern. Doch all das spielte bis Ende 2009 für die Höhe des ALG I keine Rolle.

Durch den neu eingeführten § 39 f des Einkommensteuergesetzes zum »Faktorverfahren« bei Lohnsteuerklasse IV hat sich dies jedoch geändert. Verheiratete, die demnächst arbeitslos werden oder es bereits sind, können jetzt in Steuerklasse »IV Faktor« wechseln (siehe Tipp 61) mit der Folge, dass ihr ALG I auf der Grundlage von Steuerklasse IV und des neuen Faktors berechnet wird. Damit werden jedoch – was möglicherweise vom zuständigen Bundesarbeitsministerium bei der Gesetzesformulierung gar nicht bemerkt wurde – die auf der Steuerkarte (derzeit noch auf Papier, demnächst digital) eingetragenen Freibeträge beider Ehepartner in die Berechnung des ALG I einbezogen.

Denn wenn der »IV Faktor« bestimmt wird, werden alle Beträge einbezogen, die nach § 39 a Abs. 1 Nr. 1 bis 6 des Einkommensteuergesetzes als Freibeträge auf der Lohnsteuerkarte eingetragen werden könnten. Dabei handelt es sich um Freibeträge für die oben genannten Ausgaben (und noch einige mehr).

Wenn Sie im Faktorverfahren die Berücksichtigung dieser und anderer Freibeträge erreichen möchten, müssen Sie dies beim Finanzamt beantragen und dafür den Vordruck »Antrag auf Lohnsteuerermäßigung« verwenden.

Für Beschäftigte haben die Freibeträge auf der Lohnsteuerkarte nur eine relativ geringe Bedeutung: Wer sich diese nicht eintragen lässt, bezahlt zunächst zwar zu viel Steuern im Voraus. Diese kann er sich später aber durch seine Einkommensteuererklärung zurückholen.

Ganz anders ist das für Arbeitslose: Lassen sie die Freibeträge nicht auf ihrer Steuerkarte eintragen, so haben sie später keine Chance mehr, diese noch gegenüber der Arbeitsagentur geltend zu machen. Es bleibt bei dem einmal gezahlten ALG I. Nachzahlungen gibt es (jedenfalls in diesem Zusammenhang) nicht.

Folgendes Beispiel zeigt, wie sich die individuellen Freibeträge auswirken: Nehmen wir nochmals den Fall von Tipp 61, wo die Ehefrau 1950 € im Monat und ihr Ehepartner 3000 € monatlich verdient. Die zu erwartenden Bruttoeinkünfte des Paares liegen – siehe die Rechnung in Tipp 61 – bei 59 400 €. Darauf werden – wenn keine besonderen Ausgaben steuerlich geltend gemacht werden können – 8220 € Steuern fällig.

Nehmen wir weiter an, der Ehemann hat für ein Kind aus erster Ehe monatlich 300 € an Unterhaltskosten zu zahlen; dies sind 3600 € im Jahr. Die Ehefrau ist zu 70 Prozent behindert und kann hierfür einen Pauschbetrag in Höhe von 890 € geltend machen. Dazu spenden die beiden monatlich 50 € an »Brot für die Welt«, zusammen nochmals 600 € im Jahr. Das Ehepaar kann damit insgesamt 5090 € an Freibeträgen auf ihren Lohnsteuerkarten eintragen lassen. Dadurch sinkt die von ihnen voraussichtlich zu zahlende Steuer auf 6940 €.
Hätten beide Ehepartner Steuerklasse IV (ohne Freibeträge), so würden sie insgesamt 8220 € an Steuern vorauszahlen. Der »IV Faktor« errechnet sich in diesem Fall durch die Rechenoperation 6940/8220 und beträgt damit 0,844 oder 84,4 %. Dieser Faktor wird nun – wenn die Anwendung des Faktorverfahrens beim Finanzamt beantragt wird – sowohl beim Ehemann als auch bei der Ehefrau berücksichtigt. 62
Beim Ehemann wird monatlich nicht die volle Lohnsteuer abgeführt, die bei Klasse IV fällig würde, sondern nur 84,4 % hiervon. Im Kalenderjahr 2011 zahlt er damit statt 5791 nur 4860 € an Lohnsteuer. Bei der Ehefrau erhöht der »IV Faktor« das ALG I . Dies können Sie auf dem ALG-I-Rechner der Bundesagentur für Arbeit selbst nachvollziehen (http://www.pub.arbeitsamt.de/alt.html). Kreuzt man hier »IV Faktor« als Steuerklasse an, so öffnet sich ein Feld zur Eintragung des Faktors. Trägt man dort 0,844 ein, so ergibt sich bei einem Bruttolohn von 1950 € für Arbeitslose mit Kind ein monatlicher Zahlbetrag in Höhe von 894 €.
Zum Vergleich: Ohne die oben erwähnten Freibeträge, die in den »IV Faktor« eingegangen sind, kämen nur 873,60 € für das ALG I heraus – und mit der ursprünglichen Steuerklasse V sogar nur 716,40 €.
Fazit: Das Faktorverfahren lohnt sich insbesondere für diejenigen, die wissen, dass sie in Kürze arbeitslos werden. Voraussetzung ist allerdings, dass die Betroffenen verheiratet sind. Denn für Ledige ist das Faktorverfahren nicht vorgesehen. Diese Ungleichbehandlung von verheirateten und ledigen Arbeitslosen wird übrigens nicht nur von den Autoren dieses Ratgebers für verfassungswidrig gehalten.

Verfassungswidrige Benachteilung Lediger

Das Dritte Sozialgesetzbuch bestimmt in § 133 Abs. 1 Nr. 3 eindeutig, dass bei der Berechnung des ALG I »Freibeträge und Pauschalen, die nicht jedem Arbeitnehmer zustehen, nicht zu berücksichtigen« sind. Das bedeutet: Individuelle Freibeträge – etwa für Behinderung oder für Unterhaltsleistungen – zählen nicht, wenn das ALG I berechnet wird. Das mag für viele durch besondere Ausgaben belastete Arbeitslose ärgerlich sein, aber eine solche Regelung ist u. a. auch wegen der damit verbundenen Verwaltungsvereinfachung im Grundsatz akzeptabel – wie das Bundesverfassungsgericht mehrfach entschieden hat.
Seit dem 1. Januar 2010 hat sich die Sachlage allerdings geändert. Nun gibt es die Steuerklasse IV Faktor und der mit dieser Steuerklasse verbundene Faktor wird nach einem Anfang 2010 neu in § 133 eingefügten Satz bei der Berechnung des ALG I berücksichtigt. In diesen Faktor gehen jedoch die individuellen Steuerfreibeträge der Betroffenen ein. Ergo werden nun bei verheirateten Arbeitslosen – denn nur diese haben die Möglichkeit, »IV Faktor« zu wählen – »Freibeträge und Pauschalen, die nicht jedem Arbeitnehmer zustehen« bei der ALG-I-Berechnung berücksichtigt.
Die Bundesagentur für Arbeit ist sich dieses Problems durchaus bewusst und hat u. a. die Möglichkeit erwogen, für die Arbeitslosengeldberechnung einen gesonderten – um die individuellen Freibeträge »bereinigten« – »IV Faktor« zu berechnen. Das Bundesarbeits-

62

ministerium hat die BA jedoch angewiesen, weiterhin mit dem »normalen« Faktor IV zu arbeiten.
Klar ist damit: Verheiratete und ledige Arbeitslose werden damit ungleich behandelt. Ein lediger Arbeitsloser, der beispielsweise schwerbehindert ist oder hohe Unterhaltskosten an ein Kind aus erster Ehe zahlen muss, bekommt nun weniger ALG I als sein verheirateter Kollege, für den die gleichen Sachverhalte zutreffen.
Dies ist ein Verstoß gegen Art. 3 Abs. 1 Grundgesetz (Gleichheitsgrundsatz). Ledige Arbeitslose, deren ALG I wegen der Nichtberücksichtigung von individuellen Steuerfreibeträgen niedriger ausfällt als das ihrer verheirateten Kollegen, können somit unter Verweis auf die Verfassungswidrigkeit der entsprechenden Regelung Widerspruch und Klage gegen die Bemessung ihres ALG I einlegen. Es liegt allerdings nicht in der Hand der Bundesagentur für Arbeit, diesem Widerspruch stattzugeben. Die BA muss die Widersprüche ablehnen, da sie mit ihren Entscheidungen an das derzeit geltende Recht gebunden ist. Gegebenenfalls ist es allerdings möglich, die Entscheidung über die Höhe des ALG I bis zu einer möglichen Entscheidung des Bundesverfassungsgerichts bzw. bis zu einer Gesetzesänderung ruhend zu stellen. Bei Redaktionsschluss dieses Ratgebers war allerdings noch kein Fall beim Bundesverfassungsgericht anhängig.

Kapitel F
Nebeneinkommen – Wie viel kassiert die Arbeitsagentur?

NEU!

- Ein Nebenjob muss nun innerhalb von drei Tagen nach Jobaufnahme bei der Arbeitsagentur angemeldet werden (→ Tipp 63).
- Bei selbstständigen Nebenjobs kann das ALG I nun vorläufig bewilligt werden (auf Grundlage vorläufiger Anrechnungsbeträge). Das anzurechnende Nebeneinkommen kann auch geschätzt werden (→ Tipp 67).

Checkliste

- Haben Sie Ihren Nebenjob bei der Arbeitsagentur angemeldet?
  (→ Tipp 63)
- Achten Sie in jedem Fall auf die 14,9-Stunden-Grenze!
  (→ Tipp 63)
- Bei höheren Einkommen günstiger als ein Nebenjob:
  Zeitweise Abmeldung bei der Arbeitsagentur!
  (→ Tipp 69)
- Nutzen Sie den Nebenjob zur Arbeitssuche!
  (→ Tipp 63)
- Üben Sie eine steuerfreie Übungsleitertätigkeit aus?
  (→ S. 175)
- Geld für Angehörigenpflege wird aufs ALG I nicht angerechnet
  (→ Tipp 63)
- Haben Sie bereits vor der Arbeitslosigkeit einen Nebenjob oder eine selbstständige Nebentätigkeit ausgeübt?
  (→ Tipp 68)
- Werbungskosten mindern anrechenbares Einkommen –
  Vorziehen von Ausgaben kann sinnvoll sein
  (→ Tipp 67)
- Bei Minijobs: Verzicht auf Versicherungsfreiheit kann sich lohnen
  (→ Tipp 66)

63

! Tipp 63
Arbeitslose dürfen Nebenbeschäftigung ausüben

Aber: Gesetzliche Regeln einhalten

Wenn Sie ALG I beziehen und nebenher arbeiten, begehen Sie keineswegs Missbrauch. Im Gegenteil: Das Sozialgesetzbuch III sieht ausdrücklich vor, dass Sie neben dem Geld von der Arbeitsagentur etwas hinzuverdienen dürfen. Arbeitslose müssen jedoch zwei Regeln einhalten:

Regel 1: Die 14,9-Stunden-Grenze beachten

Als arbeitslos werden nur diejenigen anerkannt, die weniger als 15 Stunden in der Woche arbeiten – so bestimmt es das SGB III. Das heißt: Bis zu 14 Stunden und 59 Minuten dürfen Erwerbslose in der Woche beschäftigt sein. Sie dürfen dann zugleich Lohn oder Gehalt und Geld von der Arbeitsagentur beziehen. Wer genau 15 Stunden oder mehr in der Woche arbeitet, gilt nicht mehr als arbeitslos im Sinne des Gesetzes. Damit verlieren die Betroffenen auch ihren Anspruch auf ALG I. Es kommt also darauf an, die 14,9-Stunden-Grenze genau zu beachten!

Arbeitsvertrag zählt

Ob die Dauer einer aufgenommenen Beschäftigung die 15-Stunden-Grenze sprengt, hängt in der Regel davon ab, was der Betroffene und sein Arbeitgeber vertraglich vereinbart haben. Bei längerfristigen Nebentätigkeiten sind gelegentliche Abweichungen von diesen Regeln erlaubt. Bei einer Nebentätigkeit von mindestens zwölf Wochen darf man bis zu drei zusammenhängende Wochen über die 14,9-Stunden-Grenze hinaus arbeiten. »Auf den Umfang der Arbeitszeitüberschreitung kommt es dabei nicht an«, führt die Bundesagentur in ihren Durchführungsanweisungen zu § 119 SGB III aus. Wer in solchen Fällen für kurze Zeit länger als 14,9 Stunden arbeiten möchte, sollte sich im Zweifelsfall jedoch vorher bei der Arbeitsagentur beraten lassen.

Problematisch waren bis vor kurzem die Fälle, in denen Arbeitslose in zwei aufeinanderfolgenden Kalenderwochen eine Nebenbeschäftigung aufgenommen hatten. Beispiel: Ein Arbeitsloser arbeitete am Freitag von Woche 1 acht Stunden und am darauffolgenden Dienstag nochmals acht Stunden. In diesen Fällen ging die Bundesagentur für Arbeit früher davon aus, dass in der Beschäftigungswoche (diese beginnt mit dem ersten Beschäftigungstag, in diesem Fall also dem Freitag und geht dann bis zum folgenden Donnerstag) 16 Stunden gearbeitet wurde – und keine Arbeitslosigkeit und damit kein Anspruch auf Arbeitslosengeld mehr vorlagen. Inzwischen gilt in solchen Fällen aber – aus »Vereinfachungsgründen« – das Kalenderwochen-Prinzip. Geregelt ist dies in Punkt 1.4.(4) der Durchführungsanweisungen zu § 119 SGB III.

Auch Vor- und Nachbereitungszeiten werden berücksichtigt

Wenn die Arbeitsagentur entscheidet, ob die 14,9-Wochenstunden-Grenze eingehalten wird, werden auch Vor- und Nacharbeiten und nicht nur die vertraglich festgeleg-

te Arbeitsstundenzahl berücksichtigt. Wichtig sind Vor- und Nacharbeiten vor allem bei Lehr- und Unterrichtstätigkeiten. Hier stimmen die Unterrichtsstundenzahl und die Zahl der Arbeitsstunden nicht überein. Aber wie viel Arbeit fällt genau neben der reinen Lehrtätigkeit an? Die Arbeitsagentur behilft sich in diesen Fällen, indem sie zwei Werte einbezieht: die Pflichtstundenzahl der Vollzeit beschäftigten Lehrkräfte und die tariflich festgelegte Wochenarbeitszeit von Tarifangestellten.
Ein Beispiel: In einer Bildungsinstitution ist eine regelmäßige wöchentliche Arbeitszeit der Tarifangestellten von 37,5 Stunden festgelegt. Zunächst setzt die Arbeitsagentur nun die Kurzzeitigkeitsgrenze von 15 Arbeitsstunden ins Verhältnis zu dieser tariflichen Arbeitszeit. In diesem Fall ergibt sich eine glatte Zahl: 15 Arbeitsstunden machen genau 40 Prozent der tariflichen wöchentlichen Arbeitszeit aus.
Arbeitslose, die Nebentätigkeiten als Lehrkräfte ausüben wollen, dürfen demnach 40 Prozent der Unterrichtszeit der fest angestellten Lehrer nicht erreichen.
Soweit für fest angestellte Lehrer 28 Pflichtstunden festgesetzt sind, kommen für Arbeitslose deshalb nur weniger als 40 Prozent dieser 28 Stunden in Frage. Bei dieser Rechenoperation ergibt sich ein Wert von 11,2 Unterrichtsstunden, der nicht erreicht werden darf, wenn man den Anspruch auf Arbeitslosenunterstützung nicht verlieren möchte. Falls Arbeitslose als Honorarkräfte lediglich elf Unterrichtsstunden pro Woche geben, gelten sie deshalb unter den genannten Voraussetzungen weiterhin als arbeitslos im Sinne des Gesetzes.

Regel 2: Die Nebenbeschäftigung anmelden

Nebeneinkommen – egal, ob aus einer selbstständigen Tätigkeit oder abhängigen Beschäftigung – muss sofort bei der Arbeitsagentur angemeldet werden. Denn es wird bei der Unterstützung angerechnet. Die Arbeitsagentur verdient oft also einen Teil des Nebeneinkommens mit (siehe Tipp 66). Wer ein Nebeneinkommen aus Erwerbstätigkeit nicht anmeldet, riskiert ein Ordnungswidrigkeits- oder gar Strafverfahren und muss unrechtmäßig bezogenes Geld an die Arbeitsagentur zurückzahlen. Die Arbeitsagentur arbeitet bei der Bekämpfung von Leistungsmissbrauch unter anderem mit den Krankenkassen zusammen. Hierdurch wird jede Tätigkeit bekannt, die bei einer Krankenkasse als beitragspflichtig gemeldet worden ist.

Neu: Dreitageregel

Der Bundesrechnungshof hatte moniert, dass die Arbeitsagenturen verspätete Anzeigen von Nebentätigkeiten vielfach nicht als Ordnungswidrigkeit verfolgt haben. Deshalb stellen nun die Durchführungsanweisungen der BA klar, dass das Nebeneinkommen »durch den Arbeitslosen unverzüglich anzuzeigen ist«. Im Prinzip muss das Nebeneinkommen – so die BA – spätestens am Tag der Arbeitsaufnahme angezeigt werden.
Da Arbeitslose meist – etwa über die Veränderungsmitteilung – die Jobaufnahme schriftlich anzeigen, gilt in der Praxis nun eine Dreitageregel. Wenn die Anzeige der Nebenbeschäftigung am dritten Tag nach der Arbeitsaufnahme bei der Arbeitsagentur eingegangen ist, »kann« die BA auf die »Prüfung der Unverzüglichkeit« verzichten (und tut dies in der Regel auch). Wer seinen Nebenjob erst nach vier Tagen meldet, muss nun u. U. mit einem Ordnungswidrigkeitenverfahren rechnen. In jedem Fall muss der Betroffene, wenn hierdurch zu viel ALG I überwiesen worden ist, die überzahlten Beträge sowie die von der BA zu viel gezahlten Sozialversicherungsbeiträge zurückzahlen.

Nicht angemeldet zu werden brauchen dagegen beim Antrag oder Bezug der Versicherungsleistung ALG I Einkünfte, die nicht im direkten Zusammenhang mit Erwerbsarbeit stehen (z. B. Zins- oder Mieteinkünfte, Steuerrückzahlungen, Erbschaften, Unterhalt etc.). Solche Einnahmen spielen – genauso wie vorhandenes Vermögen – nur beim Antrag oder Bezug der Bedürftigkeitsleistung ALG II (siehe Kapitel N) eine Rolle. Bezieher von Arbeitslosengeld I dürfen dagegen Vermögen oder Einkünfte aus anderen Quellen als Erwerbsarbeit in beliebiger Höhe haben. Das hat keinen Einfluss auf ihren Anspruch auf das Geld aus der Versicherungskasse, in die sie ja auch lange eingezahlt haben.

63

Arbeitgeberangaben auf Formular zum Nebeneinkommen kontrollieren!

Wenn Sie die beiden Regeln zum Nebeneinkommen bei Erwerbstätigkeit beachten, geht alles Weitere seinen normalen bürokratischen Gang: Bei der Arbeitsagentur erhalten Sie ein Formular zur Anmeldung Ihrer Nebenbeschäftigung; dieses können Sie sich auch per Internet unter www.arbeitsagentur.de herunterladen. Geben sie in einer Suchmaschine »Bescheinigung über Nebeneinkommen« ein, wird Ihnen das Formblatt angezeigt. Dieses können Sie im Übrigen – bis auf die Angaben, die Ihr Arbeitgeber machen muss – selbst am PC ausfüllen. Das ausgedruckte Formular legen Sie Ihrem Arbeitgeber bzw. der Personalabteilung der Firma, in der Sie die Nebenbeschäftigung ausüben, vor. Kontrollieren Sie die Angaben der Firma in dieser Bescheinigung genau, besonders die für Sie wichtigen Angaben zu Ihrer Arbeitszeit, bevor Sie das ausgefüllte Formular wieder bei der Arbeitsagentur abgeben. Aufgrund der Angaben des Arbeitgebers prüft die Arbeitsagentur, ob Teile des Einkommens, das Sie erzielen, auf Ihr Arbeitslosengeld angerechnet werden. Wie das funktioniert und was Sie dabei beachten müssen, erfahren Sie in Tipp 66.
Übrigens: Voraussichtlich ab 2014 melden Arbeitgeber den Arbeitsagenturen nicht mehr in Papierform, sondern digital über das elektronische Entgeltnachweisverfahren (ELENA).

Bei Angehörigenpflege: Pflegegeld darf nicht angerechnet werden

Wer Arbeitslosengeld bezieht, darf in der Regel keine Tätigkeit mit 15 oder mehr Wochenstunden aufnehmen – sonst entfällt der Anspruch auf das Geld von der Arbeitsagentur. Diese Regelung gilt nicht für Arbeitslose, die einen Angehörigen pflegen. Außerdem ist das Pflegegeld der Pflegekasse anrechnungsfrei. Näheres erläuterte die Bundesagentur für Arbeit auf unsere Anfrage:

Wer das reguläre ALG I bezieht, muss dem Arbeitsmarkt zur Verfügung stehen. Gelten auch diejenigen Arbeitslosen, die Angehörige pflegen, als verfügbar?
BA: Die Pflege von Angehörigen, die pflegebedürftig im Sinne der Pflegeversicherung sind, und der Bezug von ALG I schließen sich nicht gegenseitig aus. Hier muss immer der Einzelfall geprüft werden. Das gilt selbst dann, wenn der Pflegebedürftige in Pflegestufe III eingeordnet ist und der Pflegeaufwand sehr groß ist. Wenn der Pflegende in diesem Fall versichert, dass bei einer Arbeitsaufnahme die Pflege sofort von einem Pflegedienst oder von anderen Angehörigen übernommen wird, gehen die Arbeitsagenturen davon aus, dass der Betroffene dem Arbeitsmarkt zur Verfügung steht. Eine zeitliche Obergrenze für die wöchentliche Pflegearbeitszeit gibt es also nicht – wenn es sich um die Pflege von Angehö-

rigen handelt. Der Arbeitslose kann auch erklären, dass er nur Teilzeittätigkeiten annehmen möchte. Dann wird das ALG I aber entsprechend gekürzt (siehe Tipp 93). Wichtig: Pflegende haben die gleichen Pflichten wie alle anderen Arbeitslosen. Sie müssen also aktiv Arbeit suchen und ihre Suchaktivitäten belegen, wenn sie hierzu aufgefordert werden (siehe Tipp 27). Sie müssen auch an zumutbaren Maßnahmen teilnehmen.

Welche Folgen hat es für das ALG I, wenn sich die Aufnahme einer Erwerbstätigkeit nicht mit der Pflege eines Angehörigen vereinbaren lässt?
BA: Dann besteht auch kein Anspruch auf ALG I. Pflegende können zwar Wünsche hinsichtlich der Arbeitszeit und der Verteilung der Arbeitszeit äußern und so ihre Verfügbarkeit einschränken. Wenn sie aber Stellen ablehnen, für die sie sich zuvor als verfügbar erklärt haben, können sie mit einer Sperrzeit belegt werden. Wenn sie prinzipiell ablehnen, solche Stellen anzunehmen, gelten sie als nicht verfügbar – mit der Folge, dass das ALG I gestrichen wird.

Dürfen Bezieher von ALG I das Pflegegeld behalten, das ihnen der Pflegebedürftige weitergibt?
BA: Wenn es sich um die Pflege von Angehörigen oder von Nachbarn oder engen Bekannten handelt, dann zählt das Pflegegeld nicht als anrechenbares Nebeneinkommen. Es wird also weder beim ALG I noch beim ALG II angerechnet. Wenn allerdings Fremde gepflegt werden, dann ist die Pflege ein ganz normaler Gelderwerb. In diesem Fall gelten ganz andere Regeln. Die Einkünfte sind dann voll anzurechnen. Wenn die Pflege von Fremden pro Woche 15 Stunden oder mehr in Anspruch nimmt, besteht auf keinen Fall mehr Anspruch auf Arbeitslosengeld I.

! Tipp 64 Arbeitsvermittlung hat Vorrang vor Nebentätigkeit

Nebenjobs sind für Arbeitslose grundsätzlich erlaubt und von der Bundesagentur für Arbeit auch gern gesehen – soweit sie angemeldet werden. Schließlich bleibt so, wie man es in Nürnberg formuliert, »die Nähe zum Arbeitsmarkt« erhalten. Zugleich ist aber auch klar: Die Aufnahme eines neuen (Vollzeit-)Jobs hat Vorrang vor einer Nebenbeschäftigung: »Will der Arbeitslose wegen der weniger als 15 Stunden wöchentlich umfassenden Beschäftigung keine mehr als kurzzeitige Beschäftigung unter den üblichen Bedingungen des Arbeitsmarktes ausüben, steht er nicht zur Verfügung« (§ 119 Abs. 5 SGB III). So beginnen die Durchführungsanweisungen der Bundesagentur zum Nebenkommens-Paragraf 141 des Dritten Sozialgesetzbuchs. Praktisch bedeutet das: Wer wegen eines Nebenjobs der Arbeitsvermittlung nicht voll zur Verfügung steht, verliert seinen Anspruch auf ALG I.
Wie sehr Arbeitslose durch angemeldete Nebenjobs gebunden sind, wurde in der Vergangenheit selten geprüft. Das hat sich geändert. Mitunter werden Arbeitslose beispielsweise aufgefordert, ihren Arbeitsvertrag zur Nebentätigkeit vorzulegen (sofern es einen gibt). Insbesondere interessieren sich die Arbeitsagenturen dabei für die Einhaltung der »14,9-Stunden-Grenze« (siehe Tipp 63) und für die Kündigungsregelungen.

64

Kündigungsfristen im Nebenjob

Kündigungsfristen gibt es auch bei geringfügigen Beschäftigungen. Vielfach gelten vierwöchige Kündigungsfristen – selbst dann, wenn kein schriftlicher Arbeitsvertrag existiert. Wird dadurch möglicherweise die sofortige Aufnahme eines neuen Vollzeitjobs behindert? Nein: Auch wenn ein Arbeitsvermittler von heute auf morgen einen Vollzeitjob für den Arbeitslosen »aus dem Hut zaubern« würde, stünde die Kündigungsfrist im Nebenjob der Aufnahme einer regulären Vollzeittätigkeit nicht entgegen. Denn ein Arbeitnehmer, der sich nicht an die Kündigungsfrist beim Nebenjob hält und sofort aus diesem Job aussteigt, riskiert schlimmstenfalls eine (kleinere) Vertragsstrafe seitens des Nebenjob-Arbeitgebers – und das allenfalls dann, wenn eine Vertragsstrafe im Arbeitsvertrag ausdrücklich vorgesehen ist (und selbst das ist juristisch äußerst umstritten). Damit müssen die Arbeitsagenturen akzeptieren, dass Kündigungsfristen bei geringfügigen Nebentätigkeiten der Verfügbarkeit auf dem Arbeitsmarkt nicht entgegenstehen. Eines dürfen Arbeitslose der Arbeitsagentur gegenüber allerdings keinesfalls erklären: »In den nächsten beiden Wochen kann ich noch keine neue Stelle annehmen, weil ich bei meinem Nebenjob im Vertrag stehe.« Wer sich so oder ähnlich äußert, steht der Arbeitsvermittlung nicht zur Verfügung und hat keinen Anspruch auf ALG I.

Wer der Arbeitsagentur gegenüber völlig auf »Nummer sicher« gehen möchte, kann – so erläutert Michael Felser, Arbeitsrechtsexperte aus dem rheinischen Brühl – mit seinem Nebenjob-Arbeitgeber auch etwa folgende Vereinbarung schließen: »Der Arbeitnehmer wird, sobald er eine Vollzeitbeschäftigung findet, umgehend von der Arbeit freigestellt.« Hat ein Nebenjobber allerdings keinen schriftlichen Arbeitsvertrag, so kann die Arbeitsagentur auch nicht verlangen, dass ein Vertrag beigebracht wird. Der Vermittler muss sich dann mit der vom Arbeitgeber ausgefüllten Nebeneinkommensbescheinigung begnügen und – wenn es denn sein muss – der Erklärung des Arbeitslosen, dass dieser für eine neue Stelle, falls erforderlich, jederzeit sofort seinen Nebenjob im Stich lassen würde.

Auch Trainingsmaßnahmen gehen meist vor

Arbeitslose, die einen angemeldeten Nebenjob ausüben, werden derzeit häufig auch zu so genannten beruflichen Trainingsmaßnahmen eingeladen. Das Ziel ist dabei eindeutig: Die Bundesagentur für Arbeit setzt darauf, dass viele Erwerbslose eine solche Einladung bzw. Vorladung nicht beachten. Dann gibt es eine Sperrzeit (siehe Tipp 98) und das ALG I wird – vorübergehend zumindest – gestrichen. Dagegen wird man sich meist mit rechtlichen Mitteln kaum wehren können. Denn die Teilnahme an solchen Maßnahmen ist im Prinzip Pflicht – selbst wenn dadurch der Nebenjob »platzen« sollte.

Tipp: Für Arbeitslose mit Nebenjob kann es sehr gute Gründe geben, den Nebenjob einer Trainingsmaßnahme vorzuziehen, etwa dann, wenn der Nebenjob-Arbeitgeber deutlich signalisiert, dass er nach einer »Erprobung« den Jobber gerne übernehmen möchte. Wenn dies zutrifft und man zu einer Trainingsmaßnahme eingeladen wird, sollte man genau dies vor dem Maßnahmebeginn seinem Vermittler erklären (gegebenenfalls auch per E-Mail, falls man die richtige Adresse hat) und ihn darum bitten, auf die Zuweisung zur Trainingsmaßnahme zu verzichten.

Nebenjob und Meldetermin

Bis Ende 2003 galt die »Übernahme von unaufschiebbaren geringfügigen Nebenbeschäftigungen« nach den Weisungen der Bundesagentur ausdrücklich als ein »wichtiger Grund«, um einer Meldeaufforderung bei der Arbeitsagentur (siehe Tipp 37) nicht nachzukommen. Dies galt jedenfalls »soweit dadurch Verfügbarkeit nicht beeinträchtigt« wurde. Das bestimmten die Durchführungsanweisungen zu Meldeversäumnissen. Heute beinhalten die Durchführungsanweisungen zu § 144 SGB III nur noch eine Generalklausel, nach der ein wichtiger Grund vorliegt, »wenn die Befolgung der Meldeaufforderung dem Arbeitslosen bei Interessenabwägung nicht zumutbar war«.
Tipp: Wenn Sie zu der Zeit, in der Sie Ihren angemeldeten Nebenjob ausüben, bei der Arbeitsagentur zu einem Beratungsgespräch vorgeladen werden, können Sie unter Verweis auf den Nebenjob um eine Terminverschiebung bitten. Falls der Vermittler dem nicht zustimmt, sollten Sie den Termin wahrnehmen.

! Tipp 65
Gestaltungsmöglichkeiten bei Nebenjobs nutzen

Gerade bei flexiblen Nebentätigkeiten kommt es häufig vor, dass die Betroffenen ihre Arbeitszeit recht frei gestalten können. Ein Beispiel: Ein Arbeitsloser kann innerhalb eines Monats in einer Gaststätte 40 Stunden als Kellner aushelfen. Die Aufteilung dieser Arbeitszeit ist beliebig. In einem solchen Fall gibt es für Erwerbslose zwei günstige Regelungen:
Zum einen kann die Arbeitszeit auf einen möglichst langen Zeitraum »gestreckt« werden, so dass auf jede Beschäftigungswoche weniger als 15 Stunden entfallen. Im genannten Beispiel bietet sich eine Verteilung der Arbeit auf drei oder vier Beschäftigungswochen mit jeweils weniger als 15 Arbeitsstunden in der Woche an. In diesem Fall besteht durchweg ein Anspruch auf ALG I. Das Nebeneinkommen wird dann aber angerechnet und das ALG I wird um den Anrechnungsbetrag gekürzt (siehe Tipp 66).
Zum anderen kann die Arbeitszeit in einem kurzen Zeitraum »zusammengeballt« werden. Der Aushilfskellner kann also sämtliche 40 Arbeitsstunden in eine einzige Beschäftigungswoche legen. In dieser Zeit hat er dann ein ganz normales sozialversichertes Beschäftigungsverhältnis. Während dieser Woche muss er sich dann bei der Arbeitsagentur abmelden, ein Unterstützungsanspruch besteht dann natürlich nicht. Der Vorteil: In diesem Fall kann er seinen vollen Kellnerverdienst ungekürzt behalten. Nach der Beschäftigungswoche kann er – sofern er sich erneut bei der Arbeitsagentur als arbeitslos meldet – wieder das volle ALG I bekommen. Weiterhin ist wichtig: Während der Abmeldungszeit wird der Anspruch auf ALG I nicht aufgebraucht (siehe Tipp 69).

Kurzfristige Abmeldung bei der Agentur für Arbeit kann Vorteile bringen

Gerade wenn Sie befürchten müssen, längere Zeit ohne Job zu bleiben, ist es für Sie von Vorteil, wenn Sie sich durch eine zeitweise Abmeldung bei der Arbeitsagentur

Ihren Anspruch auf ALG I aufsparen. Wenn Sie Ihre Arbeitslosigkeit für weniger als sechs Wochen unterbrechen und der Arbeitsagentur das Ende des Unterbrechungszeitraumes vorher mitteilen, müssen Sie sich nach dem Ablauf der Unterbrechungszeit nicht erneut bei der Arbeitsagentur arbeitslos melden und keinen neuen Antrag auf ALG I stellen. Denn die Leistungen von der Agentur werden nach der angemeldeten Unterbrechungszeit ohne erneute Meldung weitergezahlt. Dieses Verfahren sollten Sie allerdings in jedem Fall mit der Arbeitsagentur genau absprechen! Wichtig ist weiter: Wenn Sie sich zwischenzeitlich abmelden, müssen Sie sich unter Umständen freiwillig krankenversichern. Erkundigen Sie sich im Zweifelsfall bei Ihrer Krankenkasse.

! Tipp 66 Einkommen aus Nebenjob wird angerechnet

Wie viel die Agentur für Arbeit mitverdient

Erzielen Sie zusätzlich zum ALG I Nebeneinkommen aus Erwerbstätigkeit, wird die Leistung der Arbeitsagentur gekürzt. Denn Ihr Nebeneinkommen wird auf Ihr ALG I angerechnet. Wie viel die Agentur abzieht und wie Sie Abzüge (manchmal) vermeiden können, erfahren Sie in diesem Tipp.
Die Arbeitsagentur kürzt die monatlichen Überweisungen an Erwerbslose, wenn diese Nebeneinkommen aus abhängiger oder selbstständiger Beschäftigung erzielen. Denn Teile des Nebeneinkommens werden mit den Zahlungen der Arbeitsagentur verrechnet. Um die Kürzungsbeträge festzustellen, verfährt die Arbeitsagentur in drei Schritten: Zunächst wird festgestellt, ob das Nebeneinkommen überhaupt zu berücksichtigen ist. Anschließend geht es darum, welcher Teil des Nebeneinkommens anrechenbar ist. Und schließlich werden die Freibeträge der Betroffenen ermittelt. Soweit das anrechenbare Nebeneinkommen die Freibeträge übersteigt, kürzt die Arbeitsagentur das monatlich überwiesene ALG I um den vollen Unterschiedsbetrag.

Schritt 1: Ist das Einkommen überhaupt anrechenbar?

Auch manche Einkommensarten aus Erwerbstätigkeit sind grundsätzlich nicht anrechenbar. Dies gilt für so genannte Aufwandsentschädigungen, die Sie für eine Reihe von ehrenamtlichen und nebenberuflichen Tätigkeiten erhalten. Eine Tätigkeit als Kursleiter bei einem Sportbildungswerk kann beispielsweise 2009 bis zu einem Betrag von 2100 € im Jahr anrechnungsfrei sein. Nähere Informationen hierzu gibt es im Kasten auf Seite 175. Auch Pflegegeld, das Erwerbslose für die Betreuung eines pflegebedürftigen Angehörigen bekommen, wird beim ALG I nicht angerechnet (siehe Tipp 63).

Schritt 2: Ermittlung des anrechenbaren Einkommens

Die Arbeitsagentur berücksichtigt nicht das volle Nebeneinkommen aus einem Job. Die Bruttoeinkünfte werden um Steuern und Sozialversicherungsbeiträge reduziert.

Abgezogen werden weiterhin – ähnlich wie bei der jährlichen Einkommensteuerveranlagung durch die Finanzämter (dem früheren Lohnsteuerjahresausgleich) – die so genannten Werbungskosten, wie etwa Fahrtkosten zur Arbeitsstelle oder Gewerkschaftsbeiträge. Weitere Informationen zu den Werbungskosten, die vom Nebeneinkommen abgesetzt werden können, enthält Tipp 67.

Das können Sie von Ihrem Nebeneinkommen absetzen:

Absetzbare Ausgaben		
• Sozialversicherungsabgaben		______
• Steuern	+	______
• Solidaritätszuschlag	+	______
• Werbungskosten	+	______
Summe der absetzbaren Ausgaben	=	______
Freibetrag		
• 165 € im Monat	+	______
Insgesamt vom Bruttoeinkommen absetzbar	=	______

Das Ergebnis wird Ihrem Bruttonebeneinkommen gegenübergestellt, das Sie in einem Kalendermonat erzielt haben. Ist das Bruttonebeneinkommen höher als der insgesamt absetzbare Betrag, wird der übersteigende Betrag voll von Ihrem ALG I abgezogen.

Schritt 3: Ermittlung der Freibeträge

Das so ermittelte anrechenbare Nebeneinkommen verringert das ALG I nur dann, wenn der Freibetrag überschritten ist. Monatliches Nebeneinkommen bis zur Höhe von 165 € wird grundsätzlich nicht berücksichtigt. Dieser 165-Euro-Freibetrag steht Arbeitslosen auch dann in voller Höhe zu, wenn sie nur eine Woche im Monat arbeiten. Es erfolgt also keine Umrechnung auf (niedrigere) wöchentliche Freibeträge.

Großzügigere Regelungen bei fortgesetzter Nebentätigkeit

In manchen Fällen gelten großzügigere Regelungen – und zwar dann, wenn die Arbeitslosen vor ihrem Jobverlust bereits einen zweiten Job ausgeübt haben oder nebenher als Selbstständige bzw. mithelfende Familienangehörige tätig waren. Mehr Informationen hierzu finden Sie in Tipp 68.

Nebenbeschäftigung auch melden, wenn kein anrechenbares Einkommen erzielt wird

66

Vielleicht stellen Sie nach der Lektüre dieser Tipps fest, dass Ihr Nebeneinkommen entweder grundsätzlich nicht anrechenbar ist oder dass Sie keine Einkommensanrechnung befürchten müssen. Wichtig ist: Nebenbeschäftigungen sind auch in solchen Fällen meldepflichtig. Die Entscheidung, ob eine Nebenbeschäftigung erlaubt ist und ob Sie anrechenbares Einkommen erzielen, ist Sache der Arbeitsagentur. Wenn Sie auf eine Anmeldung Ihres Nebenjobs verzichten, verstoßen Sie nicht nur gegen gesetzliche Mitwirkungsverpflichtungen, zudem gefährden Sie das Vertrauensverhältnis, das zwischen Ihnen und Ihrem Arbeitsvermittler (hoffentlich) besteht. Daher sollten Sie bei einer Nebenbeschäftigung grundsätzlich »mit offenen Karten« spielen.

Fallbeispiel: So viel kassiert die Arbeitsagentur vom Nebeneinkommen

Fatma Sönmez verdiente früher monatlich netto 1500 €, jetzt ist sie arbeitslos und bekommt pro Monat 900 € ALG I. Nach einiger Zeit findet sie einen Nebenjob, bei dem sie wöchentlich zehn Stunden arbeitet und monatlich brutto 350 € verdient. Sie hat diesen Job bei der Arbeitsagentur angemeldet.
Zunächst überprüft die Arbeitsagentur nun, ob die gebürtige Türkin trotz ihrer Nebenbeschäftigung überhaupt noch als arbeitslos im Sinne des Gesetzes gilt: Sie arbeitet unter 15 Stunden in der Woche und kann daher ALG I beanspruchen. Die Höhe ihres Einkommens spielt bei der Entscheidung, ob sie arbeitslos ist oder nicht, keine Rolle.
Als nächstes ermittelt die Arbeitsagentur das anrechenbare Nebeneinkommen. Nach Abzug der Werbungskosten reduziert sich der zu berücksichtigende Teil ihres Nebeneinkommens auf 270 €.
Wie allen Erwerbslosen steht ihr ein Mindestbetrag von 165 € zu. So viel darf sie verdienen, ohne dass die Arbeitsagentur mitkassiert. Jeder darüber hinausgehende Euro wird voll von ihrem ALG I abgezogen. Ihr anrechenbares Nebeneinkommen ist mit 270 € um genau 105 € höher als der Freibetrag. Ihr monatlich gezahltes ALG I wird deshalb von 900 € auf 795 € gekürzt.

Pflichtbeiträge zur Rentenversicherung senken anrechenbares Einkommen

Liegt Ihr Nebeneinkommen aus einem Minijob im Monat voraussichtlich über den Freibetragsgrenzen der Arbeitsagentur, kann es sich für Sie auch lohnen, in Ihre spätere Rente zu investieren. Jeder Euro, den Sie für Pflichtbeiträge zur Rentenversicherung ausgeben, mindert nämlich ihr anrechenbares Nebeneinkommen (hier gilt genau das Gleiche wie bei Werbungskosten, siehe Tipp 67).
Und so können Sie Ihre Pflichtbeiträge zur Rentenversicherung beeinflussen: Normalerweise gelten Minijobs bis 400 € im Monat für den Arbeitnehmer als versicherungsfrei. Lediglich der Arbeitgeber zahlt Beiträge – in Höhe von 15 Prozent Ihres Arbeitsentgelts statt normalerweise 19,9 Prozent – in die Rentenkasse ein. Entsprechend niedrig sind die Ansprüche, die ein Minijobber bei der Rentenversicherung erwirbt. Ein Jahr in einem 400-Euro-Job erhöht die spätere monatliche Rente derzeit lediglich um 3,11 €.
Sie können allerdings durch eine Erklärung gegenüber dem Arbeitgeber auf die Befreiung von der Versicherungspflicht verzichten. Für Ihren Minijob-Arbeitgeber än-

dert sich dadurch nichts. Sie selbst stocken aber den Versicherungsbeitrag auf den »normalen« Beitragssatz der Rentenversicherung auf. Bei einem gewerblichen Minijob führen Sie dann 4,9 Prozent Ihres Einkommens an die Rentenkasse ab. Bei einem Arbeitsentgelt von 400 € sind das genau 19,60 € im Monat. Dafür erwerben Sie dann nach den Werten von 2009 für ein Jahr als 400-Euro-Jobber später einen monatlichen Rentenanspruch von 4,13 €. Die genannten Werte gelten für die alten Bundesländer. In den neuen Ländern werden bei identischen Beiträgen jeweils geringfügig höhere Anwartschaften erworben.
Möglicherweise werden Sie nun denken, für die Miniansprüche lohnt sich der Aufwand nicht. Doch denken Sie daran: Die Aufstockung der Rentenversicherungsbeiträge kostet Sie ja nichts – denn indirekt finanziert die Arbeitsagentur ja Ihre kleine Rentenerhöhung …

! Tipp 67 Werbungskosten nur auf Antrag absetzbar

Bei Betriebskosten Schätzung möglich

Von Ihrem Nebeneinkommen, das Sie als Arbeitsloser erzielen, können Sie die Ausgaben, die Ihnen in diesem Zusammenhang entstanden sind, als Werbungskosten absetzen. Hierzu gehören unter anderem die Fahrtkosten zur Arbeitsstelle, Beiträge an Gewerkschaften und Berufsverbände, Kosten für berufliche Fortbildung, Fachliteratur, Berufskleidung, Arbeitsmittel, Werkzeuge oder Bewerbungen. Wichtig ist dabei aber: Bei der Arbeitsagentur gibt es – anders als beim Finanzamt – keine Werbungskostenpauschale. Sie müssen Ihre Ausgaben deshalb – möglichst auch mit Belegen – geltend machen. Es lohnt sich daher für Sie, alle Kassenzettel und Rechnungen im Zusammenhang mit Ihrem Nebenjob zu sammeln.
Zum Nachweis der Werbungskosten dient das Formblatt »Bescheinigung über Nebeneinkommen«, das bei jeder Arbeitsagentur zu erhalten ist und per Internet unter www.arbeitsagentur.de heruntergeladen werden kann. Auf der Vorderseite dieses Formulars muss der Arbeitgeber die Arbeitszeit sowie das Bruttoentgelt und die gesetzlichen Abzüge eintragen. Auf der für den Arbeitslosen bestimmten Rückseite wird nach Fahrtkosten und sonstigen Werbungskosten gefragt. Jeden Euro, den die Betroffenen hier als Ausgaben nachweisen (möglichst auch mit Quittungen), dürfen sie voll behalten, ohne dass die Arbeitsagentur mitverdient.
Grundsätzlich gilt dabei nach den Durchführungshinweisen der Bundesagentur für Arbeit zu § 141 SGB III: »Die Werbungskosten sind in der Höhe abzuziehen, wie sie steuerrechtlich anerkannt werden.«
Das bedeutet im Einzelnen: Bei Fahrtkosten mit eigenem PKW wird z. B. pro Entfernungskilometer (= einfache Entfernung) zwischen Wohnung und Arbeitsplatz eine Entfernungspauschale von 0,30 € anerkannt. Wenn die Wohnung beispielsweise zehn Kilometer vom Arbeitsplatz im Nebenjob entfernt ist, werden bei zehn Arbeitstagen im Monat insgesamt 30 € als Werbungskosten berücksichtigt (egal ob man den Weg zu Fuß, per Fahrrad oder mit einem PKW zurücklegt). Wer zusätzlich noch zehn Euro monatlich an Gewerkschaftsbeiträgen zahlt, kommt insgesamt schon auf 40 € Wer-

bungskosten, die neben den anderen absetzbaren Ausgaben und dem Freibetrag von 165 € pro Monat (siehe Tipp 66) anrechnungsfrei sind.

67

Manchmal kann es sich lohnen, größere Ausgaben vorzuziehen

Wenn Ihr Nebeneinkommen voraussichtlich um einige hundert Euro über den Freibetragsgrenzen liegt, ist für Sie unter Umständen eine »strategische Ausgabenplanung« sinnvoll. Überlegen Sie, ob Sie eventuell notwendige Ausgaben zur Ausübung Ihrer Tätigkeit vorziehen können, die in der nächsten Zeit ohnehin anfallen würden. Was Sie hier investieren, mindert schließlich Ihr anrechenbares Nebeneinkommen. Einige Beispiele für die Ausgabenplanung: Vielleicht üben Sie Ihren Nebenjob zu Hause an Ihrem eigenen PC aus. Ist Ihr Computer optimal ausgestattet? Brauchen Sie einen besseren Prozessor? Ist für den Kontakt zu der Firma, für die Sie nebenbei arbeiten, vielleicht ein Internetanschluss notwendig? Wichtig ist: Notwendige Ausgaben bis zur Höhe von 410 € zuzüglich Mehrwertsteuer für so genannte geringwertige Wirtschaftsgüter können Sie sofort (und ohne eine längere Zeit der Abschreibung) von Ihrem Nebeneinkommen absetzen.
Dabei sollten Sie allerdings aufpassen, dass Sie nicht plötzlich – wie in einem Fall, der vom Bundesfinanzhof am 15. 7. 2010 entschieden wurde – für einen neuen Drucker statt 159 € nur 11 € absetzen können (Az.: III R 70/08). Im Steuerrecht (an das sich die Arbeitsagenturen bei der Anrechnung von Nebeneinkommen weitgehend halten), gilt nämlich, dass nur Wirtschaftsgüter, die selbstständig nutzbar sind, ggf. auf einen Schlag von der Steuer (und somit auch vom Nebeneinkommen) absetzbar sind. Ein Drucker gilt in der Regel nicht als selbstständig, weil er nicht unabhängig vom PC nutzbar ist, sondern zur Computeranlage zählt. Das hat zur Folge, dass die Ausgaben nicht auf einen Schlag vom Nebeneinkommen abzusetzen sind, sondern – auf mehrere Jahre verteilt – abgeschrieben werden müssen. Tipp: Bevor Sie eine größere Investition tätigen, sollten Sie Kontakt mit der Arbeitsagentur aufnehmen und abklären, in welchem Ausmaß diese absetzbar sind.

Bei selbstständiger Nebentätigkeit: Betriebskosten absetzbar

Arbeitslose, die eine selbstständige Nebentätigkeit ausüben, können von ihren Betriebseinnahmen die Betriebsausgaben (etwa für Geräte und Miete) abziehen. Aus Gründen der Verwaltungsvereinfachung können Selbstständige und mithelfende Familienangehörige pauschal 30 Prozent ihrer Betriebseinnahmen als Betriebsausgaben ansetzen, es sei denn, sie können im Einzelfall höhere Ausgaben nachweisen.
Der Betroffene sollte allerdings in jedem Fall prüfen, ob seine tatsächlichen Betriebsausgaben höher sind. In diesem Fall sollte er der Arbeitsagentur eine genaue Auflistung der tatsächlichen betrieblichen Aufwendungen vorlegen. Dann müssen nämlich die Ausgaben anerkannt werden, die er tatsächlich hatte.

Schätzung möglich

Naturgemäß können Arbeitslose, die gerade eine selbstständige Nebentätigkeit beginnen, häufig weder ihre Einkünfte noch ihre betrieblichen Ausgaben hinreichend sicher beziffern. Die Neuregelung von § 329 SGB III lässt daher seit Anfang 2009 zu, dass das zu berücksichtigende Einkommen »nach Anhörung des Leistungsberechtigten« geschätzt werden kann. Wichtig für die Betroffenen ist dabei:

Dass die dann erfolgende Einkommensanrechnung auf einer Schätzung beruht, muss dem Betroffenen mitgeteilt werden. Ist diese Mitteilung erfolgt, führt die Schätzung zu einer endgültigen Entscheidung. Diese kann allerdings auf Antrag des Arbeitslosen berichtigt werden, wenn er neue Nachweise über geänderte Einkünfte und Betriebsausgaben vorlegen kann.
Alternativ hierzu kann über den Anspruch auf ALG I nach § 328 SGB III zunächst auch vorläufig entschieden werden. Dann wird später erst endgültig abgerechnet.

Wichtig für VHS-Kursleiter, Trainer und ehrenamtliche Helfer:
Bei steuerfreien Aufwandsentschädigungen kassiert die Agentur nicht mit

Nebenberufliche und ehrenamtliche Tätigkeiten sollen (mehr) gefördert werden – dies ist das Ziel von § 3 Nr. 26 des Einkommensteuergesetzes. Für solche Arbeiten können derzeit bis zu 2100 € im Jahr Aufwandsentschädigungen gezahlt werden, ohne dass das Finanzamt mitkassiert. Wichtig für Arbeitslose: Solche Aufwandsentschädigungen sind nicht nur einkommensteuerfrei, auch auf Leistungen von der Arbeitsagentur werden sie nicht angerechnet.
Das Einkommensteuergesetz führt dazu folgende Tätigkeiten ausdrücklich auf: »Übungsleiter«, »Erzieher« und vergleichbare nebenberufliche Tätigkeiten, »nebenberufliche künstlerische Tätigkeiten« oder »die Pflege kranker oder behinderter Menschen« betreffende Arbeiten. Wichtig ist allerdings: Diese Tätigkeiten genießen nur dann den Vorteil der Steuerfreiheit, wenn sie nicht bei gewinnorientierten Unternehmen ausgeübt werden, sondern bei Einrichtungen des öffentlichen Rechts oder Institutionen, die von der Körperschaftssteuer befreit ist. Dazu gehören unter anderem Kirchen, Wohlfahrtsverbände, Behörden jeglicher Art, Sportvereine, Post, Sparkassen, gemeinnützige Haus- und Wohnungsgesellschaften, Berufsverbände, Schulen und Volkshochschulen. Beachten Sie: Außer der Aufwandsentschädigung (bis zu 2100 €) bleiben auch die ersetzten Reise- und Werbungskosten anrechnungsfrei.
Wichtig ist aber in jedem Fall: Arbeitslose müssen auch diese Nebentätigkeiten, für die sie anrechnungsfreie Aufwandsentschädigungen erhalten, der Arbeitsagentur melden und dazu eine Nebeneinkommensbescheinigung (siehe Tipp 63) abgeben.

Auch bei ehrenamtlicher Tätigkeit auf Arbeitgeberbescheinigung achten
Achten Sie auch darauf, dass die Institution, für die Sie anrechnungsfrei (ehrenamtlich) tätig sind, die Nebeneinkommensbescheinigung der Arbeitsagentur sorgfältig ausfüllt. Unter »Art der Tätigkeit« sollte nicht nur eingetragen werden, welche Arbeit Sie ausführen (beispielsweise »Betreuung von Kranken und Behinderten« oder »Trainer«), sondern zugleich der Zusatz »einkommensteuerfreie Tätigkeit im Sinne von § 3 Nr. 26 Einkommensteuergesetz«. Am besten lassen Sie sich neben der Nebeneinkommensbescheinigung eine kurze Bescheinigung des Arbeitgebers ausstellen, dass es sich um eine solche Tätigkeit handelt. Wenn Sie eine solche Eintragung oder eine solche Bescheinigung nicht vorlegen, kann die Arbeitsagentur auch nicht wissen, dass Sie eine anrechnungsfreie Beschäftigung ausgeübt haben bzw. immer noch ausüben.
Übrigens: Bei ehrenamtlichen Tätigkeiten müssen Arbeitslose seit Anfang 2002 nicht mehr auf die Einhaltung der »14,9 Stunden-Grenze« (siehe Tipp 63) achten. Wer will, kann sich also auch länger – beispielsweise bei einer Arbeitsloseninitiative – ehrenamtlich engagieren. Voraussetzung ist dabei allerdings immer: Die berufliche Eingliederung darf hierdurch nicht gefährdet werden.

Tipp 68

Vorteile bei fortgesetzten Nebenjobs

Nebenjobs aus der Vor-Arbeitslosenzeit sind anrechnungsfrei

Zweit- und Drittjobs kommen auch in Deutschland zunehmend in Mode – häufig auch deshalb, weil der Hauptjob nicht zur Sicherung des Lebensunterhalts ausreicht. Was passiert nun, wenn die Betroffenen ihren Hauptjob verlieren, den Nebenjob aber weiter ausüben? In diesem Fall gilt eine Sonderregelung: Die Betroffenen dürfen von ihren Nebeneinkünften nicht nur – wie andere Arbeitslose – 165 € behalten, sondern vielfach auch den vollen Verdienst. Früher galt die Regelung nur für selbstständige Nebentätigkeiten, seit Anfang 2009 gilt sie jedoch auch für fortgeführte Nebenjobs in einem abhängigen Beschäftigungsverhältnis, die früher nur bis zu einer Höchstgrenze von 400 € anrechnungsfrei sein konnten.
Die genaue Regelung: Anrechnungsfrei ist das Nebeneinkommen, das die Betroffenen in den zwölf Monaten vor dem Bezug von ALG I im Schnitt monatlich erzielt haben.

Nur bei längerfristiger Nebenbeschäftigung

Diese vorteilhafte Bestimmung gilt nur dann, wenn die Erwerbslosen die Nebenbeschäftigung in den letzten 18 Monaten vor dem Eintritt der Arbeitslosigkeit mindestens zwölf Monate ausgeübt haben. Dies regelt § 141 Abs. 2 des Dritten Sozialgesetzbuchs.

Fortführung einer selbstständigen Tätigkeit führt manchmal zu Misstrauen

Wenn Sie Ihren früheren selbstständigen Nebenjob während der Arbeitslosigkeit fortführen, vermuten die Arbeitsagenturen manchmal, dass Sie eigentlich die selbstständige Beschäftigung zu Ihrem Hauptjob machen möchten und gar nicht mehr an einer Arbeitsaufnahme interessiert sind. Dies gilt besonders dann, wenn Sie Ihren letzten versicherungspflichtigen Job freiwillig aufgegeben haben. In solchen Fällen sind die Arbeitsagenturen gehalten, besonders zu prüfen, ob Sie überhaupt Anstrengungen zur Beschäftigungssuche unternehmen (siehe Tipp 27). Ist dies nicht der Fall, wird das ALG I gestrichen.

Tipp 69

Insbesondere bei selbstständigen Jobs oft günstiger:

Für kurze Zeit bei der Arbeitsagentur abmelden

Insbesondere Arbeitslose, die während der Arbeitslosigkeit eine selbstständige Nebentätigkeit beginnen – und beispielsweise als freie Journalisten oder Grafiker oder

Leiter von Seminaren arbeiten – haben häufig die Wahl: Sie können entweder bei der Arbeitsagentur ihren Nebenjob anmelden oder sich während ihrer selbstständigen Tätigkeit bei der Arbeitsagentur abmelden.
Ein Beispiel: Der frühere Angestellte Michael Schmitz bezieht ALG I und versucht schon seit längerer Zeit, sich seinen Lebensunterhalt als freiberuflicher Grafiker zu verdienen. Jetzt hat er einen größeren Auftrag an Land gezogen, der ihm Einkünfte in Höhe von 2000 € einbringen wird.
Diesen kann er nun zum einen in einer angemeldeten Nebentätigkeit neben dem Bezug von ALG I bearbeiten. In diesem Fall wird die Arbeitsagentur aber den größten Teil seiner Einnahmen abschöpfen (siehe Tipp 67). Selbst wenn Michael Schmitz den Auftrag innerhalb von einer Woche bearbeitet, werden die Einkünfte auf das ALG I des gesamten Monats angerechnet. Dies kann sogar dazu führen, dass die Arbeitsagenturen bei der Anrechnung des in einer Woche während des Leistungsbezugs erzielten Nebeneinkommens das komplette monatliche ALG I einbehalten.
Diese Variante lohnt sich deshalb für Herrn Schmitz kaum. Zudem ist bei kurzfristig abgewickelten größeren Aufträgen fraglich, ob überhaupt eine Anrechnung als Nebeneinkommen in Frage kommt. Wer wöchentlich 15 Stunden oder länger tätig ist, zählt nach § 119 SGB III schließlich gar nicht mehr als arbeitslos. Diese Zeitgrenze dürfte bei solchen Aufträgen schnell überschritten werden.

Abmeldung bei der Agentur für Arbeit häufig günstiger

Deshalb ist es für die Betroffenen häufig sinnvoller, sich für die Zeit, in der schnell abzuwickelnde größere Aufträge bearbeitet werden, bei der Arbeitsagentur abzumelden – beispielsweise für eine Woche. In dieser Zeit erhält man dann zwar keine Leistung vom Amt. Dabei bleibt es aber. Eine weitere Anrechnung gibt es nicht. Die in der Woche der selbstständigen Tätigkeit erwirtschafteten Einkünfte darf die Agentur für Arbeit später nicht mehr anrechnen. Michael Schmitz könnte daher die in dieser Zeit erwirtschafteten Einnahmen vollständig behalten. Nach Ablauf des Abmeldungszeitraums (in diesem Fall: einer Woche) wird das ALG I nach § 122 SGB III sogar automatisch weiterbewilligt. Dies gilt jedoch nur dann, wenn die – der Arbeitsagentur mitgeteilte – Unterbrechung der Arbeitslosigkeit nicht länger als sechs Wochen dauert.

Abmeldung erhält Ansprüche auf ALG I

Noch ein weiterer Grund spricht dafür, dass sich Erwerbslose im Zweifelsfall eher bei der Arbeitsagentur abmelden sollten: Wer bei der Arbeitsagentur gemeldet bleibt und ALG I bezieht, verbraucht seinen Anspruch auf diese Leistung. Dies gilt selbst dann, wenn die Arbeitsagenturen wegen der Anrechnung von Nebeneinkommen nur ganz geringe Summen auszahlen. Wer sich dagegen beispielsweise für eine Woche als Arbeitsloser abmeldet, kann anschließend bei längerer Arbeitslosigkeit diese Woche Leistungsbezug später noch in Anspruch nehmen.
Wichtig ist allerdings: Nach der Abmeldung bei der Arbeitsagentur ist die Krankenversicherung nicht mehr gewährleistet. Selbst wenn Zwischenbeschäftigungen nur eine Woche dauern, sollten die Betroffenen sich daher zwischenzeitlich freiwillig krankenversichern (siehe Tipp 78).

Kapitel G
Die freiwillige Arbeitslosenversicherung für Selbstständige, pflegende Angehörige und Beschäftigte außerhalb der EU

NEU!

- Die freiwillige Arbeitslosenversicherung heißt inzwischen »Pflichtversicherung auf Antrag« und gilt nun auch für Selbstständige und Auslandsbeschäftigte unbefristet (vorher nur für Pflegepersonen).
- Wer sich neu freiwillig arbeitslosenversichern möchte, weil er eine selbstständige, Auslands- oder Pflegetätigkeit aufgenommen hat, kann sich damit jetzt etwas mehr Zeit lassen – die Entscheidung hierfür muss innerhalb von drei Monaten (vorher: ein Monat) getroffen werden.
- Die Beiträge zur freiwilligen Arbeitslosenversicherung sind für Selbstständige und Auslandsbeschäftigte erheblich höher geworden und werden 2012 nochmals steigen (→ Tipp 72).
- Die freiwillige Weiterversicherung kann nun – etwa bei zwischenzeitlicher Aufnahme einer abhängigen Beschäftigung – »ruhen« und anschließend – nach Beschäftigungsende – automatisch wieder aufleben (→Tipp 70).

Checkliste

Die freiwillige Arbeitslosenversicherung kann für Sie eine attraktive Absicherung gegen das Risiko »Arbeitslosigkeit« sein, wenn Sie

- eine selbstständige Tätigkeit aufnehmen,
- einen Angehörigen pflegen, der pflegebedürftig im Sinne der Pflegeversicherung ist,
- eine Auslandstätigkeit in einem Land außerhalb des Europäischen Wirtschaftsraumes (EWR) ausüben oder aufnehmen.

!

Tipp 70

Freiwillige Arbeitslosenversicherung:

Die Anspruchsvoraussetzungen für eine Mitgliedschaft

70

Am 1. Februar 2006 startete eine echte sozialpolitische Neuerung: die freiwillige Arbeitslosenversicherung. Sie betrifft Personen, die Angehörige pflegen und Arbeitnehmer, die eine Auslandsbeschäftigung außerhalb des Europäischen Wirtschaftsraumes (EWR) haben oder aufnehmen (siehe Tipp 97). Vor allem aber ist sie interessant für viele Selbstständige und Existenzgründer. Für relativ niedrige Beiträge (siehe Tipp 72) konnten sich die genannten Gruppen Ansprüche auf ALG I sichern. Das ausgesprochen niedrige Beitragsniveau gilt ab 2011 allerdings nur noch für Pflegepersonen. Die Mitgliedschaft in der freiwilligen Arbeitslosenversicherung (nach § 28 a SGB III), die jetzt offiziell »Versicherungspflichtverhältnis auf Antrag« heißt, ist an Voraussetzungen geknüpft. Diese gelten für alle berechtigten Personen gleichermaßen – also für pflegende Angehörige, Selbstständige und Auslandsarbeitnehmer. Das Angebot der Bundesagentur für Arbeit ist nämlich als Weiterversicherung gedacht. Es kommt also nur in Frage für diejenigen, die schon einmal sozialversichert beschäftigt waren oder Leistungen des Arbeitsamts bzw. der Arbeitsagentur bezogen haben. Ausgeschlossen sind damit von vornherein also beispielsweise diejenigen, die sich unmittelbar nach einem Studium oder einer schulischen Ausbildung selbstständig machen oder im außereuropäischen Ausland arbeiten und noch nie einige Zeit sozialversichert tätig waren.

Entscheidungsfristen verlängert: Wer sich freiwillig weiterversichern will, hat drei Monate Zeit für die Entscheidung. Die freiwillige Weiterversicherung kommt nämlich nur innerhalb der ersten drei Monate der Selbstständigkeit bzw. Auslandsbeschäftigung oder Angehörigenpflege in Frage. Soweit Arbeitnehmer Anspruch auf eine (maximal sechsmonatige) Pflegezeit haben, während der sie ohne eigene Kosten arbeitslosenversichert sind (siehe Tipp 41), müssen sie nach dem Ende dieser Pflegezeit binnen drei Monaten einen Antrag auf freiwillige Weiterversicherung stellen. Wird der Antrag auf Weiterversicherung innerhalb der Dreimonatsfrist gestellt, so kommt die freiwillige Versicherung rückwirkend ab dem ersten Tag der Selbstständigkeit bzw. Auslandsbeschäftigung oder Pflegetätigkeit zustande.
Notwendige Anwartschaftszeiten: Um als freiwilliges Mitglied in die Arbeitslosenversicherung aufgenommen zu werden, muss man eine der beiden folgenden Voraussetzungen erfüllen:

Möglichkeit 1: Sozialversicherte Beschäftigung

Unmittelbar – d. h. innerhalb der letzten 30 Tage – vor dem Einstieg in die Selbstständigkeit bzw. Pflege oder Auslandstätigkeit muss man sozialversichert beschäftigt gewesen sein. Zusätzlich muss man innerhalb der letzten 24 Monate mindestens zwölf Monate in die Arbeitslosenkasse eingezahlt haben. Die 24-Monats-Frist beginnt rückwirkend ab dem Beginn der Tätigkeit (Pflege, Selbstständigkeit, Auslandstätigkeit). Wer beispielsweise am 1. Februar 2011 einen Auslandsjob außerhalb des Europäischen Wirtschaftsraums aufnimmt, muss ab dem 1. Februar 2009 mindestens zwölf Monate mit sozialversicherter Beschäftigung nachweisen.

Möglichkeit 2: Bezug von ALG I

70

Wer die erste Möglichkeit zur Aufnahme in die freiwillige Versicherung nicht erfüllt, für den reicht es auch, wenn er unmittelbar – d.h. innerhalb der letzten 30 Tage – vor der Existenzgründung (oder Pflege bzw. Auslandstätigkeit) eine Entgeltersatzleistung nach dem SGB III bezogen hat. Hiermit ist natürlich in erster Linie ALG I gemeint. Es kommen aber nach § 116 SGB III genauso auch Teilarbeitslosengeld, Übergangsgeld, Kurzarbeitergeld und Insolvenzgeld in Frage. Auch wer an einer Arbeitsbeschaffungsmaßnahme teilgenommen und unmittelbar vorher ALG I bezogen hat (bzw. längere Zeit sozialversichert beschäftigt war), kann sich anschließend freiwillig weiterversichern.
Seit Anfang 2011 ist nun auch ausdrücklich geregelt, dass sich eine freiwillige Weiterversicherung nach einem der drei oben genannten »Tatbestände« an eine Phase der Weiterversicherung nach einem anderen Tatbestand anschließen kann. Beispiel: Wer nach einer Auslandsbeschäftigung nach Deutschland zurückkehrt und hier eine selbstständige Tätigkeit aufnimmt, kann sich freiwillig arbeitslosenversichern, wenn er als Auslandsbeschäftigter bereits freiwillig versichert war.

Freiwillige Arbeitslosenversicherung für pflegende Angehörige: 14 Stunden Pflege pro Woche erforderlich

Die freiwillige Versicherung kommt für Pflegepersonen nur dann in Frage, wenn sie Angehörige betreuen, die vom Medizinischen Dienst der Krankenversicherung (MDK) als pflegebedürftig anerkannt worden sind. Dafür müssen sie ihr Arbeitsverhältnis entweder ganz aufgegeben oder auf einen Minijob (maximal 400 € Verdienst im Monat) reduziert haben. Weiterhin muss die Pflege mindestens 14 Stunden pro Woche in Anspruch nehmen. Wir fragten die Bundesagentur für Arbeit, wie geprüft wird, ob die erforderlichen 14 Stunden Angehörigenpflege pro Woche erreicht werden:

Muss eine Bescheinigung der Pflegekasse vorgelegt werden, dass der Angehörige mindestens 14 Stunden pro Woche gepflegt wird?
BA: Eine Bescheinigung der Pflegekasse muss auf jeden Fall vorgelegt werden. Diese benötigen wir für den Nachweis, dass Leistungen der Pflegeversicherungen erbracht werden. Der Umfang der Pflege muss daraus nicht unbedingt hervorgehen.

Kann die Voraussetzung »14 Stunden Pflege pro Woche« auch anders nachgewiesen werden?
BA: Ja. Um zu belegen, dass diese zeitliche Voraussetzung erfüllt ist, reicht es aus, wenn der Angehörige oder der Arzt eine entsprechende Bescheinigung ausstellt. Wenn ein Pflegebedürftiger in Pflegestufe II oder III eingruppiert ist, wird es in der Regel auch reichen, wenn der Angehörige die Einstufung der Pflegekasse vorlegt und glaubhaft versichert, dass er den Pflegebedürftigen pflegt.

Befristung aufgehoben: Die freiwillige Weiterversicherung gilt nun für alle unbefristet. Zunächst war sie für Selbstständige und Auslandsbeschäftigte bis zum 31. Dezember 2010 befristet worden.

Ausstieg aus der Versicherung: Das Gesetz sieht nun zwar ausdrücklich die Möglichkeit der Kündigung der freiwilligen Versicherung vor – allerdings erst nach fünf Versicherungsjahren. Dennoch ist ein Ausstieg sogar ohne Kündigungsfristen jederzeit möglich. Wer drei Monate lang keine Beiträge entrichtet, für den endet die freiwillige Versicherung nämlich automatisch – und zwar rückwirkend ab dem Monat, für den erstmals keine Beiträge entrichtet wurden.

70

Vorübergehende Anstellung für Selbstständige möglich
Freiwillige Versicherung kann anschließend fortgesetzt werden

Viele Freiberufler, die freiwillig arbeitslosenversichert sind, nehmen zwischendurch immer mal wieder – wenn es sich ergibt – eine sozialversicherte Zwischenbeschäftigung auf. In solche Fällen »ruht« die freiwillige Versicherung. Dies regelt § 28 a Abs. 4 SGB III nun ausdrücklich. Hierdurch soll – so heißt es in der Gesetzesbegründung – »die unbürokratische Wiederaufnahme der freiwilligen Weiterversicherung« ermöglicht werden. Anschließend kann die freiwillige Weiterversicherung bei erneuter Selbstständigkeit wieder umgehend »aufleben«, wenn man sich umgehend bei der Arbeitsagentur meldet. So können etwa Schauspieler oder Kameraleute leicht zwischen selbstständigen Tätigkeiten und Engagements als Arbeitnehmer hin- und herwechseln – und stets bei der BA versichert bleiben.
Diese Ruhensregelung gilt übrigens nicht nur für die Aufnahme einer abhängigen Beschäftigung, sondern genauso, wenn freiwillig Versicherte ihre versicherte Tätigkeit unterbrechen, weil sie ein Kind bekommen haben oder eine Auszeit für die Angehörigenpflege nehmen.

Stückelung des Bezugs: Für manche Selbstständige ist es attraktiv, »Pausen«, in denen sie gerade keinen Auftrag haben, durch den Bezug von Arbeitslosengeld I zu überbrücken und sich danach erneut freiwillig weiterzuversichern. In Grenzen funktioniert dies auch künftig noch. § 28 a Abs. 2 SGB III begrenzt diese Möglichkeit allerdings. Danach können diejenigen, die ihre selbstständige Tätigkeit zweimal unterbrochen haben, um Arbeitslosengeld I zu beziehen, nach dem zweiten ALG-I-Bezug nicht wieder in die freiwillige Arbeitslosenversicherung aufgenommen werden. Ihren Anspruch auf ALG I können die Betroffenen dann allerdings immer noch wahrnehmen – falls sie noch einen Restanspruch auf diese Leistung haben. Dieser verfällt erst nach vier Jahren. Einzelheiten zu dieser Verfallsklausel finden Sie in Tipp 48.
Wichtig ist zudem: Nach der Gesetzesbegründung ist nach zweimaligem Bezug von ALG I die Rückkehr in die freiwillige Arbeitslosenversicherung nur dann ausgeschlossen, wenn es um die »erneute Absicherung der gleichen selbstständigen Tätigkeit in der Arbeitslosenversicherung« geht. Wer festgestellt hat, dass seine ursprüngliche Geschäftsidee nicht funktioniert hat, kann sich somit mit einer neuen Geschäftsidee erneut mit dem Schutz der Arbeitslosenversicherung selbstständig machen.

71

Tipp 71

Weiterversicherung bei Auslandsbeschäftigung:

Für welche Länder die freiwillige Versicherung gilt

Migranten müssen auf ihre Aufenthaltserlaubnis achten

Wer innerhalb des Europäischen Wirtschaftsraums (EWR) – das sind die Staaten der Europäischen Union (EU) sowie Island, Liechtenstein und Norwegen – oder in der Schweiz abhängig beschäftigt ist, ist in der Regel arbeitslosenversichert. Die Ansprüche aus dieser Zeit kann er – mit gewissen Einschränkungen – nach dem Ende seiner Auslandsbeschäftigung auch in Deutschland geltend machen. Wie das geht und welche Tücken es dabei gibt, steht in Tipp 97.

Für Arbeitnehmer, die ein Beschäftigungsverhältnis im EWR oder in der Schweiz haben oder aufnehmen, ist deshalb die freiwillige Arbeitslosenversicherung nicht vorgesehen. Sie kann aber von allen Beschäftigten in Anspruch genommen werden, die entweder einen Job außerhalb Europas haben oder beginnen oder innerhalb Europas, aber nicht im EWR oder der Schweiz tätig sind oder werden, also beispielsweise in der Türkei, in Kroatien oder in der Ukraine.

Wer in diesen Ländern als Arbeitnehmer beschäftigt ist und die notwendigen Anspruchsvoraussetzungen erfüllt (siehe Tipp 70), kann durch die freiwillige Beitragszahlung in die Nürnberger Arbeitslosenkasse Ansprüche auf ALG I erwerben (siehe Tipp 72). Allerdings: Geldleistungen aus der Versicherungskasse werden bei Arbeitslosigkeit nur dann gewährt, wenn die Betroffenen nach ihrer Auslandsbeschäftigung wieder in Deutschland sind und hier bei Antragstellung auf ALG I einen Wohnsitz haben. Das hat das Bundessozialgericht jedenfalls am 8. Juli 1993 zum »Territorialprinzip« entschieden (Az.: 7 RAr 44/92). Von diesem Grundsatz sind nur bei »Grenzgängern« Ausnahmen zulässig. An der Grenze zu Deutschland liegt aber keines der Länder, in denen sich Beschäftigte aus Deutschland bei der Bundesagentur für Arbeit freiwillig arbeitslosenversichern können.

Versicherung auch für Zuwanderer ohne deutschen Pass

Die freiwillige Arbeitslosenversicherung kommt nicht nur für deutsche Staatsbürger, sondern grundsätzlich auch für Migranten in Frage, die in Deutschland ihren Wohnsitz haben und zeitweise im Ausland arbeiten oder arbeiten wollen. Wenn sie nicht die deutsche Staatsangehörigkeit haben, sollten sie in jedem Fall die aufenthaltsrechtlichen Regelungen beachten, bevor sie im Ausland eine Beschäftigung annehmen. Nach dem Aufenthaltsgesetz erlischt eine Aufenthaltserlaubnis, »wenn der Ausländer ausgereist und nicht innerhalb von sechs Monaten oder einer von der Ausländerbehörde bestimmten längeren Frist wieder eingereist ist«. Das bestimmt § 51 Abs. 1 dieses Gesetzes. Wer länger im Ausland tätig werden will, sollte sich deshalb vorher beraten lassen. Eine freiwillige Arbeitslosenversicherung nützt natürlich überhaupt nichts, wenn man nach einem befristeten Auslandsjob nicht mehr nach Deutschland einreisen darf.

Tipp 72
Beiträge gestiegen – Leistungen noch immer recht hoch

Arbeitslosengeld I nach freiwilliger Versicherung wird meist fiktiv bemessen

72

Die Beiträge zur freiwilligen Arbeitslosenversicherung liegen 2011 monatlich maximal bei 38,33 €. Das mögliche monatliche ALG I beträgt maximal 1439,10 €. Mit anderen Worten: Das Preis-Leistungs-Verhältnis ist für freiwillig Versicherte noch immer recht gut. Dies gilt insbesondere für Pflegepersonen.

Die Höhe der Beiträge

Die Beiträge zur freiwilligen Weiterversicherung werden auf Grundlage der monatlichen Bezugsgröße errechnet, die jährlich neu berechnet wird. 2011 beträgt sie in den alten Bundesländern unverändert 2555 € pro Monat, in den neuen Ländern 2240 €.
Für **Pflegepersonen** werden bei der Beitragsbemessung zehn Prozent der Bezugsgröße zugrunde gelegt. Im Westen sind dies 255,50 €. Hiervon werden drei Prozent als monatlicher Beitrag zur Arbeitslosenversicherung fällig. Dies sind 7,67 €, in den neuen Ländern sind es 6,72 € (= 3 % von 224 €). Diese 10-Prozent-Regel gilt – vorerst – dauerhaft. Bei den anderen freiwillig Versicherten sind die Beiträge dagegen durch eine Gesetzesänderung ab 2011 drastisch gestiegen.
Für **Selbstständige** und **Auslandsbeschäftigte** wird der Beitrag 2011 auf Grundlage von 50 Prozent der Bezugsgröße errechnet (vorher waren es nur 25 Prozent). Dies sind in den alten Ländern 1277,50 €, in den neuen Ländern 1120 €. Der Drei-Prozent-Beitrag beläuft sich damit 2011 auf 38,33 € monatlich in den alten und 33,60 € in den neuen Bundesländern. Für Auslandsbeschäftigte gilt dabei generell der »West-Wert«.
Ab 2012 verdoppeln sich die Beiträge für Selbstständige und Auslandsbeschäftigte nochmals. Dann wird bei der Bemessung ihrer Beiträge die volle Bezugsgröße zugrunde gelegt. Dann wird ihr Beitrag im Westen auf ca. 77 € und in den neuen Ländern auf ca. 67 € steigen, wobei für Auslandsbeschäftigte wiederum generell der höhere West-Wert gilt.
Eine Ausnahme von dieser 100-Prozent-Regel gilt nur für Selbstständige im Jahr ihrer Existenzgründung. In den ersten zwölf Monaten der Selbstständigkeit wird ihr Beitrag generell auf Basis der halben Bezugsgröße berechnet.

Monatliche Beiträge zur freiwilligen Arbeitslosenversicherung (2011)*

	Pflegende Angehörige	Selbstständige/ Existenzgründer	Auslands-beschäftigte
Ost	6,72 €	33,60 €	38,33 €
West	7,67 €	38,33 €	38,33 €

* 2012 werden sich die Beiträge für Selbstständige und Auslandsbeschäftigte nochmals etwa verdoppeln.

72

Bei Ausstieg aus der Versicherung: Noch zwölf Monate Leistungsanspruch

Vermutlich werden viele Selbstständige und Auslandsbeschäftigte nach den drastischen Beitragserhöhungen zum Jahreswechsel 2010/11 und erst recht nach der im Folgejahr eintretenden nochmaligen Verdopplung der Beiträge an einen Ausstieg aus der freiwilligen Arbeitslosenversicherung denken. Doch auch bei einer Einstellung der Beitragszahlung (siehe Seite 181), entfällt noch lange nicht der Leistungsanspruch. ALG I erhält, wer arbeitslos ist und innerhalb der letzten 24 Monate vor dem Antrag auf diese Leistung mindestens zwölf Versicherungsmonate nachweisen kann. Das bedeutet: Wer Anfang 2011 aus der freiwilligen Arbeitslosenversicherung aussteigt, kann bis Anfang 2012 noch seinen Leistungsanspruch geltend machen.

Der Versicherungsfall

Grundsätzlich gelten für den Versicherungsfall »Arbeitslosigkeit« für die freiwillig Versicherten die gleichen Bestimmungen wie für alle versicherten Arbeitnehmer. Mit finanziellen Leistungen aus Nürnberg können die Betroffenen nur rechnen, wenn sie keine Tätigkeit mit 15 oder mehr Stunden ausüben, sich bemühen ihre Beschäftigungslosigkeit zu beenden und für eine Vermittlung in eine abhängige Beschäftigung auf dem Arbeitsmarkt in Deutschland zur Verfügung stehen (siehe Tipp 40).
Wann der Versicherungsfall »Arbeitslosigkeit« bei Selbstständigen eintritt, ist nicht ganz einfach zu bestimmen. Grundsätzlich gilt: Als arbeitslos gelten die Betroffenen, wenn ihre selbstständige Tätigkeit so schlecht läuft, dass diese sie weniger als 15 Stunden pro Woche in Anspruch nimmt. Dann kann grundsätzlich auch ALG I beantragt werden. Eine Gewerbeabmeldung ist – derzeit jedenfalls – nicht Voraussetzung für den Anspruch auf diese Leistung. Die selbstständige Tätigkeit kann sogar im Nebenjob (mit weniger als 15 Stunden pro Woche) fortgeführt werden. Einkünfte werden dann als Nebeneinkommen angerechnet, wobei 165 € Gewinn (Einnahmen minus Ausgaben) pro Monat anrechnungsfrei sind (siehe Tipp 67). Wichtig ist allerdings: Wer ALG I beziehen will, muss auch als (Noch-)Selbstständiger bereit sein, künftig jede zumutbare abhängige Beschäftigung anzunehmen. Achtung: Die Kriterien zum Nachweis der Arbeitslosigkeit könnten sich gerade für Selbstständige künftig noch verschärfen.

Anspruch auf ALG I

ALG I bekommen freiwillig Versicherte – wie alle anderen Arbeitslosen – in der Regel erst, wenn sie in den letzten zwei Jahren mindestens zwölf Monate lang in die Nürnberger Arbeitslosenkasse eingezahlt haben (siehe Tipp 41). Eine Ausnahme gibt es nur für diejenigen, die immer wieder und überwiegend auch kurze sozialversicherte Jobs haben – wie etwa Kameraleute oder Schauspieler. Für sie reichen nach § 123 Abs. 2 SGB III sechs Beitragsmonate, um ALG I zu bekommen. Die Voraussetzung: Sie müssen in den letzten zwei Jahren »überwiegend« zweck- und zeitbefristete sozialversicherte Beschäftigungen gehabt haben, die nicht länger als sechs Wochen dauerten und dürfen derzeit in den letzten zwölf Monaten nicht mehr als 30 660 € verdient haben. Diese neue Ausnahmeregelung ist bis zum 1. August 2012 befristet (siehe Tipp 43).

Dauer des Anspruchs auf ALG I

Auch hier gelten die allgemein üblichen Voraussetzungen: Nach einem Jahr freiwilliger Beitragszahlung erwerben die freiwillig Versicherten – wie versicherungspflichtige Arbeitnehmer – einen Anspruch auf sechs Monate ALG I, nach zwei Jahren auf zwölf Monate (siehe Tipp 46). Wer bereits 50 Jahre oder älter ist, erwirbt – nach längerer Beitragszahlung – auch einen längeren Anspruch auf die Versicherungsleistung (siehe Tipp 47).

Die Leistungshöhe

Wie das ALG I für freiwillig Versicherte berechnet wird, hängt davon ab, wie viel Zeit seit ihrem letzten sozialversicherungspflichtigen Beschäftigungsverhältnis vergangen ist.

a) Sozialversicherte Beschäftigung vor mehr als zwei Jahren
In den meisten Fällen werden seit der letzten sozialversicherten Beschäftigung mehr als zwei Jahre (genau: mehr als 19 Monate) vergangen sein. Dann werden die Betroffenen, sollten sie arbeitslos werden und ALG I beantragen, »fiktiv« eingestuft (siehe Tipp 52. Die Höhe der Leistung hängt dann vor allem von ihrer Qualifikationsgruppe ab. Trotz gleicher Beiträge erhalten die Betroffenen also – anders als vom DGB verlangt – unterschiedliche Leistungen. Die Arbeitsagenturen unterscheiden dabei vier Gruppen – von »Hochschulausbildung« bis zu »ohne Ausbildung« (siehe Tabelle). Für Arbeitnehmer, die in eine Tätigkeit mit Uni-Abschluss vermittelt werden können, gilt Qualifikationsstufe I. Nach den Sätzen von 2011 würden sie mit Steuerklasse III und Kind monatlich in den alten Bundesländern 1439,10 € ALG I erhalten. Das ist auch der Höchstsatz nach der fiktiven Einstufung. Für Arbeitslose mit einem Ausbildungsberuf gilt Qualifikationsstufe III. Mit Kind und Steuerklasse III können sie als monatliches Versicherungsgeld im Westen 1050 € erhalten.
Der niedrigste Satz nach der fiktiven Einstufung liegt 2011 bei 496,20 € – und wird im Osten (bei Steuerklasse V ohne Kind) für diejenigen gezahlt, die nur in Tätigkeiten vermittelt werden können, für die keine Berufsausbildung erforderlich ist.

Höhe des monatlichen ALG I (in Euro)
nach fiktiver Einstufung für freiwillig Versicherte in 2011*

72

	Steuer-klasse I/IV		Steuer-klasse II	Steuer-klasse III		Steuer-klasse V	
Berufliche Qualifikation**	**ohne Kind**	**mit Kind**	**mit Kind**	**ohne Kind**	**mit Kind**	**ohne Kind**	**mit Kind**
Alte Bundesländer							
Ohne Berufsausbildung	654,60	731,10	751,80	726,60	811,50	538,20	600,90
Ausbildungsberuf	819,30	914,70	935,70	940,20	1050,00	674,70	753,30
Meister	981,30	1095,60	1118,40	1124,40	1255,50	806,70	900,90
Uni/ Fachhochschule	1135,80	1268,40	1292,70	1288,50	1439,10	930,00	1038,30
Neue Bundesländer							
Ohne Berufsausbildung	594,60	663,90	679,50	636,90	711,30	496,20	554,10
Ausbildungsberuf	737,70	823,80	843,30	841,20	939,60	605,40	676,20
Meister	882,30	985,20	1006,80	1013,10	1131,30	727,50	812,10
Uni/ Fachhochschule	1021,80	1141,20	1164,00	1167,60	1303,80	838,50	936,30

* Zugrunde gelegt wurden die Bezugsgrößen des Jahres 2011
** genau: berufliche Qualifikation, die für die Tätigkeit erforderlich ist, in die hinein vermittelt wird

b) Mindestens 150 sozialversicherte Beschäftigungstage in letzten zwei Jahren
Wer in den letzten beiden Jahren vor dem Antrag auf ALG I insgesamt 150 Kalendertage mit Anspruch auf ein sozialversichertes Arbeitsentgelt nachweisen kann, für den richtet sich die Leistung nach dem letzten bezogenen Gehalt (siehe Tipp 51).
Wer in den letzten beiden Jahren bereits ALG I bezogen hat, dessen Versicherungsleistung wird auch nach freiwilliger Beitragszahlung mindestens auf Grundlage des Bemessungsentgelts in der vorhergehenden Arbeitslosenzeit bemessen (siehe Tipp 55).

Weitere Infos:

Durchführungsanweisungen zur Arbeitslosen-Weiterversicherung finden Sie unter www.arbeitsagentur.de. Suchweg: Klicken Sie »Veröffentlichungen« an und geben Sie in dem Suchfeld dann »freiwillige Weiterversicherung« ein.

Kapitel H
Hilfen der Arbeitsagenturen zur Existenzgründung

73

! Tipp 73

Für arbeitslose Existenzgründer:

Gründungszuschuss beantragen

Sich selbstständig zu machen – das ist für den einen oder anderen Arbeitnehmer eine passende Möglichkeit, um Arbeitslosigkeit zu vermeiden oder um den Ausstieg aus der Arbeitslosigkeit zu finden. Wer sich selbstständig machen will, wird von den Arbeitsagenturen häufig gefördert – seit August 2006 mit dem Gründungszuschuss, der das vorher gezahlte Überbrückungsgeld und den Existenzgründungszuschuss für die so genannte Ich-AG ersetzt hat. Im Juli 2010 unterstützten die Arbeitsagenturen 146 800 ehemalige Bezieher der Versicherungsleistung ALG I mit einem »Gründungszuschuss«. Diese Hilfe zur Existenzgründung besteht aus einer Grundförderung und einem Zuschlag. Die Grundförderung ist so hoch wie das Arbeitslosengeld I, das die Agenturen ansonsten überweisen müssten. Der höchste Satz liegt 2011 (Steuerklasse III, mit Kind, alte Bundesländer) bei 2274,60 € im Monat. So viel bekommen aber nur diejenigen, die in ihrem letzten Arbeitsverhältnis 5500 € oder mehr verdient haben. Die meisten Gründer erhalten eine wesentlich geringere Basisförderung. Für alle gleich ist aber der monatliche Zuschlag von 300 €. Dieser soll eigentlich zur Zahlung von (Sozial-)Versicherungsbeiträgen dienen. Denn – anders als vorher mit ALG I – sind Bezieher des Gründungszuschusses nicht über die Arbeitsagenturen sozialversichert. Es steht ihnen aber frei, wofür sie den Zuschlag tatsächlich verwenden.

Vier Voraussetzungen für den Anspruch

Der Gründungszuschuss wird neun Monate lang gezahlt, wenn die folgenden vier Voraussetzungen erfüllt werden:

1. »Bis zur Aufnahme der selbstständigen Tätigkeit« – so das Gesetz – muss ein Anspruch auf ALG I (oder Kurzarbeitergeld) bestehen
2. Beim Start in die Selbstständigkeit muss noch ein ALG-I-Anspruch von mindestens 90 Tagen bestehen. Also Achtung: Nicht mit der Gründung bis zum Ablauf des ALG warten! Spätestens drei Monate vorher muss es losgehen.
3. Die »Tragfähigkeit der Existenzgründung« muss bestätigt werden – etwa durch eine Stellungnahme einer so »fachkundigen Stelle«. Dazu zählen u. a. Industrie- und Handels-, Handwerks- oder berufsständische Kammern, Fachverbände, Kreditinstitute oder Steuerberater.

4. Ausreichende »Kenntnisse und Fähigkeiten zur Ausübung der selbstständigen Tätigkeit« müssen belegt werden – etwa durch Qualifikationsnachweise. Bei Zweifeln an der Eignung kann der Antragsteller zur Teilnahme an einem Existenzgründungs-Seminar verpflichtet werden. Solche Kurse sollten potenzielle Gründer aber ohnehin besuchen – erst recht, wenn die Agentur die Kosten dafür übernimmt. Wird ein angeordneter Seminarbesuch abgelehnt oder der Kurs ohne Erfolg abgeschlossen, so gibt es keinen Gründungszuschuss.

73

Tipp: Seminare als Chance begreifen

Gründungsinteressenten sind gut beraten, wenn sie von sich aus vorschlagen, dass die Arbeitsagentur ihnen die Teilnahme an einem entsprechenden Kurs finanziert (und nicht erst abwarten, dass ihnen ein solcher Kurs bzw. eine solche Maßnahme aufgezwungen wird). Die Erfahrungen von Gründungsberatern zeigen: Die Betroffenen haben solche Kurse häufig bitter nötig. Wichtig ist zum Beispiel: Bei den Kursen entstehen Netzwerke und neue soziale Kontakte. Daher können die Kurse selbst dann nützlich sein, wenn deren Qualität zweifelhaft ist. Arbeitslose Gründungsinteressenten müssen sich nach längerer Arbeitslosigkeit allein zu Hause aufraffen und sich dann auf einmal jeden Tag an den Schreibtisch setzen. Alleine, ohne Kontakt, ohne Arbeitskollegen. Bei den ersten Akquiseversuchen gibt es häufig Negativerlebnisse, die die Betroffenen alleine, ohne Austausch mit Kollegen verarbeiten müssen. Der Austausch unter Gleichgesinnten ist daher wichtig, um negative Erfahrungen zu kompensieren und neue Ideen zu bekommen.
»Darüber hinaus kommt es häufig zu Synergieeffekten und schönen Kooperationen« berichtet Michael Willkomm, der in Stade Seminare für Gründungsinteressenten anbietet: »Nach dem Motto: Tausche Bürodienstleistung gegen handwerkliche Arbeit. Es lohnt sich doch für einen Handwerker unter Umständen gar nicht, die Büroarbeit selbst zu erledigen, in der Zeit kann er doch vielleicht viel besser selbst Geld verdienen.«
Tipp: Für die Begleitung nach der Gründung bietet sich das Programm »Gründercoaching Deutschland« der KfW-Bank an. Bei »Gründungen aus Arbeitslosigkeit« werden 90 Prozent der Beratungskosten übernommen (mehr unter: www.kfw-mittelstandsbank.de → Gründen).

300-Euro-Zuschlag kann verlängert werden

Wer alle vier der oben genannten Bedingungen erfüllt, hat derzeit einen Rechtsanspruch darauf, dass die Grundförderung und der Zuschlag für die Sozialversicherung neun Monate lang gezahlt werden. Denn der Gründungszuschuss ist (noch) eine Pflichtleistung der Arbeitsagenturen, die auch eingeklagt werden kann.
Die Bundesregierung hat aber in ihren »Eckpunkten« für die künftige Finanzplanung beschlossen, dass bei der Arbeitsförderung »Pflichtleistungen in Ermessensleistungen« umgewandelt werden sollen. Das könnte (2011 oder 2012) auch den Gründungszuschuss betreffen. Einzelheiten dazu standen aber bei Redaktionsschluss der 111 Tipps noch nicht fest.
Ins Ermessen der Arbeitsagenturen ist aber schon jetzt gestellt, ob Bezieher des Gründungszuschusses nach neun Monaten noch einen Zuschlag bekommen. Die Grundförderung läuft dann zwar immer aus. Möglich ist aber die Weiterzahlung des 300-Euro-Zuschlags – und zwar für noch weitere sechs Monate. Darauf besteht aber kein Rechtsanspruch. Die Fortzahlung muss gesondert beantragt werden und wird

allenfalls dann bewilligt, wenn der Gründer bis dahin »eine intensive Geschäftstätigkeit und hauptberufliche unternehmerische Aktivitäten« belegen kann. Dazu können Belege über Einnahmen und Ausgaben, Auftragseingänge und die künftige Geschäftsentwicklung dienen.

Ansprüche auf ALG I werden aufgebraucht

Der Gründungszuschuss ist steuerfrei und unterliegt – anders als das ALG I – auch nicht dem Progressionsvorbehalt. Der Steuersatz wird also nicht erhöht, wenn neben dem Zuschuss noch andere Einnahmen fließen.

Durch den Gründungszuschuss werden noch bestehende Ansprüche auf ALG I aufgebraucht. Wer also z. B. diese Versicherungsleistung noch vier Monate lang hätte beziehen können, dessen ALG-I-Ansprüche sind nach vier Monaten mit Gründungszuschuss weg. In der Regel sind damit Neu-Selbstständige gerade in der kritischen Phase nach der Existenzgründung auch nicht durch die Arbeitslosenversicherung geschützt, wenn sie Schiffbruch erleiden. Sie können sich aber freiwillig gegen das Risiko der erneuten Arbeitslosigkeit versichern (siehe Tipp 70).

Sozialversicherung für Gründer

Bezieher der neuen Leistung sind – anders als vorher beim Bezug von ALG I – nicht über die Arbeitsagentur sozialversichert. Sie müssen sich selbst um ihren Sozialversicherungsschutz kümmern.

Bei der Kranken- und Rentenversicherung gelten folgende Regelungen:

Für Gründer gibt es keine Versicherungspflicht in der gesetzlichen Krankenversicherung. Sie können sich, soweit sie bisher schon Mitglied einer gesetzlichen Krankenkasse waren, freiwillig in einer der gesetzlichen Krankenkassen versichern. Sie können das Krankheitsrisiko jedoch auch privat absichern. Bei der PKV gibt es allerdings – anders als bei der GKV – keine kostenlose Familienversicherung (insbesondere für Kinder).

Bei der (freiwilligen) gesetzlichen Kranken- und Pflegeversicherung werden diejenigen, die den neuen Gründungszuschuss erhalten, soweit sie kein höheres Einkommen haben, in den alten und neuen Bundesländern auf Basis monatlicher (Mindest-) Einkünfte eingestuft. Praktisch bedeutet das derzeit eine Einstufung auf Basis (fiktiver) Einkünfte in Höhe von 1260 €. Auch wenn die tatsächlichen Einkünfte niedriger sind, wird dieser Betrag zugrunde gelegt.

Den meisten Gründern steht es frei, ob und wie sie sich fürs Alter absichern: Sie können sich für die gesetzliche Rentenversicherung oder für eine private Lösung entscheiden (oder zunächst auch ganz auf die Absicherung für den Ruhestand verzichten). Das gilt auch für Bezieher des neuen Gründungszuschusses. Nur für einige Berufsgruppen besteht Versicherungspflicht in der gesetzlichen Rentenversicherung. Dies sind unter anderem:

- selbstständige Lehrer und Erzieher, die in ihrem Betrieb keine versicherungspflichtigen Arbeitnehmer beschäftigen
- freiberufliche Hebammen und Entbindungspfleger
- Selbstständige, die in der Kranken-, Wochen-, Säuglings- oder Kinderpflege tätig sind und in ihrem Betrieb keinen versicherungspflichtigen Arbeitnehmer beschäftigen

- Selbstständige mit einem Auftraggeber, die im Zusammenhang mit ihrer selbstständigen Tätigkeit keinen versicherungspflichtigen Arbeitnehmer beschäftigen.

Wichtig ist noch: Der 300-Euro-Bonus, den geförderte Gründer zur Finanzierung ihrer sozialen Absicherung erhalten, wird bei der Berechnung der Sozialversicherungsbeiträge nicht berücksichtigt. Der in der Regel größere Teil der Förderung – das fortgezahlte ALG I – ist dagegen beitragspflichtig, allerdings nur in der Kranken- und Pflegeversicherung.

73

Zweite Förderung möglich

Viele Existenzgründungen gehen schief – nicht nur solche von zuvor Arbeitslosen. Grundsätzlich gibt es in solchen Fällen eine zweite »Förder-Chance« durch die Agentur für Arbeit. Seit 2004 gibt es hierzu gesetzliche Regelungen – die nun auch für den neuen Gründungszuschuss gelten. Danach können gescheiterte Gründer einen zweiten Gründungsversuch mit Förderung der Arbeitsagentur starten (gegebenenfalls auch noch weitere Versuche). Aber: Zwischen der »Beendigung der Förderung der Aufnahme einer selbstständigen Tätigkeit« und der neuen Förderung müssen mindestens 24 Monate liegen. Das regelt der neue § 57 Abs. 4 des Dritten Sozialgesetzbuchs, nach dem die Förderung ausgeschlossen ist, »wenn nach der Beendigung einer Förderung der Aufnahme einer selbstständigen Tätigkeit ... noch nicht 24 Monate vergangen sind«.
Dazu ein Beispiel: Ein Gründer hat bis Ende Juni 2009 den Gründungszuschuss erhalten. Frühestens kann er in diesem Fall ab Juli 2011 nochmals per Gründungszuschuss gefördert werden.
Von dieser 24-Monats-Frist für die erneute Förderung einer Existenzgründung kann »wegen besonderer in der Person des Arbeitnehmers liegender Gründe abgesehen werden«, heißt es im Dritten Sozialgesetzbuch. Die schlechte Konjunktur ist damit kein Argument, mit dem man eine kurzfristige neue Förderung begründen kann. Gute Karten hat dagegen, wer bei seiner (ersten) Existenzgründung ohne eigenes Verschulden scheiterte. Beispiele: Der Gründer war längere Zeit krank, er hatte einen Unfall. Oder: Der Ehepartner war schwer krank; der Gründer konnte sich deshalb nicht voll seinem Existenzgründungsvorhaben widmen. Das Gesetz sagt nichts darüber aus, ob nur Gründer mit einer neuen oder auch solche mit einer unveränderten Geschäftsidee erneut gefördert werden. Wer bei seinem ersten Gründungsversuch ohne eigenes Zutun Schiffbruch erlitt (siehe oben), wird wohl auch eine identische Geschäftsidee ein zweites Mal gefördert bekommen. In anderen Fällen wird die Agentur für Arbeit möglicherweise nur modifizierte (oder ganz andere) Vorhaben fördern.

Tipp 74
Nicht übereilt in die Selbstständigkeit starten

Erst testen – dann gründen!

Fachleute befürchten, dass schlecht vorbereitete Gründer demnächst wieder Kunden der Arbeitsagenturen sein werden. Sinnvoll ist es auf jeden Fall, wenn mögliche Gründer ihr Konzept erst testen und ausfeilen – und dann erst in die Selbstständigkeit starten.
Die Arbeitsagenturen fördern die Existenzgründung von Arbeitslosen, die Ansprüche auf ALG I haben – unabhängig davon, wie lange diese Ansprüche noch bestehen. Die vollen Leistungen zur Existenzgründung werden auch dann noch bewilligt, wenn die Betroffenen einen guten Teil ihres Anspruchs auf ALG I aufgebraucht haben. Wichtig allerdings: Wer den Gründungszuschuss erhalten möchte, muss mindestens noch einen Restanspruch auf drei Monate ALG I haben.

Mit Nebeneinkommen starten

Die Selbstständigkeit kann man – ganz legal – während der Arbeitslosigkeit vorbereiten – und sogar ausprobieren. Dafür gibt es zwei Möglichkeiten: Gründungswillige können entweder bei der Arbeitsagentur eine selbstständige Nebentätigkeit anmelden. Oder sie melden sich zwischenzeitlich – für die Zeit, in der sie beispielsweise einen (ersten) größeren Auftrag bearbeiten – bei der Arbeitsagentur ab.

Nebeneinkommen in der Arbeitslosigkeit mindert Zuschuss nicht: Das Sozialgesetzbuch III sieht ausdrücklich vor, dass Erwerbslose neben der Unterstützung vom Amt etwas hinzuverdienen dürfen – allerdings nur in Tätigkeiten mit weniger als 15 Arbeitsstunden pro Woche (siehe Tipp 63). Diese Grenze von 14,9 Stunden gilt auch für selbstständige Nebenjobs. Sind Arbeitslose weniger als 15 Stunden tätig, so wird das anrechenbare Nebeneinkommen vom ALG I abgezogen. Betriebsausgaben können abgesetzt werden. Monatliche Nebeneinkünfte in Höhe von 165 € im Monat sind anrechnungsfrei. Was – nach Abzügen von Werbungskosten bzw. Betriebsausgaben, Steuern und ggf. Sozialversicherungsbeiträgen – darüber hinausgeht, mindert zwar das ausgezahlte ALG I, nicht jedoch den später bezogenen Gründungszuschuss.
Das hat das Bundessozialgericht am 24.11.2010 entschieden. Das Gericht befand, der Gründungszuschuss nach § 58 Abs. 1 SGB III müsse in Höhe des ALG I gewährt werden, auf das ungekürzt Anspruch bestand (zuzüglich eines Zuschlags von 300 €). Der Gründungszuschuss solle Anreize zur Beendigung der Arbeitslosigkeit setzen. Eine Bemessung des Gründungszuschuss nach dem geminderten ALG I würde die Anreize zur Beendigung der Arbeitslosigkeit reduzieren (Az.: B 11 AL 12/10 R).

Abmeldung bei der Arbeitsagentur: Wer in kürzerer Zeit größere Aufträge mit höheren Einnahmen selbstständig erledigt, fährt häufig besser, wenn er sich bei der Agentur für Arbeit zwischenzeitlich abmeldet – und nach Erledigung des Auftrags wieder anmeldet. Die Behörde darf die in dieser Zeit erwirtschafteten Einkünfte auch später nicht auf das gezahlte ALG I anrechnen. Zudem bleibt durch die Abmeldung der volle Anspruch auf die Leistung erhalten (siehe Tipp 69).

Wer seine selbstständige Nebentätigkeit vorher erproben möchte, sollte sich aber vorab mit seinem Arbeitsberater in Verbindung setzen. Ggf. wird der Zuschuss später nämlich abgelehnt, weil die Selbstständigkeit bereits vor der Beantragung des Gründungszuschusses ausgeübt wurde. Grundsätzlich wird aber auch die Umwandlung einer nebenberuflichen Tätigkeit (mit weniger als 15 Wochenstunden) »in eine hauptberufliche Selbständigkeit« gefördert, heißt es in den Geschäftsanweisungen der Bundesagentur für Arbeit zum Gründungszuschuss nach § 57 SGB III im Punkt 57.11.

74

Existenzgründungsseminare: Die Agenturen für Arbeit schlagen Arbeitslosen, die an der Aufnahme einer selbstständigen Beschäftigung interessiert sind, die Teilnahme an Existenzgründungsseminaren vor – und finanzieren diese. Bei den Seminaren, die im Interesse der Gründer mindestens zwei Wochen dauern sollten, geht es nicht nur um Marktanalyse, Fördermittel und Rechtsformen. Fast noch wichtiger ist, dass die Teilnehmer sich untereinander kennen lernen und Netzwerke bilden.

Coaching: Der eigentliche Praxisschock kommt allerdings häufig erst nach der Gründung. Dann tut Beratung Not – sonst droht unter Umständen die Pleite. Die Arbeitsagenturen können daher auch ein Coaching nach der Existenzgründung finanzieren. Diese Leistung gibt es allerdings nur innerhalb des ersten Jahrs nach Beginn der Existenzgründungsförderung. Die Maximalhöhe ist je nach Ort unterschiedlich. Diese aus dem Europäischen Sozialfonds finanzierte Leistung ist allem Anschein nach bei manchen Beschäftigten der Arbeitsagenturen nicht bekannt. Daher kann im Zweifelsfall ein Verweis auf den offiziellen Flyer der Arbeitsagentur »Hinweise und Hilfen zur Existenzgründung« helfen. In diesem heißt es: »Bei Bezug eines Gründungszuschusses kann die selbstständige Tätigkeit im ersten Jahr nach der Gründung durch ein Coaching begleitet werden. ... Individuelle, zielgerichtete Einzelberatung soll helfen, die neue berufliche Situation erfolgreich zu meistern. Wichtig: Auf diese Leistungen besteht kein Rechtsanspruch. Nähere Auskünfte erteilt Ihnen Ihre Agentur für Arbeit.«
Weitere Infos gibt es auch unter: www.gruender-coaching-deutschland.de.

Kapitel I
Renten-, Pflege- und Krankenversicherung für Arbeitslose

75

! Tipp 75

Arbeitslosigkeit und Rente:

Wer ALG I bekommt, erwirbt auch Rentenansprüche

Wer Geld von der Arbeitsagentur bezieht, ist in der Regel rentenversichert. Allerdings: Die Arbeitslosenzeit ist für die Rente weit weniger wert als die Beschäftigungszeit. Die Folgen von Arbeitslosigkeit für die spätere Rente sind deshalb fast immer gravierend. Es gibt jedoch erhebliche Unterschiede.

Klasse 1: Empfänger von ALG I

Zeiten des Bezugs von ALG I sind für die spätere Rente relativ viel wert: Auf Basis von 80 Prozent des Bruttoarbeitseinkommens vor der Arbeitslosigkeit überweisen die Arbeitsagenturen Beiträge dann an die Rentenversicherung. Beispiel: Hat ein Erwerbsloser zuletzt monatlich brutto 2000 € verdient, berechnet die Bundesagentur für Arbeit (BA) die Rentenversicherungsbeiträge auf der Basis von 1600 €. Davon werden 2011 dann 19,9 Prozent an die Rentenversicherung abgeführt, das sind 318,40 €. Zum Vergleich: So lange der Betroffene noch beschäftigt war, wurden monatlich 398 € (Arbeitgeber- und Arbeitnehmerbeitrag) an die Rentenkasse überwiesen.

Klasse 2: Empfänger von ALG II

Wer nach dem Auslaufen des ALG I das so genannte ALG II (siehe Kapitel N) bezieht, ist bei der Rentenversicherung noch schlechter gestellt. Seit Anfang 2011 gilt die Zeit des ALG-II-Bezugs nicht mehr als Pflichtversicherungszeit. Rentenbeiträge führen die Hartz-IV-Träger seitdem für die Betroffenen nicht mehr ab. Vorher wurden monatlich Beiträge in Höhe von 40,80 € in die Rentenkasse eingezahlt, was bei einem Jahr Leistungsbezug eine um 2,09 € höhere Monatsrente brachte. Nun gilt die Zeit des ALG-II-Bezugs als Anrechnungszeit ohne Bewertung. Wer vorher bereits einen Anspruch auf Erwerbsminderungsrente erworben hatte, verliert diesen in der Zeit, in der er ALG II erhält, nicht. Was die Anrechnungszeit ohne Bewertung für die spätere Rente noch bringt, erfahren Sie in Tipp 77).

Klasse 3: Arbeitslose ohne Leistungsanspruch

Viele Arbeitslose haben weder Anspruch auf ALG I noch auf ALG II. Dies betrifft beispielsweise Verheiratete, die wegen der Anrechnung des Einkommens ihres (Ehe-) Partners kein ALG II erhalten (siehe Tipp 106). In solchen Fällen überweisen die Arbeitsagenturen wie bisher keinen einzigen Cent an die Rentenkassen (warum sich die Arbeitslosmeldung für die spätere Rente dennoch lohnen kann, steht in Tipp 77).

76

Daten der Rentenversicherung kontrollieren!

Wenn Sie sich in einer der ersten beiden beschriebenen »Klassen« wiederfinden, müssen Sie sich als Arbeitsloser im Prinzip überhaupt nicht um Ihre Rentenversicherung kümmern. Die zuständigen Ämter übernehmen automatisch den so genannten Arbeitgeber- und den Arbeitnehmerbeitrag zur Rentenversicherung. Nach der Beendigung Ihres Leistungsbezuges erhalten Sie von den Ämtern eine Bescheinigung über die an die Rentenversicherung abgeführten Beiträge. Diese sollten Sie in Ihrem Rentenordner abheften und später – wenn Ihre Rente berechnet wird – die Daten Ihres Rentenversicherungsträgers über Ihre Arbeitslosenzeit sorgfältig kontrollieren.

! Tipp 76

Wer bisher nicht rentenversicherungspflichtig war:

Pflichtversicherung kann beantragt werden

In einer besonderen Situation sind Erwerbslose, die vor ihrer Arbeitslosigkeit nicht rentenversicherungspflichtig waren.

Dies betrifft z. B. diejenigen, die sich vorübergehend selbstständig gemacht hatten oder zuletzt als Beamte, Studenten oder während einer Tätigkeit im eigenen Haushalt rentenversicherungsfrei waren, aber auch diejenigen, die zuletzt freiwillig rentenversichert waren. In der Regel können sich die Betroffenen, sofern sie Anspruch auf ALG I haben und diese Leistung beziehen, für die Pflichtversicherung in der gesetzlichen Rentenversicherung entscheiden. Wenn eine Pflichtversicherung zustande kommt, tragen die Arbeitsagenturen die vollen Beiträge für die Rentenversicherung. Erwerbslose müssen also nicht etwa mit einer Kürzung des ALG I um »ihren« Beitragsanteil rechnen.

Die Pflichtversicherung muss allerdings ausdrücklich beantragt werden. Dafür müssen die Betroffenen zunächst das Zusatzblatt »Sozialversicherung der Leistungsbezieher« zum Antrag auf ALG I ausfüllen. Wer zuletzt freiwillig in der Rentenversicherung Mitglied war oder – z. B. als Hausfrau / Hausmann – überhaupt nicht rentenversichert war, muss im Zusatzblatt bei der Vorgabe »Ich möchte für die Zeit des Bezuges von ALG durch die Arbeitsagentur in der gesetzlichen Rentenversicherung pflichtversichert werden«, nur das »Ja«-Kästchen ankreuzen – und schon besteht die Pflichtversicherung.

Tipp: Den Antrag findet man, in dem man in einer Internet-Suchmaschine die Begriffe »Arbeitsagentur« und »Sozialversicherung der Leistungsbezieher« eingibt.

Agentur für Arbeit zahlt auch private Altersversorgung

Wer dagegen von der Rentenversicherung befreit war, muss sich an die gesetzliche Rentenversicherung wenden und von dieser die Zustimmung zur Pflichtversicherung einholen. Diese wird zumeist erteilt. Die Betroffenen sollten sich jedoch genau überlegen, ob es sich lohnt, einen Antrag auf Pflichtversicherung zu stellen. Dies gilt etwa für viele Mitglieder einer berufsständischen Versicherungs- oder Versorgungseinrichtung oder diejenigen, die einen von der Rentenversicherungspflicht befreienden Lebensversicherungsvertrag abgeschlossen haben.
Die Arbeitsagenturen übernehmen für sie nämlich auch die Beitragszahlungen zur privaten Altersversorgung (bzw. gegebenenfalls auch freiwillige Beiträge zur Rentenversicherung). Sie zahlen allerdings maximal in der Höhe der ansonsten abzuführenden Pflichtbeiträge zur gesetzlichen Rentenversicherung. Und sie zahlen niemals doppelt! Die betroffenen Erwerbslosen müssen sich also entscheiden: Was ist für sie besser? Der Wechsel in die Pflichtversicherung oder die Übernahme ihrer Beiträge zur privaten Altersversorgung durch die Arbeitsagentur? Nähere Informationen dazu findet man im Merkblatt der Arbeitsagentur »Übernahme und Erstattung von Beiträgen zur Kranken-, Pflege- oder Rentenversicherung bei Befreiung von der Versicherungspflicht bzw. bei Versicherungsfreiheit für Bezieher von Arbeitslosengeld«.

!

Tipp 77

Auch wer keine Unterstützung bekommt:

Arbeitslosmeldung kann Rentenansprüche bringen

Arbeitsuche muss nachgewiesen werden

Sie sind zwar arbeitslos, können aber keine Leistungen von der Arbeitsagentur erhalten? Dann sollten Sie sich trotzdem auf den Weg zur Agentur machen und sich arbeitslos melden. Sparen Sie sich diesen Weg, kann dies böse Folgen für Sie haben – nicht zuletzt bei Ihrer späteren Rente. Nur wer sich bei der Arbeitsagentur persönlich arbeitslos meldet, kann im Alter bei der Rentenberechnung auch die Zeiten ungewollter Arbeitslosigkeit nachweisen. Wer keinen Anspruch auf Unterstützung hat und daher den Weg zur Arbeitsagentur scheut, verschenkt Rentenansprüche – nämlich die Anerkennung der Zeit der Arbeitslosigkeit als Anrechnungszeit.

Was bringt die Arbeitslosenzeit für die Rente?

Einen direkten Renten erhöhenden Wert haben nach den Spargesetzen allerdings nur noch Zeiten, in denen Erwerbslose ALG I beziehen (siehe Tipp 75). Arbeitslosenzeiten ohne Leistungsbezug gelten – ebenso wie seit Anfang 2011 Zeiten des ALG-II-

Bezugs – bei der Rente nur als »Anrechnungszeiten ohne Bewertung«. Dies bedeutet allerdings nicht, dass solche Zeiten für die Betroffenen wertlos sind. Die Zeiten der Arbeitslosigkeit ohne ALG-I-Bezug sind z. B. wichtig, wenn Sie vorzeitig in Rente gehen möchten oder wenn Sie erwerbsunfähig werden. Denn:

- Dadurch bleibt der Versicherungsschutz für die Gewährung einer Rente wegen Erwerbsminderung erhalten. Normalerweise sind hierfür drei Jahre mit Beiträgen zur Rentenversicherung innerhalb der letzten fünf Jahre erforderlich. Soweit die Betroffenen vor ihrer Erwerbsminderung eine anerkannte Anrechnungszeit wegen Arbeitslosigkeit vorweisen können, wird die fünfjährige Rahmenfrist um diese Zeit der Arbeitslosigkeit verlängert. Es reicht dann also, wenn die erforderlichen drei Versicherungsjahre innerhalb eines längeren Zeitraums nachgewiesen werden.
- Anrechnungszeiten werden berücksichtigt, wenn es darum geht, ob die Betroffenen vorzeitig in Rente gehen können. Sie zählen nämlich mit, wenn geprüft wird, ob die 35-jährige Wartezeit für eine flexible Altersrente erfüllt ist (siehe Tipp 90).

Damit die Zeit der Arbeitslosigkeit als Anrechnungszeit anerkannt werden kann, müssen allerdings eine Reihe von Voraussetzungen erfüllt sein.

Voraussetzung Nr. 1: Versicherungspflichtige Beschäftigung vor der Arbeitslosigkeit

Soll die Zeit der Arbeitslosigkeit als Anrechnungszeit anerkannt werden, müssen Arbeitslose unmittelbar vor ihrer Erwerbslosigkeit versicherungspflichtig beschäftigt gewesen sein. Wie lange die versicherungspflichtige Beschäftigung gedauert hat, ist dabei gleichgültig. Hauptsache ist: Es müssen überhaupt Beiträge an die Rentenkasse abgeführt worden sein. Dabei muss in den Kalendermonat vor der Arbeitslosmeldung noch mindestens ein versicherungspflichtiger Tag fallen. Wer den rechtzeitigen Zeitpunkt zur Arbeitslosmeldung verpasst und beispielsweise erst zwei Monate nach seiner letzten sozialversicherungspflichtigen Beschäftigung bei der Arbeitsagentur vorspricht, hat das Nachsehen. Die künftige Arbeitslosenzeit ohne Leistungsbezug kann dann nicht mehr als Anrechnungszeit gewertet werden.

Voraussetzung Nr. 2: Anerkannter Grund für die Nichtgewährung von Leistungen

Bei Arbeitslosen, die weder ALG I noch ALG II erhalten, ist weiterhin wichtig, warum die Arbeitsagentur keine Leistungen zahlt. Generell gibt es hierfür zwei Hauptgründe. Grund Nummer eins: Die Erwerbslosen können die geforderten Beitragsmonate (Anwartschaftszeiten – siehe Tipp 41) nicht vorweisen. Grund Nummer zwei: Sie gelten nach dem Auslaufen des ALG I nicht als bedürftig und erhalten daher kein ALG II (siehe Tipps 105 und 106). Nur wenn wegen Nichterfüllung der Anwartschaftszeiten oder wegen fehlender Bedürftigkeit keine Unterstützung gezahlt wurde, werden Zeiten der Arbeitslosigkeit ohne Leistungsbezug als Anrechnungszeiten berücksichtigt. Wird das Arbeitslosengeld (etwa wegen Sperrzeiten) zeitweise nicht gezahlt oder völlig gestrichen (siehe Tipps 98 bis 103), zählt diese Zeit nicht für die Rente.

Voraussetzung Nr. 3: Einhaltung der Regeln der Arbeitsvermittlung

Die Betroffenen müssen sich zunächst einmal arbeitslos melden. Zudem haben sie seit Anfang 2009 – obwohl sie kein Geld von der Arbeitsagentur beziehen – die gleichen Pflichten wie Leistungsempfänger. Sie müssen sich also dem Arbeitsmarkt in vollem Umfang zur Verfügung stellen, eine Eingliederungsvereinbarung abschließen (wenn dies von ihnen verlangt wird) und die hierin festgelegten Verpflichtungen erfüllen. Kommen sie diesen Verpflichtungen nicht nach, so kann die neu eingeführte »Vermittlungssperre« nach § 38 Abs. 3 SGB III verhängt werden. Das heißt: Sie werden für die Dauer von zwölf Wochen von den Vermittlungsbemühungen der Agentur ausgeschlossen. Diese Sperre hat vor allem zur Folge, dass die Zeit der Arbeitslosigkeit nicht mehr als Anrechnungszeit für die Rentenversicherung gemeldet wird.

Bescheinigung über beitragsfreie Zeit für späteren Rentenantrag verwahren!

Haben Sie keine Leistungen der Agentur für Arbeit oder der Ämter, die für das ALG II zuständig sind, erhalten, teilen die Ämter Ihnen nach Beendigung Ihrer Arbeitslosigkeit mit, welche Zeiten der Rentenversicherung gemeldet wurden. Hierzu wird ein gesondertes Formblatt verwendet. Wenn eine solche Mitteilung ausbleibt, sollten Sie in jedem Fall bei den zuständigen Ämtern nachfragen. Das Formschreiben vom Amt sollten Sie gut aufbewahren und zu Ihren Rentenunterlagen legen. Wichtig ist weiterhin: Verwahren Sie auch Verdienstnachweise und Steuerbescheide aus der Zeit, in der Sie keine Unterstützung bekommen haben. So können Sie der Rentenversicherung später nachweisen, warum Sie keine Arbeitslosenunterstützung erhalten haben. Können Sie beispielsweise einen hohen Verdienst Ihres Ehepartners belegen, wird es für die Rentensachbearbeiter unmittelbar glaubhaft, dass Sie wegen »fehlender Bedürftigkeit« kein ALG II erhalten konnten.

! Tipp 78
Riester-Zulagen gibt es auch für Arbeitslose

Karge Ansprüche nicht in den Wind schreiben

In der hektischen Rentendiskussion der letzten Jahre ist dies fast untergegangen: Stück für Stück haben die jeweiligen Bundesregierungen die Rentenansprüche für Arbeitslose demontiert. Wer lange ohne Job ist, dem droht deshalb im Alter Armut (siehe Tipp 75). Daran wird auch die so genannte Riester-Rente kaum etwas ändern. Dennoch sollten die Betroffenen ihre kargen Ansprüche nicht in den Wind schreiben. Wer noch keinen privaten Altersvorsorgevertrag geschlossen hat, kann das auch 2011 (oder später) noch nachholen – auch als Arbeitsloser.

Denn auch wer ALG I bezieht, kann staatliche Zuschüsse zur privaten Altersvorsorge erhalten. Die volle Riester-Zulage erhält allerdings nur, wer jährlich bestimmte Mindestbeträge für seine private Altersvorsorge anspart. Wie hoch dieser Mindestbetrag ist, hängt von der Höhe der sozialversicherungspflichtigen Einkünfte im Vorjahr ab. 2011 zählen also die Einkünfte aus dem Jahr 2010.

Wenn diese zum Beispiel bei 15 000 € lagen, so liegt der Mindesteigenbetrag einschließlich der staatlichen Zulagen im Jahr 2011 bei 600 € (vier Prozent). Davon werden die staatlichen Zulagen, die Riester-Sparer beanspruchen können, abgezogen. Versicherte haben Anspruch auf eine Grundzulage von 154 € jährlich. Pro Kind kommen 185 € jährlich hinzu (für seit 2008 geborene Kinder sind es sogar 300 €). Einem Versicherten mit einem 2008 geborenen Kind stehen 2011 mithin 454 € als staatliche Zulage zu. Diese erhält er allerdings nur, wenn er selbst so viel auf einen Riester-Vertrag einzahlt, dass insgesamt die »4-Prozent-Grenze« erreicht wird. Im Beispielsfall liegt der Eigenbeitrag bei 146 € jährlich, denn zusammen mit den 454 € staatlicher Zulage wird der Mindesteigenbeitrag von 600 € erreicht.

Steuerersparnis greift nicht: Der eigentliche Charme der Riesterschen Förderrente liegt für Durchschnitts- und erst recht für Besserverdienende weniger in den staatlichen Zulagen als vielmehr in den Steuervorteilen (private Zusatzbeiträge zur Altersversorgung werden als Sonderausgaben anerkannt). Für Arbeitslose gibt es dieses Bonbon allerdings nicht. Denn vom ALG I müssen ja gar keine Steuern abgeführt werden.

Rentenberatung sinnvoll: Arbeitsagenturen und Sozialämter haben mit der privaten Altersvorsorge »Marke Riester« nichts zu tun, ebenso wenig die gesetzliche Rentenversicherung. Allerdings: Sinnvoll ist es schon, wenn Arbeitslose sich bei einer der Informations- und Beratungsstellen der Rentenversicherung einen Termin geben lassen, um sich dort darüber zu informieren, wie (negativ) sich Monate oder gar Jahre der Arbeitslosigkeit auf ihrem Rentenkonto auswirken. So weiß man immerhin, was man eigentlich durch private Vorsorge für das Alter zusätzlich noch ausgleichen müsste – wenn man es denn kann.

! Tipp 79 An die Kranken- und Pflegeversicherung denken

Wer Geldleistungen der Ämter erhält, ist weiterhin versichert

Wer ALG I erhält, ist in der Regel über die jeweils zuständigen Ämter kranken- und pflegeversichert. Probleme mit dem Kranken- und Pflegeversicherungsschutz kann es allerdings für diejenigen geben, die keine Leistungen der Arbeitsagentur bekommen – sowie für Arbeitslose, die älter als 55 Jahre sind (siehe Tipp 80). In den folgenden acht Beispielen wird dargestellt, wann Erwerbslose Schwierigkeiten bei der Kranken- und Pflegeversicherung haben und wie sie sich gegebenenfalls davor schützen können.

Beispiel 1: ALG I ruht wegen Abfindung

Die 55-jährige Margret Krause war eine der älteren Beschäftigten, die infolge einer Rationalisierungsmaßnahme mit einer Abfindung aus einem Sozialplan und ohne Einhaltung der gesetzlichen Kündigungsfrist aus ihrem Arbeitsverhältnis ausschied. Die alleinstehende Angestellte bekam zunächst kein ALG I, weil ihr Anspruch auf die Versicherungsleistung ruhte (siehe Tipp 11) – und zwar in ihrem Fall für zwei Monate. Da Margret Krause Pflichtmitglied einer gesetzlichen Krankenkasse ist, lief ihr (nachwirkender) Krankenversicherungsschutz nach der Entlassung zunächst einen Monat weiter. Bis sie dann ab dem dritten Erwerbslosenmonat Geld von der Arbeitsagentur bekam, musste sich die 55-Jährige für den zweiten Monat ihrer Arbeitslosigkeit freiwillig selbst bei ihrer Kranken- und Pflegekasse versichern (siehe Beispiele 5 und 8 in diesem Tipp), um gegen das Risiko bei Krankheit und Pflegebedürftigkeit abgesichert zu sein.

Wichtig ist dabei: Nach der Rechtsprechung des Bundessozialgerichts ist es für die Betroffenen von entscheidender Bedeutung, ob die Abfindung auf einen Schlag oder gestückelt – etwa in Monatsbeträgen – gezahlt wird. Nach einem BSG-Urteil vom 25. Januar 2006 zählt eine in Monatsraten gezahlte Abfindung als Einkommen, aus dem eine eigenständige freiwillige Krankenversicherung zu finanzieren ist (Az.: B 12 KR 2/05 R). Eine beitragsfreie Familienversicherung (siehe Beispiel 3) kommt deshalb in diesem Fall auch dann nicht in Frage, wenn die Betroffenen verheiratet sind und einen gesetzlich versicherten Ehepartner haben.

Anders ist dagegen nach Ansicht des BSG zu verfahren, wenn die Abfindung – wie üblich – auf einen Schlag ausgezahlt wird, wie aus dem Urteil vom 9. Oktober 2007 hervorgeht. In diesem Fall hatte eine Arbeitnehmerin ihr Arbeitsverhältnis zum 1. Dezember 1998 gelöst und in diesem Monat eine Abfindung von 108 000 DM erhalten. Die Krankenkasse ihres Ehemannes hatte die Abfindung durch den bisherigen Bruttoverdienst der Klägerin geteilt. Diese Rechnung ergab ca. 14 Monate. Für diesen Zeitraum ging die Kasse von einer Überschreitung der maßgeblichen Einkommensgrenze für die Familienversicherung aus (die 2011 bei 365 € liegt).

Dem ist das BSG nicht gefolgt. Es ist – in Übereinstimmung mit der steuerlichen Behandlung bei Abfindungen – davon ausgegangen, dass der Betrag von 108 000 € der Klägerin voll im Dezember 1998 zugeflossen ist. Für eine fiktive Aufteilung auf die Folgezeiträume hat das Gericht keine hinreichend deutliche Rechtsgrundlage gesehen. Damit hatte die Klägerin – so die Richter – ab dem Folgemonat nicht mehr über ein »regelmäßiges Gesamteinkommen« oberhalb des maßgeblichen Grenzbetrages verfügt. Damit bestand für sie ein Anspruch auf die kostenfreie Familienversicherung über ihren Ehemann (Az.: B 5b/8 KN 1/06 KR R).

Nach Arbeitsplatzverlust noch einen Monat krankenversichert

Auch nach dem Ende einer versicherungspflichtigen Beschäftigung besteht noch für die Dauer von einem Monat ein Kranken- und Pflegeversicherungsschutz. Pflichtmitglieder einer gesetzlichen Kranken- und Pflegekasse, die am letzten Tag des Beschäftigungsverhältnisses oder kurz nach dem Ausscheiden aus einem Arbeitsverhältnis – und bevor sie Arbeitslosengeld beantragen – erkranken, bekommen demnach zunächst weiterhin von der Kasse die üblichen Leistungen. Dieser »nachwirkende« Versicherungsschutz nach § 19 Abs. 2 SGB V gilt auch für Familienangehörige, für die ein Anspruch auf »Familienhilfe« (siehe Beispiel 3 in diesem Tipp) besteht. Nach einem Monat endet allerdings der Versicherungsschutz – unabhängig davon, ob eine eventuelle Krankheit ausgeheilt wurde oder nicht. Nach einem BSG-Urteil vom 7.5.2002 gehört zum nachwirkenden Versicherungsschutz auch der Anspruch auf Krankengeld (Az.: B 1 KR 24/01 R). Der Anspruch auf Krankengeld endet allerdings in diesem Fall einen Monat nach dem Ende des versicherungspflichtigen Beschäftigungsverhältnisses.

Beispiel 2: Sperrzeit oder Urlaubsabgeltung

Der 31-jährige Hans Kehrmann erhält während der ersten zwölf Wochen seiner Arbeitslosigkeit kein ALG I. Denn er hat seine Arbeitslosigkeit nach Ansicht der Agentur »selbst verschuldet«. Erst nach Ablauf seiner zwölfwöchigen Sperrzeit wird der Angestellte ALG I bekommen.
Wer wie Hans Kehrmann eine Sperrzeit (siehe Tipp 98) erhalten hat, ist durch die Arbeitsagentur erst ab dem zweiten Monat seiner Arbeitslosigkeit krankenversichert.
79 Wer wie die meisten Arbeitnehmer vor der Arbeitslosigkeit in einer gesetzlichen Kasse pflichtversichert war, für den greift im ersten Monat der Sperrzeit der kostenlose »nachgehende Versicherungsschutz« für einen Monat nach § 19 Abs. 2 des Fünften Sozialgesetzbuchs.
Wer vor der Arbeitslosigkeit dagegen freiwillig in einer gesetzlichen Kasse versichert war, muss sich im ersten Sperrzeitmonat weiterhin auf eigene Kosten versichern. Denn der nachgehende Versicherungsschutz ist ein Exklusivangebot für Pflichtversicherte. Wer einen gesetzlich versicherten Ehepartner hat, ist allerdings in der Regel über diesen kostenlos mitversichert. Auch privat Versicherte müssen im ersten Sperrzeitmonat ihre private Versicherung in der Regel fortführen. Ab dem zweiten Monat müssen sie sich zwischen gesetzlicher Versicherung über die Arbeitsagentur oder Fortführung der privaten Versicherung entscheiden (siehe Tipp 80).

Beispiel 3: Kein Arbeitslosengeld –
aber über die Eltern oder den Ehepartner mitversichert

Ohne Ausbildungsplatz, ohne Arbeit – so fing das Berufsleben des 16-jährigen Schulabgängers Karl Bertram an. ALG I bekommt er nicht, weil er noch nie einen sozialversicherten Job gehabt hat. Deshalb führt die Arbeitsagentur für ihn auch keine Beiträge zur Kranken- und Pflegeversicherung ab. Karl Bertrams Eltern sind allerdings in der Allgemeinen Ortskrankenkasse (AOK).
Im Hinblick auf die Kranken- und Pflegeversicherung haben Karl Bertram und seine Eltern noch Glück im Unglück. Wie viele arbeitslose Jugendliche ist der 16-Jährige nämlich automatisch und kostenlos über seine Eltern mitversichert. Diese sind nämlich Mitglieder einer gesetzlichen Krankenversicherung.
Anspruch auf die so genannte »Familienhilfe« der gesetzlichen Kranken- und Pflegeversicherung haben zum einen die Ehepartner der Versicherten, soweit sie regelmäßig nur Einkünfte bis zu 365 € im Monat haben (für geringfügig Beschäftigte gilt eine Verdienstgrenze von 400 €). Auch Kinder unter 18 Jahren sowie Jugendliche unter 23 Jahren, die arbeitslos sind oder keinen Ausbildungsplatz haben, sind mitversichert. Diese Familienhilfe gibt es allerdings bei den privaten Versicherungen nicht. Wären die Eltern von Karl Bertram privat versichert, so müssten sie ihren arbeitslosen Sohn in der Regel weiterhin teuer privat versichern.

Beispiel 4: Kein ALG I, kein Anspruch auf Familienhilfe –
dafür aber Anspruch auf ALG II

ALG I erhält die 29-jährige Helga Lindmann nicht, da sie unmittelbar nach ihrer Hochschulausbildung erwerbslos wurde. Sie ist auf ALG II angewiesen.

Bezieher von ALG II werden seit dem 1. Januar 2009 nicht mehr automatisch gesetzlich kranken- und pflegeversichert. Vielmehr gilt hier der Grundsatz: Jeder bleibt in dem System versichert, in dem er bereits vorher versichert war. Für Helga Lindmann bedeutet das: War sie vorher privat krankenversichert, bleibt sie es auch als ALG-II-Bezieherin. Der zuständige Hartz-IV-Träger beteiligt sich auch an ihrem privaten Versicherungsbeitrag. Nach dem bei Redaktionsschluss dieses Ratgebers geltenden Rechtsstand wird allerdings auch für privat Versicherte nur der Beitrag gezahlt, den die Ämter für GKV-Versicherte übernehmen, was einschließlich der Beiträge zur privaten Pflegeversicherung rund 140 € sind. Da der Beitrag zum Basistarif der privaten Versicherungen weit höher ist, besteht eine Finanzierungslücke. Geschlossen wird diese allenfalls bei Hartz-IV-Beziehern, die Erwerbseinkünfte haben, die durch ALG II aufgestockt werden. Diese können die selbst gezahlten Versicherungsprämien (auch für ihre Familienmitglieder) von ihrem Erwerbseinkommen absetzen. Andere privat versicherte Hartz-IV-Bezieher müssen sich dagegen u. U. verschulden, um ihre privaten Versicherungsbeiträge schultern zu können.

Volle Beitragsübernahme verlangen

Privat krankenversicherte ALG-II-Bezieher sollten in jedem Fall die volle Übernahme ihre privaten Kranken- und Pflegeversicherungsbeiträge durch den Hartz-IV-Träger beantragen und gegen eine ablehnende Entscheidung Widerspruch und Klage einlegen. Demnächst wird sich das Bundessozialgericht mit dieser Frage befassen. Bislang liegen sich widersprechende Urteile von Landessozialgerichten zu dieser Frage vor. Das LSG Saarland entschied am 13.4.2010 für die volle Kostenübernahme (Az.: L 9 AS 15/09). Dagegen entschied das LSG Sachsen-Anhalt am 14.4.2010 (Az.: L 2 AS 16/10 B ER).

Beispiel 5: Weder ALG I noch ALG II – doch vor der Arbeitslosigkeit in der gesetzlichen Krankenversicherung

Wer vor seiner Arbeitslosigkeit bereits Mitglied in einer gesetzlichen Kranken- und Pflegekasse war, kann – und muss, da inzwischen Krankenversicherungspflicht besteht – seine gesetzliche Versicherung in der Regel freiwillig fortsetzen. Wer keinen Anspruch auf ALG I oder II hat und auch nicht über die Familienversicherung einer gesetzlichen Krankenkasse abgesichert ist, sollte deshalb, sobald er seinen Arbeitsplatz verliert, die freiwillige Weiterversicherung beantragen. Die Betroffenen müssen dann allerdings den vollen Beitrag selbst zahlen. Wer nur äußerst geringe Einkünfte hat oder nur von Ersparnissen lebt, von dem wird ein monatlicher Mindestbetrag verlangt. Dieser liegt bei der gesetzlichen Krankenversicherung bei etwa 127 € pro Monat. Bei höheren Einkünften – etwa bei einer monatlich gezahlten Abfindung (siehe Beispiel 1) – werden weit höhere Beiträge erhoben.
Der Mindestbeitrag deckt allerdings nur die Sachleistungen (ambulante und stationäre Krankenbehandlung, Arznei- und Heilmittel) der Krankenkasse ab. Ein Anspruch auf Krankengeld (zum Lebensunterhalt) besteht dann nicht.
Wer freiwillig in der gesetzlichen Krankenkasse (weiter)versichert ist, ist seit 1995 gleichzeitig auch versicherungspflichtig in der gesetzlichen Pflegeversicherung. Auch die Beiträge zur freiwilligen Weiterversicherung in der Pflegekasse müssen die betroffenen Arbeitslosen allerdings allein tragen.

Wer seine Kranken- und Pflegeversicherungsbeiträge selber zahlen muss, sollte prüfen lassen, ob er aufgrund seiner Beitragszahlungen einen Anspruch auf ALG II hat. Das ist dann möglich, wenn das Einkommen nach Abzug der Versicherungsbeiträge nicht ausreicht, um den gesetzlich zugestandenen Bedarf für sich selbst und seine Familienangehörigen zu decken.

Beispiel 6: Kein ALG I oder II und vor der Arbeitslosigkeit nicht in der gesetzlichen Krankenversicherung

79

Helga Behrens ist privat krankenversichert. Nun ist sie arbeitslos und erhält weder ALG I noch ALG II. Hinzu kommt: Ihr Mann ist ebenfalls privat krankenversichert, deshalb hat sie auch keinen Anspruch auf »Familienhilfe«.
Wer vor der Arbeitslosigkeit privat krankenversichert war, kann als Arbeitsloser – sofern er keine Geldleistungen von den Ämtern bezieht – nicht (Neu-) Mitglied einer gesetzlichen Krankenkasse werden. Wer neu eintreten will (und nicht pflichtversichert ist), muss dann nämlich die Voraussetzungen für einen »freiwilligen Beitritt« (nach § 9 SGB V) erfüllen. Dieser »freiwillige Beitritt« ist jedoch nur einem sehr begrenzten Personenkreis gestattet. Den Betroffenen bleibt daher in der Regel nichts anderes übrig, als sich trotz ihrer Arbeitslosigkeit teuer privat gegen die Risiken »Krankheit« und »Pflegebedürftigkeit« abzusichern.

Beispiel 7: ALG I läuft aus – Anspruch auf ALG II besteht nicht

Am 31. Juli wird das ALG I von Sonja Hoch auslaufen. Anspruch auf ALG II hat die 32-Jährige nicht, weil sie wegen ihres gut verdienenden Ehemannes nicht als »bedürftig« gilt. Hinzu kommt: Ihr Ehemann ist privat krankenversichert, deshalb hat die arbeitslose Sekretärin künftig auch keinen Anspruch auf »Familienhilfe«. Sie muss sich daher ab dem 1. August selbst versichern. Da sie als Bezieherin von ALG I noch gesetzlich versichert ist, kann sie als freiwilliges Mitglied in ihrer Kranken- und Pflegekasse bleiben. Sie muss allerdings die Anmeldefristen beachten und wird erheblich mehr als den Mindestbeitrag (siehe Beispiel 5) für freiwillige Mitglieder zahlen müssen. Denn bei der Beitragsbemessung wird die gesetzliche Kasse entsprechend ihrer Satzung auch das recht hohe Einkommen ihres Mannes (zur Hälfte) berücksichtigen. Nachweisbare besondere Belastungen – wie etwa Unterhaltszahlungen für gemeinsame Kinder – mindern allerdings den Beitragssatz.Übrigens: Wäre ihr Ehemann gesetzlich versichert, so wäre Sonja Hoch über ihren Partner kostenlos mitversichert (siehe Beispiel 3).

Beispiel 8: Unklar, ob Anspruch auf ALG I oder II besteht

Wer sich nicht sicher ist, ob die zuständigen Ämter ALG I oder II zahlen werden oder nicht, sollte besser vorsorglich einen Antrag auf freiwillige Versicherung bei der Kranken- und Pflegekasse stellen. Wird dann später ALG I oder II bewilligt, so erhält man die freiwillig bezahlten Beiträge von der gesetzlichen Kasse zurück.

!

Tipp 80

Wichtig für privat Versicherte:

Wechsel in gesetzliche Krankenversicherung möglich

Agentur für Arbeit übernimmt aber auch Beiträge zur privaten Versicherung

Sie haben Anspruch auf Arbeitslosengeld I? Und Sie waren bisher privat kranken- und/oder pflegeversichert? Dann haben Sie während Ihrer Arbeitslosigkeit meist die Wahl zwischen drei Möglichkeiten:

- Sie können generell in die gesetzliche Kranken- und Pflegeversicherung überwechseln,
- Sie können dies zeitweise – für die Zeit der Arbeitslosigkeit – tun oder
- Sie können auch als Arbeitslose(r) weiter privat versichert bleiben.

Wenn Sie allerdings bereits 55 Jahre oder älter sind, können Sie meist auch während der Arbeitslosigkeit nicht mehr in die gesetzliche Krankenversicherung wechseln. Sie müssen dann Ihre private Versicherung in der Regel fortführen.

Möglichkeit 1: Privat versichert bleiben

Seit April 1998 können privat Versicherte, die arbeitslos werden und innerhalb der letzten fünf Jahre nicht gesetzlich versichert waren, sich über die Arbeitsagenturen kostenlos weiter privat versichern lassen. Dafür müssen sich die Betroffenen von der ansonsten automatisch eintretenden (gesetzlichen) Versicherungspflicht befreien lassen. Ein solcher Befreiungsantrag muss innerhalb der ersten drei Monate der Arbeitslosigkeit bei einer gesetzlichen Krankenkasse gestellt werden. Die Arbeitsagenturen zahlen für die privat Versicherten allerdings immer höchstens den Beitrag, den sie im Falle einer gesetzlichen Pflichtversicherung aufbringen müssten. Und wichtig ist weiter: Die Arbeitsagenturen übernehmen zwar Beitragszahlungen für die privat versicherten Arbeitslosen, in keinem Fall aber für ihre Kinder und – falls auch diese privat versichert sind – die Ehepartner der Betroffenen.

Möglichkeit 2: »Systemwechsel« für die Zeit der Arbeitslosigkeit

Wer noch nicht 55 Jahre alt ist und vor der Arbeitslosigkeit privat versichert war, kann während der Arbeitslosenzeit gesetzlich versichert sein und sich gleichzeitig die Möglichkeit eines späteren »Wiedereinstiegs« in die Privatversicherung (ohne erneute Gesundheitsprüfung) offen halten. Dafür müssen die Betroffenen mit ihrem privaten Versicherungsunternehmen ein Ruhen des Versicherungsschutzes für die Zeit der Arbeitslosigkeit vereinbaren und eine so genannte Anwartschaftsversicherung.

80

Möglichkeit 3: Genereller »Systemwechsel«

Wer jünger als 55 Jahre ist, ALG I bezieht und keinen Befreiungsantrag stellt, wird automatisch in der gesetzlichen Kranken- und Pflegeversicherung pflichtversichert (siehe Tipp 79). Die Bundesagentur für Arbeit übernimmt dann für die Betroffenen die vollen Beiträge zu einer gesetzlichen Krankenversicherung. Hierdurch sind gegebenenfalls auch Familienmitglieder (Kinder, Ehepartner), die einen Anspruch auf Familienhilfe in der gesetzlichen Kranken- und Pflegeversicherung haben (siehe Tipp 79), kostenlos mitversichert. Die Betroffenen können die mit der privaten Versicherung abgeschlossenen Verträge für sich selbst und – falls solche bestehen – auch für ihre Familienmitglieder sofort kündigen. Viele, die sich zunächst – meist in jüngeren Jahren – für eine private Krankenversicherung entschieden haben (der dann mittlerweile meist auch eine private Pflegeversicherung gefolgt ist), können damit als Arbeitslose (wieder) in die gesetzliche Versicherung überwechseln. Gerade für ältere Erwerbslose (unter 55) kann bei einem solchen Wechsel die Überlegung eine Rolle spielen, dass sie später im Ruhestand Mitglieder in der gesetzlichen »Krankenversicherung der Rentner« werden können. Wer hierauf spekuliert, sollte sich vorher allerdings informieren, ob diese Möglichkeit für ihn überhaupt in Frage kommt. Hier kann nämlich nur Mitglied werden, wer in der zweiten Hälfte seines Arbeitslebens fast durchweg – genau: 90 Prozent dieser Zeit – gesetzlich versichert (egal ob pflicht-, freiwillig oder familienversichert) war.

Wenn Sie 55 Jahre oder älter sind: Wechsel in gesetzliche Versicherung nur in Ausnahmefällen möglich

Sind Sie zu Beginn Ihrer Arbeitslosigkeit 55 Jahre oder älter, können Sie nur in Ausnahmefällen in die gesetzliche Krankenversicherung wechseln – und zwar dann, wenn Sie innerhalb der letzten fünf Jahre mindestens einen Monat gesetzlich krankenversichert waren. Dabei kommt es nicht darauf an, ob Sie in diesem Monat pflichtversichert, freiwillig oder als Familienmitglied (mit)versichert waren. Geregelt ist dies in § 6 Abs. 3 a des Fünften Sozialgesetzbuchs.
Falls Sie die Voraussetzung erfüllen und wieder in eine – im Alter unter Umständen günstigere – gesetzliche Kasse wechseln wollen, sollten Sie bei der Arbeitsagentur Ihre Krankenversicherungsunterlagen aus den letzten fünf Jahren vorzeigen. Die Arbeitsagentur wird Sie dann bei einer gesetzlichen Krankenkasse Ihrer Wahl pflichtversichern.

Kapitel J
Tipps für arbeitslose Mütter und Väter

81

Tipp 81

Wenn Jugendliche arbeitslos oder ohne Ausbildungsplatz sind:

Länger Kindergeld für Söhne und Töchter

Höheres Arbeitslosengeld I für die Eltern

Für arbeitslose Eltern ist der Anspruch auf Kindergeld besonders wichtig: Wer Kindergeld erhält, dem steht zugleich nämlich der so genannte »erhöhte Leistungssatz« beim ALG I zu. Das bedeutet: Die Eltern bekommen dann nicht nur das Kindergeld für ihre Töchter oder Söhne, sondern auch mehr ALG I (siehe Tipp 58).

Insbesondere Eltern, deren Kinder schon volljährig sind, wissen aber oft nicht, ob für sie (noch) ein Anspruch auf Kindergeld besteht: »In Kürze wird Ihr Kind 18 Jahre alt. Die Zahlung des Kindergeldes für das genannte Kind erfolgt daher letztmals für den Monat März 2009.« So oder ähnlich kündigt die für Sie zuständige Familienkasse der Bundesagentur für Arbeit an, dass sie die Kindergeldüberweisung in Kürze einstellen wird. Nur für den Monat, in dem Ihr Kind 18 wird, steht Ihnen die Zahlung noch zu. Doch in den meisten Fällen lohnt es sich dann, einen Antrag auf Weiterzahlung von Kindergeld über das 18. Lebensjahr hinaus zu stellen.

Häufig gibt es Kindergeld nämlich, bis die Kinder 25 Jahre alt geworden sind – und manchmal sogar noch länger. Dabei kommt es nicht darauf an, dass Söhne oder Töchter durchgängig kindergeldberechtigt sind. Bis die Kinder das Höchstalter für den Kindergeldanspruch erreicht haben, können Eltern – je nachdem, was die Kinder beruflich gerade machen – zwischendurch immer wieder für kurze oder längere Zeiten einen Anspruch auf Kindergeld haben. In solchen Fällen kann (und muss) man diese Leistung immer wieder neu beantragen.

Kindergeldhöhe

Das Kindergeld beträgt:

- für das erste und zweite Kind jeweils 184 €,
- für das dritte Kind 190 € und
- für jedes weitere Kind 215 €.

Ob die Eltern erwachsener Kinder Anspruch auf Kindergeld haben, ist nach der jüngsten Rechtsprechung des Bundesfinanzhofs (Urteil vom 17.6.2010, Az.: III R 34/09) in zwei eindeutig voneinander getrennten Schritten zu prüfen:

1. Zunächst geht es darum, ob das Kind eine der gesetzlichen Grundvoraussetzungen erfüllt – also sich beispielsweise noch in einer Ausbildung befindet.
2. Erst in einem zweiten Schritt spielt dann das Einkommen eine Rolle. Dabei wird nun immer auf das Jahreseinkommen abgestellt.

81

Im Folgenden erfahren Sie mehr zu den Grundvoraussetzungen und zur Einkommensprüfung – und darüber hinaus erhalten Sie Tipps, wie das Kindergeld gerettet werden kann, wenn das Einkommen voraussichtlich zu hoch ausfällt.

Schritt 1: Prüfung der Grundvoraussetzungen

In § 32 Abs. 4 Einkommensteuergesetz hat der Gesetzgeber sechs Lebenssituationen von Kindern definiert, in denen – so der Bundesfinanzhof (BFH) – »typischerweise Unterhaltsaufwendungen entstehen«, welche auch einen Anspruch auf Kindergeld begründen. Dies gilt, wenn ein Kind

1. unter 21 und arbeitslos ist,
2. unter 25 ist und für einen Beruf ausgebildet wird,
3. unter 25 und ausbildungssuchend ist,
4. unter 25 ist und ein freiwilliges soziales oder ökologisches Jahr absolviert,
5. unter 25 ist und sich in einer Übergangszeit von höchstens vier Monaten zwischen zwei Ausbildungsabschnitten oder zwischen Ausbildung und Wehr- oder Zivildienst befindet,
6. sich unabhängig vom Lebensalter wegen einer Behinderung nicht selbst unterhalten kann.

Wichtig noch: Während des Wehr- oder Zivildienstes besteht kein Anspruch auf Kindergeld, dafür wird der Kindergeldanspruch der Söhne, die »gedient« haben, zeitlich um die Dauer der Dienstzeit hinausgeschoben.

Die Familienkassen haben in Schritt 1 nun einfach abzuhaken, ob einer der genannten Sachverhalte vorliegt. Ob das Kind tatsächlich unterhaltsbedürftig ist, spielt auf dieser ersten Prüfebene nun keine Rolle mehr. So muss in Schritt 1 vor allem nicht mehr geprüft werden, ob während einer Wartezeit oder in der Zeit der Ausbildungsplatzsuche wegen einer vorübergehenden Vollzeitbeschäftigung der Kindergeldanspruch grundsätzlich ausgeschlossen ist.

Die genannten Bedingungen sehen auf den ersten Blick eindeutig aus, werden aber immer wieder durch neue Gerichtsurteile konkretisiert bzw. modifiziert. Ein Überblick:

Berufsausbildung

Nahezu jegliche schulische und berufliche Ausbildung wird in diesem Zusammenhang anerkannt (bis hin zur Meisterprüfung, Beamtenanwärterzeit oder dem Besuch einer allgemeinbildenden Schule).

Als Berufsausbildung zählt beispielsweise auch, wenn ein volljähriges Kind sich in einem Praktikum oder einer Schulung intensiv auf seinen angestrebten Beruf vorbereitet hat. Das entschied das Finanzgericht Köln am 3. März 2010 im Falle einer jungen Frau, die eine Schulung zur Flugbegleiterin besuchte (Az.: 10 K 212/09, rechtskräftig – auf die Revision wurde verzichtet).

Geht es um den Anspruch auf Kindergeld, wird – anders als beim BAföG – nicht überprüft, ob es sich um eine erste oder zweite Ausbildung handelt. Es spielt auch keine Rolle, ob die Ausbildung einem Amt als sinnvoll erscheint. Nahezu jegliche schulische und berufliche Ausbildung von Söhnen und Töchtern, die im kindergeldfähigen Alter sind, führt deshalb zu einem Kindergeldanspruch der Eltern. Dies gilt nach einem Urteil des Bundesfinanzhofs vom 9. Juni 1999 (Az.: VI R 34/98) beispielsweise auch für eine College-Ausbildung in den USA, die nicht zu einem eigenständigen Berufsabschluss führt.

Am 24. 2. 2010 entschied der BFH, dass auch mit dem abgeschlossenen Examen die Berufsausbildung noch nicht beendet sein muss. Das Gericht befand, dass auch Qualifizierungsmaßnahmen in der jeweiligen Fachrichtung, die dem angestrebten Beruf dienen und ernsthaft und nachhaltig betrieben werden, als Ausbildung zählen. Dies setze »nicht notwendig die Teilnahme an einem Aufbau- oder Ergänzungsstudium mit Abschlussprüfung voraus. Dementsprechend kann im Einzelfall auch die Teilnahme an Vorlesungen und Übungen als Gasthörer ausreichend sein«, befand der BFH. Voraussetzung sei jeweils, dass »Kenntnisse, Fähigkeiten und Erfahrungen erworben werden, die als Grundlage für die Ausübung des angestrebten Berufs geeignet sind«.

Im entschiedenen Verfahren ging es um einen jungen Mann, der sein Studium mit einem Diplom abgeschlossen hatte, aber noch keinen Job gefunden hatte. Der Betroffene blieb immatrikuliert und besuchte Seminare und Vorlesungen, die Spezialkenntnisse vermitteln und seine Jobchancen erhöhen sollten. Das reicht für den BFH aus, um die Voraussetzungen für einen Kindergeldanspruch zu erfüllen (Az.: III R 80/08).

Ausbildungssuche

Auch wenn Ihre erwachsenen Töchter oder Söhne noch ohne Ausbildung sind und eine Ausbildung suchen, erhalten Sie als Eltern unter Umständen so lange Kindergeld, bis Ihre Kinder 25 Jahre alt sind – und auch diese Altersgrenze kann sich noch nach hinten verschieben. Ein Anspruch besteht, wenn wegen eines fehlenden Ausbildungs- oder Studienplatzes die angestrebte Ausbildung nicht begonnen (oder fortgesetzt) werden kann.

Studienbewerber können die Studienplatzsuche durch eine Bewerbung bei hochschulstart.de (Stiftung für Hochschulzulassung, früher ZVS) nachweisen. Als Nachweis der Ausbildungsplatzsuche reicht der Familienkasse, wenn die Töchter bzw. Söhne bei der Berufsberatung der Arbeitsagentur als ausbildungsplatzsuchend gemeldet sind.

Auf die Meldung bei der Arbeitsagentur ist nicht unbedingt Verlass, wie aus einem Urteil des Finanzgerichts Düsseldorf vom 5. 6. 2007 (Az.: 14 K 2129/06 Kg) hervorgeht. Im Verfahren ging es um eine junge Frau, die nach nicht bestandenem Abitur 2005 auf Ausbildungssuche ging und sich bei der zuständigen Arbeitsagentur ausbildungsplatzsuchend meldete. Das reicht eigentlich für einen Kindergeldanspruch. Aus unerfindlichen Gründen wurde sie jedoch am 11. Juli 2005 nach einem Beratungsgespräch aus der Bewerberkartei der Agentur gestrichen. Weshalb sie »am gleichen Tage bereits als Bewerberin um einen Ausbildungsplatz gelöscht worden ist,

lässt sich nicht mehr eindeutig feststellen«, konstatierte das Finanzgericht. Auch der Vertreter der Agentur »konnte in der mündlichen Verhandlung hierzu nur Mutmaßungen äußern«, gaben die Düsseldorfer Richter zu Protokoll.
Sie gestanden der jungen Frau zwar zu, dass ihre Registrierung beim Amt immerhin noch drei Monate – bis Ende Oktober – nachwirke und damit für diese Zeit den Kindergeldanspruch sichere. Für die Zeit danach verlangten die Richter jedoch konkrete Belege für die Ausbildungssuche und stellten fest: »Die pauschale Aussage, sie habe sich – sinngemäß – ständig bemüht, reicht in dieser Allgemeinheit nicht aus.« Stattdessen seien »konkrete Angaben der Zeugin zu Einzelheiten, wie vor allem Name und Sitz der betreffenden Firmen und Zeitpunkte der Bewerbungen und Absagen erforderlich«.

81

Der Bundesfinanzhof hat in seinem Urteil vom 17.7.2008 (Az.: III R 95/07) die Revision gegen das Düsseldorfer Urteil abgelehnt und dazu ausgeführt:
»Die Nachweise für die Ausbildungswilligkeit des Kindes und für sein Bemühen, einen Ausbildungsplatz zu finden, hat der Kindergeldberechtigte beizubringen. [...] Nachgewiesen werden kann das ernsthafte Bemühen um einen Ausbildungsplatz z. B. durch eine Bescheinigung des Arbeitsamtes (jetzt Agentur für Arbeit), dass das Kind als Bewerber um eine berufliche Ausbildungsstelle registriert ist. [...] Die Registrierung beim Arbeitsamt gilt jedoch nicht zeitlich unbeschränkt als Nachweis, sondern ist in ihrer Wirkung auf drei Monate beschränkt. [...] Das Bemühen um einen Ausbildungsplatz kann außer durch Meldung bei der Ausbildungsvermittlung auch glaubhaft gemacht werden durch Suchanzeigen in der Zeitung, direkte schriftliche Bewerbungen an Ausbildungsstätten und ggf. darauf erhaltene Zwischennachrichten oder Absagen. Dabei können Bewerbungen und Absagen durch E-Mails ebenfalls zu berücksichtigen sein. Telefonische Anfragen können im Einzelfall als Nachweis ausreichen, wenn detailliert und glaubhaft dargelegt wird, mit welchen Firmen, Behörden usw. zu welchen Zeitpunkten (erfolglose) Gespräche geführt worden sind.«

Übergangs- bzw. Wartezeit

Liegen zwischen zwei Ausbildungsabschnitten oder zwischen Schule und Studien- bzw. Ausbildungsbeginn bis zu vier volle Monate, besteht in der Wartezeit ein Anspruch auf Kindergeld. Diese Voraussetzung kann auch erfüllt sein, wenn die Schulzeit Ihres erwachsenen Kindes beispielsweise Anfang Juli endet und seine Ausbildung erst Anfang Dezember beginnt. Denn dazwischen liegen vier volle Monate.
Kindergeld oder der steuerliche Kinderfreibetrag stehen Eltern, deren Söhne oder Töchter arbeitslos sind, normalerweise nur so lange zu, bis diese 21 Jahre alt werden. Der Bundesfinanzhof (BFH) hat jedoch – in Anwendung der Übergangszeit- bzw. Wartezeitregelung – eine günstigere Entscheidung für diejenigen Eltern getroffen, deren Söhne über 21 sind und nach der Ausbildung bis zum Antritt des Wehr- oder Zivildienstes eine Wartezeit überbrücken müssen. In dieser Zeit besteht nach der BFH-Entscheidung für diejenigen, die jünger als 25 sind, im Grundsatz Anspruch auf Kindergeld. Dies gilt für Überbrückungszeiten von maximal vier vollen Monaten. Dabei komme es – so die obersten Finanzrichter – nicht darauf an, ob das betroffene Kind nach der Dienstzeit erneut eine Ausbildung aufnehmen möchte.
In der Klage ging es um einen knapp 22-Jährigen, der nach dem Ende seiner Ausbildung als Kfz-Mechaniker am 20. Juni 2005 bis zu seinem Dienstantritt am 1. Oktober des gleichen Jahres arbeitslos war. Die Richter hielten dies für eine »typische Un-

terhaltssituation« und sprachen dem klagenden Vater für diese Zeit Kindergeld zu. Ihr Argument: »Die Suche nach einem Arbeitsplatz ist wegen des im Interesse der Allgemeinheit zu absolvierenden Dienstes erheblich erschwert, ohne dass es auf eine spätere Fortsetzung der Ausbildung ankäme« (Az.: III R 23/06).

Behinderung

Die Eltern eines behinderten Kindes haben dauerhaft Anspruch auf Kindergeld. Dabei kommt es nicht darauf an, welcher Grad der Behinderung einem Kind zuerkannt wurde. Entscheidend ist vielmehr, ob das Kind »wegen körperlicher, geistiger oder seelischer Behinderung außerstande ist, sich selbst zu unterhalten«. So bestimmt es § 32 Abs. 4 Nr. 3 des Einkommensteuergesetzes. 81
Was diese Regel im Einzelnen bedeutet, ist mitunter strittig. In dem Fall, über den das Finanzgericht Rheinland-Pfalz am 16. 1. 2008 zu entscheiden hatte, ging es um eine junge Frau, die an Multipler Sklerose (MS) erkrankt ist. Da sie ALG II beziehe, sei sie grundsätzlich erwerbsfähig, so dass die Eltern keinen Anspruch mehr auf Kindergeld hätten, meinte die Kindergeldstelle.
Das Finanzgericht stellte dagegen klar: Aus der Tatsache, dass sie Arbeitslosengeld II bekomme, könne nicht geschlossen werden, dass sie auf dem allgemeinen Arbeitsmarkt erwerbsfähig sei. Die junge Frau sei seit 2001 als zu 100 Prozent schwerbehindert und zudem als »außergewöhnlich gehbehindert« (aG) anerkannt. Bei einem Schub der Erkrankung könne sie sich nicht bewegen. Im Einspruchsverfahren hatte der klagende Vater mitgeteilt, dass seine Tochter halbseitig gelähmt sei und auch deswegen nicht in der Lage sei, sich selbst zu unterhalten. Damit stehe ihm unzweifelhaft Kindergeld zu. Dem schloss sich das Finanzgericht (Az.: 1 K 1387/07) und am 28. 5. 2009 auch der Bundesfinanzhof an (Az.: III R 16/07).

Schritt 2: Einkommensprüfung

Die volljährigen Töchter und Söhne dürfen nicht mehr als 8004 € eigene anrechenbare Einkünfte im Kalenderjahr haben. Dieser Betrag gilt seit Anfang 2010, in den Vorjahren (seit 2004) galt ein Grenzbetrag von 7680 €. Wichtig ist dabei allerdings zu wissen, wie die Familienkassen hierbei rechnen: Welche Einkünfte zählen? Und was kann von den Einkünften abgezogen werden?
Die Liste der Einkünfte, die das Kindergeld gefährden können, ist lang. Hierzu gehören nicht nur Arbeitsentgelte (auch Einkünfte aus 400-Euro-Jobs), sondern auch

- Ausbildungsvergütungen,
- Fahrtkostenzuschüsse des Arbeitgebers,
- Zinsen und sonstige Kapitaleinkünfte (soweit sie über den Sparer-Pauschbetrag in Höhe von 801 € hinausgehen),
- die Hälfte (der Zuschussanteil) des BAföGs.

Sind die Sprösslinge nach den Regeln von »Schritt 1« nur für einen Teil des Jahres kindergeldberechtigt, so werden auch nur die Einkünfte aus diesem Zeitraum berücksichtigt. So wird der Arbeitslohn, den Azubis nach Ausbildungsende erzielen, nicht mitgerechnet. Es zählt vielmehr nur das Einkommen in der Ausbildungszeit. Denn nur für diese Zeit besteht – nach der Prüfung in Schritt 1 – grundsätzlich ein Anspruch auf Kindergeld. Beispiel: Die Ausbildung dauerte bis Ende August, danach wurde der Azubi von seinem Ausbildungsbetrieb übernommen. Für die Zeit bis Ende August gibt es Kindergeld, wenn das Einkommen der Ausbildungsabsolventen in den ersten acht Monaten des Jahres $^{8}/_{12}$ des Grenzbetrags – das sind 5336 € – nicht überschritten hat.

Zudem rechnen die Ämter nicht die vollen Bruttoeinkünfte an. Sie müssen vielmehr von den Arbeitseinkünften oder vom Ausbildungsentgelt der Kinder die Werbungskosten (mindestens den Pauschbetrag von 920 €, der bei Redaktionsschluss dieses Ratgebers 2011 auf 1000 € angehoben werden sollte) und die vollen Sozialversicherungsbeiträge abziehen. Dabei müssen auch Beiträge zu einer freiwilligen gesetzli-
81 chen oder privaten Kranken- und Pflegeversicherung berücksichtigt werden, wobei Letztere der gesetzlichen Versicherung entsprechen muss. Beiträge zu einer privaten Rentenversicherung, die zusätzlich zur gesetzlichen Rentenversicherung abgeschlossen wurde, werden dagegen nicht berücksichtigt (BFH-Urteil vom 26.9.2007, Az.: III R 4/07). Das Gleiche gilt für Beiträge zur VBL-Pflichtversicherung, wenn das Kind in der gesetzlichen Rentenversicherung bereits pflichtversichert ist (BFH-Urteil vom 16.11.2006, Az.: III R 74/05). Wichtig noch: Bei steuerfreien Bezügen – etwa aus Minijobs oder Arbeitslosengeld – wird nicht der Werbungskostenfreibetrag von 920 €, sondern nur ein Pauschbetrag von 180 € abgezogen.

Tipps zur Rettung des Kindergeldes

Tipp 1: Nebenjob ruhen lassen
Häufig üben Azubis, Schüler oder Studenten einen Nebenjob aus. Droht der Anspruch auf Kindergeld durch die Einkünfte verloren zu gehen, bietet es sich an, den Job in den letzten Monaten des Jahres ruhen zu lassen.

Tipp 2: Entgeltumwandlung für die betriebliche Altersversorgung nutzen
Dieser Tipp bezieht sich vor allem auf Auszubildende. Denn diese haben ein sozialversicherungspflichtiges Beschäftigungsverhältnis. Das versicherungspflichtige Entgelt, das für das Kindergeld zählt, kann jedoch durch die so genannte Entgeltumwandlung zugunsten der betrieblichen Altersvorsorge gedrückt werden. Auch Azubis haben nämlich ein Anrecht auf eine betriebliche Altersvorsorge über die so genannte Entgeltumwandlung. Soweit es im Betrieb, in dem die Betroffenen tätig sind, keine anderen Angebote gibt, könnten die Azubis eine so genannte Direktversicherung abschließen. Der Arbeitgeber überweist dann Teile der Ausbildungsvergütung der Betroffenen an die Versicherung. Der Betrag wird fürs Alter angelegt und bleibt damit steuer- und sozialversicherungsfrei – und zählt, wenn es um die Jahresarbeitsentgeltgrenze beim Kindergeld geht, nicht zum anrechenbaren Einkommen.

Tipp 3: Ausgaben für Job oder Ausbildung vorziehen
Zeichnet sich ab, dass der Grenzbetrag von 8004 € überschritten wird, so kann es sich lohnen, Werbungskosten zu »produzieren«. So könnte die Tochter oder der Sohn etwa ohnehin geplante Käufe von Fachliteratur oder Software vorziehen. Das zahlt sich allerdings fürs Kindergeld nur dann aus, wenn die Werbungskosten (etwa für Fachliteratur, einen beruflich genutzten PC oder Gewerkschaftsbeiträge) insgesamt den Pauschbetrag von 920 € übersteigen. Denn so viel wird ohnehin pro Jahr anerkannt. Wer bislang tatsächlich erst 240 € Werbungskosten nachweisen kann, hat nur dann Vorteile, wenn dafür zusätzlich noch mehr als 680 € anfallen.

Zum Nachweis der Werbungskosten gibt es bei den Familienkassen ein Extra-Formblatt (»Erklärung und Berechnung der Werbungskosten bei Einkünften aus nichtselbstständiger Arbeit«).
Fallbeilprinzip: Dabei muss man allerdings ganz genau rechnen. Denn wenn das Einkommen des Kindes den Jahresgrenzbetrag überschreitet, wird das Kindergeld nicht etwa gekappt, sondern sofort völlig gestrichen. Dieser bislang strittige Fallbeileffekt wurde gerade noch durch eine Entscheidung des Bundesverfassungsgerichts (Az.: 2 BvR 2122/09) bestätigt. Das bedeutet: Schon ein Cent zu viel Einkommen des Kindes sorgt dafür, dass das komplette Kindergeld entfällt.
Wichtig ist dabei: Die Familienkassen wenden bei der Überprüfung der Werbungskosten die gleichen Regeln an wie die Finanzämter. Das hat der Bundesfinanzhof in einem Urteil vom 15.7.2010 nochmals bestätigt (Az.: III R 70/08). Danach kann ein PC-Drucker beispielsweise nicht »auf einen Schlag« vom Einkommen abgesetzt werden, vielmehr werden die Kosten auf drei Jahre verteilt. Wird der Drucker nicht am Jahresanfang, sondern erst im Laufe eines Jahres gekauft, so werden zudem nur Teile des Jahresbetrags anerkannt. Im Zweifelsfall sollte man sich daher rechtzeitig bei einem Steuerberater informieren oder wenigstens bei den Werbungskosten viel »Luft« für mögliche Abschläge der Familienkasse lassen.

Anträge auch rückwirkend möglich

Wer feststellt, dass ihm eigentlich für seine Tochter oder seinen Sohn schon in den Vorjahren Kindergeld zustand, kann einen Antrag noch nachholen. Kindergeld für 2006 kann beispielsweise noch bis Ende 2010 beantragt werden. Geregelt ist das in der Abgabenordnung. § 169 Abs. 2 Satz 1 Nr. 2 bestimmt, dass die so genannte Festsetzungsfrist vier Jahre beträgt. Das gilt allerdings dann nicht, wenn in diesen vier Jahren schon einmal rechtskräftig Kindergeld abgelehnt wurde. Dann kann es Kindergeld in der Regel erst frühestens ab dem Monat nach der Bekanntgabe des negativen Bescheides geben.

Weitere Infos:

... finden sich im Merkblatt »Kindergeld« sowie in den besonderen Merkblättern über das Kindergeld für ausländische Arbeitnehmer (auch in den jeweiligen Landessprachen). Diese Merkblätter sind kostenlos bei den Arbeitsagenturen erhältlich. Infos im Internet finden Sie, wenn Sie in einer Internet-Suchmaschine »Merkblätter zum Kindergeld« eingeben.

! Tipp 82

Auch wenn Ihre Kinder in Ankara oder Zagreb leben:

Kindergeldanspruch bringt Ihnen erhöhtes ALG I

Sie haben zwar Kinder, diese leben aber in Serbien, in Montenegro, in Bosnien-Herzegowina, im Kosovo, in Marokko, in Tunesien oder in der Türkei? Dann ist der folgende Tipp für Sie besonders wichtig.

82

Die »normalen« Kindergeldregelungen gelten dann, wenn Kinder in Deutschland bzw. in Ländern der Europäischen Gemeinschaft leben. Aber auch für Kinder, die sich in den genannten Ländern aufhalten, kann es Kindergeld geben, wenn ein Elternteil in Deutschland als Arbeitnehmer arbeitslosenversicherungspflichtig beschäftigt ist oder beispielsweise ALG I, Krankengeld oder Mutterschaftsgeld erhält bzw. in der Elternzeit ist.
Die Anspruchsvoraussetzungen sind ähnlich wie für Kinder, die in Deutschland leben (siehe Tipp 81). Beispielsweise kann man für Kinder, die sich in einer Ausbildung befinden, Kindergeld erhalten, bis diese 25 Jahre alt sind. Für Kinder unter 18 Jahren gibt es keine Einschränkung.
Leben die Kinder in Ländern außerhalb der EU, fällt der staatliche Kinderzuschuss allerdings mehr als bescheiden aus. Er beträgt, wenn der Nachwuchs in der Türkei oder in den Nachfolgestaaten des ehemaligen Jugoslawiens lebt, für das erste Kind ganze 5,11 € im Monat, für das zweite Kind 12,78 €, für das dritte und vierte Kind jeweils 30,68 €, für jedes weitere Kind jeweils 35,79 € monatlich. Für Kinder, die in Marokko oder Tunesien leben, gilt ab dem zweiten Kind ein einheitlicher Betrag von 12,78 €.
Daher erstaunt es nicht, dass viele Ausländer, die eigentlich Kindergeld beanspruchen könnten, erst gar keinen Antrag stellen – denn bevor beispielsweise für Kinder, die in der Türkei eine Ausbildung absolvieren, Kindergeld bewilligt wird, muss man eine Reihe von Formularen beibringen.
Dieser »Formularkrieg« lohnt sich allerdings spätestens dann, wenn die in Deutschland lebenden Väter oder Mütter ihre Arbeit verlieren und ALG I beantragen. Sobald die Betroffenen der Arbeitsagentur nämlich nachweisen können, dass sie kindergeldberechtigt sind, können sie den so genannten erhöhten Leistungssatz (siehe Tipp 58) beanspruchen. Und das bringt weit mehr als die jämmerlichen 5,11 € Kindergeld bei einem Sohn oder einer Tochter. Je nach der Höhe des Einkommens vor der eigenen Arbeitslosigkeit kann sich das ALG I dann monatlich um 100 € oder mehr erhöhen. Denn wer Kindergeld beanspruchen kann, erhält in jedem Fall den »erhöhten Leistungssatz« – egal ob es für die Töchter oder Söhne 184 oder nur 5,11 € Kindergeld gibt.

Migranten sollten auch an Steuerfreibeträge denken

Wer Kinder hat, kann nicht nur Kindergeld bekommen. Den Betroffenen stehen auch Vorteile beim Finanzamt zu. Den Kinderfreibetrag bei der Steuer gibt es unabhängig von der Staatsangehörigkeit der Eltern seit 1994 auch für Kinder, die im Ausland leben. Allerdings: Soweit die Kinder in einem Land mit einem niedrigerem Einkommensniveau leben, wird nicht der volle Kinderfreibetrag, sondern – je nachdem – nur ein Viertel, die Hälfte oder drei Viertel des für Deutschland geltenden Freibetrags anerkannt.

Für Alleinerziehende:
Richtige Steuerklasse bringt Ihnen mehr ALG I

82

Alleinerziehende Arbeitslose, die der Arbeitsagentur eine Lohnsteuerkarte mit Steuerklasse II präsentieren können, erhalten etwas mehr ALG I. Anspruch auf diese Steuerklasse haben alle, denen der steuerliche Entlastungsbetrag für Alleinerziehende in Höhe von jährlich 1308 € zugestanden wird.
Solange ein alleinerziehender Elternteil einen Job hat, ist es meist nicht weiter tragisch, wenn die Beantragung der besseren Steuerklasse verpasst wird. Denn die Steuer, die deshalb zunächst Monat für Monat zu viel gezahlt wird, können die Betroffenen sich später im Zuge der Einkommensteuererklärung zurückholen. Dort kann der Entlastungsbetrag nämlich auch nachträglich noch geltend gemacht werden.
Ganz anders ist es für Arbeitslose. Denn für die Arbeitsagenturen zählt nur, was auf der Steuerkarte eingetragen ist. Ist dort Steuerklasse I vermerkt, erhalten die Betroffenen weniger ALG I als mit Steuerklasse II. Eine Rückerstattung – wie bei der Steuer – gibt es bei der Arbeitsagentur nicht. Alleinerziehende Eltern volljähriger Kinder sollten deshalb spätestens, wenn sie ihren Job verlieren, einen Blick auf ihre Steuerkarte werfen. Wenn dort Klasse I eingetragen ist, sollten sie umgehend prüfen, ob die Voraussetzungen für die bessere Klasse II erfüllt sind. Diese sollten sie dann so schnell wie möglich beim Finanzamt beantragen – am besten noch vor dem ersten Besuch bei der Arbeitsagentur.
Um Steuerklasse II zu erhalten, müssen zwei Voraussetzungen erfüllt sein:

1. Die Betroffenen müssen mindestens ein Kind haben, für das sie Kindergeld oder den steuerlichen Kinderfreibetrag erhalten; das Kind kann dabei auch schon volljährig sein (siehe Tipp 81).
2. Sie müssen alleinstehend im Sinne von § 24 b des Einkommensteuergesetzes sein.

Als alleinstehend gelten nach dem Einkommensteuergesetz nur Steuerpflichtige, die »keine Haushaltsgemeinschaft mit einer anderen volljährigen Person bilden«. Das entscheidende Kriterium ist dabei das »Wirtschaften aus einem Topf«. Demnach können auch Mütter oder Väter, die mit ihrem Kind und einer anderen volljährigen Person in einer (Wohn-)Gemeinschaft zusammenleben, eine solche Haushaltsgemeinschaft bilden. Sie zählen dann für das Finanzamt nicht als alleinstehend. Dafür genügt nach Auffassung des Bundesfinanzministeriums »eine mehr oder weniger enge Gemeinschaft mit nahem Beieinanderwohnen, bei der jedes Mitglied der Gemeinschaft tatsächlich oder finanziell seinen Beitrag zur Haushalts- bzw. Lebensführung leistet und an ihr partizipiert (gemeinsamer Verbrauch der Lebens- oder Reinigungsmittel, gemeinsame Nutzung des Kühlschrankes etc.)«.
Wer dagegen glaubhaft darlegt, »dass eine Haushaltsgemeinschaft mit einer anderen volljährigen Person nicht vorliegt«, dem steht nach Angaben des Ministeriums der Freibetrag für Alleinerziehende zu.
Bei den meisten Kommunen gibt es in den Einwohnermeldeämtern ein Formular, das sich »Versicherung zum Entlastungsbetrag für Alleinerziehende (Steuerklasse II)« nennt. Darin ist für diejenigen, die mit einem Erwachsenen die Wohnung teilen, als mögliche Antwortkategorie auch vorgesehen: »Ich bilde mit dieser Person keine Haushaltsgemeinschaft, weil keine gemeinsame Wirtschaftsführung vorliegt.« Wer hier sein Kreuzchen macht, gilt in der Regel als alleinerziehend im Sinne des Einkommensteuergesetzes – und kann dadurch Steuern sparen und ein höheres ALG I erhalten.

!

Tipp 83

Bei Arbeits- oder Bildungsangeboten für Eltern:

Kinderbetreuung muss gesichert sein

Aber: Nur in Ausnahmefällen wird Verfügbarkeit überprüft

83

»Als ich mich arbeitslos gemeldet habe, hat mich der Vermittler ganz skeptisch angeguckt«, erzählt Marion Wegner (31), Mutter von zwei Kindern im Alter von drei und sechs Jahren. »Er meinte dann auch, ob ich denn überhaupt arbeiten wollte. Schließlich hat er mir doch abgenommen, dass meine Schwiegermutter die Kinder nehmen würde, wenn ich eine Arbeit bekomme. Muss ich mir das eigentlich gefallen lassen?«
Nicht unbedingt. Was Marion Wegner schildert, sollte mittlerweile bei den Arbeitsagenturen zur Ausnahme gehören. Denn die Durchführungsanweisungen zu § 119 SGB III bestimmen klipp und klar: »Erklärt der Arbeitslose anlässlich der Arbeitslosmeldung, dass die Betreuung aufsichtsbedürftiger Kinder oder pflegebedürftiger Angehöriger im Falle der Arbeitsaufnahme bzw. des Einmündens in eine Maßnahme zur beruflichen Ausbildung, Weiterbildung oder beruflichen Rehabilitation jederzeit sichergestellt ist, steht die Betreuung von Angehörigen der aktuellen Verfügbarkeit nicht entgegen.« Das bedeutet: Im Regelfall brauchen erwerbslose Elternteile – vor allem Mütter – nicht mit Nachforschungen zu ihrer Verfügbarkeit für den Arbeitsmarkt zu rechnen.
Erkundigungen zu ihrer Verfügbarkeit müssen Erwerbslose grundsätzlich auch dann nicht befürchten, wenn sie wegen der Betreuung von Kindern (oder Pflegebedürftigen – siehe Tipp 63) auf eine Vermittlung in Teilzeitstellen pochen (siehe auch Tipp 93). Solange sie den Tag gezwungenermaßen zu Hause verbringen müssen, weil es keine Arbeitsstellen oder Weiterbildungskurse für sie gibt, können und dürfen sie sich selbstverständlich auch (voll) um ihre Kinder kümmern. Das ändert sich jedoch, wenn Angebote von der Arbeitsagentur kommen. Bei einem (zumutbaren) Vermittlungsangebot der Arbeitsagentur muss die Kinderbetreuung gesichert sein.

Auch kurzfristige Trainingsmaßnahmen sind zumutbar

Mitunter werden arbeitslose Mütter kurzfristig zu so genannten Trainingsmaßnahmen eingeladen. Das ist kein Zufall, sondern Teil einer Strategie der Agentur für Arbeit, die darauf abzielt, bestimmte Arbeitslose durch Schikanen zumindest aus dem Leistungsbezug (und möglicherweise auch vom Arbeitsmarkt) zu drängen. Wer heute beispielsweise für übermorgen zu einer 14-tägigen Trainingsmaßnahme eingeladen wird, muss – nach dem Gesetz – an dieser Maßnahme teilnehmen. Wer die Teilnahme grundsätzlich unter Verweis auf Probleme bei der Kinderbetreuung ablehnt, muss mit der Streichung der Leistung der Arbeitsagentur rechnen.
Die Sicherung der Kinderbetreuung während der möglichen Arbeitszeit ist Voraussetzung für den Anspruch auf Leistungen der Arbeitsagentur. Daher wird im Antrag auf ALG I gefragt: »Ist die Betreuung stets sichergestellt, wenn Sie diese nicht übernehmen können?«
Erwerbslose, die bei dieser Frage das »Ja«-Kästchen ankreuzen, belegen nach Ansicht der Bundesagentur für Arbeit, dass sie bereit und in der Lage sind, zumutbare

Arbeitsangebote anzunehmen. Wie und von wem die Kinder der Mütter oder Väter betreut werden, wenn diese eine Arbeit aufnehmen, will die Bundesagentur in diesen Fällen – anders als noch vor einigen Jahren – gar nicht mehr wissen.
Nachfragen und Nachforschungen gibt es allerdings, wenn die Betroffenen bereits ihre letzte Stelle aufgegeben haben, weil sie mit der Doppelbelastung durch Arbeit und Kinderbetreuung nicht klarkamen. Mütter und Väter, die sich dann unmittelbar nach der Arbeitsplatzaufgabe arbeitslos melden und zugleich erklären, dass sie auch künftig genauso viel und genauso lange wie früher arbeiten möchten, müssen der Agentur für Arbeit plausibel erklären, wie denn die Betreuung der Kinder (das Gleiche gilt bei der Betreuung von Pflegebedürftigen, siehe Tipp 63) bei einer Arbeitsaufnahme sichergestellt werden soll. Die Betroffenen mussen dann in jedem Fall eine (künftige) Betreuungsperson oder -institution benennen. Unter Umständen müssen sie auch eine Bestätigung vorlegen, dass diese bereit sind, die Betreuung gegebenenfalls zu übernehmen. In Ausnahmefällen können die Arbeitsagenturen die von den Erwerbslosen benannte Betreuungsperson oder -institution sogar anhören.
Sind jedoch beide Elternteile arbeitslos, gilt die Kinderbetreuung für den Fall, dass ein Elternteil ein Stellenangebot bekommen sollte, grundsätzlich als gesichert. Nach einem Urteil des Bundessozialgerichts (Az.: 11 RAr 137/89) müssen sich die Eltern dann nicht nach einer Betreuungsmöglichkeit außerhalb der Familie umsehen. Sie müssen der Arbeitsagentur deshalb auch entsprechende Möglichkeiten nicht nachweisen.

Wer ALG I oder II bezieht, darf sich um seine Kinder kümmern

Wir fragten die Bundesagentur für Arbeit, ob Kinderbetreuung der Verfügbarkeit und damit dem Bezug von ALG I entgegensteht.

BA: Das kommt darauf an. Ist für die Kinderbetreuung gesorgt, wenn der Betroffene eine Arbeit aufnimmt, dann steht der Verfügbarkeit nichts entgegen. Wenn die Erziehungsperson etwa versichert, dass bei einer Arbeitsaufnahme die Kinderbetreuung sofort von einem Angehörigen übernommen wird, gehen die Arbeitsagenturen davon aus, dass der Betroffene dem Arbeitsmarkt zur Verfügung steht. Die Eltern können sich dann in der Arbeitslosigkeit voll ihren Kindern widmen. Sie haben dabei allerdings die gleichen Pflichten wie alle anderen Arbeitslosen. So müssen sie aktiv Arbeit suchen und ihre Suchaktivitäten belegen, wenn sie hierzu aufgefordert werden. Und: Sie müssen auch an zumutbaren Trainingsmaßnahmen teilnehmen. Gegebenenfalls wird ihre Verfügbarkeit durch eine Trainingsmaßnahme überprüft. Wer erklärt, dass er künftig – anders als bislang – nur noch Teilzeittätigkeiten annehmen möchte, dessen ALG I wird entsprechend gekürzt. Dies gilt jedenfalls dann, wenn der Anspruch auf ALG I ursprünglich auf einer Tätigkeit mit längerer Arbeitszeit beruhte (siehe Tipp 93).

Welche Folgen hat es für das ALG I, wenn sich die Aufnahme einer Erwerbstätigkeit nicht mit der Kinderbetreuung vereinbaren lässt?
BA: Dann ist der Arbeitsuchende nicht verfügbar. Folglich hat er dann auch keinen Anspruch auf ALG I.

Und was gilt beim ALG II?
BA: Das Arbeitslosengeld II erhält, wer bedürftig und erwerbsfähig im Sinne des Sozialgesetzbuches II ist. Wenn durch die Ausübung der Arbeit die Erziehung des Kindes gefährdet ist, muss ein Arbeitslosengeld-II-Bezieher keine Arbeit aufnehmen. Allerdings sollen die zuständigen kommunalen Träger darauf hinwirken, dass Arbeitslosengeld-II-Beziehern vorrangig Plätze zur Tagesbetreuung der Kinder angeboten werden.

Können Eltern gegebenenfalls ALG II erhalten, wenn sie die Verfügbarkeitsvoraussetzungen für das ALG I nicht erfüllen?
BA: Grundsätzlich ja – wenn sie bedürftig im Sinne des Gesetzes sind – sie also ihren Bedarf nicht aus eigenem Einkommen oder Vermögen decken können (siehe Tipps 105 und 106).

Wann erwirbt ein Elternteil durch die Kinderbetreuungszeit einen Anspruch auf ALG I?
BA: Wer unmittelbar vor der Elternzeit versicherungspflichtig beschäftigt war oder ALG I bezogen hat, ist versicherungspflichtig in der Arbeitslosenversicherung. Die Beiträge hierfür trägt der Bund. Durch diese Versicherungspflicht entstehen Ansprüche wie bei einem normalen Beschäftigungsverhältnis: Das heißt, wer zwölf Monate innerhalb der vergangenen zwei Jahre vor der Arbeitslosigkeit versicherungspflichtig war, hat einen Anspruch auf ALG I. Wer allerdings während der Kindererziehung ALG I erhält, kann in dieser Zeit keinen neuen Anspruch erwerben (siehe Tipps 86 und 87).

Für Frauen: Beauftragte für Chancengleichheit am Arbeitsmarkt kann helfen

Wenn Sie als Frau mit Ihrem (männlichen) Arbeitsvermittler in Konflikt geraten oder wenn Sie mit diesem unüberbrückbare Meinungsverschiedenheiten haben, können Sie sich auch an die Agenturbeauftragte für Chancengleichheit am Arbeitsmarkt wenden. Erkundigen Sie sich beim Empfang oder dem Service Center der Arbeitsagentur, wann und wie diese Beauftragte erreichbar ist und lassen Sie sich bei ihr einen Termin geben. Die Beauftragte für Chancengleichheit vermittelt – falls es notwendig ist – auch zwischen Ihnen und Ihrem Vermittler. Wichtig zu wissen: Sie können als Frau darauf bestehen, von einer Arbeitsvermittlerin betreut zu werden.

! Tipp 84

Für schwangere Arbeitslose:

Für Mutterschaftsgeld ist die Krankenkasse zuständig

Werdende Mütter können – wie alle anderen Erwerbslosen – ALG I erhalten. Sie haben die gleichen Rechte und Pflichten wie alle anderen gemeldeten Arbeitslosen. Das ändert sich allerdings sechs Wochen vor dem vorausgesagten Entbindungstermin.

Dann beginnt nämlich die Mutterschutzfrist. In den sechs Wochen vor der Entbindung und den acht Wochen danach dürfen Frauen normalerweise nicht arbeiten. So bestimmt es das Mutterschutzgesetz. Deshalb können sie in dieser Zeit in der Regel auch keine Leistungen von der Arbeitsagentur erhalten.
Wer bis zum Beginn der Schutzfrist ALG I bezogen hat, bekommt dann von der Krankenkasse in der Regel das so genannte Mutterschaftsgeld. Dieses fällt genauso hoch aus wie die vorherige Unterstützung von der Arbeitsagentur. Wichtig ist aber: Durch den Bezug von Mutterschaftsgeld wird der Anspruch auf ALG I nicht aufgebraucht. Wer vor der Schutzfrist beispielsweise noch einen Restanspruch auf die Versicherungsleistung von acht Monaten hatte, kann diesen Anspruch also nach dem Ende der Schutzfrist wieder geltend machen.

Wie Sie als Schwangere am besten mit Krankenkasse und Arbeitsagentur umgehen

Besondere Mitteilungspflichten über Ihre Schwangerschaft gibt es bei der Arbeitsagentur nicht. Dennoch sollten Sie Ihre Arbeitsvermittlerin bzw. Ihren Arbeitsvermittler möglichst frühzeitig darüber informieren. Teilen Sie ihr/ihm den voraussichtlichen Entbindungstermin mit. Wenn Sie mit dem Vermittler nichts anderes besprechen, werden Sie normalerweise während der Schwangerschaft kaum Arbeitsangebote bekommen, da Firmen nur in Ausnahmefällen bereit sind, Schwangere neu einzustellen.
Falls Sie ALG I erhalten, steht Ihnen in der Regel vor und nach der Entbindung Mutterschaftsgeld zu. Für dessen Zahlung ist nicht die Arbeitsagentur, sondern Ihre Krankenkasse zuständig. Wichtig ist: Verlassen Sie sich nicht darauf, dass die Arbeitsagentur von sich aus Kontakt mit Ihrer Krankenkasse aufnimmt. Mutterschaftsgeld bekommen Sie grundsätzlich nur auf Antrag bei Ihrer Krankenkasse. Lassen Sie sich daher von Ihrer Kasse darüber informieren, ab welchem Datum Sie diese Leistung bekommen können. Man wird Ihnen dann in der Regel auch ein Antragsformular aushändigen. Die Arbeitsagentur müssen Sie rechtzeitig darauf hinweisen, dass Sie Mutterschaftsgeld beantragen. Erhalten Sie den Bewilligungsbescheid über Ihr Mutterschaftsgeld, legen Sie diesen am besten bei der Agentur vor.

! Tipp 85

Wenn das ALG I vor der Mutterschutzfrist ausläuft:

Zeitweise Abmeldung bei der Agentur kann Mutterschaftsgeld sichern

Sie sind schwanger und beziehen ALG I? Dann ist für Sie wichtig zu wissen, wann diese Leistung ausläuft. Denn ein zu frühes Ende Ihres Bezugs von ALG I hat Folgen für Ihren Anspruch auf Mutterschaftsgeld. Nur wer bis zum Beginn der Sechswochenfrist vor der Entbindung Leistungen der Arbeitsagentur bekommen hat, kann während der Schutzfrist Mutterschaftsgeld erhalten. Wer dagegen vor Beginn der Schutzfrist bei der Arbeitsagentur leer ausgeht, geht auch beim Mutterschaftsgeld leer aus.

Das passierte beispielsweise der arbeitslosen Gärtnerin Gudrun Engelmann. Das ALG I der werdenden Mutter lief am 15. Januar aus. Anspruch auf die Fürsorgeleistung ALG II (siehe Tipps 105 und 106) hatte sie jedoch (wegen zu hoher Rücklagen) nicht. Und so stand Gudrun Engelmann ab dem 15. Januar ohne Geld von den Ämtern da. Sechs Wochen zu früh. Denn am 26. Februar – genau sechs Wochen später – begann ihre Mutterschutzfrist. Die Hochschwangere bekam deshalb auch kein Mutterschaftsgeld von der Krankenkasse.

85

Arbeitslose Schwangere, die nur einen kurzen Anspruch auf ALG I haben und befürchten, dass es ihnen ähnlich ergehen wird wie Gudrun Engelmann, können dies unter Umständen verhindern: Wenn sie schon zu Beginn ihrer Arbeitslosigkeit wissen, dass sie schwanger sind und keinen neuen Arbeitsplatz in Aussicht haben, können sie z. B. ihren Antrag auf ALG I später stellen. Im Fall von Gudrun Engelmann hätte beispielsweise eine sechswöchige Aufschiebung der Antragstellung ausgereicht, um ihr einen Anspruch auf Mutterschaftsgeld zu sichern. Dann hätte sie zwar später, dafür aber bis zum Beginn der Mutterschutzfrist ALG I bezogen. Und direkt danach hätte sie Anspruch auf Mutterschaftsgeld gehabt.

Man kann sich aber auch den Anspruch auf ALG I durch eine zwischenzeitliche Abmeldung von der Arbeitsagentur für die Zeit vor dem Beginn der Mutterschutzfrist aufsparen (siehe dazu auch die Hinweise in Tipp 36). Wichtig ist dabei allerdings: Haben Arbeitslose keinen »wichtigen Grund« für ihre Abmeldung, kann die Arbeitsagentur ihnen die Dauer ihres Anspruchs auf ALG I um bis zu vier Wochen kürzen. Das bestimmt § 128 Abs. 1 Nr. 7 SGB III. Als »wichtiger Grund« gilt dabei beispielsweise die Versorgung eines kranken Kindes, eines kranken Angehörigen oder die Aufnahme einer Zwischenbeschäftigung. Auch ein gemeinsamer Urlaub mit dem berufstätigen Ehepartner, eine Reise, die bereits vor Beginn der Arbeitslosigkeit gebucht war, oder der Besuch bei einem erkrankten Angehörigen werden als »wichtige Gründe« für die Unterbrechung der registrierten Arbeitslosigkeit anerkannt, ebenso die Teilnahme an einem längeren Bildungskurs oder an einer politischen oder gewerkschaftlichen Veranstaltungsreihe.

Hätte Gudrun Engelmann ihre Arbeitslosigkeit aus einem der genannten Gründe unterbrochen und anschließend wieder ALG I beantragt, dann hätte sie während der gesamten Mutterschutzfrist Mutterschaftsgeld in der gleichen Höhe wie das zuvor gezahlte ALG I erhalten. Bei einem Leistungsanspruch von wöchentlich 170 € – so viel hatte die Arbeitsagentur ihr vorher zugestanden – sind Gudrun Engelmann in der 14-wöchigen Mutterschutzfrist so aber insgesamt knapp 2400 € entgangen.

Wichtig ist zudem: Da Frau Engelmann nicht bis zum Beginn der Mutterschutzfrist ALG I bezogen hat, erwirbt sie in der dreijährigen Elternzeit auch keinen Anspruch auf ALG I. Diesen Nachteil kann sie allerdings »reparieren« – siehe Tipp 87.

!

Tipp 86

Für Eltern von Kleinkindern:

Elternzeit kann Anspruch auf ALG I bringen

86

Junge Eltern, vor allem Mütter, haben oft schlechte Karten bei der Arbeitsuche. Denn viele Personalchefs gehen davon aus, dass sie häufig fehlen, wenn ihre Kinder krank sind oder sonst etwas haben. Bei Einstellungen werden daher häufig andere Bewerber vorgezogen. Deshalb ist es für die Betroffenen umso wichtiger, Ansprüche an die Arbeitslosenversicherung zu erwerben.

Seit Anfang 2003 ist es möglich, nicht nur durch eine sozialversicherte Beschäftigung, sondern auch durch die Zeit der Erziehung eines Kindes unter drei Jahren einen (neuen) Anspruch auf ALG I zu bekommen. Wer ein volles Kindererziehungsjahr nachweisen kann, erwirbt eine Anwartschaft auf sechs Monate ALG I (siehe Tipp 41) oder verlängert einen bereits bestehenden Anspruch entsprechend (siehe Tipp 49). Zwei Jahre Kleinkinderziehung bringen sogar einen neuen Anspruch auf zwölf Monate ALG I. Dafür müssen allerdings folgende zwei Voraussetzungen erfüllt sein:

1. Vorherige Beschäftigung: Rechte bei der Arbeitslosenversicherung erwirbt nur, wer unmittelbar vor dem Beginn der Erziehungszeit (bzw. der Mutterschutzfrist) sozialversichert beschäftigt war oder ALG I bezogen hat. Tipp: Wer diese Voraussetzungen derzeit noch nicht erfüllt, kann sich beispielsweise im Verlauf der Elternzeit kurzfristig – etwa als Urlaubsvertretung – einen sozialversicherten Aushilfsjob besorgen. Das kann ein ganz kurzer Job sein, auch halbtags, er muss allerdings sozialversicherungspflichtig sein. Nach dem Ende der Aushilfsbeschäftigung können die »Jobber« sich (wieder) voll der Kindererziehung widmen. Die Kindererziehungszeit nach der sozialversicherungspflichtigen Zwischenbeschäftigung sichert dann Ansprüche an die Arbeitsagentur (siehe Tipp 87).

2. Kein ALG I: Neue Ansprüche auf ALG I erwerben junge Eltern zudem nur, wenn sie während der Kindererziehung kein ALG I von der Arbeitsagentur beziehen. Diese Position der BA teilte am 29. September 2006 auch das Sozialgericht Düsseldorf.

Tipp: Stattdessen sollten erwerbslose junge Mütter (oder auch Väter) besser Elterngeld (siehe Tipp 88) beantragen.

Zusätzlich zum Elterngeld sowie auch nach dem Ende des Elterngeldbezugs in der restlichen Elternzeit, die zumeist bis zum Ende des dritten Lebensjahres des Kindes dauert, können vor allem finanziell bedürftige Alleinerziehende, aber auch Mütter und Väter mit gering verdienendem (Ehe-)Partner ALG II (siehe Tipps 105 und 106) erhalten.

ALG II auch in der Jobpause in der Elternzeit

Dies gilt nicht nur für Elternteile, die bereits vor der Geburt ALG II bezogen haben, sondern auch für diejenigen, die bei bestehendem Arbeitsverhältnis Elternzeit genommen haben. Die Betroffenen können also ihre Auszeit vom Job – soweit sie nicht auf größere Rücklagen zurückgreifen können oder einen verdienenden Partner haben – durch ALG II finanzieren. Auch die Hartz-IV-Träger müssen die Auszeit vom Job respektieren.

Die zuständigen Ämter dürfen nämlich von erziehenden Elternteilen mit kleinen Kindern nicht die Aufnahme einer Erwerbstätigkeit verlangen (siehe Tipp 83). Wichtig ist zudem: (Alleinerziehende) Mütter oder Väter, die ALG II beantragen, brauchen nicht zu befürchten, dass ihre eigenen Eltern vom Amt zur Kasse gebeten werden. Die Ämter dürfen nämlich die Eltern einer Hilfeempfängerin, die schwanger ist oder »ihr leibliches Kind bis zur Vollendung seines sechsten Lebensjahres betreut«, nicht zum Unterhalt heranziehen. Das bestimmt § 33 Abs. 2 Nr. 3 des Zweiten Sozialgesetzbuchs. Diese Regelung gilt nicht nur für hilfebedürftige Mütter, sondern auch für Väter, die ihr Kind betreuen – solange dieses noch nicht sechs Jahre alt ist.
Seit Anfang 2011 gibt es allerdings für alleinerziehende Elternteile eine Verschlechterung: Nun gilt auch der 300-Euro-Mindestbetrag des Elterngeldes als anrechenbares Einkommen. Vorher erhielten die Betroffenen diesen Betrag zusätzlich zum ALG II.

Tipp 87

Durch Zwischenbeschäftigung in der Elternzeit:

Anspruch auf Arbeitslosengeld I

Sie sind wegen der Betreuung Ihres kleinen Kindes zu Hause und waren vor dem Beginn der Mutterschutzfrist nicht sozialversicherungspflichtig beschäftigt? Dann können Sie – anders als im vorherigen Tipp 86 geschildert – in der Elternzeit ohne Job auch keinen neuen Anspruch auf ALG I erwerben. Das kann sich jedoch schnell ändern. Dafür müssen Sie nur für kurze Zeit eine sozialversicherungspflichtige Beschäftigung aufnehmen.
Ein Beispiel, wie das funktionieren kann: Anja Müllers zweites Kind kam Anfang 2009 zur Welt. Vor der Entbindung war sie nicht beschäftigt, sie erhielt auch kein ALG I. Damit bringt ihr die Erziehungszeit zunächst auch keinen (neuen) Anspruch auf ALG I.
Das änderte sich, nachdem sie am 1. Mai 2010 bei einem früheren Arbeitgeber eine Ferienvertretung übernahm. Das war zwar nur ein Halbtagsjob für vier Wochen, aber er war sozialversicherungspflichtig. Damit wurden auch Beiträge an die Arbeitslosenversicherung abgeführt. Die Folge: Anja Müllers weitere Erziehungszeit sichert ihr nun Ansprüche an die Arbeitslosenversicherung – und zwar so lange, bis ihr Kind drei Jahre alt wird.
Meldet sie sich dann Anfang 2012 arbeitslos, kann sie damit 20 Anwartschaftsmonate für das ALG I vorweisen. Die Versicherungsleistung steht ihr damit für zehn Monate zu (siehe Tipp 46). Da Anja Müller nur für kurze Zeit beitragspflichtig beschäftigt war, wird die Höhe der Leistung nicht nach ihrem Halbtagsverdienst bei der Ferienvertretung, sondern fiktiv bemessen. Dabei gehen die Ämter von der beruflichen Qualifikation der Betroffenen aus. Da Frau Müller eine Hochschulausbildung vorweisen kann, wird sie – nach der 2011 geltenden Leistungstabelle – ALG I in Höhe von monatlich 1268,40 € beanspruchen können (siehe Tipp 52 und S. 183).
Hätte Anja Müller aufgrund einer früheren sozialversicherungspflichtigen Beschäftigung noch einen Restanspruch auf ALG I gehabt, so hätte Sie sich – statt eine Zwi-

schenbeschäftigung aufzunehmen – auch für kurze Zeit dem Arbeitsmarkt zur Verfügung stellen und ALG I beantragen können – und sich danach wieder abmelden können. Die weitere Zeit, in der sie ihr Kind bis zum dritten Geburtstag zu Hause betreut, hätte dann ebenfalls als Anwartschaftszeit (siehe Tipp 41) für das ALG I gegolten. Die Folge: Nach der Elternzeit hätte sie auch Anspruch auf diese Leistung gehabt.

!

Tipp 88

88

Wichtig für arbeitslose Eltern kleiner Kinder:

Gleichzeitiger Bezug von Elterngeld und ALG I ist möglich – aber oft nicht ratsam

In den letzten beiden Tipps haben wir Ihnen die Möglichkeit vorgestellt, in der Elternzeit einen Anspruch auf ALG I zu erwerben. Das geht in der Regel nur, wenn sie diese Versicherungsleistung nicht zugleich auch beziehen. Es gilt also: Entweder einen Anspruch auf ALG I erwerben oder ALG I beziehen. Gleichzeitig funktioniert beides nicht. ALG II können Sie dagegen zusätzlich zum Elterngeld beziehen und in der Zeit des Bezugs von ALG II (plus Elterngeld) einen neuen Anspruch auf ALG I erwerben.

Es gibt allerdings noch eine zweite Möglichkeit: Sie können auch in der Elternzeit ALG I beziehen. Dabei ist im ersten Jahr nach der Geburt des Kindes auch der gleichzeitige Bezug von ALG I und Elterngeld möglich. Letzteres wird dabei allerdings gekürzt. Im Folgenden stellen wir Ihnen diese zweite Möglichkeit vor, die unserer Ansicht nach allerdings nur in wenigen Einzelfällen Vorteile bringen kann. Warum das so ist, erfahren Sie weiter unten.

Zunächst sollten Sie wissen, wie die Elterngeldstelle und die Arbeitsagentur verfahren:

Arbeitsagentur: Geld gibt es nur bei »Verfügbarkeit«

Die Arbeitsagentur interessiert sich zunächst dafür, ob Sie überhaupt »beschäftigungslos« im Sinne des Gesetzes sind und dem Arbeitsmarkt zur Verfügung stehen. Die Zahlung von ALG I kommt dabei – im Prinzip jedenfalls – sowohl für Eltern in Frage, die bereits vor der Geburt ihres Kindes arbeitslos waren, als auch für Eltern mit bestehendem Arbeitsverhältnis. Dies stellt die BA ausdrücklich in ihren Durchführungsanweisungen zu § 119 SGB III fest. Dort heißt es: »Allein die Tatsache, dass die Beschäftigungslosigkeit mit einer Elternzeit zusammenfällt und der Arbeitgeber des bestehenden Arbeitsverhältnisses zu einer Beschäftigungsaufnahme bei einem anderen Arbeitgeber seine Zustimmung erteilen muss (§ 15 Abs. 4 Satz 3 BEEG), steht der Verfügbarkeit nicht entgegen. Dies gilt auch dann, wenn beide Elternteile gleichzeitig die Elternzeit in Anspruch nehmen.«

»BEEG« steht dabei übrigens für Bundeselterngeld- und Elternzeitgesetz.

Dass Sie Elterngeld erhalten, spielt für die Arbeitsagentur keine Rolle. Ihr ist es egal, ob Sie Elterngeld beziehen oder nicht. Das Amt fragt gar nicht hiernach. Denn wenn es um Ihr ALG I geht, gilt Elterngeld nicht als anrechenbares Einkommen. Für die Ar-

beitsagentur kommt es lediglich darauf an, ob Sie dem Arbeitsmarkt zur Verfügung stehen.
Doch das ist für junge Eltern nicht selbstverständlich: »Jetzt will ich mich erst mal um mein Kind kümmern«, hören Arbeitsagenturvermittler manchmal von jungen Müttern (in Ausnahmefällen auch von Vätern). Wenn Sie bei der Arbeitsagentur so argumentieren, gefährden Sie Ihren Anspruch auf ALG I. Denn Geld von dieser Behörde gibt es nur dann, wenn die Eltern – wie alle anderen Arbeitslosen – dem Arbeitsmarkt zur Verfügung stehen. Das gilt im Übrigen auch dann, wenn Sie unter Verweis auf ihr bestehendes Arbeitsverhältnis die Aufnahme einer anderen Beschäftigung ablehnen.
88
Ob Sie nun in der Elternzeit sind oder nicht, in jedem Fall gilt: Sie müssen selbst aktiv Arbeit suchen (siehe Tipp 27) und alle Stellen und Bildungsangebote des Amtes annehmen, die zumutbar sind (siehe Tipp 28).

Gewünschte Arbeitszeit hat Folgen für das ALG I

Stellen Sie sich der Arbeitsvermittlung nur für eine reduzierte Wochenarbeitszeit zur Verfügung, die kürzer ist als im letzten Arbeitsverhältnis, durch das Ihr Anspruch auf ALG I erworben wurde, wird die Leistung entsprechend gekürzt.
Dazu ein Beispiel: Sie haben in Ihrem letzten Job vor der Arbeitslosigkeit bei einer Wochenarbeitszeit von 40 Stunden monatlich brutto 2400 € verdient. Stellen Sie sich nun (wegen Ihres Kindes) lediglich für die Vermittlung von 30-Stunden-Jobs zur Verfügung, wird das ALG I nur auf Basis von drei Vierteln Ihres letzten Einkommens bemessen. Die Bemessungsgrundlage sinkt daher auf 1800 € und das ALG I fällt entsprechend niedriger aus (siehe auch Tipp 93).

Elterngeldstelle: Elterngeld wird bei ALG-I-Bezug gekürzt

Die Elterngeldstelle hat nichts dagegen, dass Sie zusätzlich zum Elterngeld ALG I beziehen. Sie müssen der Stelle den Bezug der Leistung allerdings mitteilen. Denn ähnlich wie Arbeitseinkommen, das ein Elterngeldbezieher erhält, mindert auch das ALG I den Elterngeldanspruch. § 3 Abs. 2 des Bundeselterngeldgesetzes regelt nämlich: Einnahmen, »die nach ihrer Zweckbestimmung dieses Einkommen aus Erwerbstätigkeit ganz oder teilweise ersetzen«, werden auf das Elterngeld angerechnet – und ALG I ist eine Leistung, die das ausfallende Einkommen ersetzt. Das Mindestelterngeld von 300 € (bzw. bei Mehrlingsgeburten je Kind zusätzlich noch weitere 300 €) wird Ihnen allerdings in jedem Fall zusätzlich zur Versicherungsleistung ALG I ausgezahlt. Das bedeutet: Wenn Sie ohnehin monatlich nur 300 € Elterngeld erhalten, können Sie gleichzeitig das ungekürzte Elterngeld und Ihr volles ALG I erhalten. Erhalten Sie monatlich 450 € Elterngeld und 800 € ALG I, werden 150 € vom ALG I auf das Elterngeld angerechnet. Sie erhalten dann also nur 300 € Elterngeld und zusätzlich 800 € ALG I.

Wann ist die Kombination ALG I plus Elterngeld sinnvoll?

Der gleichzeitige Bezug beider Leistungen lohnt sich häufig, wenn klar ist, dass Sie nach einem Jahr Elternzeit (also mit dem Auslaufen des Elterngeldes) wieder erwerbstätig sein werden. Anders ausgedrückt: Wenn Sie eigentlich gar nicht auf die Leistung angewiesen sind. Er lohnt sich regelmäßig nicht, wenn Sie damit rechnen

müssen, dass Sie unter Umständen auch nach dem Elterngeldbezug und nach der Elternzeit arbeitslos sein werden. Für diesen Fall sollten Sie sich – soweit Sie noch einen Restanspruch auf ALG I haben – diesen für die Zeit nach dem Elterngeld aufsparen. Schließlich bekommen Sie so auch noch gegebenenfalls mehr Elterngeld.
Wichtig ist weiter: Unter Umständen erwerben Sie in der Erziehungszeit zugleich auch einen neuen Anspruch auf Arbeitslosengeld I. Dies geht allerdings nur dann, wenn Sie in dieser Zeit kein ALG I beziehen. Einzelheiten hierzu erfahren Sie in den Tipps 86 und 87.
Übrigens: In vielen Fällen können Sie zusätzlich zum Elterngeld aufstockendes ALG II erhalten (siehe Tipps 105 und 106). Das gilt gerade für Alleinerziehende. Das Elterngeld – und dabei seit Anfang 2011 auch der 300-Euro-Sockelbetrag – wird allerdings voll auf das ALG II angerechnet.

Stichwort Elterngeld

Anfang 2007 hat das Elterngeld (EG) das vorher gewährte Erziehungsgeld abgelöst. Das EG richtet sich nach dem Verdienst – und zwar dem, was Antragsteller in den letzten zwölf Monaten vor Beginn der Mutterschutzfrist (gilt für die Mutter) bzw. vor der Entbindung (gilt für den Vater) als Arbeitnehmer monatlich im Schnitt netto erhalten haben.
Anspruch auf die Leistung haben Eltern – egal ob es sich um leibliche Kinder oder Adoptivkinder handelt –, die für die Kindererziehung eine Pause im Job einlegen bzw. maximal 30 Stunden pro Woche erwerbstätig sind. Elterngeld können entweder Mutter oder Vater in Anspruch nehmen. Beide können sich auch abwechseln. Alleinerziehende Frauen können das EG in den ersten 14 Lebensmonaten ihres Kindes erhalten. In einer Zwei-Eltern-Familie kann ein Elternteil die neue Leistung lediglich für zwölf Monate bekommen. Anspruch auf zwei zusätzliche Monate (»Väterbonus«) besteht, wenn auch der andere Elternteil für das Kind in seinem Job zwei Monate pausiert bzw. kürzer tritt.
Tatsächlich wird das EG zumeist nicht für die Maximaldauer gezahlt, sondern nur zwei Monate kürzer. Denn so lange die jungen Mütter noch Mutterschaftsgeld erhalten, bekommen sie kein Elterngeld. Das Elterngeld wird erst nach der achtwöchigen Mutterschutzfrist nach der Entbindung gezahlt.
Elterngeld ist eine Lohnersatzleistung – ganz ähnlich wie das ALG I. Es soll 67 Prozent des entfallenden Nettolohns des erziehenden Elternteiles ersetzen, bei Nettolöhnen ab 1200 € sinkt die Lohnersatzquote auf 65 Prozent. Höchstens gibt es monatlich 1800 € EG – und mindestens 300 € für diejenigen, die vor der Geburt eines Kindes nur ein geringes Erwerbseinkommen hatten. 300 € stehen in jedem Fall auch denen zu, die vor der Geburt arbeitslos waren. Bezieher von ALG I können den Betrag von 300 € zusätzlich zur Leistung der Arbeitsagentur erhalten. Wer ALG II, Sozialhilfe oder den Kinderzuschlag erhält, bekommt zwar weiterhin (mindestens) 300 € Elterngeld. Die Sozialleistung wird aber um den als EG gezahlten Betrag gekürzt.
Bei Mehrlingsgeburten gibt es für das zweite und jedes weitere Kind je 300 € mehr EG. Beispiel für die Berechnung des Elterngelds: Vor der Geburt des Kindes – genauer: vor Beginn der Mutterschutzfrist – haben Sie monatlich netto durchschnittlich 1177 € verdient. Nun nehmen Sie eine berufliche »Auszeit« (Elternzeit). Damit entfällt Ihr Arbeitseinkommen. Bei der Berechnung des EG wird nicht der volle frühere Verdienst zugrunde gelegt. Vielmehr wird der auf den Monat umgerechnete Werbungskostenpauschbetrag von jährlich 920 € abgezogen. Ein Zwölftel hiervon sind rund 77 €. Das anrechenbare Einkommen vor der Entbindung beträgt damit 1100 €. 67 Prozent hiervon gibt es als EG. Das sind genau 737 €. Bei Mehrlingsgeburten erhalten Sie entsprechend mehr.

Kapitel K
Tipps für ältere Arbeitslose

89

NEU!

- Die Regelungen zur so genannten Entgeltsicherung, durch die Lohneinbußen von Arbeitnehmern ab 50 in ihrem neuen Job abgefedert werden sollen, wurden bis Ende 2011 verlängert (→ Tipp 92).
- Auch die Regelungen zum Eingliederungszuschuss für Ältere gelten nun für Beschäftigungsverhältnisse, die bis Ende 2011 begründet werden (→ Tipp 92).

! Tipp 89
ALG I wird bis zum 65. Geburtstag gezahlt

Wer vorzeitig in Rente geht, steht sich meist schlechter

Das Eintrittsalter in die reguläre Altersrente liegt in Deutschland derzeit noch bei 65 Jahren. Es wird ab 2012 stufenweise auf 67 Jahre erhöht. Die 67-Jahres-Grenze gilt erstmals für den Jahrgang 1964.

Wer unter 65 ist, zählt im Prinzip zu den »Arbeitsfähigen« und hat Anspruch darauf, von der Arbeitsagentur vermittelt zu werden und ALG I zu erhalten. Verlieren Sie beispielsweise mit 63 Ihren Job, haben Sie meist Anspruch auf ALG I – und zwar maximal 24 Monate lang (siehe Tipp 47). Diese 24 Monate des Leistungsbezugs können Sie in Anspruch nehmen, bis Sie 65 Jahre alt sind. Sobald Sie allerdings 65 werden, wird die Arbeitsagentur Sie aus dem Bezug von ALG I aussteuern – selbst wenn Sie dann noch ein Jahr lang Anspruch auf diese Leistung haben sollten. Der Rest Ihres Anspruchs geht dann verloren.

Ab 2012 wird auch das Höchstalter für den ALG-I-Bezug genau wie das reguläre Renteneintrittsalter stufenweise erhöht. Wer 1947 und später geboren wurde, für den steigt das Höchstalter für den ALG-I-Bezug von Jahrgang zu Jahrgang um einen Monat. Wer also 1949 geboren wurde, kann beispielsweise maximal so lange ALG I beziehen bis er 65 Jahre und zwei Monate alt ist. Bei den 1958 Geborenen liegt dann das Höchstalter für den ALG-I-Bezug bei 66 Jahren. Für die nach 1958 Geborenen steigt die Altersgrenze um jeweils zwei Monate pro Jahrgang, so dass die 1964 und später Geborenen ALG I erhalten können, bis sie 67 Jahre alt sind.

Doch zurück zur aktuellen Situation: Sind Sie zwischen 60 und 65 Jahre alt, haben Sie allerdings oft nicht nur Anspruch auf ALG I. Stattdessen können Sie derzeit noch häufig auch eines der vorgezogenen Altersruhegelder beziehen. Welche das sind und wie die Anspruchsvoraussetzungen aussehen, darum geht es im folgenden Tipp 90. Wichtig ist zunächst: In einem solchen Fall haben Sie die freie Wahl zwischen der Rente und dem Geld von der Arbeitsagentur.

Vor dem Rentenantrag Rentenauskunft einholen

Können Sie sich frei zwischen ALG I und Rente entscheiden, spricht vieles dafür, dass Sie sich weiterhin dem Arbeitsmarkt zur Verfügung stellen und die Leistung der Arbeitsagentur beziehen. Die wichtigsten Argumente dafür finden Sie im Kasten »Rente oder ALG I?«. Falls Sie jedoch mit dem Gedanken spielen, einen Rentenantrag zu stellen, sollten Sie sich in jedem Fall vorher von der für Sie zuständigen Rentenversicherung beraten lassen. Am besten machen Sie vorab telefonisch einen Termin aus. So vermeiden Sie Wartezeiten. Ist Ihr Rentenkonto noch nicht geklärt, sollten Sie möglichst – neben dem Personalausweis – alle persönlichen Rentenunterlagen (über die Beschäftigungs-, Schul- und Ausbildungszeiten, Arbeitslosigkeit etc.) zur Beratung mitnehmen.

Rente oder ALG I?

Falls Sie sich zwischen ALG I und einer vorgezogenen Altersrente entscheiden müssen, mag einiges zunächst für die Rente sprechen. Schließlich sind Rentenbezieher (endlich) nicht mehr von der Arbeitsagentur abhängig, müssen sich nicht mehr dort melden und können so lange wie sie wollen wegfahren. Doch wenn Sie diese »Freiheit« wählen, müssen Sie dafür häufig teuer bezahlen: mit monatlichen Renteneinbußen bis zum Lebensende. Drei wichtige finanzielle Gründe sprechen nämlich häufig für eine Entscheidung gegen die vorzeitige Rente und für den weiteren Bezug der Leistungen der Arbeitsagentur:

1. ALG I ist häufig höher als die Rente
Gerade bei Frauen (die häufig weniger Rentenversicherungsjahre vorweisen können als Männer und oft auch weniger verdient haben) fällt die gesetzliche Altersrente häufig sehr niedrig aus. Mit Geld von der Arbeitsagentur steht man sich dann meist besser. Tipp: Lassen Sie sich in jedem Fall vor dem Rentenantrag genau ausrechnen, mit wie viel Rente Sie rechnen können.

2. Jedes Jahr ALG-I-Bezug erhöht die Rente
Hinzu kommt: Wer nicht vorzeitig in Rente geht und weiterhin arbeitslos gemeldet bleibt, für den zählt bei der Rente auch die Arbeitslosenzeit als Versicherungszeit. Ein Jahr Bezug von ALG I schlägt bei einem Erwerbslosen, der vor der Arbeitslosigkeit ein durchschnittliches Einkommen erzielt hatte, mit einer Erhöhung der späteren monatlichen Rente um 15 bis 20 € zu Buche. Zeiten des Bezugs von ALG II sind allerdings kaum noch etwas wert (siehe Tipp 75).

3. Wer vorzeitig in Rente geht, wird häufig durch Rentenabschläge bestraft
Die meisten Rentenberechtigten können aufgrund der Spargesetze der letzten Jahre zwar noch ein vorzeitiges Altersruhegeld in Anspruch nehmen. Sie werden dafür aber mit erheblichen Abschlägen bei den Altersbezügen bestraft. Wer schon mit 60 in Rente geht, muss vielfach mit einer Rentenkürzung um 18 Prozent rechnen. Und: Diese Rentenkürzung gilt nicht nur bis zum 65. Lebensjahr, sondern lebenslänglich! Einzelheiten hierzu siehe Tipp 90.

!

Tipp 90
Arbeitslosenrente gibt es meist nur mit hohen Abschlägen

Wann (erwerbslose) Ältere vorzeitig Rente erhalten können

90

Ältere sollen länger arbeiten und sich künftig erst mit 67 zur Ruhe setzen. Das will die Bundesregierung. Derzeit gibt es die volle Rente in der Regel mit 65 Jahren. Noch können allerdings die meisten Versicherten schon vor dem 65. Geburtstag in Rente gehen – allerdings meist nur mit erheblichen Abschlägen.

Kann man heute schon mit 67 in Rente gehen?

Das geht. »Und es zahlt sich sogar aus«, sagt Sabine Morch von der Deutschen Rentenversicherung (DRV) Bund. »Wer erst später in Rente eintritt, dessen Altersrente erhöht sich pro Monat des späteren Einstiegs um 0,5 Prozent.« Ein Älterer, der erst mit 67 in Rente geht, erhält also derzeit noch eine um zwölf Prozent höhere Rente – lebenslang. Hinzu kommt: »Wer über das 65. Lebensjahr hinaus arbeitet, ist in der Regel auch weiterhin rentenversicherungspflichtig. Die gezahlten Beiträge bringen dann nochmals eine Rentenerhöhung«, so Morch. Für Arbeitslose gibt es allerdings derzeit noch nicht die Möglichkeit, länger als bis zum 65. Geburtstag bei der Agentur gemeldet zu bleiben und ALG I zu beziehen (siehe Tipp 89). Sie müssen daher zwangsläufig spätestens mit 65 in Rente.

Ab wann soll der Einstieg mit 67 zum Normalfall werden?

Ab 2012 wird die Regelaltersgrenze, die heute bei 65 Jahren liegt, bis zum Jahr 2027 schrittweise auf 67 Jahre angehoben werden. Der vorzeitige Eintritt – beispielsweise mit 65 – wird allerdings weiter möglich sein, jedoch dann auch nur mit Abschlägen.

In welchem Alter kann man heute noch vorzeitig in Rente gehen?

Derzeit können die meisten Älteren – als Arbeitslose, Schwerbehinderte, Frauen oder langjährig Versicherte sowie nach Altersteilzeit – auch schon vor ihrem 65. Geburtstag ein vorgezogenes Altersruhegeld beziehen. Sie werden dafür aber mit erheblichen Abschlägen bei ihren Bezügen bestraft. Dahinter steckt die Überlegung: Wer früher in den Ruhestand wechselt, kassiert länger Zahlungen aus der Rentenkasse und muss deshalb gekürzte Leistungen akzeptieren. Wer vor 65 eine Altersrente bezieht, muss für jeden Monat, den er zu früh in Rente geht, einen Abschlag von 0,3 Prozent hinnehmen – und zwar lebenslang. Schwerbehinderte Menschen können weiterhin ohne finanzielle Einbußen mit 63 Jahren in den Ruhestand.

Welche Regelungen gelten für Arbeitslose und Altersteilzeitler?

Das vorgezogene Altersruhegeld nach Arbeitslosigkeit oder Altersteilzeit gibt es noch für den Jahrgang 1951 – für Jüngere nicht mehr. Diese Rente können nach wie

vor diejenigen beanspruchen, die 24 Monate in Altersteilzeit oder innerhalb der letzten 18 Monate vor Rentenantritt mindestens 52 Wochen – auch mit Unterbrechungen – arbeitslos waren. Doch nur noch in wenigen Ausnahmefällen gibt es die Rente mit 60. Das gilt nur für Ältere, die vor 1952 geboren sind und bereits am 1. Januar 2004 arbeitslos waren oder vor 2004 mit ihrem Arbeitgeber eine Altersteilzeitvereinbarung abgeschlossen hatten.
Für alle anderen hat sich das frühestmögliche Einstiegsalter seit Januar 2006 deutlich erhöht. Seit Ende 2008 liegt die Altersgrenze für die Inanspruchnahme dieser Rente bei 63 Jahren.

Welche Regeln gelten für Frauen?

Weibliche Versicherte, die vor 1952 geboren sind, können noch mit 60 Jahren die vorgezogene Altersrente für Frauen beziehen – aber nur noch mit Abschlag. Das gilt auch für arbeitslose Frauen. Alle Geburtsjahrgänge von 1945 bis 1951 müssen eine Rentenkürzung um 18 Prozent hinnehmen, wenn sie diese Rente schon mit 60 in Anspruch nehmen.
Um diese Rentenart zu bekommen, müssen die Frauen allerdings nach ihrem 40. Geburtstag mehr als zehn Jahre mit Pflichtbeitragszeiten sowie insgesamt mindestens 15 Versicherungsjahre vorweisen. Zu den für die Versicherungsdauer bedeutsamen Zeiten gehören auch Phasen, in denen Kinder erzogen, Pflegebedürftige betreut oder Sozialleistungen bezogen wurden.

Was gilt für Schwerbehinderte?

Die Altersrente für Schwerbehinderte gibt es bis für die Jahrgänge bis 1951 weiterhin noch frühestens und mit Abschlägen mit 60 – danach steigt die Altersgrenze für die früheste Inanspruchnahme dieser Rente stufenweise auf 62 Jahre. Die 62-Jahres-Grenze gilt erstmals für den Jahrgang 1964. Generell gilt: Die Betroffenen müssen eine Mindestversicherungszeit (Wartezeit) von 35 Jahren und einen anerkannten Grad der Behinderung (GdB) von mindestens 50 vorweisen. Für vor 1951 Geborene reicht es auch, wenn sie berufs- oder erwerbsunfähig nach dem bis Ende 2000 geltenden Recht waren.
Ohne Abschlag gibt es dieses Altersruhegeld in der Regel heute – Anfang 2011 – nur noch für schwerbehinderte Menschen, die mindestens 63 sind. Das gilt auch für arbeitslose Schwerbehinderte. Wer früher in Rente geht, muss meist eine lebenslange Kürzung seiner Altersbezüge um bis zu 10,8 Prozent – bei einem Renteneintritt ab 60 – hinnehmen. Für diejenigen, die bis zum 16. November 1950 geboren sind und schon am 16. November 2000 schwerbehindert oder (nach damaligem Recht) berufs- oder erwerbsunfähig waren, gilt eine Ausnahmeregelung: Aus Gründen des Vertrauensschutzes können sie weiter ab 60 abschlagfrei in Rente gehen.

Was gilt für langjährig Versicherte?

Wer mindestens 35 Jahre rentenversichert ist, kann mit 63 in Rente gehen – allerdings mit Rentenabschlägen, die zunehmend höher werden. Wer vor dem 1. Januar 1955 geboren wurde, sollte sich wegen möglicher Vertrauensschutzregelungen an seinen Rentenversicherungsträger wenden.

Zu den maßgeblichen Rentenzeiten zählen neben eigenen Beitragsmonaten auch Zeiten, in denen man aus persönlichen Gründen – z. B. wegen Krankheit, Schwangerschaft, Arbeitslosigkeit, Schulausbildung oder Studium – selbst keine Beiträge bezahlen konnte. Außerdem zählen auch Zeiten aus einem Versorgungsausgleich (nach Ehescheidung).

Die vorzeitigen Altersruhegelder – Regelungen für die Jahrgänge vor 1952

90

	Alter	Mindest-versicherungszeit	Besondere Voraussetzungen
Altersrente wegen Arbeitslosigkeit oder nach Altersteilzeit	ab 63; nur noch bei Vertrauensschutz ist ein Rentenbezug ab 60 möglich. Rentenabschläge von maximal 18 Prozent	15 Jahre Beitrags- und Ersatzzeiten[1]	1. Arbeitslosigkeit bei Rentenbeginn und ein Jahr Arbeitslosigkeit ab dem Alter von 58 ½ Jahren bzw. 24 Kalendermonate Altersteilzeit 2. acht Jahre Pflichtbeitragszeiten in den letzten zehn Jahren
Altersrente für Frauen	ab 60, aber mit Rentenabschlägen bis 18 Prozent	15 Jahre Beitrags- und Ersatzzeiten[1]	121 Pflichtbeitragsmonate ab dem 40. Lebensjahr
Altersrente für schwerbehinderte Menschen	ab 60, es fallen Rentenabschläge bis 10,8 Prozent an, außer wenn Vertrauensschutz gilt	35 Versicherungsjahre[2]	anerkannte Schwerbehinderung[3]
Altersrente für langjährig Versicherte	ab 63, allerdings mit Rentenabschlägen bis zu 7,2 Prozent	35 Versicherungsjahre[2]	

1 Ersatzzeiten müssen vor dem 1. Januar 1992 liegen. Es sind Zeiten, in denen Versicherte infolge des Krieges an der Entrichtung ihrer Beiträge gehindert waren, sowie Haftzeiten als Verfolgte des NS-Regimes oder als politische Gefangene in der DDR.

2 Zu den Versicherungsjahren gehören neben Beitrags- und Ersatzzeiten (siehe Anmerkung 1) auch Ausbildungs-, Schwangerschafts-, Arbeitslosigkeits- und Krankheitszeiten sowie Zeiten der Kindererziehung bis zum zehnten Lebensjahr des Kindes.

3 Versicherte, die 1950 oder früher geboren wurden, haben auch dann Anspruch auf die Schwerbehindertenrente, wenn sie zum Zeitpunkt des Rentenantrags zwar nicht schwerbehindert, aber berufs- oder erwerbsunfähig nach dem Ende 2000 geltenden Recht waren.

Was gilt, wenn verschiedene Rentenarten in Frage kommen?

Für eine 63-jährige arbeitslose Frau, die schwerbehindert ist, kommen unter Umständen alle vier vorzeitigen Altersruhegelder in Frage. Unterschiede gibt es dabei vor allem bei der Höhe der Abschläge. »In diesem Fall sollte man sich bei der Rentenversicherung beraten lassen und die günstigste Rente beantragen«, rät die DRV-Expertin Sabine Morch.

Flexible Entscheidung

Niemand muss sich mit 60 oder mit 63 endgültig für oder gegen einen vorzeitigen Einstieg in die Rente entscheiden. Wer die Anspruchsvoraussetzungen für eine der vorzeitigen Altersrenten erfüllt, kann jederzeit, also auch erst mit 64 Jahren, zu jedem gewünschten Termin in Rente gehen. Zuvor sollte man sich aber gründlich über die Vor- und Nachteile informieren. Für Bezieher von ALG I gilt beispielsweise: Möglicherweise ist die Leistung der Arbeitsagentur, die man bei einem Verzicht auf den Rentenantrag häufig weiterbeziehen könnte, sogar höher als die zu erwartende Rente. Zudem erhöht die Arbeitslosenzeit die Rente (siehe Tipp 89), während gleichzeitig bei einem späteren vorzeitigen Renteneintritt die Abschläge sinken.

91

! Tipp 91 Erleichterte Bedingungen nur noch für »Altfälle«

Ältere Arbeitslose müssen dem Arbeitsmarkt meist voll zur Verfügung stehen – und haben die gleichen Rechte wie Jüngere

Bis Ende 2007 galt für ältere Arbeitslose die »58er-Regelung«. Danach konnten Arbeitslose ab 58 Jahren ALG I unter »erleichterten Voraussetzungen« beziehen. Diese Regelung gilt nun nur noch für diejenigen, die Ende 2007 bereits mindestens 58 Jahre alt und arbeitslos waren. Ansonsten gelten für Ältere bei der Arbeitsvermittlung die gleichen Rechte wie für jüngere Arbeitslose.

Die Regelung für »Altfälle«

Arbeitslose, die 2007 bereits 58 Jahre alt waren, können das ALG I (und nach dessen Auslaufen ebenso das ALG II) jedoch unter »erleichterten Voraussetzungen« beziehen. Grundlage hierfür ist die so genannte 58er-Regelung, die bereits 1986 befristet eingeführt und etliche Male verlängert wurde, Ende 2007 jedoch endgültig ausgelaufen ist. Die Betroffenen konnten sich durch die Erklärung »Ich möchte ALG I unter den erleichterten Voraussetzungen des §428 SGB III beziehen« aus der Arbeitsvermittlung ausklinken – bei unveränderten Leistungsansprüchen. Der Vorteil für die Ämter: Die »58er« zählen – für die Statistik – nicht mehr als Arbeitslose. Sie müssen auch nicht mehr in die Vermittlungsbemühungen einbezogen werden. Der Vorteil für die älteren Unterzeichner: Ihnen werden mehr Freiräume zugestanden und weniger Pflichten auferlegt. Sie brauchen – anders als jüngere Arbeitslose – keine Job- oder Bildungsangebote (die es für Ältere ja ohnehin seltener gibt) anzunehmen und dürfen bis zu 17 Wochen im Jahr wegfahren.
Der »erleichterte Bezug« von ALG I hat übrigens auf die Höhe und Dauer dieser Leistung keinen Einfluss. Das ALG I wird dann genauso lange gezahlt und ist genauso hoch wie ohne Zustimmung zu den »erleichterten Voraussetzungen«.

Die Standardregelung

Für alle anderen älteren Arbeitslosen gelten die gleichen Regelungen wie für Jüngere. Sie können die Versicherungsleistung – bei langen vorherigen Beschäftigungszeiten und entsprechend langem Leistungsanspruch – bis zum 65. Lebensjahr beziehen (siehe Tipp 89). Dafür müssen sie sich allerdings dem Arbeitsmarkt »zur Verfügung stellen« und – wie Jüngere – aktiv eine neue Beschäftigung suchen (siehe Tipp 27). Genauso wichtig ist allerdings, dass ältere Arbeitslose bei der Vermittlung auch die gleichen Rechte haben wie Jüngere. Dies gilt auch bei der beruflichen Weiterbildung.

91

Weiterbildungsanträge dürfen nicht aus Altersgründen abgelehnt werden

Bislang hatten Ältere oft nur schlechte Chancen, eine Weiterbildung bewilligt zu bekommen. Für ältere Weiterbildungsinteressenten ist daher ein Urteil des Landessozialgerichts Baden-Württemberg vom 26. Juli 2007 (Az.: L 10 R 5394/06) außerordentlich interessant. Dabei ging es zwar um die gesetzliche Rentenversicherung (in einem Rehabilitationsfall). Das Urteil ist jedoch auf die Arbeitslosenversicherung übertragbar:
Bei dem Streitfall ging es um einen 45-jährigen gelernten Schlosser, der bis Ende April 2003 als Fräser gearbeitet hatte und diese Tätigkeit wegen eines Rückenleidens, verbunden mit einer Gehschwäche des rechten Beines nicht mehr ausüben konnte. Der Kläger hatte bei der Rentenversicherung beantragt, dass diese statt Erwerbsminderungsrente zu zahlen eine Umschulung zum Technischen Zeichner/Maschinenbau bzw. eine Technikerausbildung finanzieren sollte. Doch der Träger lehnte dies ab mit der Begründung, auf Grund des Alters des Betroffenen bestehe »bei einer zweijährigen Ausbildungszeit nach Beendigung der Maßnahme keine Möglichkeit der Wiedereingliederung auf dem Arbeitsmarkt«.
Die Landessozialrichter wiesen in ihrem Urteil die Argumente des Versicherungsträgers als haltlos zurück und attestierten diesem einen »Ermessensfehlgebrauch«. Zwar sei die Arbeitsmarktsituation älterer Arbeitnehmer zum Entscheidungszeitpunkt schlecht gewesen. Bei der Prüfung habe der Träger aber »auch den möglichen Einsatzbereich eines Technikers bzw. Technischen Zeichners berücksichtigen müssen«. Zudem könne sich die Arbeitsmarktsituation ja ändern. Zum zweiten habe die Beklagte nicht berücksichtigt, »dass der Kläger bereits eine abgeschlossene Berufsausbildung und eine mehrjährige Berufserfahrung besitzt, was gegenüber jungen Absolventen der in Rede stehenden Ausbildungen als ein die Wettbewerbsfähigkeit auf dem Arbeitsmarkt erhöhender Qualifikationsvorteil zu werten ist«. Drittens habe die Rentenversicherung schlicht außer Acht gelassen, dass Leistungen der Rehabilitation »die vollständige Rehabilitation des Versicherten zum Ziel haben«. Die Folgerung der Richter: »Wenn also tatsächlich im Zeitpunkt des Abschlusses der Maßnahme Schwierigkeiten bei der Erlangung eines Arbeitsplatzes auftreten würden, wäre die Beklagte gehalten, durch entsprechend geeignete weitere Maßnahmen wie z.B. Vermittlung (§33 Abs. 3 Nr. 1 SGB IX) oder Leistungen an Arbeitgeber (§34 SGB IX) die Eingliederungschancen nochmals zu erhöhen.« Deshalb könnten eventuell nach der Umschulung bzw. Fortbildung zu erwartende Vermittlungsprobleme keine Ablehnung der Förderung rechtfertigen. Und schließlich habe die Versicherung nicht berücksichtigt, dass das Gesetz vom Regelfall eines bis zum – im Zeitpunkt der Entscheidung der Beklagten – 65. Lebensjahr reichenden Arbeitslebens ausgehe und dem

Versicherten grundsätzlich einen Berufswechsel zumute. Eine Altersgrenze finde sich nirgends. Mithin sei Alter kein statthafter Ablehnungsgrund für eine Weiterbildungsförderung.
Tipp: An einer Weiterbildung interessierte ältere Arbeitnehmer oder Arbeitslose sollten sich nicht mit dem mündlichen Hinweis »Eine Weiterbildung bringt Ihnen nichts« abspeisen lassen, sondern formell die Förderung einer konkreten Fortbildung beantragen und auf einem rechtsmittelfähigen schriftlichem Bescheid bestehen. Gegen eine Ablehnung können sich die Betroffenen dann mit Widerspruch und Klage wehren (siehe Tipp 110).

!

Tipp 92

Ab 50 gibt es mehr Rechte bei der Arbeitsförderung:

Arbeitsagentur stockt bei Jobaufnahme niedrigen Lohn auf

Zuschüsse auch zur Rentenversicherung

Wer mit 50 oder 55 nochmals eine neue Stelle findet, verdient dort vielfach weniger als vorher. Diesen Verlust soll die so genannte Entgeltsicherung abfedern.
Die Hartz-Kommission sprach noch von einer »Lohnversicherung«. Im Dritten Sozialgesetzbuch nennt sich die neue Leistung dagegen »Entgeltsicherung«. Gemeint ist jeweils: Älteren Arbeitnehmern, die von Arbeitslosigkeit bedroht oder betroffen sind, soll durch Zuschüsse der Arbeitsagentur zum Lohn und zur Rentenversicherung die Aufnahme einer schlechter bezahlten Beschäftigung schmackhaft gemacht werden. Wer seinen alten Job verliert und einen schlechter bezahlten Job annimmt, hat einen Rechtsanspruch auf einen zeitweisen Ausgleich der damit verbundenen Nachteile durch die Arbeitsagentur. Das bestimmt der zunächst bis Ende 2011 geltende § 421 j des SGB III.
Wer 50 und älter ist und noch mindestens 120 Tage lang ALG I beanspruchen kann, hat danach bei Aufnahme eines schlechter bezahlten Jobs Anspruch auf folgende Leistungen der Agentur für Arbeit, sofern er diese vor Jobantritt beantragt:
Lohnaufstockung: Die Arbeitsagentur überweist dem älteren Arbeitnehmer ein Jahr lang die Hälfte der »Nettoentgeltdifferenz« zwischen der alten und neuen Beschäftigung. Beispiel: Im früheren Job, der der Bemessung des ALG I zugrunde lag (oder liegen würde, wenn man dieses beantragen würde), verdiente ein Arbeitnehmer netto 2500 € im Monat. Im neuen Job dagegen nur 1500 €. Die Nettoentgeltdifferenz beträgt 1000 €. Die Hälfte davon, also 500 €, überweist die Arbeitsagentur an den Arbeitnehmer.
Im zweiten Jahr beträgt der Erstattungsbetrag 30 Prozent des Differenzbetrages zwischen dem früheren und dem aktuellen Nettolohn. Im Beispielsfall wird das Minus im zweiten Beschäftigungsjahr deshalb auf 667 € begrenzt. Der Arbeitnehmer erhält also als Entgeltsicherung dann monatlich 333 €.
Aufstockung des Rentenversicherungsbeitrags: Für diejenigen Älteren, die einen schlechter bezahlten Job aufnehmen, gilt: Sie sollen bei der Rentenversicherung so

gestellt werden, als ob sie 90 Prozent des früheren höheren Einkommens erzielen würden. Beispiel: Wer bei seiner letzten Stelle monatlich brutto 4000 € verdient hatte, dem sichert die Bundesagentur für Arbeit (BA) bei Aufnahme einer schlechter bezahlten Tätigkeit Rentenversicherungsbeiträge auf Grundlage eines Einkommens von 3600 € zu. Verdient der Arbeitnehmer bei der neuen Stelle brutto nur 3000 €, so übernimmt also die Bundesagentur für Arbeit auf Basis eines Bruttoverdienstes von monatlich 600 € (= 3600 minus 3000) Beitragszahlungen zur Rentenversicherung – und zwar den Arbeitgeber- wie den Arbeitnehmerbeitrag. Die Beiträge der BA werden direkt an die Rentenversicherung abgeführt. Daneben führen der Arbeitnehmer und der neue Arbeitgeber natürlich auch die üblichen Rentenversicherungsbeiträge vom 3000-Euro-Gehalt ab.

Keine Entgeltsicherung für Einkommensverluste durch Arbeitszeitverkürzung

Wer bei seiner neuen Tätigkeit weniger Wochenstunden arbeitet als im alten Job, kann für den durch die kürzere Arbeitszeit bedingten Einkommensverlust von der Arbeitsagentur keinen Ausgleich erhalten. Lediglich für den Einkommensunterschied, der sich bei gleich gebliebener Arbeitszeit ergeben würde, tritt die Arbeitsagentur mit einer Entgeltsicherung ein. Wichtig ist auch: Der neue Lohn muss mindestens das im anzuwendenden Tarifvertrag garantierte bzw. das ortsübliche Niveau erreichen.
Eine Entgeltsicherung gibt es auch nicht, wenn die Entgeltdifferenz zwischen altem und neuem Job weniger als 50 € im Monat beträgt.
Gleicher Arbeitgeber erlaubt: Bislang wurde die Leistung dann nicht gewährt, wenn die Betroffenen bei ihrem »neuen« Arbeitgeber innerhalb der letzten beiden Jahre »vor Antragstellung mehr als drei Monate versicherungspflichtig beschäftigt« waren. Diese Regelung, die einen Missbrauch dieser Leistung durch Arbeitgeber ausschließen sollte, wurde zum 1.1.2009 ersatzlos gestrichen.
Antragstellung: Generell gilt: Den Antrag auf die Entgeltsicherung müssen die Arbeitslosen (und nicht die Arbeitgeber) stellen – und zwar vor Beginn des neuen Arbeitsverhältnisses.
Nicht nur Arbeitslose können die Entgeltsicherung erhalten. Entgeltsicherung gibt es nach § 421 j des Dritten Sozialgesetzbuchs für Arbeitnehmer ab 50 Jahren, die »ihre Arbeitslosigkeit durch Aufnahme einer versicherungspflichtigen Beschäftigung beenden oder vermeiden«. Durch den Zusatz »oder vermeiden« wird klargestellt, dass die Leistung nicht nur für Arbeitslose vorgesehen ist, sondern auch in folgenden Fällen: Ein befristetes Beschäftigungsverhältnis läuft aus, kurz vor dessen Ende nimmt ein Arbeitnehmer – um Arbeitslosigkeit zu vermeiden – einen schlechter bezahlten Job an. Das Gleiche gilt dann, wenn ein gekündigter Arbeitnehmer unmittelbar aus einem gekündigten Job in ein neues – schlechter bezahltes – Arbeitsverhältnis wechselt.
Tipp: Beziehen Sie zumindest kurz ALG I bevor Sie – mit Entgeltsicherung gefördert – eine neue Stelle antreten. An diesen Tipp sollten Sie sich auch halten, wenn Sie »eigentlich« unmittelbar nach Beendigung Ihres Beschäftigungsverhältnisses eine neue Stelle finden.
Dieser Tipp hat folgenden Hintergrund: Natürlich kann es passieren, dass die betroffenen älteren Arbeitnehmer auch ihre neue – schlechter bezahlte – Arbeit verlieren. Welche Ansprüche sie bei einem erneuten Jobverlust haben, hängt davon ab, ob sie zwischen Job 1 (ursprünglicher Job) und Job 2 (schlechter bezahlter neuer Job) ALG I beantragt haben. Günstig ist es dabei in jedem Fall, wenn ein Arbeitnehmer sich nach

Job 1 und vor der Aufnahme von Job 2 arbeitslos meldet und mindestens einen Tag ALG I bezieht.
Dazu ein Beispiel: In Job 1 haben Sie monatlich brutto 3000 € verdient. Dieser Betrag wird bei der Berechnung des ALG I zugrunde gelegt, wenn Sie sich nach dem Ende dieses Jobs arbeitslos melden und dieses beantragen. Falls Sie nun einen mit beispielsweise 2000 E monatlich schlechter bezahlten Job 2 aufnehmen und danach nochmals arbeitslos werden sollten, greift die Arbeitsagentur dann – und nur dann – auf die »alte« Bemessungsgrundlage von 3000 € zurück. Der Grund: Die einmal erreichte Höhe des ALG I ist Ihnen für zwei Jahre garantiert. Erst wenn Sie den Job 2 zwei Jahre oder länger ausüben, schlägt sich also der geringere Verdienst aus Job 2 beim ALG I nieder. 92
Wenn Sie dagegen – ohne »Pause« – direkt von Job 1 in Job 2 überwechseln, wird Ihr ALG I, falls nach Job 2 Arbeitslosigkeit eintreten sollte, wie üblich auf Basis des Einkommens der letzten zwölf Monate berechnet – also auf Basis des niedrigeren Einkommens in Job 2.
Achtung: Vom 1. Januar 2012 sollen die im folgenden skizzierten Regelungen nur noch auf »Altfälle« – also für diejenigen, die bereits Ende 2011 Anspruch auf Entgeltsicherung hatten – Anwendung finden. Wer zwischenzeitlich keine Entgeltsicherung erhielt, kann diese bei erneuter Antragstellung längstens bis Ende 2013 erhalten.

Eingliederungsgutschein und Lohnkostenzuschüsse für Ältere

Bereits seit dem Mai 2007 gelten bei den Lohnkostenzuschüssen erleichterte Zugangsvoraussetzungen für Ältere. Wer jenseits der 50 und arbeitslos ist, kann auch dann per Zuschuss gefördert werden, wenn – außer dem Alter – keinerlei weitere Vermittlungshemmnisse vorliegen. Einzige Voraussetzung für den Zuschuss ist, dass der Arbeitnehmer zuvor mindestens sechs Monate arbeitslos war. Der Zuschuss beträgt mindestens 30 und darf maximal 50 Prozent des Arbeitsentgelts betragen. Für Schwerbehinderte kann er bis zu 70 Prozent des Arbeitsentgeltes ausmachen. Eine Förderung ist für mindestens zwölf und maximal 36 Monate möglich. Neu ist, dass sie nur dann gewährt wird, wenn das Beschäftigungsverhältnis für mindestens zwölf Monate begründet wird.
Den Lohnkostenzuschuss muss der einstellende Arbeitgeber beantragen – und zwar vor Abschluss des Arbeitsvertrags. Als älterer Arbeitsloser können Sie aber mit ihrem Arbeitsvermittler besprechen, ob Sie per Lohnkostenzuschuss gefördert werden können. Ein möglicher Zuschuss ist für manche Arbeitgeber ein gutes Argument für die Einstellung.
Die skizzierten Regelungen gelten nach § 421 f SGB III für Förderungen, die bis Ende 2011 begonnen wurden (soweit sie nicht nochmals verlängert werden).
Seit 2008 gelten mit dem so genannten Eingliederungsgutschein nochmals verbesserte Förderungsregeln für Erwerbslose ab 50, die Anspruch auf mindestens zwölf Monate ALG I haben. Mit dem Gutschein (nach § 223 SGB III), den Arbeitslose einem einstellungswilligen Arbeitgeber vorlegen können, verpflichtet sich das Amt, diesem für ein Jahr lang 30 bis 50 Prozent des Arbeitsentgelts zu erstatten. Nach einem Jahr ALG-I-Bezug haben ältere Arbeitslose einen Rechtsanspruch auf einen solchen Gutschein. Vorher ist der Gutschein eine »Kann-Leistung«. Der Gutschein muss entweder mit einem konkreten Arbeitsangebot verbunden sein oder er muss einen Auftrag an den Arbeitnehmer oder die Arbeitnehmerin enthalten, sich um die Einlösung des Gutscheins zu bemühen.

Kapitel L
Tipps für andere Personengruppen

93

Tipp 93

Für Arbeitslose, die Vollzeitstellen hatten:

Wer künftig nur Teilzeitarbeit sucht, verschenkt ALG I

Für Arbeitslose mit Kindern liegt es unter Umständen nahe, ihr Arbeitsgesuch grundsätzlich auf einen Teilzeitjob einzuschränken. Sollten Sie mit diesem Gedanken, sollten Sie allerdings daran denken, dass dies Folgen für die Höhe Ihres ALG I haben kann – wenn Sie vor Ihrer Arbeitslosigkeit einen Vollzeitjob hatten.
Bevor Almut Schröder (41) arbeitslos wurde, hatte sie 38 Stunden in der Woche gearbeitet. »Es könnte ruhig etwas weniger sein«, schoss es der arbeitslosen Sekretärin plötzlich durch den Kopf. Sie dachte an mehr Zeit für ihre beiden Kinder und ihren Haushalt. Also sagte sie ihrem Arbeitsvermittler, dass sie künftig mit einer Halbtagstätigkeit zufrieden sein würde. Sie wunderte sich noch, als der Mann von der Arbeitsagentur sie fragte, ob sie sich das genau überlegt habe, das habe ja Konsequenzen für sie.
Welche Konsequenzen das waren, sah Almut Schröder, als sie den Bewilligungsbescheid über ihr ALG I erhielt: Da sie ihr Vermittlungsgesuch auf eine halbe Stelle eingeschränkt hatte, wurde nämlich auch ihr ALG I nur für eine Halbtagsstelle berechnet und fiel entsprechend niedrig aus. Sie bekam von der Arbeitsagentur nur ganze 544,20 € pro Monat. Dabei hätte die 41-Jährige weit mehr bekommen können, wenn sie sich für eine Ganztagstätigkeit gemeldet hätte. Sie hatte ja jahrelang als Vollzeitberufstätige (volle) Beiträge an die Arbeitslosenversicherung gezahlt.
Damit hätten ihr – wenn sie sich für Vollzeitjobs zur Verfügung gestellt hätte – 888,90 € ALG I zugestanden. Durch ihre vorschnelle Entscheidung verschenkte Almut Schröder also monatlich 344 € an Unterstützung.

Sie können Ihr Vermittlungsgesuch ändern

Wenn es Ihnen ergangen ist wie Almut Schröder, können Sie Ihr Vermittlungsgesuch bei der Arbeitsagentur ändern. Sehen Sie sich (wieder) in der Lage, doch eine Vollzeitstelle anzunehmen, können Sie sich der Arbeitsvermittlung jederzeit wieder für einen Vollzeitjob zur Verfügung stellen. Ab dem Tag, an dem die »Einschränkungen Ihrer Vermittlungsfähigkeit« nicht mehr bestehen, haben Sie dann unter Umständen wieder Anspruch auf ein höheres ALG I.

! Tipp 94

Arbeitslos nach Wehr- oder Zivildienst:

Nur bescheidenes ALG I nach Dienstende

Für diejenigen, die nach dem Wehr- oder Zivildienst arbeitslos werden, gelten seit dem 1. Februar 2006 neue gesetzliche Regelungen. Die Dienstzeit gilt zum einen nun grundsätzlich als beitragspflichtig in der Arbeitslosenversicherung. Das bedeutet: Betroffene junge Männer können hierdurch einen Anspruch auf ALG I erwerben, wenn sie zusätzlich zu ihrer Dienstzeit noch versicherungspflichtige Beschäftigungszeiten vorweisen können (siehe Tipp 41). Gleichzeitig ist jedoch die Höhe der Leistung, die sie dann bei Arbeitslosigkeit beanspruchen können, drastisch zusammengestrichen worden. Die hierfür maßgebende Sondervorschrift von § 345 des Dritten Sozialgesetzbuchs wurde zum 1. Februar 2006 nämlich ebenfalls verändert.
Denn nun gilt nur »ein Betrag in Höhe von 40 Prozent der monatlichen Bezugsgröße« als beitragspflichtiges Entgelt. Auf dieser Grundlage wird die Höhe ihres ALG I berechnet. Vorher war das Durchschnittseinkommen, das alle Bezieher von ALG I vor ihrer Arbeitslosigkeit erzielt hatten, Grundlage für die Berechnung der Unterstützungsleistung. Praktisch bedeutet dies u. a., dass die Höhe der Versicherungsleistung nun unterschiedlich ausfällt, je nachdem, ob bei der Berechnung der Leistungshöhe die Bezugsgröße »West« oder die Bezugsgröße »Ost« zugrunde gelegt wird.
Bezugsgröße »West«: Diese beträgt 2011 monatlich 2555 €. 40 Prozent hiervon sind 1022 €. Dies ist die Bemessungsgrundlage für das ALG I, wenn die arbeitslosen Betroffenen nach ihrer Wehr- oder Zivildienstzeit in den westlichen Bundesländern leben und das ALG I lediglich auf Grundlage der Dienstzeit berechnet wird. Arbeitslosen ohne Kind mit Steuerklasse I oder IV steht in diesem Fall monatlich ein Betrag von 468,60 € zu.
Bezugsgröße »Ost«: Diese beträgt 2011 monatlich 2240 €. 40 Prozent hiervon sind 896 €. Wird das monatliche ALG I der Betroffenen auf dieser Grundlage berechnet, so weist der ALG-Rechner der Bundesagentur für Arbeit ein monatliches ALG I von 418,80 € aus (Arbeitslose ohne Kind mit Steuerklasse I oder IV).
Fraglich ist allerdings, in welchen Fällen die niedrigere Bezugsgröße »Ost« zugrunde gelegt werden muss. Nähere Informationen hierzu finden Sie in Tipp 52. Übrigens: Vor der Neuregelung konnten diejenigen, die nach Dienstende arbeitslos wurden, mit einem erheblich höheren monatlichen ALG I in Höhe von etwa 760 € rechnen.

! Tipp 95

Für erwerbslose Studierende:

Nur in Ausnahmefällen gibt es ALG I

Die meisten erwerbslosen Schüler und Studierenden sehen selbst dann keinen Cent von der Arbeitsagentur, wenn sie jahrelang Beiträge in die Nürnberger Versicherungskasse eingezahlt haben. Denn die Agenturen unterstellen zunächst, dass bei

95

einer Schul- oder Hochschulausbildung keine Zeit für einen versicherungspflichtigen (Halbtags-)Job bleibt. Nur wer in der Lage ist, eine versicherungspflichtige Beschäftigung aufzunehmen, steht aber nach § 119 SGB III dem Arbeitsmarkt zur Verfügung und kann Unterstützung von der Arbeitsagentur erhalten.
Für »normale« Arbeiter und Angestellte werden bei Beschäftigungen mit wöchentlich mindestens 15 Stunden Beiträge an die Arbeitslosenversicherung abgeführt. Für Studenten oder Schüler gilt dies aber erst bei einer Beschäftigung von mehr als 20 Stunden. Darüber hinaus darf die Tätigkeit bei ihnen auch nicht lediglich auf die Semester- oder Schulferien beschränkt sein – sonst werden sogar bei einer Vollzeitarbeit niemals Beiträge zur Arbeitslosenversicherung eingezogen (siehe unten Beispiel 1).
Und noch eine Einschränkung gibt es: Auch wenn klar ist, dass Studierende während des Semesters mehr als 20 Stunden in der Woche arbeiten können, gelten sie nicht in jedem Fall als »für den Arbeitsmarkt verfügbar«. Wichtig ist nämlich auch, ob die »Lage und Verteilung« der möglichen Arbeitszeit »üblich« ist. Wer beispielsweise seinen Studienstundenplan so aufgebaut hat, dass er zwar jeden Tag arbeiten gehen kann, aber jeweils zu einer verschiedenen Tageszeit, gilt in der Regel nicht als »verfügbar«. Denn es gibt nach Auffassung der Arbeitsagenturen dann keine Arbeitsstellen, die für ihn in Frage kommen könnten.
Normalerweise gilt: Solange die Agenturen nicht das Gegenteil nachweisen können, müssen sie akzeptieren, dass Erwerbslose dem Arbeitsmarkt zur Verfügung stehen. Die »Beweispflicht« liegt also bei den Ämtern. Anders ist es dagegen, wenn Erwerbslose an einer Schule oder Hochschule eingeschrieben sind. In diesen Fällen ist die Beweislast umgekehrt worden. § 120 Abs. 2 SGB III bestimmt nämlich: »Bei Schülern oder Studenten einer Schule, Hochschule oder sonstigen Ausbildungsstätte wird vermutet, dass sie nur versicherungsfreie Beschäftigungen ausüben können.« Wer jedoch nur versicherungsfrei arbeiten kann, steht – wie erwähnt – der Arbeitsvermittlung nicht zur Verfügung. Die Arbeitsagenturen unterstellen also von vornherein, dass ein (Hoch-)Schüler nicht »verfügbar« ist.

Wie Schüler oder Studenten ihre Verfügbarkeit nachweisen können

Wollen Studierende ALG I erhalten, müssen sie die Vermutung der Behörden widerlegen, dass sie dem Arbeitsmarkt nicht zur Verfügung stehen. Das geht nur dann, wenn sie belegen, »dass der Ausbildungsgang die Ausübung einer versicherungspflichtigen, mindestens 15 Stunden wöchentlich umfassenden Beschäftigung bei ordnungsgemäßer Erfüllung der in den Ausbildungs- und Prüfungsbestimmungen vorgeschriebenen Anforderungen zulässt«. Sie müssen also generell (und nicht in ihrem Einzelfall) nachweisen, dass ihr Studiengang die Aufnahme einer versicherungspflichtigen Beschäftigung ermöglicht. Eine wichtige Rolle bei dieser besonderen Verfügbarkeitsprüfung spielt der »Zusatzfragebogen für Studenten und Schüler«. Diesen erhält man bei der Arbeitslosmeldung. Die Arbeitsagenturen fragen in dem Formular unter anderem den kompletten Studienstundenplan und die wöchentliche »Stundenzahl ohne Vor- und Nachbereitungszeiten« ab.

Elf Unterrichtsstunden gelten als zu viel

Ergibt sich aus den Angaben der Studierenden im Fragebogen eine wöchentliche Arbeitsbelastung durch elf oder mehr Unterrichtsstunden, ist es nach Ansicht der Ar-

beitsagenturen generell zweifelhaft, ob die Betroffenen neben ihrem Studium noch einer versicherungspflichtigen Beschäftigung nachgehen können. Hierfür müssten sie nämlich neben dem Studium wöchentlich mindestens 20 Stunden arbeiten können. Und das ist nach Auffassung der Arbeitsagenturen bei elf Unterrichtsstunden (und der dazu gehörenden Vor- und Nachbereitungszeit) kaum möglich.
In einem Urteil vom 19. März 1992 (Az.: 7 RAr 128/90) hat das Bundessozialgericht allerdings entschieden: Für Schüler und Studenten gibt es keine Obergrenze für die wöchentliche (gesamte) Arbeitsbelastung durch Studium und Job. Sie können sich auch zeitlichen Belastungen aussetzen, die ihnen »an sich« nach der Arbeitszeitordnung (mit einer Obergrenze von 48 Arbeitsstunden) nicht zumutbar wären. Weiterhin hat das Bundessozialgericht am 14. März 1996 entschieden, dass die Einhaltung der Regelstudienzeit nicht zum Maßstab genommen werden darf, wenn beurteilt wird, ob eine Erwerbstätigkeit neben dem Studium die ordnungsgemäße »Erfüllung der in den Ausbildungs- und Prüfungsbestimmungen vorgeschriebenen Anforderungen« möglich macht (Az.: 7 RAr 18/94). Studierende können ihre Ausbildung demnach durchaus über einen längeren Zeitraum als die Regelstudienzeit strecken – und so gegebenenfalls besser während des Studiums einer Erwerbstätigkeit nachgehen. Daraus folgt: Wenn die Arbeitsagentur lediglich wegen einer angeblich zu hohen Zahl von Unterrichtsstunden die Bewilligung von ALG I ablehnt, kann es sich lohnen, dagegen Widerspruch einzulegen oder gegebenenfalls zu klagen (siehe Tipp 110).

Bessere Karten nach Erwerbstätigkeit während des Studiums

Wer »schon bisher neben dem Studium nachhaltig eine versicherungspflichtige Beschäftigung von mehr als 20 Wochenstunden ausgeübt hat« (Durchführungsanweisung zu § 120 Abs. 2 SGB III), hat recht gute Karten, wenn er der Arbeitsagentur nachweisen will, dass er Studium und (versicherungspflichtige) Arbeit miteinander vereinbaren kann. Wichtig ist allerdings: Der Student sollte auch belegen können, dass seine bisherige Erwerbstätigkeit nicht zu Lasten des Studiums ging. Ist das nicht der Fall, gelten die Betroffenen zumeist auch dann als »verfügbar«, wenn sie wöchentlich elf oder mehr »Unterrichtsstunden« besuchen. Sie können damit zumeist auch ALG I erhalten. Dies gilt allerdings nicht, wenn sie ihre letzte Stelle wegen der Studienbelastungen aufgegeben haben.

ALG I an Abendschüler und Doktoranden

Wer eine Ausbildungsstätte besucht, die »der Fortbildung außerhalb der üblichen Arbeitszeit dient«, kann unter den gleichen Voraussetzungen wie alle anderen Arbeiter und Angestellten Unterstützung von der Arbeitsagentur erhalten. Dies gilt für Abendschüler wie auch für Hochschüler, deren »Ausbildungsgang typischerweise auf Berufstätige zugeschnitten ist« (Durchführungsanweisung zu § 120 Abs. 2 SGB III). Sonderbedingungen gelten auch für diejenigen, die eine (Hochschul-)Ausbildung bereits mit einer Abschlussprüfung (Beispiel: Staatsexamen oder Magister) abgeschlossen haben, und nun im gleichen Fach weiter studieren, um etwa einen Doktortitel zu erwerben. Da man sich für das Schreiben einer Doktorarbeit in der Regel die Zeit frei einteilen kann, stehen die Betroffenen der Arbeitsvermittlung uneingeschränkt zur Verfügung und erhalten – soweit sie die sonstigen Anspruchsvoraussetzungen erfüllen – ALG I. »Ist das Zweit- oder Ergänzungsstudium nicht durch Ausbildungs-/

Prüfungsordnung geregelt, ist die Vermutung des § 120 Abs. 2 widerlegt«, heißt es hierzu in den Durchführungsanweisungen der BA.

»Beschäftigungssuche« auch für studierende Arbeitslose Pflicht

Auch wenn die Arbeitsagentur zum Ergebnis kommt, dass die Betroffenen in der Lage sind, eine versicherungspflichtige Beschäftigung und ein Studium miteinander zu vereinbaren, zahlt sie noch längst nicht in jedem Fall Unterstützung. Denn hierfür müssen auch alle weiteren in Tipp 40 genannten Voraussetzungen erfüllt werden. Besonders wichtig dürfte dabei die »aktive Beschäftigungssuche« sein: Wie alle anderen Erwerbslosen müssen arbeitslose Studenten nachhaltig eine versicherungspflichtige Beschäftigung suchen und dies – auf Anforderung – der Arbeitsagentur gegenüber auch dokumentieren (siehe Tipp 27).

!

Tipp 96

Bei dauerhaften gesundheitlichen Problemen:

Wenn die Krankenkasse nicht mehr zahlt, springen die Arbeitsagenturen vorübergehend ein

Es ging einfach nicht mehr. Die Rückenschmerzen von Halil Erdogan, der jahrelang in Deutschland für einen privaten Paket-Transport-Dienst gearbeitet hatte, wurden immer schlimmer. Der türkische Arbeiter war sehr oft krank und musste seine Tätigkeit schließlich wegen seines Rückenleidens aufgeben. Auch nach längerer ärztlicher Behandlung besserte sich sein Gesundheitszustand nicht wesentlich. Er konnte sich kaum noch ohne Schmerzen bewegen.

Der ehemalige Paketzusteller bezog zunächst Krankengeld von der Krankenkasse. Doch das lief nach 78 Wochen aus. Halil Erdogan hat zwar inzwischen eine Rente wegen verminderter Erwerbsfähigkeit beantragt, doch auf den Bescheid von der Rentenversicherung wartet er noch. Er sorgt sich: »Das wird sich noch hinziehen mit der Bearbeitung. Und in der Zwischenzeit muss ich ja von irgendetwas leben.«

Erwerbslose, die wie Halil Erdogan aus gesundheitlichen Gründen nur noch einer Teilzeitarbeit mit wöchentlich weniger als 15 Stunden nachgehen oder gar nicht mehr arbeiten können, sitzen häufig zwischen allen Stühlen: Die Krankenkasse zahlt nicht mehr für sie – Krankengeld wird innerhalb von drei Jahren allenfalls für 78 Wochen gewährt. Stattdessen käme für die Betroffenen häufig eine Rente wegen verminderter Erwerbsfähigkeit in Frage. Doch die Rentenversicherung zahlt noch nicht. Häufig haben die Betroffenen auch noch gar keinen Rentenantrag gestellt. Selbst wenn – wie im Fall von Erdogan – eine Rente wegen verminderter Erwerbsfähigkeit beantragt wurde, dauert es meist lange, bis alle notwendigen medizinischen Gutachten vorliegen und der Rentenantrag genehmigt ist.

Für die Fälle, in denen die Krankenversicherung nicht mehr und die Rentenversicherung noch nicht zahlt, ist im SGB III eine Sonderregelung getroffen worden: Nach § 125 zahlen dann oft die Arbeitsagenturen. Obwohl die Betroffenen wegen ihrer gesundheitlichen Probleme häufig gar nicht mehr für den Arbeitsmarkt zur Verfügung stehen, können sie in diesen Sonderfällen ALG I beanspruchen. Dies gilt allerdings nur dann, wenn sie – mit Ausnahme der Verfügbarkeit – alle anderen in Tipp 40 aufgeführten Anspruchsvoraussetzungen erfüllen. Wichtig ist weiterhin: Die Arbeitsagenturen gewähren ALG I nach § 125 SGB III nur dann, wenn die Leistungsminderung nach Einschätzung der Ärzte voraussichtlich länger als sechs Monate dauern wird.

Verpassen Sie die rechtzeitige Beantragung von ALG I nicht

Krankengeld wird höchstens für 78 Wochen gezahlt. Sie können sich also von vornherein ausrechnen, wie lange die Krankengeldzahlung höchstens weiterläuft. Normalerweise schickt Ihnen Ihre Krankenkasse deutlich vor dem Auslaufen des Krankengelds einen »Aussteuerungsbescheid«. Spätestens wenn Sie diesen Bescheid erhalten, sollten Sie sich bei Ihrer Krankenkasse beraten lassen, was Sie nach dem Auslaufen des Krankengelds machen können. Häufig kommt für Sie dann – wie oben aufgezeigt – ein Antrag auf ALG I nach § 125 SGB III in Frage.
Möglicherweise sind Sie aus Krankheitsgründen allerdings gar nicht in der Lage, die Arbeitsagentur aufzusuchen und dort solch einen Antrag zu stellen. In einem solchen Fall können Sie sich bei der Arbeitsagentur vertreten lassen – durch Ihren Ehepartner oder sonst jemanden. Dies regelt § 125 Abs. 1 Sätze 3 und 4 SGB III. Wichtig ist allerdings: Sobald Sie die Arbeitsagentur wieder aufsuchen können, müssen Sie die persönliche Arbeitslosmeldung nachholen.

Arbeitsagentur zahlt nur bei Antrag auf Rente oder berufliche Rehabilitation

Auf Dauer wollen die Arbeitsagenturen allerdings nicht für Leistungen an die gesundheitlich stark eingeschränkten Erwerbslosen aufkommen. ALG I nach § 125 SGB III zahlen die Agenturen deshalb nur als Überbrückung bis zur Entscheidung über den Rentenantrag der Betroffenen. Wer Unterstützung von der Arbeitsagentur nach § 125 bekommt, muss deshalb spätestens nach einem Monat Arbeitslosigkeit bei der zuständigen Rentenversicherung einen Antrag auf Leistungen zur Rehabilitation stellen. Dabei kommen sowohl Maßnahmen wie Kuren oder besondere Heilbehandlungen in Betracht, die der medizinischen Rehabilitation (Wiederherstellung) dienen, als auch eine Umschulung in einen anderen Beruf (beispielsweise von einem handwerklichen in einen Büroberuf), die der beruflichen Rehabilitation dient. Gleichzeitig wird mit diesem Antrag überprüft, ob eine verminderte Erwerbsfähigkeit vorliegt und eine entsprechende Rente gezahlt werden muss.

Gutachten der Arbeitsagentur zunächst bindend

Schwierigkeiten können sich allerdings auch bei einem rechtzeitig gestellten Rehabilitations- bzw. Rentenantrag ergeben, wenn sich die Arbeitsagentur und die betroffenen Erwerbslosen (sowie häufig auf deren Seite: der Hausarzt) nicht einig sind über das Ausmaß der gesundheitlichen Probleme.
So ist es beispielsweise im Fall von Halil Erdogan. Hier kam der Gutachter der Arbeitsagentur zunächst einmal in seinem (für das Rentenverfahren nicht bindenden) Gutachten zu dem Ergebnis, dass das Arbeitsvermögen des türkischen Arbeiters zwar nicht mehr für schwere körperliche Tätigkeiten ausreiche, dass er jedoch leich-

tere körperliche Tätigkeiten auch in einer Vollzeitarbeit ausüben könne. Erdogan ist zwar – wie sein Hausarzt – der Ansicht, dass er eine Vollzeitarbeit gesundheitlich nicht mehr durchsteht. Dennoch hat er sich zunächst – bis zur Entscheidung über seinen Rentenantrag – der Arbeitsvermittlung zur Verfügung gestellt. Dadurch hat er jetzt weiterhin Anspruch auf ALG I – andernfalls wäre ihm die Unterstützung gestrichen worden. Aus diesem Verhalten darf die Rentenversicherung bei der späteren Entscheidung über seinen Rentenantrag jedoch nicht schließen, dass er sich selbst für erwerbsfähig hält.

97

Wenn kein Rentenanspruch besteht, bleibt meist nur der Antrag auf ALG II oder Sozialhilfe

In den meisten Fällen ist durch § 125 SGB III gewährleistet, dass Erwerbslose mit dauerhaften gesundheitlichen Einschränkungen nicht durch die Maschen des sozialen Netzes fallen. Probleme gibt es vor allem dann, wenn die Betroffenen später zwar als vermindert erwerbsfähig anerkannt werden, ihnen jedoch keine Rente zusteht, weil sie etwa die hierfür erforderliche Vorversicherungszeit nicht erfüllen können. Um eine Rente wegen verminderter Erwerbsfähigkeit erhalten zu können, muss man nämlich innerhalb der letzten fünf Jahre mindestens 36 Monate versicherungspflichtig beschäftigt gewesen sein. Ist diese Voraussetzung nicht erfüllt, so gibt es auch kein ALG I. Denn wer aufgrund seiner gesundheitlichen Einschränkungen als vermindert erwerbsfähig oder erwerbsunfähig anerkannt ist, bekommt keine Leistungen mehr nach § 125 SGB III. Ihm bleibt deshalb in der Regel nur der Antrag auf ALG II (siehe Tipps 105 und 106) oder Sozialhilfe. Diese Fürsorgeleistungen gibt es aber nur bei finanzieller Bedürftigkeit.

!

Tipp 97

Bei Aufnahme einer Beschäftigung im EU-Ausland:

An die soziale Absicherung bei Rückkehr denken

Bis zu drei Monate gibt es ALG I auch in anderen EU-Staaten

Seit dem 1. Februar 2006 gibt es eine freiwillige Arbeitslosenversicherung – unter anderem auch für Arbeitnehmer, die eine Arbeit im Ausland aufnehmen (siehe Tipp 70). Dies gilt allerdings nur für diejenigen, die außerhalb des Europäischen Wirtschaftsraums (EWR) sowie der Schweiz tätig werden. Was aber gilt, wenn Arbeitnehmer in anderen EU- bzw. EWR-Ländern oder in der Schweiz tätig werden?
Versicherungspflichtige Tätigkeiten in Ländern der Europäischen Gemeinschaft (EU) bzw. des Europäischen Wirtschaftsraumes (EWR) und der Schweiz werden von den Arbeitsagenturen ähnlich bewertet wie versicherungspflichtige Tätigkeiten in der Bundesrepublik. Wer in einem anderen EU-/EWR-Staat oder der Schweiz abhängig beschäftigt war, sollte sich diese Tätigkeit in jedem Fall von der zuständigen Arbeitsbehörde des jeweiligen Mitgliedslandes bestätigen lassen. Hierzu wird der Vordruck »E 301« verwendet.

Allerdings: Der Nachweis einer versicherungspflichtigen Beschäftigung mit ausreichender Dauer (siehe Tipps 40 und 41) in einem Mitgliedsland der Europäischen Gemeinschaft bzw. des EWR (oder der Schweiz) reicht allein noch nicht aus für einen Anspruch auf ALG I nach deutschem Recht. Voraussetzung hierfür ist nämlich: Nach der Auslandsbeschäftigung muss erst eine versicherungspflichtige Inlandsbeschäftigung aufgenommen worden sein. Ein kurzer Aushilfsjob von ein paar Tagen in Deutschland ist dabei schon ausreichend. Nach einem solchen Job wird die versicherungspflichtige Tätigkeit im Ausland voll berücksichtigt. Soweit die Betroffenen die sonstigen Voraussetzungen erfüllen (siehe Tipp 40), erhalten sie nach dem Ende der Zwischenbeschäftigung in Deutschland ALG I.

EURES-Berater informieren

Wenn Sie im Ausland erwerbstätig sein möchten, sollten Sie sich in jedem Fall vorher über Ihre soziale Absicherung bei einer Rückkehr nach Deutschland kundig machen. Informationen gibt es bei den Arbeitsagenturen (bei speziellen EURES-Beratern) und – vor allem in Grenzregionen – bei besonderen Beratungsinstitutionen (etwa: der Euregio).

Arbeitslosmeldung vor Auslandsaufenthalt kann Anspruch auf ALG I sichern

Wenn Sie einen Auslandsaufenthalt von weniger als fünf Jahren planen und vorher mindestens zwölf Monate in Deutschland versicherungspflichtig beschäftigt waren, sollten Sie sich schon vor Ihrer Abreise ins Ausland um die Absicherung Ihrer Ansprüche an die Arbeitslosenversicherung kümmern.
Ein Beispiel: Kurz vor Ihrer für Mitte 2011 geplanten Abreise stellen Sie sich (noch einmal) für kurze Zeit dem Arbeitsmarkt in Deutschland zur Verfügung und beantragen am 1. Juni ALG I. Eine Woche später melden Sie sich bei der Arbeitsagentur wieder ab und beginnen Ihren Auslandsaufenthalt.
Ihren verbliebenen Restanspruch auf die Versicherungsleistung können Sie nun noch bis zum 31. Mai 2015 geltend machen. Denn nicht geltend gemachte Ansprüche auf ALG I verfallen erst nach genau vier Jahren (siehe Tipp 48). Den verbliebenen Restanspruch können Sie damit ohne weitere Zwischenbeschäftigung in Deutschland sofort bei Ihrer Rückkehr geltend machen.
Eine Zwischenbeschäftigung in Deutschland ist im Übrigen auch nicht erforderlich, wenn Sie innerhalb der letzten 24 Monate vor Ihrer Arbeitslosmeldung in Deutschland noch zwölf Monate »deutsche« Versicherungszeiten nachweisen können – und damit ohnehin einen Anspruch auf ALG I haben.

EU-weite Arbeitsuche

Auch Arbeitslose können auf Arbeitsuche ins EU-Ausland gehen und dort weiterhin drei Monate lang ALG I beziehen – falls sie noch so lange Anspruch auf diese Leistungen haben. Ob dafür aber bei einem gewünschten Wechsel in ein neues EU-Land schon alle formalen und rechtlichen Voraussetzungen geschaffen sind, sollte man im Einzelfall bei der Arbeitsagentur erfragen.
Um im EU-Ausland ALG I beziehen zu können, muss man in der Regel schon vier Wochen in Deutschland arbeitslos sein. Auf Antrag kann die Mitnahme von ALG I

ins Ausland allerdings schon vorher erlaubt werden. Außerdem muss man sich bei der Arbeitsagentur beraten und die Mitnahmebescheinigung nach Vordruck E 303 ausstellen lassen. Mit diesem Formular meldet man sich im Einreiseland – innerhalb einer vorgeschriebenen Frist von sechs Tagen – beim dortigen Arbeitsamt und beantragt ALG I. Das Geld wird dann vor Ort im jeweiligen EU-Land ausgezahlt – und zwar in gleicher Höhe wie in Deutschland.

97

In vielen EU-Ländern sind zwei verschiedene Ämter zuständig: Eines für die Arbeitsvermittlung, ein anderes für die Zahlung der Unterstützung. In der Regel muss man bei beiden Ämtern vorsprechen. Wann und wie oft man sich bei der Arbeitsvermittlung melden muss, um als »verfügbar« zu gelten, erfährt man vor Ort. Nur dann gibt es nämlich die Versicherungsleistung aus Deutschland. Da die Zahlung im Ausland möglicherweise auf sich warten lässt, ist es gut, etwas Geld auf der hohen Kante zu haben.

Wichtig: Wer im EU-Ausland keinen Job gefunden hat, muss spätestens nach drei Monaten nach Deutschland zurückkehren. Sonst verfällt der Anspruch auf ALG I endgültig. Dies gilt natürlich nicht für diejenigen, die im Ausland eine Arbeit gefunden haben – auch nicht für diejenigen

Noch ein Tipp: Jobsuchende sollten sich auch nach ihrem Krankenversicherungsschutz im Ausland erkundigen. Auch dafür gibt es eine Mitnahmebescheinigung – und zwar die E 119. Diese stellt die (gesetzliche) Krankenkasse aus, wenn man ihr die von der Arbeitsagentur ausgefüllte Mitnahmebescheinigung E 303 vorlegt.

Merkblatt der Arbeitsagenturen

Weitere Informationen finden Sie im Merkblatt 20 der Bundesagentur für Arbeit »Arbeitslosengeld und Auslandsbeschäftigung«. Dieses finden Sie im Internet unter www.arbeitsagentur.de. Suchweg: Klicken Sie »Veröffentlichungen« an und geben Sie dann im Suchfeld den Titel des Merkblatts ein.

Kapitel M
Wenn eine Sperrzeit droht

98

! Tipp 98
Wer selbst kündigt, riskiert eine Sperrzeit

Wann Arbeitslosengeld I gesperrt wird

Wenn Ihnen eine Sperrzeit droht, bedeutet das: Sie müssen gegebenenfalls bis zu zwölf Wochen ohne Leistungen von der Arbeitsagentur auskommen. Noch schlimmer ist häufig: Auch die Dauer Ihres Anspruchs auf ALG I wird zusammengestrichen. Im Einzelfall wird die Leistungsdauer sogar um bis zu sechs Monate verkürzt. Eine zwölfwöchige Sperrzeit erhält, wer nach Ansicht der Arbeitsagentur seine Arbeitslosigkeit »vorsätzlich oder grob fahrlässig« herbeigeführt hat (§ 144 SGB III). Dies gilt z. B. für Erwerbslose, die ihre Stelle ohne wichtigen Grund selbst gekündigt haben. Die Sperrzeiten wegen »selbst verschuldetem« Arbeitsplatzverlust können aber in besonderen Härtefällen (siehe Tipp 102) auf sechs Wochen halbiert werden.

Abgestufte Sperrzeiten bei Verstößen gegen Regeln der Arbeitsvermittlung

Auch wer seine Arbeitslosigkeit »vorsätzlich oder grob fahrlässig« nicht beendet – indem er beispielsweise ohne wichtigen Grund Arbeitsangebote, die von den Agenturen als zumutbar ansehen werden, nicht annimmt oder »zumutbare« Bildungsmaßnahmen ablehnt bzw. abbricht –, erhält eine Sperrzeit. Dabei gilt folgender Grundsatz: Je häufiger ein Arbeitsloser die Angebote der Arbeitsagentur ignoriert, desto härter wird die Strafe. Wer zum ersten Mal ohne wichtigen Grund ein zumutbares Arbeitsangebot ablehnt oder eine Bildungsmaßnahme abbricht, wird mit einer dreiwöchigen Sperrzeit belegt. Beim zweiten »Verstoß« wird eine sechswöchige Sperre fällig. Bei der dritten Ablehnung droht in der Regel eine zwölfwöchige Sperrzeit, meistens wird jedoch die Unterstützung von der Arbeitsagentur dann sogar ganz gestrichen. Dies gilt seit Anfang 2009 auch dann, wenn eine angebotene Arbeit nur auf kurze Zeit befristet war. Auch bei beruflichen Eingliederungsmaßnahmen spielt die Maßnahmedauer keine Rolle mehr.

Dreiwöchige Sperrzeiten bei »geringem Schaden«

In bestimmten Fällen wird das ALG I nach § 144 Abs. 3 SGB III nur für kürzere Zeit gesperrt. Dabei kommt eine drei- oder sechswöchige Sperrzeit in Frage.
Die Unterstützung wird für drei Wochen gesperrt, wenn die Betroffenen ihren Arbeitsplatzverlust nach Ansicht der Arbeitsagentur zwar selbst verschuldet haben,

jedoch innerhalb der nächsten sechs Wochen ohnehin (»ohne eigene Schuld«) arbeitslos geworden wären. Eine sechswöchige Sperre tritt ein, wenn die Arbeitslosigkeit innerhalb von zwölf Wochen ohnehin eingetreten wäre. Zu solchen Sperrzeiten kommt es häufig, wenn die Betroffenen aus Verärgerung über eine Kündigung durch ihren Arbeitgeber ihren Arbeitsplatz vorzeitig aufgeben.

Seit 2005: Erweiterter Sperrzeitkatalog

Seit 2005 sind weitere Sperrzeitgründe hinzu gekommen. Eine Sperrzeit droht jetzt auch

- bei so genannten Meldeversäumnissen (siehe Tipp 37); hier tritt nun einheitlich eine Sperrzeit von einer Woche ein,
- bei Ablehnung von Arbeitsangeboten, die Arbeitsuchende noch vor Beginn ihrer offiziellen Arbeitslosigkeit erhalten (siehe Tipp 20),
- bei unzureichenden Bemühungen bei der Arbeitsuche während der Arbeitslosigkeit (siehe Tipp 27) und
- bei einer verspäteten Arbeitslosmeldung (siehe Tipp 20).

Sperrzeiten vermindern die Anspruchsdauer

Eine Sperrzeit auferlegt zu bekommen, bedeutet nicht nur, dass die Betroffenen eine Zeit lang kein Geld von der Arbeitsagentur erhalten. Darüber hinaus gehen den Erwerbslosen auch Versicherungsansprüche verloren. Wer beispielsweise Anspruch auf 52 Wochen ALG I hätte, bekommt die Versicherungsleistung nach einer Sperrzeit von zwölf Wochen nur noch insgesamt 40 Wochen.
Für einen großen Teil der gesperrten Arbeitslosen gelten allerdings noch härtere Anrechnungsbestimmungen. Wer nämlich eine zwölfwöchige Sperrzeit erhalten hat, muss mit einer noch drastischeren Kürzung seines Anspruchs auf ALG I rechnen. In diesen Fällen wird die Dauer des Anspruchs nämlich um mindestens ein Viertel gekürzt. Erwerbslose, die beispielsweise 52 Wochen ALG I beanspruchen können, müssen nach einer zwölfwöchigen Sperrzeit wegen »schuldhafter Herbeiführung der Arbeitslosigkeit« mit einer Kürzung ihres Arbeitslosengeldanspruchs um 13 (statt zwölf) Wochen rechnen. Sie bekommen demnach nur maximal 39 Wochen ALG I.
Besonders hart trifft dies ältere Arbeitslose: So müssen beispielsweise 58-Jährige und Ältere, die grundsätzlich bis zu 24 Monate lang ALG I beziehen können (siehe Tipp 47), nach einer zwölfwöchigen Sperrzeit sogar eine Kürzung ihrer Anspruchsdauer um bis zu sechs Monate hinnehmen. Geregelt ist dies in § 128 Abs. 1 Nr. 4 des Dritten Sozialgesetzbuchs.

Bei dritter Sperrzeit wegen Arbeitsablehnung kein Geld mehr von der Arbeitsagentur

Besonders aufpassen sollten Sie, wenn die Agentur für Arbeit Sie wegen Ablehnung einer zumutbaren Stelle bereits zweimal mit einer Sperrzeit belegt hat. Bei einer weiteren Sperrzeit droht Ihnen dann nämlich die Aussteuerung. Weitere Informationen finden Sie im folgenden Tipp.

Tipp 99

Strafkonto wie in Flensburg

Bei 21 Sperrzeitwochen wird ALG I ganz gestrichen

Wer wegen eines Verkehrsvergehens einen Bußgeldbescheid erhält, wird meist doppelt bestraft: zum einen mit einer Geldbuße und zum anderen mit Strafpunkten in der Flensburger Verkehrssünderkartei. Ähnlich verfahren die Arbeitsagenturen auch bei Sperrzeiten. Für die Betroffenen gibt es nicht nur eine Zeit lang kein ALG I, sondern auch Punkte auf dem Sperrzeitkonto. Wer während seiner Arbeitslosigkeit auf insgesamt 21 Sperrzeitwochen kommt, wird aus dem Bezug von ALG I ausgesteuert. Er erhält dann also – bis er sich gegebenenfalls einen neuen Anspruch erarbeitet (siehe Tipp 41) – überhaupt kein Geld von der Arbeitsagentur mehr.

Alle Sperrzeiten werden jetzt auf dem Konto berücksichtigt

Seit Februar 2006 werden alle Sperrzeiten – unabhängig von der Art des »Vergehens« – auf dem Sperrzeitkonto mitgezählt. Anders als zuvor werden nun auch Sperrzeiten wegen »selbst verschuldetem Arbeitsplatzverlust« auf dem Konto berücksichtigt.
Ausgesteuert werden können Erwerbslose allerdings nur dann, wenn sie über die Sperrzeiten »schriftliche Bescheide erhalten« haben »und auf die Rechtsfolgen des Eintritts von Sperrzeiten mit einer Dauer von insgesamt mindestens 21 Wochen hingewiesen worden« sind. Dies bestimmt § 147 SGB III. Falls die Unterstützung wegen Überziehung des Sperrzeitkontos gestrichen wurde, gibt es erst dann wieder ALG I, wenn durch eine versicherungspflichtige Beschäftigung von mindestens 360 Tagen ein neuer Anspruch auf die Versicherungsleistung erworben wurde. Dann wird das Sperrzeitkonto grundsätzlich wieder auf »Null« gestellt.

Tipp 100

Auch Sperrzeiten »verjähren«

Zwölf Wochen nach Arbeitsplatzverlust gibt es stets Arbeitslosengeld I

Dieser Tipp ist für Sie besonders wichtig, wenn Sie Ihren Arbeitsplatz zwar – nach den geltenden gesetzlichen Regelungen – grob fahrlässig aufgegeben haben, aber zunächst gar nicht arbeitslos werden oder schnell einen neuen Job finden. Denn in solchen Fällen können Sperrzeiten »verjähren« – so wie bei Ernst Heuber.
Fünf Jahre lang hatte der Programmierer bei einer Firma in Düsseldorf gearbeitet – bis er sich bei einem Spanienurlaub in eine Münchenerin verliebte. Einige Wochen später kündigte er zum Quartalsende am 31. März 2010, um zu seiner neuen Freundin nach

München zu ziehen. Als Ernst Heuber sich zum 1. Juli 2010 in München arbeitslos meldete, war für die Arbeitsbehörde die Sache klar: Er erhielt eine Sperrzeit – und zwar für zwölf Wochen. Denn der Programmierer hatte nach der geltenden Rechtsauffassung seinen Arbeitsplatz »ohne wichtigen Grund« aufgegeben (siehe Tipps 14 und 15). Doch Ernst Heuber hatte Glück im Unglück: Schon am 5. Juli konnte er sich bei der Arbeitsagentur wieder abmelden, denn eine Versicherung in München hatte ihm eine bis zum Jahresende 2010 befristete Krankheitsvertretung angeboten. Nach dem Ende dieses befristeten Jobs meldete er sich zum 1. Januar 2011 wieder arbeitslos und stellte nochmals einen Antrag auf ALG I. Drei Wochen später hielt er seinen Bewilligungsbescheid in der Hand und staunte: »Zahlungsbeginn 1. Januar 2011 – die haben wohl meine Sperrzeit vergessen.«

Sperrzeiten laufen »kalendermäßig« ab – auch wenn man gar nicht arbeitslos ist

Doch das Amt hatte völlig korrekt entschieden. Denn Sperrzeiten laufen »kalendermäßig« ab. Das bedeutet: Eine zwölfwöchige Sperrzeit wegen »selbstverschuldetem Arbeitsplatzverlust« ist zwölf Wochen nach dem Ende des Beschäftigungsverhältnisses in jedem Fall beendet. Ob die Betroffenen während dieser Zeit arbeitslos waren oder nicht, spielt keine Rolle. Auch wer – wie Ernst Heuber – während die Sperrzeit noch läuft, eine Zwischenbeschäftigung findet, kann bei erneuter Arbeitslosigkeit vom ersten Tag an ALG I beanspruchen – jedenfalls dann, wenn der Job genauso lange oder länger als die Sperrzeit dauert. Dies gilt auch bei Sperrzeiten, die wegen Ablehnung einer zumutbaren Arbeit oder beruflichen Eingliederungsmaßnahme verhängt wurden. Auch in diesen Fällen ist spätestens zwölf Wochen nach dem Ereignis, das zur Sperrzeit führte (beispielsweise nach einem Nichterscheinen zu einem von der Arbeitsagentur vermittelten Vorstellungsgespräch), die Sperrfrist zu Ende. Kürzere Sperrzeiten von sechs bzw. drei Wochen laufen entsprechend schneller ab.
Doch auch nach Ablauf der Sperrfrist haben die Ämter die Sperrzeiten noch nicht völlig vergessen. Das stellte auch Ernst Heuber fest, als er sich seinen Bewilligungsbescheid genauer anschaute. Denn statt für 52 Wochen bewilligte ihm die Münchener Arbeitsagentur nur für 39 Wochen ALG I. Der Grund: Wer eine Sperrzeit bekommt, muss nicht nur eine gewisse Zeit ohne Geld von der Arbeitsbehörde auskommen. Gleichzeitig gehen durch Sperrzeiten auch Ansprüche auf ALG I verloren. Zwölfwöchige Sperrzeiten wegen selbstverschuldetem Arbeitsplatzverlust führen dabei zu einer Kürzung der Anspruchsdauer um (mindestens) 13 Wochen (siehe Tipp 98). Falls Ernst Heuber – anders als er es erwartet – länger arbeitslos bleiben sollte, wird er also wegen seiner Sperrzeit vorzeitig aus dem Bezug von ALG I ausgesteuert.

Kürzung der Anspruchsdauer »verjährt« erst nach zwölf Monaten

Aber auch die Dauer des Anspruchs auf ALG I wird nicht in jedem Fall gekürzt. Liegt zwischen einem nach Ansicht der Arbeitsagentur selbst verschuldeten Arbeitsplatzverlust und der Arbeitslosmeldung mehr als ein Jahr, ist dieses »Verschulden« für die Arbeitsagentur gänzlich »verjährt«. Dies regelt § 128 Abs. 2 des Dritten Sozialgesetzbuchs. Wer sich – egal aus welchem Grund – erst ein Jahr und einen Tag nach dem (schuldhaften) Arbeitsplatzverlust arbeitslos meldet und ALG I beantragt, kommt gänzlich »ungestraft« davon. Das bedeutet: Es gibt vom ersten Tag an Geld von der Agentur. Und: Die Dauer des Anspruchs auf die Leistung wird nicht gekürzt.

Tipp 101
Sperrzeiten bei Kündigungen sind häufig nicht gerechtfertigt

Widerspruch und Klage lohnen sich dann oft

101

Sperrzeiten wegen »selbst verschuldetem Arbeitsplatzverlust« sind häufig umstritten. Denn solche Strafzeiten werden oft auf Grundlage der Aussagen der (früheren) Arbeitgeber der Betroffenen verhängt. Besonders wenn Ihr Verhältnis zu Ihrem früheren Chef bzw. Ihren Vorgesetzten sehr gespannt war, sollten Sie deshalb genau darauf achten, welche Angaben Ihre alte Firma in der Arbeitsbescheinigung macht, die die Arbeitsagentur bekommt (siehe Tipp 22). Entscheidend ist dabei Punkt 3 »Angaben zur Beendigung des Beschäftigungs-/Arbeitsverhältnisses«. Taucht hier als Kündigungsgrund »vertragswidriges Verhalten« auf, ermittelt die Arbeitsagentur grundsätzlich, ob Sie Ihre Arbeitslosigkeit grob fahrlässig herbeigeführt haben.
Petra Schneider, Metallarbeiterin aus dem westlichen Münsterland, wollte in ihrem Betrieb einen Betriebsrat gründen: »Wir wollten unsere Überstundenprozente und den Nachtzuschlag haben. Und die haben wir nicht gekriegt. Deshalb bin ich mit einem Zettel rundgegangen, wollte Unterschriften sammeln, damit wir einen Betriebsrat kriegten. Und dann bin ich zur Gewerkschaft gegangen.« Drei Tage später war die 28-Jährige arbeitslos. Der Arbeitgeber hatte sie wegen ihrer Betriebsratsaktivitäten noch in der Probezeit gekündigt. Als sie ALG beantragte, entschied die Coesfelder Arbeitsagentur: Petra Schneider habe ihre Arbeitslosigkeit selbst verschuldet. Die Folge: Die Metallarbeiterin bekam von der Agentur eine Sperrzeit verordnet.
Die meisten Sperrzeiten werden gegen Erwerbslose verhängt, die nach Ansicht der Arbeitsbehörden an ihrer Arbeitslosigkeit selbst schuld sind oder – auf Amtsdeutsch – »vorsätzlich oder grob fahrlässig die Arbeitslosigkeit herbeigeführt« haben. Angenommen wird dies z. B., wenn Arbeitnehmer gegen den Arbeitsvertrag verstoßen und deshalb dem Unternehmen einen berechtigten Grund zur Entlassung gegeben haben. Unklar ist jedoch häufig, in welchen Fällen ein »berechtigter« Entlassungsgrund vorliegt. Wer aus so genannten betriebsbedingten Gründen – etwa aufgrund von Rationalisierungsmaßnahmen – entlassen wird, hat niemals eine Sperrzeit zu befürchten. Genauso ist es bei »personenbedingten« Entlassungen«. Das bedeutet: Wem gekündigt wird, weil er häufig krank war oder die hochgespannten Leistungserwartungen des Unternehmers nicht erfüllt hat, darf von der Arbeitsagentur nicht mit einer Sperrzeit bestraft werden.
In jedem Fall sollte man auf die Einhaltung der Kündigungsfrist achten und das Arbeitsverhältnis nicht vorzeitig aufgeben (»die Brocken schmeißen«). Denn sonst muss man unter Umständen doch eine Sperrzeit befürchten (siehe Tipp 8).

Entlassungsgrund häufig unklar

Häufig ist nicht klar, warum die Betroffenen entlassen wurden. Und vor allem: Häufig widersprechen sich die Aussagen des Unternehmers und des gekündigten Arbeiters oder Angestellten über den Entlassungsgrund. So war es auch im Fall von Petra Schneider: Als sich die Metallarbeiterin arbeitslos meldete, erkundigte sich die Coesfelder Arbeitsagentur bei ihr und bei ihrem ehemaligen Chef nach dem Entlassungsgrund. Petra Schneider gab zu Protokoll: Sie habe – was ihr gutes Recht sei – einen Betriebsrat gründen wollen. Das aber habe dem Unternehmer nicht gepasst. Deshalb habe sie den Arbeitsplatz verloren. Einen besonderen Kündigungsgrund habe sich ihr Chef nicht einfallen lassen müssen, da sie noch in der Probezeit gewesen sei. Der ebenfalls befragte Unternehmer sah das ganz anders. Er erklärte der Arbeitsagentur: Petra Schneider habe den Betriebsfrieden gestört. Sie habe ständig provozierende Äußerungen von sich gegeben. Deshalb habe sie ihre Entlassung selbst verschuldet. Da stand also Aussage gegen Aussage. Die Arbeitsagentur glaubte dem Unternehmer, ohne allerdings im Betrieb noch eigene Ermittlungen anzustellen. Petra Schneiders ALG wurde daher gesperrt.

Seltsame Sperrzeitentscheidungen

Solche seltsamen Sperrzeitentscheidungen gibt es nach den Erfahrungen von Gewerkschaften und Arbeitsloseninitiativen häufig. Gerade wenn es um die Frage geht, ob eine Kündigung zu Recht oder zu Unrecht erfolgte, glauben die Arbeitsagenturen nämlich oft den Arbeitgebern, die die Betroffenen entlassen haben. Arbeitnehmer können zwar entlastende Argumente vorbringen, diese werden aber oft zu wenig beachtet, vor allem werden hierzu keine Ermittlungen angestellt. Dazu sind die Arbeitsagenturen aber nach dem Zehnten Sozialgesetzbuch (§§ 20 und 24 SGB X) verpflichtet. Sie müssen z. B. auch Zeugen anhören, die die Arbeitslosen benennen – wie etwa den Betriebsrat. Zu solchen umfangreichen Ermittlungen vor Ort fehlt den überlasteten Agenturen jedoch zumeist die Zeit und das Personal. Das Nachsehen haben dabei die Arbeitslosen, denen häufig zu Unrecht die Unterstützung gesperrt wird.

Im Zweifelsfall Widerspruch und Klage einlegen

Wenn Sie das Gefühl haben, dass gegen Sie eine Sperrzeit zu Unrecht verhängt wurde, oder Sie meinen, dass eine zwölfwöchige Sperrzeit eine unverhältnismäßig harte Strafe darstellt, weil Sie gute Entschuldigungsgründe für Ihr Verhalten anführen können, dann sollten Sie dagegen Widerspruch einlegen. Falls das nichts hilft, ist eine Klage beim Sozialgericht zu empfehlen (siehe Tipp 110). Ihre Chancen sind dabei nicht schlecht. Widerspruch und Klage gegen Sperrzeiten sind nämlich überdurchschnittlich häufig erfolgreich. Es geht dabei nicht nur darum, ob eine Sperrzeit ganz oder gar nicht erhoben wird. Eine harte Sperrzeitentscheidung kann auch abgemildert werden, indem die Sperrfrist halbiert wird. Weitere Informationen hierzu finden Sie in Tipp 102.

Achtung, Betriebs- und Personalräte:
Interessenvertreter können Sperrzeiten verhindern helfen

Oft bieten Unternehmer für ein freiwilliges Ausscheiden aus dem Arbeitsverhältnis hohe Abfindungen an. Wer aber – auch mit einer Abfindung – freiwillig seinen Arbeitsplatz aufgibt, muss mit einer Sperrzeit und einer Kürzung der Dauer seines Anspruchs auf ALG I rechnen. Deshalb sollten Selbstkündigungen von Beschäftigten auf jeden Fall vermieden werden. Bei ungerechtfertigten Sperrzeiten können Betriebs- und Personalräte helfen. Ein Schreiben an die Arbeitsagentur, in dem der Betriebs- oder Personalrat zu den Kündigungsgründen Stellung nimmt, kann den Betroffenen oft nützlich sein. Unter Umständen wird schon auf diesem Weg eine zwölfwöchige Sperre des ALG I verhindert. Gegebenenfalls sollte der Betriebs- oder Personalrat auch später vor dem Sozialgericht Aussagen zu der Kündigung machen. Auch diese Aussagen können den Gekündigten entlasten und zu einer nachträglichen Aufhebung der Sperrzeit führen.

! Tipp 102
In Härtefällen müssen Sperrzeiten verkürzt werden

Aus zwölf können sechs Wochen Sperrzeit werden

Sie fühlen sich durch eine zwölfwöchige Sperrzeit zu hart bestraft? Sie haben triftige »Entschuldigungsgründe« für Ihr Verhalten, das zu der Sperrzeit führte? Dann sollten Sie versuchen, zumindest eine Halbierung Ihrer Sperrzeit durchzusetzen. Dafür sollten Sie aber wissen, welche Gründe die Agenturen akzeptieren.
Der 43-jährige Peter Krings hat eine Sperrfrist von zwölf Wochen erhalten. Zwölf Wochen lang müssen er und seine Familie nun ohne Geld von der Arbeitsagentur auskommen: »Jetzt stapeln sich hier die Rechnungen, und wie ich die nächste Miete zahlen soll, weiß ich auch nicht.« Das hat der Lagerarbeiter auch der Arbeitsagentur erklärt, als er Widerspruch gegen die Sperrzeitentscheidung einlegte und eine Verkürzung der Sperrfrist von zwölf auf sechs Wochen beantragte. Die Agentur lehnte den Antrag jedoch ab. Begründung: »Es liegt kein Härtefall vor.«
Bei einer »besonderen Härte« kann die Sperrfrist von zwölf auf sechs Wochen herabgesetzt werden. Hierbei kommt es allerdings – so will es das Gesetz – nicht auf die sozialen Verhältnisse der Betroffenen an. Die Schulden von Peter Krings interessieren die Arbeitsagentur also nicht. Wichtig ist allein der Anlass der Sperrzeit. Die Sperrzeit kann immer dann halbiert werden, wenn eine zwölfwöchige Sperre im Verhältnis zu dem (geringfügigen) Anlass für die Strafe zu hart erscheint.
Peter Krings hätte deshalb mit einer anderen Begründung für eine Sperrzeitverkürzung erfolgreich sein können. Seine Arbeitslosenunterstützung wurde nämlich gesperrt, weil er wegen »häufiger Unpünktlichkeit« entlassen wurde. Der Lagerarbeiter war allerdings nicht aus Unzuverlässigkeit öfters zu spät zur Arbeit gekommen, sondern weil er sein Kind morgens vor der Arbeit in den Kindergarten bringen musste. Früher hatte das seine Ehefrau erledigt. Diese war jedoch in den letzten Monaten krank. Hätte Peter Krings seinen Widerspruch so begründet und gleichzeitig Nach-

weise für die Erkrankung seiner Ehefrau vorgelegt, dann wäre seine Sperrzeit mit Sicherheit auf sechs Wochen verkürzt worden. Mehr noch: Der Lagerarbeiter hätte mit dieser Begründung möglicherweise sogar die völlige Aufhebung der Sperrfrist erreichen können. Als Faustregel kann deshalb gelten: Ein Antrag auf Herabsetzung der Sperrfrist lohnt sich immer dann, wenn Arbeitslose für ihr Verhalten, das zu der Sperrfrist geführt hat, »gute Gründe« oder eine »plausible Entschuldigung« haben. Dies ist z. B. dann der Fall, wenn man kündigt, weil das Arbeitsklima im Betrieb ständig gespannt ist oder man sich Schikanen (Mobbing) ausgesetzt sieht (siehe auch Tipp 14).

103

Widerspruch und Klage gegen eine zu lange Sperrzeit

Können Sie »mildernde Umstände« für Ihr Verhalten anführen, das zu einer Sperrzeit führte, sollten Sie Widerspruch gegen die Strafzeit einlegen. Dabei sollten Sie zunächst – als erste und beste Möglichkeit – eine völlige Aufhebung der Sperrzeit verlangen. »Hilfsweise« – also wenn die Arbeitsagentur dies ablehnt – sollten Sie im gleichen Widerspruchsschreiben eine Verkürzung der Sperrfrist verlangen. Weitere Informationen zu Widerspruch und Klage finden Sie in Tipp 110.

!

Tipp 103

Bei längerer Sperrzeit und Bedürftigkeit:

Arbeitslosengeld II beantragen

Sie sind arbeitslos und haben eine Sperrzeit erhalten? Möglicherweise geraten Sie nun in eine finanzielle Notlage. Wichtig ist dann für Sie: Zwar zahlt die Arbeitsagentur Ihnen jetzt kein ALG I, Sie haben jedoch unter Umständen Anspruch auf das 2005 neu eingeführte ALG II – wenn Sie als bedürftig gelten (siehe Tipps 105 und 106).
Die Regelsätze des ohnehin niedrigen ALG II werden dann allerdings noch gekürzt: um zehn bis 30 Prozent – und zwar für die gesamte Dauer der Sperrzeit.
Eine 30-prozentige Kürzung kommt dann in Frage, wenn beispielsweise eine Arbeitsstelle ohne wichtigen Grund aufgegeben wurde oder eine von der Arbeitsagentur angebotene Stelle nicht angenommen wurde – und die Sperrzeit aus diesem Grunde eintrat.
Bei Meldeversäumnissen ist beim ALG II eine zehnprozentige Kürzung der Leistungen vorgesehen. Dies müsste analog auch dann gelten, wenn eine einwöchige Sperrzeit beim ALG I eintrat, weil ein Arbeitsloser einen Termin der Arbeitsagentur nicht wahrgenommen hat.
Die Kürzung der Leistungsansprüche nach dem Zweiten Sozialgesetzbuch (dort geht es um die Leistungen des ALG II) betrifft nur den betroffenen Arbeitslosen selbst. Seine Familienangehörigen haben Anspruch auf die vollen ALG-II-Leistungssätze.

Schadensersatzforderung kann drohen

Wer wegen einer Sperrzeit kein ALG I erhält und deshalb ALG II in Anspruch nimmt, dem kann unter Umständen neben der Kürzung der Bedürftigkeitsleistung ALG II auch eine Schadensersatzforderung seitens des Amtes drohen. Diejenigen, die »vorsätzlich oder grob fahrlässig« ihre Hilfebedürftigkeit verursacht haben, sind nämlich nach § 34 des Zweiten Sozialgesetzbuchs »zum Ersatz der deswegen gezahlten Leistungen verpflichtet«.

Diese Regelung kann unter Umständen auch in Sperrzeitfällen angewandt werden. In welchem Umfang die Ämter, die für das ALG II zuständig sind, dies tun, ist derzeit noch nicht absehbar. Das Gesetz regelt allerdings gleichzeitig: »Von der Geltendmachung des Ersatzanspruches ist abzusehen, soweit sie den Ersatzpflichtigen künftig von Leistungen zur Sicherung des Lebensunterhalts nach diesem Buch oder von Leistungen nach dem Zwölften Buch abhängig machen würde.« Mit anderen Worten: Immer dann, wenn den Betroffenen durch Schadensersatzforderungen seitens des Amtes eine dauerhafte Verarmung droht, dürfen die Ämter den Ersatz des Schadens nicht einfordern.

Kapitel N
Arbeitslosengeld II, Wohngeld und andere Leistungen

104

! Tipp 104
Krankenkasse, Wohngeld- und Finanzamt

Wer arbeitslos wird, sollte nicht nur an die Arbeitsagentur denken

Wer keinen Job (mehr) hat, geht in aller Regel zur Agentur für Arbeit und beantragt hier ALG I. Was viele vergessen: Für Erwerbslose zahlt sich oft auch der Besuch anderer Stellen und Ämter aus.

Wohngeld vom Wohngeldamt

Sie sind gerade arbeitslos geworden und haben ALG I beantragt? Dann lohnt sich für Sie häufig zusätzlich noch ein Antrag auf Wohngeld, falls Sie diese Leistung nicht ohnehin schon beziehen. Doch auch dann sollten Sie aktiv werden. Denn unter Umständen haben Sie in diesem Fall Anspruch auf eine Erhöhung Ihres Wohngeldes.
Den staatlichen Zuschuss zu den Mietkosten gibt es erst ab dem Monat der Antragstellung – und nicht rückwirkend. Daher sollten Sie sich mit dem Antrag beeilen. Sparen können Sie sich den Weg zum Wohngeldamt allerdings, wenn Sie alleinstehend sind und Ihr monatliches ALG I 2009 höher als 925 € ist. Falls die Leistung von der Arbeitsagentur niedriger ausfällt, gibt es dagegen unter Umständen den Zuschuss zu den Wohnkosten, den im Übrigen auch Eigenheimbesitzer erhalten können. Dann nennt sich die Leistung »Lastenzuschuss«.

Beispiel: Wohngeldanspruch bei Bezug von ALG I

Werner Meier ist arbeitslos geworden. Zuvor hatte er monatlich 1865 € brutto verdient. Netto kamen bei dem Alleinstehenden, der in Berlin lebt und in Steuerklasse I eingruppiert ist, monatlich 1260 € heraus. Weitere Einnahmen hatte er nicht. Mit seinem Gehalt als Beschäftigter hatte er keinen Anspruch auf Wohngeld.
Als Arbeitsloser erhält er nun monatlich aber nur noch ein ALG I in Höhe von 752,70 €. Bei einer anrechenbaren Miete von 318 € steht ihm 2011 monatlich ein Wohngeld von 52 € zu. Zusammen mit dem Wohngeld kommt Werner Meier als Arbeitsloser damit auf ein Monatseinkommen von insgesamt 804,70 €.

Zuzahlungsbegrenzung bei der Krankenkasse

Für Bezieher von ALG I zahlt die Arbeitsagentur auch die allgemeinen Krankenkassenbeiträge, allerdings nicht die Zusatzbeiträge (siehe dazu unten). Aber: Die vom Versicherten zu zahlenden Praxisgebühren sowie Zuzahlungen zu Arzneimitteln, Krankenhausbehandlung, Krankengymnastik und anderen Krankheitskosten gehen ins Geld. Eine grundsätzliche Befreiung von diesen Zuzahlungen gibt es nur noch für Kinder und Jugendliche bis zum vollendeten 18. Lebensjahr. Alle anderen Versicherten müssen bis zur so genannten Belastungsgrenze für Leistungen der gesetzlichen Krankenkassen zuzahlen. Die Grenze liegt in der Regel bei zwei Prozent der Bruttoeinnahmen zum Lebensunterhalt. Für Menschen mit chronischen Erkrankungen gilt eine niedrigere Grenze von nur einem Prozent. 104

Gerade Versicherte mit niedrigem Einkommen sollten sich deshalb alle Praxisgebühren und Zuzahlungen mit Vor- und Nachnamen quittieren lassen. Um später bei ihrer Krankenkasse nachweisen zu können, dass die Belastungsgrenze erreicht ist, brauchen sie diese Belege. Liegen sie mit ihren Eigenleistungen über der Grenze, stellt die Krankenkasse eine Bescheinigung über die Befreiung von Zuzahlungen aus, die für den Rest des Jahres gilt. Hat jemand mehr gezahlt als er müsste, bekommt er von der Kasse das Geld zurück.

Welches Einkommen rechnet die Kasse bei Beziehern von ALG I an?

Mit Ausnahme von Kindergeld und Wohngeld rechnen die Krankenkassen fast alle Einkommen an, wenn sie die Grenze der zumutbaren Belastung durch Zuzahlungen ermitteln. Nach § 62 SGB V zählen dabei »die Bruttoeinnahmen zum Lebensunterhalt«. Strittig ist, was bei Beziehern von ALG I genau als Einkommen berücksichtigt wird. Der Grund: Vom ALG I müssen die Betroffenen – anders als von Lohn und Gehalt – keine Sozialversicherungsbeiträge und auch keine Steuern abführen (siehe Tipp 50). Viele gesetzliche Krankenkassen ermitteln daher beim netto ausgezahlten ALG I – ebenso wie bei den anderen lohnorientierten Sozialleistungen – fiktiv das zugehörige Bruttoeinkommen. Dabei werden Steuerklasse, Kinderfreibeträge sowie die individuell zu zahlenden Sozialversicherungsbeiträge zugrunde gelegt.

Dazu ein Beispiel: Ein alleinstehender gesetzlich Krankenversicherter bezieht ein monatliches ALG I in Höhe von 740 €. Er hat Steuerklasse I und keine Kinder. In diesem Fall müsste er monatlich brutto 940 € verdienen, um einen Nettolohn von 740 € zu erzielen. Deshalb gelten 940 € als sein fiktives Bruttomonatseinkommen und 11 220 € als Jahresbruttoeinkommen. Die Zuzahlung für den Alleinstehenden ist damit auf 224,40 € (= 2 Prozent von 11 220 €) pro Kalenderjahr begrenzt. Ist diese Grenze erreicht, so kann sich der Betroffene von weiteren Zuzahlungen befreien lassen. Soweit die für die Betroffenen nachteiligere Rechenmethode.

Doch diese Vorgehensweise ist nach wie vor rechtlich umstritten. Günstiger für Arbeitslose ist allemal die Berechnung der Belastungsgrenze auf Grundlage des ausgezahlten ALG I. Im Beispielsfall mit einem monatlichen ALG I in Höhe von 740 € würde sich in diesem Fall ein Jahresbruttoeinkommen in Höhe von 8880 € und eine deutlich niedrigere Belastungsgrenze von 177,60 € ergeben.

Zu dieser Streitfrage liegen bislang einige Urteile von Landessozialgerichten vor, die durchweg die für Arbeitslose günstigere Rechenmethode für rechtens hielten und die schärfere Anrechnung, die die Krankenkassen zumeist anwenden, zurückgewiesen haben. Die Gerichte argumentieren dabei, dass prinzipiell auch eine Hochrechnung des ALG I auf ein »fiktives Netto« sinnvoll sein könne, dass der Wortlaut dieses Gesetzes dies jedoch nicht hergebe.
Urteile: LSG Baden-Württemberg, Urteil vom 30.6.2004, Az: L 11 KR 3151/03
LSG Nordrhein-Westfalen, Urteil vom 6.2.2001, Az: L 5 KR 50/0
LSG Rheinland-Pfalz, Urteil vom 7.2.2002, Az: L 5 KR 63/01
Fazit: Für den Fall, dass eine Krankenkasse die für Arbeitslose ungünstigere Rechenmethode anwendet, kann es sich nach wie vor lohnen, auf dem Rechtsweg hiergegen vorzugehen.

104

Bei Überforderung durch Kassenzusatzbeiträge: Sozialausgleich durch Arbeitsagentur beantragen

In Zukunft wird der allgemeine Beitragssatz der gesetzlichen Krankenkassen festgeschrieben auf den Prozentsatz, der 2011 erhoben wird – also auf 15,5 Prozent. Die Kosten für die Gesundheitsversorgung werden jedoch weiterhin steigen. Dafür sollen dann alleine die Versicherten durch einkommensunabhängige Zusatzbeiträge aufkommen. Schon 2010 hatten einige Kassen solche Zusatzbeiträge erhoben. Bisher waren sie allerdings auf ein Prozent des beitragspflichtigen Monatseinkommens begrenzt. Ab 2011 gibt es keine Begrenzung mehr für diese Zusatzbeiträge. Spätestens ab Anfang 2012 rechnen Experten damit, dass viele weitere Kassen diese zusätzlichen Beiträge erheben werden.
Auch Bezieher von Arbeitslosengeld I werden künftig die Zusatzbeiträge zahlen müssen. Allerdings können Sie – wie alle Bezieher niedriger Einkommen, die nach den 2011 neu eingeführten Sozialausgleich als finanziell »überfordert« gelten – unter Umständen einen Teil ihres Zusatzbetrages erstattet bekommen, und zwar von den Arbeitsagenturen.
Der Sozialausgleich hängt – das macht die ganze Sache besonders kompliziert – nicht in erster Linie davon ab, wie hoch der jeweilige Zusatzbeitrag ist, den die jeweilige Krankenkasse des Arbeitslosen erhebt. Denn dann gäbe es – so die Annahme des Bundesgesundheitsministers – für Menschen mit niedrigen Einkommen gar keinen Anreiz, zu einer Kasse mit niedrigerem Zusatzbeitrag zu wechseln. Der Sozialausgleich setzt vielmehr erst dann ein, wenn der durchschnittliche Zusatzbeitrag aller Kassen zwei Prozent des individuellen sozialversicherten Einkommens des einzelnen Versicherten (Arbeitslosen) übersteigt.
Ein Beispiel: Nehmen wir an, dass der monatliche Zusatzbeitrag Ihrer Kasse 20 € beträgt. Der durchschnittliche Zusatzbeitrag, der vom Bundesversicherungsamt im Voraus für jedes Jahr errechnet wird, liegt bei genau 15 € im Monat. Sie selbst erhalten ein ALG I in Höhe von 800 € im Monat. Zwei Prozent hiervon sind genau 16 €. So viel Zusatzbeitrag müssen Sie in jedem Fall selbst bezahlen. Der durchschnittliche Zusatzbeitrag ist mit 15 € niedriger, also haben Sie in diesem Fall keinen Anspruch auf einen Sozialausgleich. Da Ihre Kasse aber noch über dem durchschnittlichen Zusatzbeitrag liegt, müssen Sie in diesem Fall die kompletten 20 € selbst aufbringen. Ihnen bleibt in einem solchen Fall allenfalls der Wechsel in eine Kasse mit niedrigerem Zusatzbetrag – und genau darauf zielt diese komplizierte Regelung ab.

Nehmen wir an, Sie finden eine Kasse, die nur einen Zusatzbeitrag von 15 € erhebt. Dann müssen Sie im laufenden Jahr fünf Euro weniger Zusatzbeitrag pro Monat aufbringen. Sollte dann zum Jahreswechsel der durchschnittliche Zusatzbeitrag auf 20 € angehoben werden und Sie beziehen weiterhin ein ALG I von 800 € im Monat, so haben Sie Anspruch auf einen Sozialausgleich von (20 – 16 =) 4 € pro Monat. Diesen Betrag müssen Sie dann – auf Antrag – von der Arbeitsagentur erstattet bekommen. Wer Anspruch auf diesen Sozialausgleich hat, muss also selbst aktiv werden.

Kostenfreier Zahnersatz bei niedrigem Einkommen: Beim Zahnersatz gelten besondere Härtefallregelungen. So ist die Standardversorgung für Versicherte mit niedrigem Einkommen weiterhin kostenfrei. Hier fallen also bei der Regelversorgung – und wenn der Zahnarzt sich bei seinen Rechnungen an die von den Kassen fest vorgegebenen Standardsätze hält – keine Zuzahlungen an. Die Härtefallgrenze liegt für Singles 2011 bei 1022 € brutto pro Monat. Bei einem Angehörigen im gemeinsamen Haushalt liegt die Befreiungsgrenze für Zahnersatz bei 1405,15 € monatlich. Für jeden weiteren Angehörigen erhöht sich die Grenze für eine vollständige Kostenbefreiung um 255,50 €.

!

Tipp 105

Für Bezieher von Arbeitslosengeld I:

Manchmal gibt es zusätzlich noch Arbeitslosengeld II

Wenn Sie arbeitslos sind und das »normale« ALG I erhalten, sollten Sie prüfen (lassen), ob Sie zusätzlich vielleicht noch Anspruch auf ALG II haben. Vor 2005 konnten manche Arbeitslose neben (niedrigem) ALG I die so genannte aufstockende Sozialhilfe erhalten. Nun kommt statt dieser Hilfe – bei Bedürftigkeit – das ALG II in Frage.

Zuständige Ämter

In den meisten Städten und Landkreisen arbeiten Arbeitsagenturen und Gemeinden zusammen und erbringen die Leistungen nach dem SGB II (ALG II und Sozialgeld) gemeinsam. Sie bilden eine Arbeitsgemeinschaft – kurz »ARGE«. Meist fungieren diese unter dem Namen »Jobcenter«. In manchen Orten heißen sie aber auch anders. So nennt sich die ARGE in Gelsenkirchen etwa »Integrationscenter für Arbeit«. In vielen Orten ist für das SGB II allein die jeweilige Kommune zuständig.
Über die jeweils maßgeblichen Ämter in Ihrer Stadt oder in Ihrem Kreis informieren Sie die örtlichen Arbeitsagenturen oder kommunalen Stellen (Sozialämter).

Das gilt für Arbeitslose, deren ALG I nicht zur Deckung ihres (Mindest-)Bedarfs ausreicht, den das Gesetz ihnen und ihren Familienangehörigen nach den Maßstäben des Zweiten Sozialgesetzbuchs zugesteht. Dies kommt deshalb besonders für diejenigen

in Frage, die nur einen niedrigen Anspruch auf ALG I haben. Insbesondere wenn sie damit viele Angehörige im Haushalt mitversorgen müssen, sollten sie einen Antrag auf zusätzliches ALG II stellen. Manchmal kommt das ALG II aber auch (noch) für Arbeitslose in Frage, die monatlich 700 € oder mehr ALG I erhalten. Wichtig ist dabei: Nicht das volle ALG I zählt als anrechenbares Einkommen für das ALG II.
Dazu ein Beispiel: Der alleinstehende Sebastian Reuter erhält im Dezember 2010 als einziges Einkommen ein ALG I in Höhe von 700 €. Davon kann er mehrere Posten absetzen:

105

- einen 30-Euro-Pauschbetrag für angemessene Versicherungen,
- die Kfz-Versicherung für sein Auto, für die er monatlich 40 € zahlt,
- die Zahlungen zu seinem Riester-Rentenvertrag, die sich auf den Monat umgerechnet auf 20 € belaufen.

Insgesamt hat er damit nur ein anrechenbares Einkommen in Höhe von 610 €. Dem steht folgender Mindestbedarf gegenüber, den der Staat ihm (nach dem SGB II) zugesteht:

- 359 € Regelsatz (Stand: Dezember 2010),
- plus Kosten für Wohnung und Heizung.

Sebastian Reuter zahlt eine monatliche Warmmiete von 315 €. Insgesamt kommt er damit auf einen Bedarf in Höhe von 674 €. Dies waren im Dezember 2010 genau 64 € mehr als sein anrechenbares Einkommen. Daher hatte Sebastian Reuter neben seinem Anspruch auf ALG I noch einen Anspruch auf 64 € aufstockendes ALG II. Dieser Betrag dürfte 2011 wahrscheinlich noch etwas höher ausfallen. Bei Redaktionsschluss dieses Ratgebers war eine geringfügige Erhöhung des ALG II-Regelsatzes auf 364 € geplant, Einzelheiten hierzu standen jedoch noch nicht fest.

Stichwort ALG II

ALG II können – bei Bedürftigkeit – alle Arbeitslosen im Alter von 15 bis unter 65 Jahren erhalten, wobei auch beim ALG II die 65-Jahres-Altersgrenze ab 2012 stufenweise erhöht wird (siehe Tipp 89). Insbesondere gibt es diese Leistung für hilfebedürftige Arbeitslose, die keinen Anspruch auf das reguläre ALG I haben oder deren Anspruch darauf abgelaufen ist. Für nicht erwerbsfähige Familienangehörige (insbesondere Kinder) im gemeinsamen Haushalt von ALG-II-Empfängern gibt es das »Sozialgeld«.
Den Hilfebedürftigen stehen so genannte Regelleistungen zu. Alleinstehende erhielten bei Redaktionsschluss dieses Ratgebers im Dezember 2010 monatlich 359 € (siehe Tabelle). Einem (Ehe-)Paar stand zwei Mal 90 Prozent der Regelleistung (also insgesamt 646 €) zu. Gleiches gilt für unverheiratete Arbeitslose mit einem festen Lebenspartner. Für jedes Kind unter 6 Jahren gibt es zusätzlich 215 €, für Kinder zwischen 6 und 13 Jahren 251 €, für Jugendliche zwischen 14 und (unter) 18 Jahren sind es 287 €, der gleiche Satz gilt für junge Erwachsene zwischen 18 und (unter) 25 Jahren, die noch im Haushalt ihrer Eltern leben.

Regelleistungen für ALG II und Sozialgeld (Stand: Dezember 2010)

	Allein-stehende und Allein-erziehende	(Ehe-) Paare	Kinder unter 6 Jahren	Kinder von 6 bis 13 Jahren	Kinder von 14 bis 17 Jahren	Kinder von 18 bis unter 25 Jahren*
bundes-weit	359 € 100 %	646 € 2 x 90 %	215 € 60 %	251 € 70 %	287 € 80 %	287 €* 80 %

* Dies gilt für Kinder unter 25 Jahren, die noch im gemeinsamen Elternhaushalt wohnen.

105

Die Kosten für Unterkunft und Heizung werden von den Ämtern zusätzlich zu den Regelleistungen übernommen – und zwar in Höhe der tatsächlichen Aufwendungen. Diese müssen allerdings »angemessen« sein. Was angemessen ist, hängt von den vor Ort üblichen Wohnkosten ab. Sind die tatsächlichen Wohnkosten zu hoch, wird in der Regel ein Umzug verlangt. Bis man eine billigere Wohnung gefunden hat, werden die höheren aktuellen Kosten übernommen – allerdings in der Regel nur für maximal sechs Monate.

Eigenes Einkommen und andere Sozialleistungen verringern in der Regel die Ansprüche auf ALG II. Sonderregelungen gelten für die Anrechnung von Arbeitseinkommen. Die ersten 100 € eines (Neben-)Einkommens werden stets zusätzlich zu den üblichen monatlichen Leistungen des Amtes zugestanden, sie dürfen ALG-II-Bezieher also behalten. Von einem 400-Euro-Job bleiben den Betroffenen 160 € übrig. Der Rest wird vom ALG II abgezogen. Bei Erwerbseinkünften sollen für Empfänger von ALG II ab Mitte 2011 voraussichtlich 330 € (derzeit: 310 €) anrechnungsfrei sein.

Bevor die Ämter ALG II bewilligen, prüfen sie die Bedürftigkeit der Antragsteller. Dabei gelten folgende Maßstäbe: Jeder erwerbsfähige Hilfeempfänger darf einen »angemessenen« PKW besitzen. Als erlaubt gelten Wagen mit einem Wert von maximal 7500 € (nach Abzug der Kreditbelastung). Eine »angemessene« Immobilie ist erlaubt, wenn sie selbst genutzt ist. Die Obergrenze für eine Wohnung liegt für einen 4-Personen-Haushalt bei 120 Quadratmetern Wohnfläche, für ein Häuschen bei rund 130 Quadratmetern. Für größere Haushalte gelten höhere, für kleinere niedrigere Werte, für Alleinstehende gilt eine 80-qm-Eigentumswohnung bzw. ein 90-qm-Häuschen als akzeptabel.

Bezieher von ALG II und Sozialgeld dürfen auch gewisse Ersparnisse besitzen. Erlaubt sind Ersparnisse von 150 € pro Lebensjahr (wer vor 1948 geboren ist, hat 520 € pro Lebensjahr frei). Für einen 50-jährigen Antragsteller mit einer gleichaltrigen (Ehe-)Partnerin sind also Ersparnisse in Höhe von 15 000 € erlaubt. Für Personen unter 21 Jahren gilt ein Mindestbetrag von 3100 €. Hinzu kommen jeweils noch Rücklagen für notwendige Anschaffungen in Höhe von 750 € pro Mitglied der Bedarfsgemeinschaft.

Für Gelder, die eindeutig für die Altersvorsorge vorgesehen sind, gilt ein zusätzlicher Freibetrag von 750 € pro Lebensjahr – sowohl für den Arbeitslosen selbst als auch für seinen (Ehe-)Partner. Übersteigen die Ersparnisse die Freigrenzen, gibt es so lange kein ALG II, bis die Ersparnisse weitgehend ausgegeben wurden und im Bereich des Erlaubten liegen.

!

Tipp 106

Wenn das Arbeitslosengeld I ausläuft:

Was Sie noch rechtzeitig vor einem Antrag auf ALG II regeln sollten

106

ALG I zahlen die Ämter in der Regel maximal zwölf Monate lang. Lediglich Arbeitslose jenseits der 50 können diese Leistung länger erhalten (siehe Tipp 47). Wenn Sie befürchten, dass Sie während der kurzen Zeit des Bezugs dieser Versicherungsleistung keine Arbeit finden, sollten Sie sich rechtzeitig darauf einstellen, dass Sie anschließend ALG II beantragen müssen. Ehe Sie einen Antrag auf diese Leistung stellen, sollten Sie aber zunächst einige persönliche und finanzielle Dinge klären und regeln. Denn dann könnte Ihr künftiges ALG II höher ausfallen oder überhaupt erst ein Anspruch auf die staatliche Fürsorgeleistung entstehen.

Vermögenslage klären: Wer bei der Antragstellung größere anrechenbare Rücklagen hat, wird kein ALG II oder Sozialgeld bekommen. Sinnvoll kann es daher sein, »überschüssiges« Geld sinnvoll zu investieren: zum Beispiel in den Kauf neuer Möbel oder eines Computers oder einen Sprachurlaub. Das Vermögen darf allerdings nicht verschleudert oder verschenkt werden.

Wie viel für Hartz-IV-Empfänger zur freien Verfügung übrig bleiben darf, kann jeder nach der Methode Alter x 150 € ausrechnen. Einem 50-Jährigen stehen damit 7500 € Schonvermögen zu. Hinzu kommt noch ein altersunabhängiger Freibetrag von 750 € für »notwendige Anschaffungen«. Dem 50-Jährigen stehen damit insgesamt 8250 € zu. Für den Ehe- bzw. Lebenspartner gilt die gleiche Rechenmethode.

Lebensversicherungsverträge ändern und andere Vorsorgeprodukte auf die Altersvorsorge »zuschneidern«: Für Rücklagen, die für die Altersvorsorge vorgesehen sind, gibt es beim ALG II einen zusätzlichen Freibetrag von 750 € pro Lebensjahr – sowohl für den Antragsteller als auch für seinen (Ehe-)Partner sowie für Kinder ab 15 Jahren. Dieser Freibetrag gilt nur für private Altersrücklagen, die vor dem Rentenalter nicht »verwertbar« sind, an die also ALG-II-Antragsteller oder ihre Partner vor dem Rentenalter nicht herankommen können.

»Der Freibetrag gilt für jegliche Form der Altersvorsorge«, stellen die Durchführungshinweise der Bundesagentur für Arbeit klar. Die Regelung begünstigt damit nicht nur Rentenversicherungen und Kapitallebensversicherungen, sondern auch andere Vorsorgeprodukte (beispielsweise Sparverträge). Voraussetzung ist dabei allerdings in jedem Fall, »dass deren Verwertung vor Eintritt in den Ruhestand vertraglich unwiderruflich ausgeschlossen ist«, so die BA in ihren Durchführungsbestimmungen. Auch ein Rückkauf/eine Kündigung oder eine Beleihung darf nicht möglich sein. Dies müsse aus der jeweiligen Vereinbarung hervorgehen. Ein Ausschluss der Verwertung vor dem 60. Lebensjahr reiche dabei aus. Die BA gibt hierzu auch einen Formulierungsvorschlag: »Fälligkeit vor Vollendung des 60. Lebensjahrs ist ausgeschlossen, vorheriger Rückkauf/vorherige Kündigung ausgeschlossen.«

Schulden zurückzahlen: Vielleicht halten Sie sich eigentlich für »arm«. Denn Ihre Schulden sind höher als Ihre Ersparnisse. Doch Achtung: So rechnen die fürs ALG II zuständigen Ämter nicht. Ihre Schulden werden im Regelfall nicht mit Ihren Rücklagen verrechnet.

Schulden werden nur in Ausnahmefällen berücksichtigt, wenn die Ämter Bilanz ziehen, wie hoch die Rücklagen der Antragsteller sind. Häufig gilt daher die Devise: Erst Schulden zurückzahlen – dann Hartz IV beantragen.

Kindersparbücher überprüfen: In vielen Familien haben Eltern oder Großeltern Sparbücher für ihre Kinder oder Enkel angelegt. Teilweise sind die Sparbücher auf den Namen der Kinder angelegt – auch ohne Wissen der Eltern. Wichtig zu wissen: Auch diese Sparguthaben (egal ob den Eltern bekannt oder nicht) spielen eine Rolle, wenn eine Bedarfsgemeinschaft ALG II und Sozialgeld beantragt. Soweit Kinder Rücklagen von mehr als 3850 € haben, erhalten sie zunächst keine Leistungen nach dem SGB II. Leider tappen viele Eltern – unter Umständen auch ohne es zu wissen – in diese »Kindersparbuch-Falle«.

Für Eltern: Möglicherweise Kinderzuschlag statt ALG II

Seit 2005 gibt es nicht nur das neue ALG II und Sozialgeld. Gleichzeitig wurde auch der Kinderzuschlag eingeführt. Dieser wird an Eltern gezahlt, die mit ihren Einkünften zwar ihren eigenen gesetzlich zugestandenen (Mindest-)Bedarf abdecken können, nicht aber den ihrer Kinder. Die Betroffenen wären also ohne den Kinderzuschlag auf ALG II angewiesen. Der Zuschlag muss bei der Familienkasse der Arbeitsagenturen beantragt werden. Für den Anspruch gelten weitgehend die gleichen Einkommens- und Vermögensregeln und Überprüfungen wie beim ALG II. Deshalb sollten sich Arbeitslose vor einem Antrag auf den Kinderzuschlag auch an alle in diesem Tipp aufgeführten Ratschläge halten, die vor dem Antrag auf ALG II gelten.

Antrag auf Erwerbsminderungsrente noch während des Bezugs von Arbeitslosengeld I stellen: Falls Sie gesundheitlich erheblich angeschlagen und arbeitslos sind, sollten Sie prüfen, ob für Sie eine Erwerbsminderungsrente in Frage kommt. Einen entsprechenden Antrag sollten Sie möglichst stellen, so lange Sie noch Arbeitslosengeld I erhalten. Der Grund: Renten wegen voller Erwerbsfähigkeit (auch die so genannten Arbeitsmarktrenten) werden überwiegend nur befristet bewilligt. Läuft die Bewilligungsfrist (von meist zwei oder drei Jahren) ab, so wird ein Weiterbewilligungsantrag häufig abgelehnt. Und was dann? In diesem Fall haben Sie unter Umständen erneut einen Anspruch auf Arbeitslosengeld I. Der Bezug einer Erwerbsminderungsrente gilt nach §26 Abs. 2 Nr. 3 des Dritten Sozialgesetzbuchs nämlich als versicherungspflichtig in der Arbeitslosenversicherung. Dies trifft dann zu, wenn ein Rentner unmittelbar vor dem Beginn der Rentenzahlung als Arbeitnehmer versicherungspflichtig war oder Arbeitslosengeld I erhalten hat. Wer mit dem Rentenantrag allerdings wartet, bis er ALG II bezieht, hat später das Nachsehen. Denn der Bezug von Arbeitslosengeld II vor der Rente führt nicht dazu, dass nach Beendigung der Rentenzeit ein Anspruch auf Arbeitslosengeld I entstehen kann (siehe Tipp 45).

Rechtzeitig selbstständig machen: Wer sich selbstständig machen will, sollte dies tun, solange er noch Anspruch auf mindestens drei Monate Arbeitslosengeld I hat. Wer bereits ALG II bezieht oder einen kürzeren Restanspruch auf Arbeitslosengeld I hat, hat bei der Gründungsförderung der Arbeitsagenturen nämlich das Nachsehen. Arbeitslose, die noch mindestens drei Monate Arbeitslosengeld I beanspruchen können, haben nämlich, wenn sie sich selbstständig machen und die Anspruchs-

106

voraussetzungen hierfür erfüllen, einen Rechtsanspruch auf den so genannten Gründungszuschuss. Die Arbeitsagenturen zahlen dabei in der Existenzgründungsphase mindestens neun Monate lang den vorherigen Zahlbetrag des Arbeitslosengeldes I weiter sowie darüber hinaus einen Zuschuss von 300 € für die Sozialversicherung. Für Empfänger von ALG II gibt es diese Leistung nicht, sondern stattdessen nur das in der Regel äußerst niedrige Einstiegsgeld.

Riester-Vertrag abschließen: ALG-II-Bezieher können ihre Beiträge zur Riester-Rente von ihrem anrechenbaren Einkommen absetzen. Falls Sie anrechenbare Einkünfte haben – das können auch Unterhaltszahlungen sein – lohnt es sich für Sie daher in jedem Fall, einen Riester-Vertrag abzuschließen, sofern sie noch keinen haben. Indirekt finanziert Ihnen damit das Jobcenter Ihre private Altersvorsorge. Können Sie später den Vertrag zeitweise nicht bedienen, haben Sie immer noch die Möglichkeit, diesen ruhen zu lassen.

Kindergeld an ältere Kinder überweisen lassen: Falls Sie für ein volljähriges Kind, das nicht mehr in Ihrem Haushalt lebt, Kindergeld erhalten, sollten Sie das Kindergeld direkt an Ihr Kind weiterleiten oder – noch einfacher – die Familienkasse der Arbeitsagentur anweisen, das Geld direkt auf das Konto Ihrer Tochter oder Ihres Sohns zu überweisen. Andernfalls zählt das Kindergeld zu Ihren anrechenbaren Einkünften und vermindert somit das an Sie ausgezahlte ALG II.

Steuerklärung schnell abgeben: Falls Sie vom Finanzamt eine Steuererstattung erwarten, sollten Sie Ihre Steuererklärung (für das letzte oder gegebenenfalls auch das vorletzte Jahr) schnell abgeben. Denn eine Rückzahlung vom Finanzamt, die bei Ihnen in der Zeit nach Ihrem Antrag auf ALG II eingeht, zählt für die für das SGB II zuständigen Ämter als anrechenbares Einkommen und wird voll auf Ihr ALG II angerechnet. Geht das Geld dagegen vorher bei Ihnen ein, so »gerinnt« es sozusagen zu Vermögen – und bei diesem gelten weit großzügigere Freibeträge als beim Einkommen.

ALG-II-Antrag möglicherweise verschieben: Möglicherweise stellen Sie, kurz bevor Sie eigentlich ALG II beantragen möchten, fest, dass Ihnen binnen kurzem doch erhebliche Geldbeträge – egal von wem – zufließen werden. In diesem Fall kann es sich anbieten, den Antrag auf ALG II einfach um einen Monat aufzuschieben. Dann bekommen Sie in diesem Monat natürlich keine »Stütze« vom Amt, dafür dann aber im nächsten. In jedem Fall sollten Sie sich dann allerdings um Ihren Krankenversicherungsschutz kümmern.

Weitere Infos:

Ausführlich über die staatlichen Fürsorgeleistungen, auf die viele Arbeitslose nach Ablauf ihres ALG I Anspruch haben, informiert der Ratgeber »111 Tipps zu ALG II und Sozialgeld« (siehe Tipp 111). Das vom DGB-Bundesvorstand herausgegebene Buch informiert kompakt und verständlich, was Antragsteller wissen müssen, um den komplizierten Antragsfragebogen richtig auszufüllen und die Leistungen ungekürzt zu erhalten, die ihnen zustehen. Neben den Regelleistungen geht es dabei auch um zusätzliche Ansprüche auf Mehrbedarfszuschläge, einmalige Extraleistungen und den Kinderzuschlag. Weiterhin gibt es viele Tipps für Erwerbslose, die zusätzlich das reguläre ALG I erhalten und für Erwerbstätige mit niedrigem Einkommen.

Kapitel O
Nach der Arbeitslosigkeit

!

Tipp 107

Wenn Sie eine Stelle finden:

An die Abmeldung bei der Arbeitsagentur denken

Manche Erwerbslose, die eine neue Stelle finden, gehen davon aus, dass ihre neue Firma die Abmeldung bei der Arbeitsagentur übernimmt. Dies ist nicht der Fall. Wer einen neuen Job hat, muss dies der Arbeitsagentur unverzüglich mitteilen – und zwar am besten auf dem hierfür vorgesehenen Formular »Veränderungsmitteilung«.
Unterlassen Sie die Abmeldung, riskieren Sie unter Umständen sogar eine Geldbuße. Diese droht jedem Empfänger von ALG I, der eine »Änderung in den Verhältnissen, die für einen Anspruch auf eine laufende Leistung wesentlich ist, nicht, nicht richtig, nicht vollständig oder nicht rechtzeitig mitteilt«. Dies bestimmt § 404 Abs. 2 Nr. 26 SGB III. Darüber hinaus verlangt die Arbeitsagentur in jedem Fall von Ihnen die zu viel gezahlten Leistungen zurück und dazu unter Umständen auch noch die Beiträge zur Kranken- und Pflegeversicherung, die das Amt für Sie zu viel an diese Versicherungen abgeführt hat.
Auch die Kranken-, Pflege- und Rentenversicherung müssen natürlich informiert werden, wenn sich Ihr Status ändert und Sie nicht mehr arbeitslos sind. Das übernimmt in der Regel aber das Personalbüro Ihrer neuen Firma. Wer sich allerdings aus der Arbeitslosigkeit heraus selbstständig macht (siehe Kapitel H), muss selber daran denken, ob und wie er sich weiter (sozial-)versichert.
Wenn Sie mit Hilfe der Arbeitsagentur einen Job gefunden haben oder mit Ihrem Arbeitsvermittler einen guten Kontakt hatten, sollten Sie vielleicht nicht nur an Ihre gesetzlichen Pflichten denken. Ein Dankeschön kann in solchen Fällen nie schaden. Denken Sie dabei auch daran, dass Sie später vielleicht nochmals mit dem Vermittler zu tun haben werden – zum Beispiel dann, wenn es mit Ihrem neuen Job nicht so klappt, wie Sie es sich erhofft haben (siehe Tipps 108 und 109).

Bei Job in anderer Stadt: Agentur zahlt Mobilitätshilfen

Wenn Sie einen Job weit entfernt von Ihrem (bisherigen) Wohnort annehmen, sollten Sie an die so genannten Mobilitätshilfen der Arbeitsagenturen denken. Die Arbeitsagenturen können Ihnen nämlich sowohl beim Pendeln als auch beim Umzug finanziell unter die Arme greifen – soweit hierfür noch Haushaltsmittel vorhanden sind. Mehr Informationen hierzu finden Sie in den Tipps 32 und 33.

109

Tipp 108

Wenn Ihr neuer Job Ihnen nicht passt:

Bleiben Sie weiterhin arbeitsuchend gemeldet

Haben Sie nur einen befristeten Job oder nur eine Stelle gefunden, die nicht ihrer Qualifikation entspricht, sollten Sie Ihr Arbeitsgesuch bei der Arbeitsagentur aufrechterhalten und weiterhin arbeitsuchend gemeldet bleiben.
Die bloße weitere Meldung bei der Arbeitsagentur dürfte Ihnen allerdings in der Regel nicht viel bringen. Wenn Sie tatsächlich Vermittlungsaktivitäten des Amtes erwarten, sollten Sie mehr tun: Vereinbaren Sie möglichst noch vor dem Antritt des Arbeitsverhältnisses ein Gespräch mit Ihrem Vermittler. Den Gesprächstermin vergibt in der Regel das Service Center (Callcenter) der Arbeitsagentur. Dieses können Sie anrufen und um die Vergabe eines Termins bitten. Falls Sie mit Ihrem Vermittler vorab vereinbart haben, dass Sie mit ihm per E-Mail kommunizieren können, sollten Sie diesen direkt anmailen und ihn um einen Gesprächstermin bitten. Machen Sie ihm klar, dass Sie für eine unbefristete Stelle, die Ihrer Qualifikation entspricht, jederzeit bereit wären, den Job aufzugeben, den Sie jetzt antreten bzw. gerade angetreten haben. Machen Sie ihm auch deutlich, an welcher Art von Job Sie interessiert sind.
Wichtig ist allerdings: Die bloße weitere Registrierung bei der Agentur wird Ihnen wenig bringen. Sie sollten in jedem Fall im persönlichen Kontakt mit Ihrem Vermittler Ihr Interesse an einer weiteren Vermittlung durch das Amt deutlich machen.

Tipp 109

Wenn Sie mit der neuen Stelle nicht zurechtkommen:

Kurzschlussreaktionen vermeiden

Häufig erweist sich Arbeitslosigkeit als ein »einmaliger Betriebsunfall« – vor allem für diejenigen, die recht schnell wieder eine zufrieden stellende dauerhafte Beschäftigung finden. Oft kommen Arbeiter und Angestellte jedoch mit Ihrer neuen Stelle nicht zurecht. Arbeitsvermittler machen dann immer wieder die Erfahrung, dass die Betroffenen die Flinte zu schnell ins Korn schmeißen und Ihre neue Stelle übereilt aufgeben.
Haben Sie Schwierigkeiten in Ihrem neuen Job, sollten Sie in jedem Fall versuchen, an Ihrem neuen Arbeitsplatz Vertraute zu finden, mit denen Sie die Probleme besprechen können! Gibt es dort einen Betriebsrat? Möglicherweise ist dieser der richtige Gesprächspartner! »Oft scheitert es auch daran«, berichtet eine Vermittlerin, »dass die Betroffenen einfach keine Konflikte aushalten können. Sie trauen sich nicht, über ein Problem zu reden und das Problem wird dadurch sehr schnell größer.«
Ein Beispiel: Ein Arbeitnehmer merkt, dass er ein Computerprogramm doch nicht so gut beherrscht, wie es an seinem neuen Arbeitsplatz verlangt wird. In dieser Situation nützt es ihm gar nichts, wenn er versucht, seine Schwäche zu vertuschen. »Das kommt ja doch raus«, meint die Vermittlerin und rät: »Er sollte sein Problem benennen und versuchen, gemeinsam mit seinen Kollegen oder seinem Vorgesetzten eine

Lösung zu finden.« Diese kann nach den Erfahrungen der Vermittlerin beispielsweise so aussehen: »Vielleicht kann er seine Schwächen in einem Kurs beheben und wird zunächst vier Wochen lang mit den kniffligen Arbeiten, mit denen er erst mal nicht klarkommt, nicht mehr behelligt. Vielleicht reicht es aber auch, wenn eine Kollegin ihm nach Dienstschluss oder auch in der Arbeitszeit einfach ihre Kniffe zeigt, das kann die aber nicht tun, wenn der Betroffene seine Probleme nicht auf den Tisch legt.«

Sechs Ratschläge für den Anfang im neuen Job

1. Achten Sie genau auf Pünktlichkeit!
2. Seien Sie nicht gleich mit allen per Du!
3. Hören Sie gut zu – zuhören ist (zumindest am Anfang) wichtiger als selbst reden!
4. Das Vorstellen ist besonders wichtig! Wenn Sie Ihren neuen Kollegen nicht vorgestellt werden, nehmen Sie dies selbst in die Hand!
5. Plaudern Sie nicht gleich Ihr Privatleben aus!
6. Fragen Sie nach, wenn Sie etwas nicht verstehen!

Wenn Sie Ihren neuen Arbeitsplatz aufgeben wollen

Vielleicht ist Ihre neue Arbeit für Sie tatsächlich nicht zu schaffen oder sogar unerträglich. Wenn Ihr neuer Arbeitsplatz für Sie »zum Davonlaufen« ist, sollten Sie aber keinesfalls aus Angst vor einer Sperrzeit (einer Sperrung des Arbeitslosengeldes I für bis zu zwölf Wochen – siehe Tipp 98) um jeden Preis an Ihrer Stelle festhalten. Wichtig ist nur: Stellen Sie sich auf die Sperrzeitgefahr ein! Denken Sie auch daran, dass Sie viel leichter eine neue und bessere Stelle finden, so lange Sie noch in Arbeit sind. Werden Sie deshalb schon vor einer möglichen Eigenkündigung aktiv, um möglichst zu vermeiden, dass Sie arbeitslos werden. Beginnen Sie rechtzeitig mit der Suche nach einem neuen Job! Dokumentieren Sie Ihre Bemühungen, damit Sie für den Fall, dass Sie doch wieder arbeitslos werden, bei der Arbeitsagentur Ihre Suchaktivitäten nachweisen können.

Sie sollten sich in diesem Fall auch möglichst schnell wieder an die Arbeitsagentur wenden und sich dort erneut arbeitsuchend melden (siehe Tipp 108). Dies können Sie übrigens jederzeit tun – auch unabhängig von einer drohenden Arbeitslosigkeit. Die Dienste der Arbeitsvermittlung können nämlich nicht nur Arbeitslose, sondern genauso auch Beschäftigte nutzen. Vereinbaren Sie im Service Center des Amtes einen Gesprächstermin mit Ihrem früheren Arbeitsvermittler – wenn dieser noch für Sie zuständig ist. Schildern Sie ihm genau, was Sie an Ihrem derzeitigen Arbeitsplatz stört (Schikanen, Mobbing oder Ähnliches) und teilen Sie ihm Ihre Kündigungsabsicht mit. Besprechen Sie mit ihm auch, welche Arten von Arbeiten für Sie in Frage kommen.

Möglicherweise kann die Arbeitsagentur Ihnen schon bald einen neuen Job vermitteln. Wenn dies nicht klappt, wird das Amt Ihre intensiven Bemühungen um einen neuen Arbeitsplatz (mit-)berücksichtigen, wenn es zu entscheiden gilt, ob Sie Ihre Arbeitslosigkeit grob fahrlässig selbst herbeigeführt haben. Denn nur dann werden Sie mit einer Sperrzeit belegt. Übrigens: Selbst wenn es zu einer Sperrzeit kommen sollte, haben Sie – wenn Sie sich wie geschildert verhalten – eine große Chance, dass diese keine zwölf Wochen beträgt, sondern auf sechs Wochen verkürzt wird (siehe Tipp 102).

Kapitel P
Arbeitslos, doch nicht wehrlos – Wie Sie Ihre Rechte durchsetzen

110

! Tipp 110

Gegen Bescheide von den Ämtern:

Widerspruch und Klage lohnen sich

Empört zeigt Christa Mertens auf den Sperrzeitbescheid der Arbeitsagentur. Die Lagerarbeiterin, heißt es darin, habe die Arbeit zu Unrecht verweigert und damit ihre Kündigung und Arbeitslosigkeit selbst verschuldet. Christa Mertens soll deshalb zwölf Wochen lang kein ALG I bekommen. »Sicher habe ich die Arbeit verweigert«, erklärt die Arbeiterin, »aber doch nur, weil ich nicht in einem finsteren Keller arbeiten wollte, wo die Ratten herumlaufen.«
Fehlentscheidungen oder zweifelhafte Entscheidungen gibt es oft; besonders häufig bei Sperrzeiten. Oft entscheiden die überlasteten Sachbearbeiter der Arbeitsagenturen im Schnellverfahren und nach »Schema F«. Man sollte daher Bescheide der Arbeitsagenturen genau überprüfen. Im Zweifelsfall sollten Erwerbslose Widerspruch einlegen. Dann wird die Entscheidung der Agentur von der Widerspruchsstelle der gleichen Dienststelle nochmals überprüft.

Ein Monat Zeit zum Widerspruch

Kommt ein Bescheid bei den Erwerbslosen an, bleibt noch ein Monat Zeit zum Widerspruch. Diese Frist muss auch stets in den Bescheiden der Arbeitsagenturen mitgeteilt werden. In einer solchen »Rechtsbehelfsbelehrung« müssen die Betroffenen auch darauf aufmerksam gemacht werden, welche Möglichkeiten sie haben, sich gegen den Bescheid zu wehren. Der Widerspruch muss schriftlich – am besten per Einschreiben mit Rückschein – erfolgen. Die Betroffenen sollten ihren Widerspruch ausführlich begründen. Dafür braucht man keinen Anwalt einzuschalten. Man sollte sich jedoch von Fachleuten, etwa von den Mitarbeitern der vielen Arbeitsloseninitiativen (siehe Tipp 111) oder – als Gewerkschaftsmitglied – von den DGB-Rechtsschutzsekretären (siehe Tipp 25) beraten lassen.
Neben diesen »111 Tipps für Arbeitslose« kann dabei auch der juristische »Leitfaden für Arbeitslose« nützlich sein, der vom Arbeitslosenprojekt TuWas erarbeitet wurde (siehe Tipp 111). Wer nicht gerne Schreiben aufsetzt, kann den Widerspruch übrigens auch bei der Widerspruchsstelle der Arbeitsagentur zu Protokoll geben. Das geht allerdings niemals telefonisch, man muss die Arbeitsagentur in jedem Fall persönlich aufsuchen.

Das gehört in Ihr Widerspruchsschreiben:

- Ihr Name und Ihre Anschrift
- Ihre Kunden-/Stammnummer
- der Adressat des Widerspruchs: Arbeitsagentur, Widerspruchsstelle
- Datum des Bescheids der Arbeitsagentur, gegen den Sie Widerspruch einlegen
- die Überschrift »Widerspruch« oder der Satz »Ich lege Widerspruch ein gegen ...«
- die Begründung
- Ort, Datum, Unterschrift

Wichtig ist: Der Widerspruch gegen einen Bescheid der Agentur kostet nichts, und niemand darf dadurch schlechter gestellt werden. 357 331 Mal wurden Entscheidungen der Arbeitsagenturen im Jahr 2009 per Widerspruch angefochten. Und in 119 588 Fällen – also in rund jedem dritten Fall – wurde den Betroffenen voll Recht gegeben. In weiteren 13 247 Fällen gaben die Arbeitsagenturen zumindest zum Teil nach. Das heißt, dass im Jahr 2009 immerhin knapp 40 Prozent der angefochtenen Bescheide nachgebessert werden mussten! In den Jahren zuvor war der Anteil der erforderlichen Nachbesserungen ähnlich hoch.

Was Sie tun können, wenn die Widerspruchsfrist abgelaufen ist

Wenn Sie ohne eigenes Verschulden die Widerspruchsfrist nicht eingehalten haben, können Sie in Ausnahmefällen die »Wiedereinsetzung in den vorigen Stand beantragen«. Dies ist beispielsweise möglich, wenn Sie sich während der Widerspruchsfrist in einem von der Arbeitsagentur genehmigten Auslandsurlaub befanden. Auch eine schwere Krankheit (kein einfacher grippaler Infekt!) kann als Grund anerkannt werden. Im Zweifel müssen Sie belegen, warum Sie es versäumt haben, rechtzeitig Widerspruch einzulegen.

Auch nach Ablauf der Widerspruchsfrist von einem Monat können Sie unter Hinweis auf § 44 SGB X bei der Arbeitsagentur beantragen, eine fehlerhafte Entscheidung zu ändern. Die Arbeitsagentur ist nach einem Urteil des Bundessozialgerichts (Az.: 9b RAr 7/90) verpflichtet, dieser Bitte nachzukommen.

Ein Monat Zeit zur Klage

Wird ein Widerspruch von der Arbeitsagentur abgelehnt, dann bleibt immer noch die Möglichkeit, innerhalb eines Monats, nachdem der ablehnende Bescheid vom Amt angekommen ist, Klage bei Gericht zu erheben. Für Klagen gegenüber den Arbeitsagenturen oder Ämtern, die das ALG II auszahlen (siehe Tipps 105 und 106), sind die Sozialgerichte zuständig. Wer gegen das Wohngeldamt klagen will, muss dagegen zum Verwaltungsgericht.

Eine Klage kann jeder Arbeitslose selbst aufsetzen. Dazu muss man kein kompliziertes Juristen-Deutsch können. Die Klage muss in zweifacher Ausfertigung beim Gericht eingereicht werden. Dazu sollte man in jedem Fall an eine Fotokopie bzw. einen Durchschlag für die eigene Akte denken. Wem die Klageformulierung schwer fällt, der kann seine Klage auch bei der so genannten Rechtsantragsstelle des Sozialgerichts zu Protokoll geben. Dort sitzen erfahrene Urkundsbeamte, die für die Betroffenen kostenlos eine Klage aufsetzen. Die Öffnungszeiten der Rechtsantragsstelle sollte man beim örtlichen Sozialgericht erfragen. Unter www.sozialgerichtsbarkeit.de findet man im Internet – sortiert nach Bundesländern – die Adressen und Öffnungszeiten aller Sozialgerichte in Deutschland.

Das gehört in Ihre Klageschrift:

110

- Ihr Name und Ihre Anschrift
- die Institution, gegen die sich die Klage richtet (etwa Bundesagentur für Arbeit)
- Widerspruchsbescheid, gegen den sich die Klage richtet mit Datum und Aktenzeichen,
- die Überschrift »Klage« oder der Satz »Hiermit erhebe ich Klage gegen ...«
- das Ziel der Klage
- Klagebegründung
- Ort, Datum, Unterschrift

Ein Verfahren vor dem Sozialgericht kostet für Arbeitnehmer und Versicherte – zumindest bei Redaktionsschluss dieses Ratgebers – keinen Cent. Dies gilt auch dann, wenn die klagenden Erwerbslosen ihren Prozess verlieren.
Wer vor Gericht unterliegt und einen Rechtsanwalt mit der Wahrnehmung seiner Interessen beauftragt hatte, muss allerdings für die Kosten seines Anwalts selbst aufkommen. Die Kosten für die Beratung und gerichtliche Vertretung durch einen Anwalt lassen sich aber minimieren, wenn man die so genannte Beratungs- und Prozesskostenhilfe bekommt. Erwerbslose sollten deshalb stets prüfen, ob sie Anspruch auf Unterstützung bei den Kosten für ihren Anwalt oder mögliche Prozesskosten haben. Gewerkschaftsmitglieder können – auf Antrag – kostenlos den Rechtsschutz ihrer Einzelgewerkschaft oder des DGB in Anspruch nehmen (siehe Tipp 25).
Wer einen Anwalt zu Rate ziehen will, sollte bedenken: Viele Rechtsanwälte kennen sich im Arbeitslosenrecht nicht besonders gut aus. Deshalb sollte man sich vorher nach einem Spezialisten umhören. Zu ihnen gehören die »Fachanwälte für Sozialrecht«.
Wichtig ist noch: Verhandlungen vor dem Sozialgericht sind öffentlich. Wer wissen will, was in der Verhandlung auf ihn zukommt, kann daher vorher schon »Gerichtsatmosphäre schnuppern«. Der »Leitfaden für Arbeitslose« gibt dabei folgenden guten Rat: »Am besten erkundigen Sie sich, welcher Richter oder welche Richterin für Ihren Fall zuständig ist, und besuchen eine Verhandlung dieses Richters bzw. dieser Richterin. Das hat den Vorteil, dass Sie sich schon etwas auskennen und mit der Gerichtssituation vertrauter sind. So können Sie nicht so leicht überfahren werden.«
Ebenso wie ein Widerspruch ist auch eine Klage Erfolg versprechender als viele Arbeitslose denken. 2009 wurden knapp 29000 Klagen gegen Entscheidungen der Arbeitsagenturen von den Sozialgerichten erledigt, etwa 9500 davon – also gut jede dritte Klage – waren ganz oder teilweise erfolgreich. Oft geben die Arbeitsagenturen bei einer Klage nach und schließen einen Vergleich, weil sie verhindern wollen, dass eine aus Sicht der Behörden »teure« Gerichtsentscheidung ergeht, die dann für alle Arbeitsagenturen bindend ist.

!

Tipp 111
Gemeinsam sind auch Arbeitslose stärker

Wo Arbeitslose sich schlau machen können

111

Sich gegen zweifelhafte Entscheidungen der Arbeitsagenturen zu wehren, lohnt sich häufig. Dabei können vielfach Arbeitsloseninitiativen helfen. Was Betroffene mit Unterstützung der Initiativen erreichen können, zeigt der immer noch aktuelle Fall von Bea Brüning aus den 90er-Jahren.

»Vom Staat oder der Sozialversicherung abhängig zu sein, das hat mir noch nie gepasst«, meinte die damals 41-jährige Grafikerin Bea Brüning. Und so bezog sie, als sie im Juli 1994 ihren letzten sozialversicherten Job verlor, nur für ein paar Wochen Arbeitslosengeld. »Danach habe ich mich als Selbstständige durchgeschlagen, habe für ein paar Verlage gearbeitet, aber Ende 1997 lief absolut nichts mehr.« Nachdem sich damals fast 7000 Mark Schulden bei ihr angehäuft hatten, und ihr letzter fester Auftraggeber Konkurs gemacht hatte, sah die Grafikerin Anfang Februar 1998 keinen anderen Ausweg: Sie sprach nochmals bei der Arbeitsbehörde vor, um Arbeitslosengeld zu beantragen. »Das war für mich dann die Härte. Der Mitarbeiter, der meine Daten dann aufnahm, sagte nur, ich müsste in den letzten Jahren mindestens ein Jahr versicherungspflichtig gearbeitet haben. Diese Voraussetzung würde ich aber nicht erfüllen und deshalb bekäme ich kein Arbeitslosengeld.«

Nach dieser für sie ernüchternden Auskunft wollte Bea Brüning schon die Flinte ins Korn werfen: »Ich sah dann schon gar keine Chancen mehr, die Arbeitsamtmitarbeiter müssen ihr Gesetz ja kennen.« Doch zu ihrem Glück fragte sie dann doch noch beim örtlichen Arbeitslosenzentrum nach. Dort erfuhr sie, dass es in ihrem Fall gar nicht darauf ankommt, ob sie in den letzten Jahren Beiträge in die Arbeitslosenversicherung eingezahlt hat. Denn aus ihrer letzten Arbeitslosigkeit vor gut dreieinhalb Jahren hatte sie damals noch einen Restanspruch auf elf Monate Arbeitslosengeld. Und solche Restansprüche verfallen, so erklärte ihr der Mitarbeiter vom Arbeitslosenzentrum weiter, erst nach vier Jahren (siehe Tipp 48).

Bea Brüning brachte der Gang zur örtlichen Arbeitsloseninitiative bares Geld: Sie bekam danach pro Woche 423 DM (216,28 €) Arbeitslosengeld. Auch erfuhr sie, dass sie eine von der Arbeitsbehörde finanzierte berufliche Weiterbildung beanspruchen könne.

Solche individuellen Beratungen gehören zu den wichtigsten Aufgaben der Arbeitslosengruppen, -initiativen oder -zentren in Deutschland. Das Spektrum dieser Gruppen ist vielfältig. Manche werden vom DGB oder von Einzelgewerkschaften getragen, andere von Kirchen oder Wohlfahrtsverbänden und manche bezeichnen sich bewusst als »autonom«. Doch alle Gruppen haben eines gemeinsam: Bei ihrer Arbeitslosenberatung gehen sie – wie auch die »111 Tipps für Arbeitslose« – von den Interessen der Betroffenen aus. Häufig tragen die Ratschläge der Berater, die Formulierungshilfen für Widersprüche (siehe Tipp 110) oder Anträge dazu bei, fehlerhafte Auskünfte oder Fehlentscheidungen der Arbeitsagenturen zu korrigieren.

111

Netzwerk von Arbeitsloseninitiativen

Aktuelle Informationen über örtliche Arbeitsloseninitiativen und gewerkschaftliche Aktivitäten für Erwerbslose gibt der 1986 gegründete »Förderverein gewerkschaftliche Arbeitslosenarbeit«. Er hat ein bundesweites Informationsnetz zur gewerkschaftlichen Arbeitslosenarbeit aufgebaut. Der Verein will Kontakte zwischen arbeitslosen und beschäftigten Arbeitnehmern fördern und dazu beitragen, Vorurteile und zunehmende Entsolidarisierungstendenzen abzubauen. Er versteht sich als Scharnier zwischen Gewerkschaften und Erwerbsloseninitiativen. Als Träger der Koordinierungsstelle gewerkschaftlicher Arbeitslosengruppen organisiert er Hilfe zur Selbsthilfe, Bildungsmaßnahmen und Aktionen.
Folgende Angebote können übers Internet genutzt werden:

- Die Datenbank der Projekte weist den Weg zu lokalen Beratungsstellen und Initiativen und vermittelt Ansprechpartnerinnen und -partner in Land und Bund. Eine Suchmaske findet man unter www.erwerbslos.de/adressen/anfrage.html
- Das Informationsblatt »A-Info« berichtet aus der Arbeit der gewerkschaftlichen Arbeitslosengruppen. Das »A-Info« ist eine Informationsbörse und gibt Tipps und Handlungshilfen. Mitglieder des »Fördervereins gewerkschaftliche Arbeitslosenarbeit« erhalten dieses Informationsblatt kostenlos.
- Informationen über Aktionen und Kampagnen der Erwerbsloseninitiativen in der Bundesrepublik eröffnen Beteiligungsmöglichkeiten und schaffen Kooperationsansätze.

Alle Materialien wie Ratgeber, Broschüren, Plakate und Arbeitshilfen können abgerufen und bestellt werden beim
Förderverein gewerkschaftliche Arbeitslosenarbeit e.V.
Märkisches Ufer 28, 10179 Berlin
Telefon: 030/86876 70-0
Telefax: 030/86876 70-21
E-Mail: info@erwerbslos.de
Internet: www.erwerbslos.de

Neben der Beratung steht bei Arbeitsloseninitiativen die politische Interessenvertretung im Vordergrund. Hierbei gibt die Koordinierungsstelle gewerkschaftlicher Arbeitslosengruppen, die vom »Förderverein gewerkschaftliche Arbeitslosenarbeit« getragen wird, vielfältige Hilfestellungen.

Bücher und Broschüren zur Arbeitslosigkeit

Bücher und Broschüren zur Arbeitslosigkeit gibt es viele – das Angebot ist kaum überschaubar. Deshalb können hier nur einige Lesetipps gegeben werden. Unmittelbar als Ergänzung zu diesem Ratgeber dienen die »111 Tipps zu ALG II und Sozialgeld« (siehe »Lesetipps«). Darin finden Arbeitslose und Bezieher niedriger Einkommen Tipps und Informationen zu allen wichtigen Leistungen und Vergünstigungen, auf die sie neben dem ALG I gegebenenfalls Anspruch haben und die in diesem Buch aus Platzgründen gar nicht oder nicht umfassend erläutert werden konnten.

Lesetipps

111 Tipps zu ALG II und Sozialgeld
Ausführliche Informationen zu den Hartz-IV-Leistungen sowie zum Kinderzuschlag finden Sie in dem Ratgeber »111 Tipps zu ALG II und Sozialgeld« (Bund-Verlag, 3. Auflage 2008, 208 Seiten, ISBN 978-3-7663-3851-8, 12,90 €), der ebenfalls vom DGB-Bundesvorstand herausgegeben wird. Die vierte Auflage dieses Ratgebers wird im Frühjahr 2011 erscheinen. Umfassend wird hier erläutert, worauf Sie bei der Antragstellung dieser Bedürftigkeitsleistungen achten sollten, wer wie viel bekommt, welches und viel Vermögen erlaubt ist, was bei der Renten-, Kranken- und Pflegeversicherung gilt, was insbesondere ältere Antragsteller wissen müssen, welche Tätigkeiten Ihnen zugemutet und welche Strafen Ihnen drohen können und wie Sie sich gegebenenfalls juristisch wehren können.

Fachzeitschrift Soziale Sicherheit
Die »Soziale Sicherheit« ist eine vom DGB herausgegebene sozialpolitische und sozialrechtliche Fachzeitschrift. Sie veröffentlicht unter anderem regelmäßig Zusammenfassungen, Erläuterungen, Hintergründe und Kommentare zu neuen Gesetzen und Gesetzesvorhaben und wichtigen Urteilen zum Arbeitslosenrecht und anderen Rechtsgebieten, die für Arbeitslose wichtig sind. Inhaltsverzeichnisse der einzelnen Ausgaben finden sich im Internet unter »www.bund-verlag.de -> Zeitschriften -> Soziale Sicherheit«. Die Zeitschrift erscheint monatlich mit einem Umfang von 40 Seiten im Bund-Verlag (Frankfurt/M.). Das Einzelheft kostet 11,— €, das Abo 110,40 € (incl. Inlandsversand). Probeabos sowie Zeitschriften können bestellt werden beim Leser- und Aboservice unter Tel. 0 69/79 50 10-96 oder Fax 0 69/79 50 10-12 oder per Internet unter www.bund-verlag.de.

Eine weitere wichtige Hilfe, besonders für Arbeitsloseninitiativen und für Arbeitslose, die mit juristischen Texten umgehen können, ist der »Leitfaden für Arbeitslose« der Frankfurter Fachhochschule. Darin findet man viele Hinweise und Erklärungen zu zahlreichen Regelungen und Sonderfällen.
Wenn man sich dazu noch einen Gesetzestext besorgt und damit einzelne Paragrafen (und Verordnungen) selbst nachschlagen und – bei Widersprüchen – zitieren kann, ist man auch gegenüber Sachbearbeitern bei der Arbeitsagentur schon ganz gut gerüstet. Wer sich darüber hinaus noch Spezialwissen zu strittigen Fragen und wichtigen Gerichtsurteilen aneignen will, sollte auch einen der dicken Gesetzeskommentare zu Rate ziehen – etwa den von Jürgen Brand (ehemaliger Präsident des LSG Nordrhein-Westfalen) herausgegebenen (siehe unten).
In den Loseblatt-Kommentaren, die laufend aktualisiert werden, wird jeder Gesetzesparagraf näher erläutert. Die dicken Wälzer findet man unter anderem in den Bibliotheken der Sozialgerichte. Aktuelle Rechtsentscheidungen und -änderungen sowie Kommentare zu wichtigen Urteilen und Gesetzesvorhaben werden unter anderem auch in den Fachzeitschriften und »Soziale Sicherheit – Zeitschrift für Arbeit und Soziales« und »Informationen zum Arbeitslosenrecht und Sozialhilferecht« veröffentlicht.

Rechtsratgeber

- »Leitfaden für Arbeitslose«, 27. Auflage (Stand: 1. Mai 2010), herausgegeben vom Arbeitslosenprojekt TuWas des Fachbereichs Sozialarbeit und Fachbereichs Sozialpädagogik der Fachhochschule Frankfurt, 2010, 15,– € zuzüglich Versandkostenpauschale, ISBN: 3-940087-55-3, Bezug: Buchhandel oder über die AG TuWas, Tel. 0 69 / 74 01 69 oder per E-Mail d.v.s.@t-online.de

111

Gesetzestexte/Kommentare

- »Arbeitslosenrecht«, 13. Auflage (Stand: 1. August 2008), herausgegeben von Ulrich Stascheit und Ute Winkler, Baden-Baden: Nomos-Verlagsgesellschaft, 2008, 16,– €
- »Arbeits- und Sozialordnung – Ausgewählte und eingeleitete Gesetzestexte« (z. B.: Arbeitsförderungsrecht, Betriebsverfassungsgesetz, Kündigungsschutz, Reichsversicherungsordnung), 36. Auflage, herausgegeben von Michael Kittner, Frankfurt am Main: Bund-Verlag, 2011, 26,90 €
- Das SGB III und das SGB II findet man im Internet unter anderem unter http://www.ak-sozialpolitik.de/Suchweg: Erst »Gesetze«, danach »Sozialgesetze« anklicken.
- SGB III – Sozialgesetzbuch Arbeitsförderung. Kommentar. Herausgegeben von Jürgen Brand, München, Verlag C. H. Beck, 2010, 5. Auflage, 98,– €

Fachzeitschriften

- »Informationen zum Arbeitslosenrecht und Sozialhilferecht« (info also), Nomos-Verlag, Postfach 100 310, 76484 Baden-Baden, Tel. 0 72 21 / 21 04-0, Fax 0 72 21 / 21 04-27, erscheint sechsmal im Jahr, Jahresabonnement: 48,– € zzgl. Versandkosten, kostenloses Probeexemplar kann angefordert werden
- »Soziale Sicherheit – Zeitschrift für Arbeit und Soziales«, herausgegeben vom DGB, Bund-Verlag. Leser- und Aboservice: Bund-Verlag GmbH, 60424 Frankfurt am Main, Tel. 0 69 / 79 50 10-96, Fax 0 69 / 79 59 10-12, E-Mail: abodienste@bund-verlag.de; erscheint monatlich (elfmal im Jahr), Jahresabonnement Inland: 110,40 €, Einzelheft: 11,— € inkl. Versandkosten, kostenloses Probeexemplar kann angefordert werden

Kostenlose Merkblätter und Broschüren der Bundesagentur für Arbeit

Die folgenden (und weitere) Merkblätter liegen in vielen Arbeitsagenturen im Eingangsbereich aus. Häufig sind Sie auf Anfrage bei der Anmeldung am Eingang erhältlich. Überwiegend können Sie auch per Internet unter www.arbeitsagentur.de heruntergeladen werden. Man findet sie am einfachsten, indem man unter »Stichwortsuche« den Begriff »Merkblätter« eingibt.

- Merkblatt für Arbeitslose (Merkblatt 1)
  Nebeneinkommen – Wie viel darf ich dazuverdienen?
  Ortsabwesenheit – Was bei Umzug und Reisen zu beachten ist
- Merkblatt Teilarbeitslosengeld (Merkblatt 1 a)

- Vermittlungsdienste und Leistungen für Arbeitnehmerinnen und Arbeitnehmer (Merkblatt 3)
- Merkblatt: Vermittlungsgutschein – Infos für Arbeitsuchende
- Förderung der beruflichen Weiterbildung (Merkblatt 6)
- Arbeitsgenehmigung: Beschäftigung ausländischer Arbeitnehmer (Merkblatt 7, auch in polnischer, serbo-kroatischer, tschechischer und türkischer Sprache)
- Kurzarbeitergeld für Arbeitnehmer (Merkblatt 8 b)
- Kurzarbeitergeld für Arbeitgeber und Betriebsvertretungen (Merkblatt 8 a)
- Transferleistungen / Transferkurzarbeitergeld (Merkblatt 8 c)
- Saison-Kurzarbeit (Merkblatt 8 d)
- Insolvenzgeld für Arbeitnehmer (Merkblatt 10)
- Angebote der Berufsberatung (Merkblatt 11)
- Berufliche Rehabilitation: Förderung der Teilhabe am Arbeitsleben (Merkblatt 12)
- Berücksichtigung von Entlassungsentschädigungen (Merkblatt 17)
- Gleitender Übergang in den Ruhestand (Merkblätter 14 und 14 a)
- Merkblatt Kindergeld
- Merkblatt Kinderzuschlag
- JOBVermittlung der Agentur für Arbeit: Chancen nutzen (Informationen für Arbeitnehmer)
- Hinweise und Hilfen zur Existenzgründung: Gründungszuschuss (Ein Wegweiser für den Schritt in die Selbstständigkeit)

111

Links

- Den DGB finden Sie im Internet unter www.dgb.de
- Dort gibt es u. a. einen Internetratgeber zu atypischen Arbeitsformen (Leiharbeit, befristete Beschäftigung, Minijob, Praktika, Alleinselbstständige, Ein-Euro-Job) unter www.ratgeber-ungesicherte-jobs.dgb.de
- Die Erwerbslosenberatung von ver.di finden Sie unter: www.verdi-erwerbslosenberatung.de
- Koordinierungsstelle gewerkschaftlicher Arbeitslosengruppen: www.erwerbslos.de
- Tacheles-Sozialberatung: www.my-sozialberatung.de / adressen
- Die Weisungen der Bundesagentur für Arbeit finden Sie unter: www.arbeitsagentur.de. Suchweg: Klicken Sie zunächst »Veröffentlichungen«, dann auf der linken Seite »Weisungen« an. Wählen Sie dann die Leistung, die Sie interessiert, etwa: Arbeitslosengeld I oder II.

Literatur und Ratgeber

Der DGB hat Ratgeber zu wichtigen Einzelthemen veröffentlicht:
- Ratgeber: Hilfen für Beschäftigte mit geringem Einkommen – Wohngeld – Kinderzuschlag – Hartz IV, 56 Seiten, 1,– €
- Ratgeber: Kurzarbeit und Weiterbildung – Tipps für die betriebliche Praxis. Der Ratgeber erläutert die gesetzlichen Änderungen zur Kurzarbeit und die Förderung von Weiterbildung, die noch bis zum 31. 3. 2012 gelten, 48 Seiten, 1,– €

111

- Ratgeber »Ein-Euro-Jobs – Was Sie über ihre Rechte und Pflichten wissen sollten«, 34 Seiten, 0,50 €
- Ratgeber »Leiharbeit – Tipps und Hilfen für Beschäftigte «, 42 Seiten, 0,50 €
- Ratgeber »Rechte und Pflichten im Praktikum. Tipps und Informationen für Studierende und Absolventinnen«, 24 Seiten, 0,05 € (kann auch als pdf-Datei geladen werden)
- Ratgeber: »50 Plus – Was nun? Wege in den Job.« Der Ratgeber hilft vor allem älteren Arbeitsuchenden und gibt Tipps zur Sozialen Sicherung und zu den Eingliederungshilfen der Agentur für Arbeit. Es werden nur die Versandkosten berechnet.

Alle Broschüren bitte über das DGB-Bestellsystem bestellen. Die Versandkosten werden separat berechnet. Zur Bestellung ist eine einmalige Registrierung erforderlich.

www.dgb-bestellservice.de

Schriftliche Bestellungen, nur sofern kein Zugang zum Internet:
PrintNetwork pn GmbH
Stralauer Platz 33–34
10243 Berlin

Stichwortverzeichnis

Hinweis: Die Zahlenangaben beziehen sich auf die Tipps und nicht auf die Seitenzahlen.

Abfindungen **10–13**
– Anrechnung von Abfindungen auf das Arbeitslosengeld I **11**
– Aufhebungsvertrag **13**
– Einhaltung der Kündigungsfrist **11**
– Verhandlungen **12**
– Kranken- und Pflegeversicherung während der Abfindung **79**
Ältere Arbeitslose **89–92**
– Altersruhegelder (vorzeitige) **90**
– Arbeitslosengeld I für über 58-Jährige (»erleichterter Leistungsbezug«) **91**
– Dauer des Bezugs von Arbeitslosengeld I für über 50-Jährige **47**
– Entgeltsicherung **92**
– Lohnkostenzuschüsse **30, 92**
– Wert der Arbeitslosenzeit für die Rente **75**
– Zwang zur vorzeitigen Verrentung **91**
Alleinerziehende
– Anspruch auf Arbeitslosengeld I nach Erziehungszeiten **86, 87**
– Steuerklasse II und ALG I **82**
Anwartschaft auf ALG I
– nach kurzen Beschäftigungsverhältnissen **43**
– nach Pflegezeiten **41**
– nach Erziehungszeiten **86, 87**
– nach Bezug von Rente wegen voller Erwerbsminderung **45**
– Arbeitsaufnahme **107–109**
– Abmeldung bei Arbeitsagentur **107**
– Unzufriedenheit mit neuem Job **108, 109**
Arbeitsbescheinigung **22**
Arbeitslosengeld I
– Anrechnung von Nebeneinkommen **66**
– Anspruchsvoraussetzungen (→ auch Verfügbarkeit) **40**
– Anwartschaftszeit **41**
– bei Abfindungen **11**
– bei baldigem Auslauf und ALG-II-Beantragung **106**
– bei Krankheit **38**
– bei Weiterbildung **36**
– Bestandsgarantie **55**
– Dauer des Anspruchs **46, 47**
– frühzeitige Beantragung **21**
– für ältere Arbeitslose **47**
– für Ausbildungsabsolventen **49**
– für Mehrfach-Arbeitslose **48, 49, 55**
– für Studierende und Schüler **95**
– Höhe **50–62**
– nach Auslandsaufenthalt **97**
– nach beruflicher Rehabilitation **44**
– nach Erziehungszeiten **86, 87**
– nach kurzen Beschäftigungszeiten **43, 52**
– nach Pflegetätigkeit **41**
– nach Rente wegen voller Erwerbsminderung **45**
– nach Selbstständigkeit mit freiwilliger Arbeitslosenversicherung **70–72**
– nach Teilzeitarbeit **55, 57**
– nach Wehr-/Zivildienst **41, 94**
– Restanspruch auf Arbeitslosengeld I **48, 49**
– und Arbeitslosengeld II **105**
– Verfallen des Anspruchs **48**
Arbeitslosengeld II **105, 106**
– aufstockend, bei Bezug von Arbeitslosengeld I **105**
– nach Auslaufen des Arbeitslosengeldes I **106**
– bei Sperrzeit **103**
Arbeitslosenhilfe **40**
Arbeitsloseninitiativen **111**
Arbeitslosmeldung
– Bedeutung für Rentenanspruch **77**
– frühzeitige Meldung **20**
– notwendige Unterlagen **21**

Hinweis: Die Zahlenangaben beziehen sich auf die Tipps und nicht auf die Seitenzahlen.

– und Krankheit **23**
– zur Sicherung des Kindergeldanspruchs **81**
Arbeitsuchend melden **20**
Arbeitsuche
– eigene Aktivitäten **27**
– Freistellung zur Arbeitssuche (nach Kündigung) **17**
– Unterstützung der Arbeitsagentur **26**
Arbeitsvermittler
– Verhältnis Arbeitslose–Vermittler **20, 21, 26, 37, 39, 108, 109**
Arbeitszeugnis **19, 25**
Aufhebungsvertrag **13**
Ausbildungsabsolventen
– Höhe ihres Arbeitslosengeldes I **52**
Ausgleichsquittung **9**
Ausländer
– Kindergeld, Kinderfreibeträge, erhöhtes Arbeitslosengeld I, auch wenn Kinder im Ausland leben **82**
Auslandsbeschäftigung
– Arbeitslosengeld I nach Auslandsbeschäftigung **97**
– Freiwillige Arbeitslosenversicherung bei Auslandsbeschäftigung **70, 71**

Bemessungsentgelt **51–53**
Berufliche Weiterbildung **34–36**
– Anspruch auf Arbeitslosengeld I bei und nach beruflicher Weiterbildung **36**
– Bildungsgutschein **34**
– Lehrgangsgebühren/Lernmittel **35**
– Teilnahmevoraussetzungen **34**
Berufsrückkehrer/innen
– Anspruch auf Arbeitslosengeld I nach Pflege- oder Kindererziehungszeit **41, 86, 87**
Bewerbungskostenerstattung **32**
Bewerbungsurlaub **17, 21**
Bildungsgutschein **34, 35**
Bildungsurlaub **39**
Brückentage **37**

Coaching
– für Arbeitsuchende und Arbeitslose **16**
– für Existenzgründer **74**

DGB-Rechtsschutz **25**

Eingliederungsvereinbarung **29**
Einmalzahlungen
– Berücksichtigung beim Arbeitslosengeld I **50**
Elterngeld **88**
– nach Kurzarbeit **2**
– zusätzlich zu Arbeitslosengeld I **88**
– zusätzlich zu Arbeitslosengeld II **86**
Entgeltsicherung **92**
Entlastungsfreibetrag für Alleinerziehende **82**
Existenzgründung
– Anspruch auf Arbeitslosengeld I nach gescheiterter Gründung **48**
– Coaching **74**
– Freiwillige Arbeitslosenversicherung **70, 72**
– Gründungszuschuss **73, 74**

Familienstandsänderung **58**
Freibeträge
– bei der Anrechnung von Nebeneinkommen auf das Arbeitslosengeld I **66**
Freistellung vom Job (nach der Kündigung) **18**
Freiwillige Arbeitslosenversicherung **70–72**
– Anspruchsvoraussetzungen **70**
– bei Auslandsbeschäftigung **71**
– Beiträge und Leistungen **72**
– und sozialversicherte Zwischenbeschäftigung **70**

Gewerkschaften
– Beiträge für Arbeitslose **25**
– Mitarbeit/Zusammenarbeit **25**
– Rechtsschutz **25**

– Zeitungen **25**
Gründungszuschuss **73, 74**

Insolvenzgeld **6, 7**

Jugendliche
– Arbeitslosengeld I nach der Ausbildung **52**
– Arbeitslosengeld I nach Wehr-/Zivildienst **94**
– Kindergeld für arbeitslose Jugendliche **81**

Kindererziehungszeit
– Höhe des Arbeitslosengeldes I nach Erziehungszeit **52, 87**
– neuer Anspruch auf Arbeitslosengeld I nach Erziehungszeit **86, 87**
Kindergeld
– Anspruchsvoraussetzungen **81**
– und erhöhter Anspruch auf Arbeitslosengeld I **58, 81**
Krankengeld **38**
Krankenversicherung bei Arbeitslosigkeit **79**
– bei privat Krankenversicherten **80**
Krankheit
– Arbeitslosengeld I bei gesundheitlicher Einschränkung **96**
– Krankenversicherung **79, 80, 104**
– Krankenversicherung bei Sperrzeit **79**
– Krankmeldung bei Arbeitsplatzverlust **23**
– Krankmeldung bei der Arbeitsagentur **38**
– nachwirkender Versicherungsschutz aus dem letzten Beschäftigungsverhältnis **79**
– Praxisgebühren und Zuzahlungen **104**
– Wiederbewilligungsantrag nach Krankheit **38**
Kündigung
– Abfindung **11, 12**
– des Arbeitnehmers **14**
– des Arbeitnehmers bei Familienzusammenführung **15**
– Freistellung nach der Kündigung **18**
– Fristen **11**
– fristlose Kündigung **8**
– frühzeitige Meldung bei Arbeitsagentur **20**
– und Sozialauswahl **10**
– und Widerspruch des Betriebsrats **10**
Kündigungsschutzklage **9, 10, 12**
Kurzarbeit **1, 2**
– und Einkommensteuer **3**
– und Elterngeld **2**
– und Nebenjob **3**
– und Verfügbarkeit für Arbeitsagentur **1**
– und Weiterbildung **1**
– Saison-Kurzarbeitergeld **4**
– Transfer-Kurzarbeitergeld **5**
Kurzarbeitergeld **1**

Leiharbeit
– Informationen in den Arbeitsangeboten der Arbeitsagenturen **31**
– Zumutbarkeit von Arbeitsangeboten **27, 28**
Lohnkostenzuschüsse **30, 92**
Lohnrückstände **6**
Lohnverzicht **6**

Mehrfach-Arbeitslose
– Bestandssicherung der Unterstützungshöhe bei erneuter Arbeitslosigkeit **55**
– Dauer des Anspruchs auf Arbeitslosengeld I bei erneuter Arbeitslosigkeit **49**
– Verfallen des Anspruchs auf Arbeitslosengeld I **48**
Meldepflicht
– nach Kündigungen **20**
– während der Arbeitslosigkeit **37**
Minijob **66**
Mobilitätshilfen **32, 33, 107**

Hinweis: Die Zahlenangaben beziehen sich auf die Tipps und nicht auf die Seitenzahlen.

Mütter / Väter
- Anspruch auf Arbeitslosengeld I nach Erziehungszeit **86**
- Anspruch auf Arbeitslosengeld I nach Zwischenbeschäftigung in Elternzeit **87**
- gleichzeitiger Bezug von Arbeitslosengeld I oder II und Elterngeld **88**
- Kinderbetreuung als Voraussetzung für Unterstützungsanspruch **83**

Mutterschaftsgeld für Arbeitslose **84, 85**

Nebenjob und Nebenverdienst **63–69**
- Absetzung von Werbungskosten **67**
- Anrechnung auf Arbeitslosengeld I **66, 68**
- Anrechnung auf Arbeitslosengeld II **105**
- bei Kurzarbeit **3**
- erlaubte Arbeitszeit **63**
- selbstständige Nebentätigkeit **65, 69**
- Gestaltung der Arbeitszeit **65**
- kurzzeitige Abmeldung **69**
- Minijob **66**
- Nebeneinkommensanrechnung bei gelegentlicher selbstständiger Arbeit **69**
- neuer Job durch Nebenjob **63**
- steuerfreie Aufwandsentschädigung **67**
- und Arbeitsaufnahme **64**
- und Arbeitsvertrag **64**
- und Verfügbarkeit **64**

Pendelkosten **32, 33**

Pflegende Angehörige
- und freiwillige Arbeitslosenversicherung **70**
- Anspruch auf ALG I und ALG II in der Pflegezeit **41**

Pflegezeiten
- Erhaltung bzw. Aufbau eines Anspruchs auf ALG I **41**

Private Arbeitsvermittlung **30**

Profiling **29**

Regionaldirektionen
- Bitte um Überprüfung von Bescheiden **110**

Reisekosten **32, 33**

Rente
- Bedeutung der Arbeitslosenzeit für spätere Rente **75, 77**
- Rentenauskunft **89**
- Riester-Zulage **78**
- vorgezogene Altersruhegelder **90**
- Zwang zum vorgezogenen Rentenantrag **91**

Rentenversicherung bei Arbeitslosigkeit **75, 76, 77**

Resturlaub **10**

Riester-Rente **78**

Saison-Kurzarbeitergeld **4**

Säumniszeiten **37**

Schüler
- Arbeitslosengeld I für Schüler **95**

Selbstständige
- und freiwillige Arbeitslosenversicherung **70**
- selbstständige Nebentätigkeit **65, 69**

Sozialgeld **105**

Sperrzeiten **98–103**
- Aussteuerung aus dem Arbeitslosengeld I **99**
- bei »abschreckendem Verhalten« im Vorstellungsgespräch **31**
- bei Ablehnung angebotener Stellen **28**
- bei Kündigung **12, 14, 98, 101**
- bei Selbstkündigung **8, 14**
- bei unzureichenden Eigenbemühungen **27**
- bei verspäteter Meldung bei der Arbeitsagentur **20**
- Herabsetzung der Sperrzeit **102**
- nach Aufhebungsvertrag **13**
- nach Kündigung des Arbeitnehmers **14, 15**
- und Arbeitsbescheinigung des Arbeitgebers **23**

– und Arbeitslosengeld II **103**
– und Einhaltung der Kündigungsfrist **9, 11**
– und Krankenversicherung **79**
– »Verjährung« von Sperrzeiten **100**
Steuern
– Einfluss der Steuerklasse auf die Höhe des Arbeitslosengeldes I **59–62**
– Haushaltsfreibetrag für Alleinerziehende, Auswirkung auf Unterstützungshöhe **82**
– Steuerklassenwechsel bei Eintritt der Arbeitslosigkeit **60**
– Steuerklassenwechsel im Jahr vor der Arbeitslosigkeit **59**
– Steuerklasse »IV Faktor« **61, 62**
– Steuerfreibeträge in Steuerklasse »IV Faktor« **62**
Studierende
– Arbeitslosengeld I für Studierende **95**

Teilzeitarbeit
– Arbeitslosengeld I bei Teilzeitarbeit unter 15 Stunden **63**
– Unterstützungshöhe für Teilzeitarbeit Suchende **93**
Trainingsmaßnahmen **26, 83**
Transferleistungen **16**
Transfer-Kurzarbeitergeld **5**

Umzugskosten **32, 33**
Unterhaltsgeld → Berufliche Weiterbildung
Urlaub
– Anspruch bei Arbeitslosigkeit **39**
– Reiserücktrittsversicherung **39**
– Resturlaub bei Arbeitsplatzverlust **10**

Verfügbarkeit
– von Müttern und Vätern **83**
– von Schülern und Studierenden **95**
Vermittlungsbudget **32**
Vermittlungsgutschein **30**
Vorgezogene Altersruhegelder **90**
Vorladung der Arbeitsagentur **37**
Vorschusszahlung der Arbeitsagentur **24**
Vorstellungsgespräch **31**

Wehr- / Zivildienst
– Anspruch auf Arbeitslosengeld I nach Dienstzeit **41, 94**
– Höhe des Arbeitslosengeldes I nach Dienstzeit **94**
Weiterbildung → berufliche Weiterbildung
Widerspruch und Klage **110**
– bei Sperrzeiten **101, 102**
Wohngeld
– Antragstellung **104**
– bei Elterngeldbezug **88**

Zumutbarkeit
– fehlende Überprüfung durch die Arbeitsagentur **31**
– von Arbeitsangeboten **28**
– von Leiharbeit **29**